浙江省新时代文化浙江建设研究智库联盟研究成果
浙江省金融教育基金会重点课题（2024Z01）研究成果
浙江金融职业学院重点课题（2023ZD02）研究成果
绿色金融支持水源地保护的浙江实践研究课题成果
浙江金融职业学院电子商务与新消费研究院研究成果
杭州市哲学社会科学重点研究基地、杭州市新电商发展研究基地建设工作成果

国际贸易系列教材

CROSS-BORDER
PAYMENT

跨境支付

史 浩 / 主 编
戴小红 / 副主编

浙江大学出版社
·杭州·

图书在版编目(CIP)数据

跨境支付／史浩主编. -- 杭州：浙江大学出版社，2024.11

ISBN 978-7-308-22172-6

Ⅰ. ①跨… Ⅱ. ①史… Ⅲ. ①电子商务－银行业务 Ⅳ. ①F830.49

中国版本图书馆 CIP 数据核字(2021)第 270018 号

跨境支付
KUAJING ZHIFU

史　　浩　主编

策划编辑	曾　熙
责任编辑	曾　熙
责任校对	高士吟
封面设计	春天书装
出版发行	浙江大学出版社 (杭州市天目山路148号　邮政编码310007) (网址：http://www.zjupress.com)
排　　版	杭州朝曦图文设计有限公司
印　　刷	杭州捷派印务有限公司
开　　本	787mm×1092mm　1/16
印　　张	16.25
字　　数	416千
版 印 次	2024年11月第1版　2024年11月第1次印刷
书　　号	ISBN 978-7-308-22172-6
定　　价	55.00元

版权所有　侵权必究　印装差错　负责调换

浙江大学出版社市场运营中心联系方式：0571-88925591；http://zjdxcbs.tmall.com

前 言
PREFACE

党的二十大报告指出,"高质量发展是全面建设社会主义现代化国家的首要任务","必须完整、准确、全面贯彻新发展理念,坚持社会主义市场经济改革方向,坚持高水平对外开放,加快构建以国内大循环为主体、国内国际双循环相互促进的新发展格局"。[①] 中国是世界上最大的网络零售市场,拥有全球最多的、近9.15亿人的网购用户。随着境内电商市场的饱和,以及2022年版《跨境电子商务零售进口商品清单》的正式实施,跨境电商零售进口呈现快速增长态势,它已经成为消费者购买境外产品非常重要的渠道。据网经社数据显示,2023年,我国进口跨境电商用户规模达1.89亿人,较2022年的1.67亿人同比增长13.2%。2023年,我国进口跨境电商市场交易规模已达3.61万亿元,而随着人们对商品品质与品牌的不断追求,我国跨境电商进口金额将会进一步扩大。

出口方面,由于我国已成为世界制造业第一大国,随着出口商品的不断增加,我国跨境电商出口发展势头迅猛。在具体通关交易数据方面,据海关总署统计,2023年跨境电商进出口总额为2.38万亿元,同比增长15.6%,其中出口额为1.83万亿元。贸易链条的不断优化,拉近了中国优质产品与世界其他国家与地区的距离。本书正是在此宏观背景下,尝试解读跨境电商中的支付与金融变革问题。

全书将遵循认知规律,按照由浅及深、从理论到实务的逻辑路径介绍跨境支付。

第一章至第三章为本书的理论部分。第一章"跨境电商概述"主要讲解了电商与跨境电商的概念、行业发展及法律政策,让学习者对电商和跨境电商有初步的了解。第二章"支付行业"则讲解了中国支付行业的特点,主要从银行业支付和非银行业支付(第三方支付)两方面

---

① 习近平.高举中国特色社会主义伟大旗帜 为全面建设社会主义现代化国家而团结奋斗:在中国共产党第二十次全国代表大会上的报告[N].人民日报,2022-10-26(01).

来阐述，重点介绍了第三方支付牌照的相关知识。支付知识的完整性是本书的鲜明特色，因此对于第三方支付账户分类、新的支付行业发展动向在本章中也都有详尽的阐述。第三章"跨境支付——新型国际贸易支付"可以认为是本书理论部分的核心。这一章详尽、全面地解读了跨境电商和支付行业的交集，即电商场景中的跨境支付。之所以在本章名称中加上"新型国际贸易支付"，是为了区别于传统国际贸易支付中的支付与结算手段，如汇付、托收及信用证等。因讲解这些传统支付方式的书籍很多，故本书不将其作为讲述的重点，而将侧重点放在互联网方式的跨境支付上。通过这一章的介绍，学习者应当重点了解跨境支付的政策环境、监管规则及支付模式。

从第四章"跨境收付款综述"开始则进入本书的实务部分。面对林林总总的收款平台和收款方式，这一章的作用在于帮助读者利用前面三章所学的理论，深刻区分各种跨境收款方式的异同点。当对各类支付方式的优劣了然于胸，或者是已经选择了某个特定支付平台之后，具体该如何进行操作呢？第五章"速卖通电商平台和PayPal支付"、第六章"亚马逊、Wish平台支付操作实务"、第七章"东南亚及中东电商平台和独立站支付"将具体地针对不同平台和支付工具介绍其使用方法和注意要点。由于平台和规则时刻发生着变化，学习者的重点不应当是机械地记忆操作界面，而应当把学习重点放在理解各类平台的支付特点上。这三章对跨境电商中的主流支付平台基本都有详细解读，覆盖了中国、美国、欧洲、东南亚、中东、印度等地区的各类平台和相关支付工具。由于本书内容不仅仅局限于支付，对跨境电商中的金融知识也略有涉及，因此第八章"跨境支付与客户融资业务"和第九章"外汇业务与跨境支付"则从支付延伸出去，分别对供应链金融和外汇业务相关知识做了一些介绍，学习者可以根据自身需要酌情学习。本书每章均配有数量适当的知识与技能训练习题，同时各章按相关知识点嵌入了多个案例的二维码，供读者自学和思考使用。

本书在编写的过程中参考了大量的资料，在此对相关资料的提供者表示诚挚的谢意。编写本书的过程，也是对自己近年来研究工作的一次阶段性总结。但追求知识的过程难免存在瑕疵，无法做到尽如人意，但求无愧于心。北宋苏轼在《和蔡景繁海州石室》一诗中写道：

> 芙蓉仙子旧游处，苍藤翠壁初无路。
> 戏将桃核裹黄泥，石间散掷如风雨。
> 坐令空山出锦绣，倚天照海花无数。

苍藤翠壁上初始时并没有锦绣的景色，但是经过种子的发芽、生长、开花，获得了"倚天照海花无数"的绚烂美景。学习知识的过程也遵循同样的道理，希望本书的出版，就像是掷出黄泥包裹的桃核，抛砖引玉之际能帮助读者通过自身的学习和努力达到"倚天照海花无数"的璀璨境界。

史浩

2024年5月

目 录
CONTENTS

第一章 跨境电商概述 ………………………………………………………… 1

 第一节 电商与跨境电商 …………………………………………………… 2
 第二节 跨境电商概述 ……………………………………………………… 10
 第三节 中国跨境电商行业发展 …………………………………………… 20
 第四节 跨境电商法律与政策 ……………………………………………… 27

第二章 支付行业 ……………………………………………………………… 35

 第一节 银行支付 …………………………………………………………… 36
 第二节 第三方支付 ………………………………………………………… 44
 第三节 第三方支付牌照 …………………………………………………… 51
 第四节 第三方支付账户 …………………………………………………… 56
 第五节 支付新规 …………………………………………………………… 66

第三章 跨境支付——新型国际贸易支付 …………………………………… 69

 第一节 中国跨境支付 ……………………………………………………… 71
 第二节 跨境电商与支付 …………………………………………………… 82
 第三节 进口跨境支付(购汇) ……………………………………………… 91
 第四节 出口跨境支付(结汇) ……………………………………………… 96

第四章 跨境收付款综述 ……………………………………………………… 104

 第一节 跨境收付款的监管框架 …………………………………………… 105

	第二节	跨境收付款工具及对比	111
	第三节	跨境收付款的交易场景	113
	第四节	跨境收付款环节及发展趋势	117

第五章 速卖通电商平台和 PayPal 支付 124

	第一节	速卖通平台	125
	第二节	国际支付宝	128
	第三节	PayPal 支付	135
	第四节	PayPal 收款方案	140

第六章 亚马逊和 Wish 平台支付操作实务 150

	第一节	亚马逊平台	151
	第二节	亚马逊收付款工具	156
	第三节	Wish 移动电商平台支付	171

第七章 东南亚及中东电商平台和独立站支付 177

	第一节	东南亚电商平台 Shopee 和 Lazada	178
	第二节	印度电商平台 Paytm Mall 和 Flipkart	181
	第三节	中东电商平台 Souq	183
	第四节	自建站	184

第八章 跨境支付与客户融资业务 191

	第一节	跨境电商融资需求	192
	第二节	供应链金融概述	199
	第三节	供应链金融发展特点与风险监管	205
	第四节	供应链金融案例	210

第九章 外汇业务与跨境支付 217

	第一节	国际贸易中的汇率风险	218
	第二节	外汇业务汇率风险控制	225
	第三节	跨境支付的外汇监管政策	233
	第四节	外汇业务的风险案例	243

参考文献 253

第一章 跨境电商概述

▶ 知识目标

- 掌握跨境电商的基本概念和特征。
- 了解跨境电商的发展历程、现状和趋势。
- 熟悉跨境电商的主要模式和平台。
- 熟悉跨境电商的相关法律与政策。

▶ 能力目标

- 能分析跨境电商行业发展的主要趋势。
- 能分析不同跨境电商平台的特点和优势。
- 能分析跨境电商行业产业链各环节的关系。
- 能分析跨境电商法律政策对行业发展的影响。

▶ 案例导入

《中华人民共和国电子商务法》落地，跨境直购电商迎来发展机遇

2019年1月1日，《中华人民共和国电子商务法》（以下简称《电商法》）正式实施。《电商法》作为我国电子商务领域首部综合性法律，首次对电子商务经营者和电商行为进行了明确界定。这意味着电商行业的发展将受到法律约束，渐趋规范，对个人代购和微商来说，影响较大。

《电商法》明确跨境电商零售进口商品不得进入境内市场再次销售，这对正规的跨境电商行业不会产生影响，但代购的"灰色地带"将更加透明。在中国裁判文书网上检索"代购""走私"，相关案例不在少数，罚金大多在万元以上，也有部分大额卖家因代购获罪。处于"灰色地带"的代购行为，或在政策监管和市场选择的双重压力下逐渐"退潮"。

（资料来源：根据网络相关资料整理）

随着监管法规的进一步完善,跨境电商行业在相关法律法规的监管和引导下开始了新一轮的发展。与逐渐退去的灰色代购潮不同,正规跨境海淘平台因为多重新政的支持,赢得了更健康的发展机会。海关总署监测数据显示,2023年,中国跨境电商进出口总额为2.38万亿元,增长15.6%。目前,跨境电商交易规模大幅度扩大,也给众多正规电商平台提供了更大的"蛋糕"。

我国进口跨境电商平台已经发展出考拉海购、天猫国际、京东全球购、苏宁海外购等几十家。保税和直邮两种业务模式基本成形。同时,近年来国务院陆续推出多项电商新政,对进口跨境电商平台的发展给予大力支持。多种日用品关税降低、扩大零关税进口清单和提高个人年度跨境商品交易限额等新政,在促使进口跨境平台增加品类、扩大规模、增长销售金额的同时,也会进一步引导跨境电商平台的品质化、规范化转变。

可以预见,随着《电商法》和各类电商新政的实施,各项细则慢慢落实,标准化和规范化的要求必将引领跨境电商行业的新一轮发展。

第一节　电商与跨境电商

一、电商概念

电商是电子商务的简称。从广义上讲,"电子商务"一词源自electronic business,就是通过电子手段进行的商业事务活动。通过使用互联网等电子工具,公司内部、供应商、客户和合作伙伴之间,利用电子业务共享信息,实现企业间业务流程的电子化,配合企业内部的电子化生产管理系统,提高企业的生产、库存、流通和资金等各个环节的效率。从狭义上讲,电商(electronic commerce,EC)主要是指利用互联网从事商务活动。无论是广义的还是狭义的电商概念,电商都涵盖了两个方面的内容:一是电商离不开互联网这个平台,没有了网络,就不能被称为电商;二是电商是通过互联网完成的一种商务活动。

进入无线互联网时代以来,移动电商逐渐成为电商的主流,即利用手机、PDA(掌上电脑)及平板电脑等无线终端进行的B2B(business to business,企业对企业)、B2C(business to consumer,企业对消费者)或C2C(consumer to consumer,消费者对消费者)的电子商务。它将互联网、移动通信技术、短距离通信技术及其他信息处理技术完美结合,使人们可以在任何时间、任何地点进行各种商贸活动,实现随时随地、线上线下的购物与交易,并可在线完成电子支付。

电商的存在价值就是让消费者通过网络在网上购物、网上支付,节省客户与企业的时间,拓展企业的运营空间,延长交易时间,大大提高交易效率。在消费者需求多元化的互联网时代,可以通过网络渠道,如亚马逊(Amazon)、淘宝、天猫、京东等平台,足不出户地了解全球各类商品信息,享受不受时空限制的购物乐趣,电商已经成为网络时代主流的商业形态。

电商的经营模式如图1-1所示。

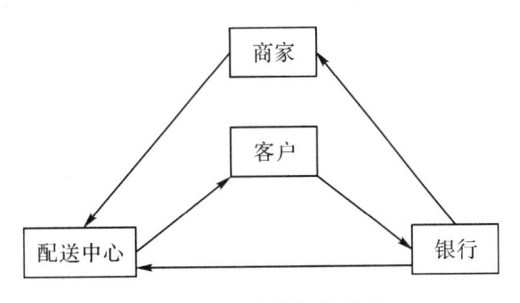

图 1-1　电商的经营模式

(一)电商的构成要素

电商由交易主体、电子交易市场、交易事务,以及信息流、资金流、物流、商流等基本要素组成(见图1-2、图1-3)。电商的贸易活动主要涉及四大流转环节,即以信息网络为载体的信息流、以金融网络为载体的资金流、以商业网络为载体的商流和以配送网络为载体的物流。

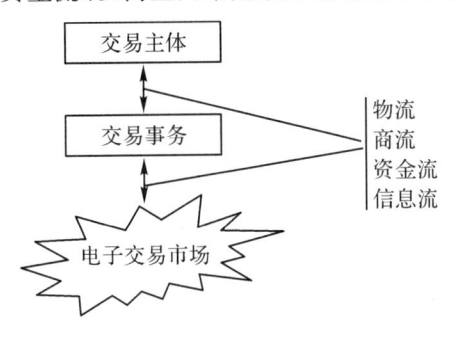

图 1-2　电商的概念模型

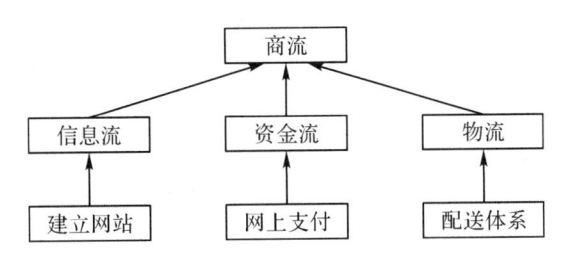

图 1-3　电商的总体框架

1. 电商中的信息流

主要指商品的展示、报价、促销、售后服务等商业信息,还包括交易双方的信誉、评价等级等信用信息。

2. 电商中的资金流

主要指资金的转移过程,包括付款、转账、汇兑等,它始于消费者,终于商家。中间可能经过银行等金融部门。电子商务活动中资金流的运转依靠金融网来实现,主要形式有电子现金、电子支票、信用卡等。

3. 电商中的商流

主要指商品在购、销之间进行交易的逻辑关系和商品所有权转移的运动过程,具体指商品交易的一系列活动。

4. 电商中的物流

主要指物质实体商品的流动过程。物流是因为人们的商品交易而形成的物质实体的物理性移动过程,它由一些具有时间和空间效用的经济活动组成,包括包装、装卸、储存、运输、配送等多项活动。

(二)商流与物流的关系

电商的四大流转环节的关系可以表述为:以商流为交易基础,以物流为物质基础,信息流贯穿始终,引导资金进行价值转移。在这四者关系中,商流和物流的关系需要区别对待。商流,主要表现为商业关系,即买卖双方对商品所有权所达成的一种抽象的转移协议,并不一定伴随实际物品的物流。而物流则一般是指实体物品从供应地向接收地的实体流动,有些虚拟商品的买卖并不需要物流的介入。

1. 商流在前,物流在后

物流是在商流之后完成的。商品的预购就是如此,实行商品预购,首先是买卖双方的一系列交易活动,如商务谈判、签订合同、交付订金或预付货款等。这时商品可能还没有生产出来,当然也不会有物流,经过一定的时间,商品生产出来以后,才会从产地运送到销地的购买者手中,从而有商品的包装、装卸、运输、保管等物流活动。

2. 物流在前,商流在后

商品的赊销就属于这种情况。在商品赊销的条件下,买者不是先付货款,而是先取得商品。商品实体首先发生包装、装卸、运输、储藏等物流活动。过一段时间,才实行付款和结算,商流是在物流之后完成的。

3. 商流迂回,物流直达

在商流中,产品的所有权多次易手,但商品实体可能从最初的售卖者直接送达最终的购买者。在这种场合,商流是曲线迂回地进行的,但物流则不需要迂回进行,而是直接供货。

4. 只有商流,没有物流

有以下两种情况只有商流,没有物流:一种情况是建筑物、房产的买卖,这是无法进行物流的一种情况。第二种情况是商品的投机活动。例如在期货投机活动中,由商品变为货币或由货币变为商品可以进行多次交易,由一个投机者手里转移到另一个投机者手里,商流不断地运转,但商品却可以沉睡在仓库里。这就是只有商流而没有物流。

当然,除此以外,也存在只有物流而没有商流的现象,在此不多做阐述。

商流与物流的合一与分离如图 1-4 所示。

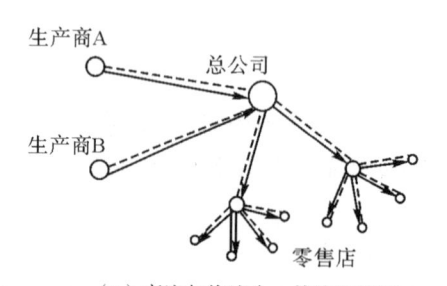

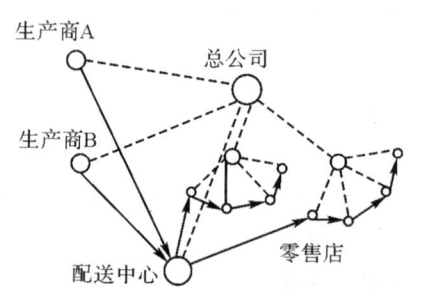

(1)商流与物流合一的流通网络 (2)商流与物流分离的流通网络

图 1-4　商流与物流的合一与分离

二、对外贸易

对外贸易亦称"外国(地区)贸易"或"进出口贸易",简称"外贸",是指一个国家(地区)与另一个国家(地区)之间商品、劳务和技术的交换活动。这种贸易由进口和出口两个部分组成。对输入商品或劳务的国家(地区)来说,就是进口;对输出商品或劳务的国家(地区)来说,就是出口。在国际自由贸易的大背景下,往往也伴随着国家(地区)对外贸的管制。当今时代对外贸易管制主要是为了发展本国(地区)经济,保护本国经济利益。有时对外贸易管制也是某个国家(地区)为了达到某种政治或军事目的而采取的措施。

(一)对外贸易方式

对外贸易有以下几种方式。

1. 对等贸易

买方承担向卖方购买同等价值商品或劳务的贸易活动。

2. 展卖

在本国(地区)举办和参加国(地区)外举办的各种国际性(地区间)博览会或集市,集中一段时间进行进出口贸易的贸易活动。

3. 加工贸易

这是指来料加工、来件装配、来样加工 3 种形式的贸易活动,被称为"三来贸易"。

4. 补偿贸易

这是指先以赊购的形式,从境外进口机器设备和技术等,待投产后,用所生产的产品和劳务偿还货款的本金和利息。补偿贸易和加工贸易相结合,通常被称为"三来一补"。

5. 技术贸易

这是指技术转让、技术引进等贸易活动。

(二)对外贸易的作用

第一,发展对外贸易,可以互通有无,调剂余缺,进行资源的优化配置。

第二,发展对外贸易,可以节约社会劳动,取得较好的经济效益。

第三,发展对外贸易,可以吸收和引进当代世界先进的科学技术成果,增强本国的经济实力。

第四,发展对外贸易,接受国际(地区间)市场的竞争和挑战,可以促进境内企业不断更新技术,提高劳动生产率和产品的国际化水平。

(三)服务贸易

1. 概念

在国际贸易中,用于交换的商品主要是以实物形态表现的各种实物性商品,是有形贸易,通常被称为货物贸易。货物贸易因此也被称为有形(商品)贸易(tangible goods trade)。

根据世界贸易组织的统计数据,2013 年中国首次超越美国成为世界第一货物贸易大国。2013 年,中国货物进出口总额为 4.16 万亿美元,其中出口 2.21 万亿美元,进口 1.95 万亿美元。此外,中国已经是 120 多个国家和地区最大的贸易伙伴。

知识卡片1-1：国际贸易的SITC、HS、BEC分类

除了实体商品之外，国家（地区）之间还存在服务的价值交换。这类贸易不同于实体商品的交换，被称为国际服务贸易（international service trade）。国际服务贸易是一国（地区）的法人或自然人在其境内或进入他国（地区）境内向境外的法人或自然人提供服务的贸易行为。

在学术界，把生产要素的国际（地区间）流动区分为暂时流动和永久流动，一般认为生产要素在国际（地区间）的暂时流动为服务贸易，而生产要素的永久流动则不属于服务贸易。例如资本在国际（地区间）的永久流动是国际（地区间）直接投资，人力在国际（地区间）的永久流动则是国际（地区间）移民。

2.服务贸易的4种提供方式

（1）跨境交付（又称跨境贸易，也称分离式服务）

这是指服务的提供者在一成员方境内，向另一成员方境内的消费者提供服务的方式，如在中国境内通过电信、邮政、计算机网络等手段实现对境外消费者的服务。其特点是服务提供者和服务消费者不需要在国（地区）与国（地区）之间移动，不引起人员或资本的移动，服务只借助境内信息手段实现，比如跨境电商、电子金融服务、电子保险服务与国际（地区间）运输服务等。

（2）境外消费（又称为当地贸易）

这是指服务提供者在一成员方的境内，向来自另一成员方的消费者提供服务的方式，如中国公民在其他国家（地区）短期居留期间，享受境外的医疗服务；再比如旅游观光与出国留学等都是具有代表性的境外消费。

（3）商业存在（又称为要素收益贸易，也称消费者定位服务）

这是指一成员方的服务提供者在另一成员方境内设立商业机构，在后者境内为消费者提供服务的方式，如境外服务类企业在中国设立公司为中国企业或个人提供服务。其特点是只有服务提供者移动而消费者不移动的服务贸易。提供者为了在消费国（地区）提供服务，必须将服务生产过程中所需要的生产要素（劳动力、资本等）从服务生产者所在国（地区）移动到消费者所在国（地区），从而带动生产要素的国际（地区间）流动，这种生产要素的国际（地区间）流动一般是短暂的，而非永久移动。

（4）自然人流动（又称为第三国贸易，也称流动的服务）

这是指一成员方的服务提供者以自然人的身份进入另一成员方境内提供服务的方式，如某境外律师作为境外律师事务所的驻华代表到中国境内为消费者提供服务。也可以是指服务提供者和消费者共同移动到第三国（地区）而提供的服务。例如，美国的执业医生在新加坡为中国患者提供心脏移植手术，设在意大利的美国旅游公司为在意大利的德国游客提供服务等。

3.中国服务贸易的发展

近年来，中国服务贸易稳步发展，贸易规模迅速扩大，服务贸易在国民经济中的地位和作用日益凸显。世界贸易组织公布的各国服务贸易排名显示，2013年中国服务进出口延续增长态势，总额达到4705.8亿美元，全球排名提升到第二位。2020年9月17日，商务部国际贸易经济合作研究院发布了《全球服务贸易发展指数报告2020》，该指数是目前全球首个由政府研究机构发布的服务贸易评价体系。该报告显示，"十三五"时期，我国服务贸易国际地位和国际竞争力稳步提升，服务贸易综合竞争力在发展中国家中排名第一。2019年，我国服务贸易

额达到7850亿美元,连续6年保持世界第二。其中,以计算机、数字技术等为代表的知识密集型领域,成为服务贸易增长的主要推动力。2019年,我国知识密集型领域出口在服务出口总额中的占比达到了50.7%,首次超过50%,成为我国最大的服务出口领域。

服务贸易发展如此迅猛,背后驱动力来自各类信息技术的发展。信息技术的蓬勃兴起为服务贸易发展注入新动能。大数据、云计算、人工智能等为服务贸易发展提供了新的技术手段,数字化、智能化、网络化已成为发展方向。新一代信息技术与实体经济快速融合,加快了对传统服务业的信息化、数字化改造,企业形态、商业模式、交易方式发生了深刻变革,提高了传统服务的可贸易性。

随着互联网的发展,包括5G、区块链、物联网、自动化、生物科技在内的新技术,以及平台经济、共享经济等新的商业模式,也在不断发展和迭代,这将大幅改变世界贸易的格局,服务贸易的重要性将不断提升,新兴服务贸易的比重将不断上升。要看到的一个趋势是,全球服务贸易结构正朝多元化方向发展,发展中国家的市场份额在不断扩大。

业界事例1-1:
全球服务贸易一半以上实现数字化——数字贸易(跨境电商)

随着服务贸易的蛋糕越做越大,服务贸易相关规则也在不断发展,总体来看,全球服务经济正在进入一个新时代。服务贸易自由化潮流不可逆转,多国携手维护世界贸易组织多边框架体制规则,共同反对贸易保护主义,加强服务领域交流合作已成为世界各国的战略抉择。服务贸易是中国与世界各国深化合作的重要领域,是中国深度融入经济全球化进程、提升全球价值链地位的重要途径。

三、跨境电商概念的来源

(一)服务贸易的概念

国际(地区间)服务贸易是国际(地区间)服务的输入和输出的一种贸易方式。贸易中一方向另一方提供服务并获得收入的过程被称为服务出口或服务输出,购买他人服务的一方被称为服务进口或服务输入。国际(地区间)服务贸易狭义的概念是指传统的为国际(地区间)货物贸易服务的运输、保险、金融及旅游等无形贸易。而广义的概念还包括现代发展起来的、除了与货物贸易有关的服务以外的新的贸易活动,如承包劳务、卫星传送和传播等。

(二)国际(地区间)服务贸易的内容

(1) 国际(地区间)运输。
(2) 国际(地区间)旅游。
(3) 跨国(地区)银行、国际(地区间)融资公司及其他金融服务。
(4) 国际(地区间)保险和再保险。
(5) 国际(地区间)信息处理和传递、电脑及资料服务。
(6) 国际(地区间)咨询服务。
(7) 建筑工程承包等劳务输出。
(8) 国际(地区间)电信服务。
(9) 广告设计、会计管理等项目服务。
(10) 国际(地区间)租赁。
(11) 维修与保养、技术指导等售后服务。

(12) 国际视听服务。

(13) 教育、卫生、文化艺术的国际(地区间)交流服务。

(14) 商业批发与零售服务(电子商务可以被包含其中)。

(15) 其他国际(地区间)服务等。

知识卡片1-2：联合国核心产品分类CPC——涵盖货物和服务的完整产品分类

许多经济学家和国际经济组织为了分析和研究的需要，从各自选择的角度对国际(地区间)服务贸易进行划分。分类的方法有：经济学家的分类、联合国核心产品的分类(United Nations Provisional Central Product Classification, CPC)、国际货币基金组织的分类(将服务贸易所有内容在"经常项目"下加以统计)、世界贸易组织《服务贸易总协定》(由乌拉圭回合多边贸易谈判达成)的分类等。

在上文提到的服务贸易的4种提供方式中有一类就是跨境贸易。而跨境电商属于服务贸易中跨境贸易的一种重要形式。中国发展服务贸易大有希望，但发展服务业的前提，必须建立在制造业的基础上，因为制造业才是一个国家的经济基础。共建"一带一路"国家(地区)为跨境贸易的发展带来了良机，可围绕基础设施建设大力发展物流、运输、旅游、医疗、教育等服务。很多共建"一带一路"国家(地区)的人口构成都非常年轻，如巴基斯坦65%的人口在35岁以下，这些年轻人都使用智能手机，有网购的习惯，因此发展跨境电商能在这些国家(地区)收获巨大的市场红利。中国不但要成为一个制造业强国，未来也应该成为一个服务贸易和跨境电商强国。

跨境电商与传统贸易企业在运营模式方面有着很大的不同，因为跨境电商除了传统贸易的一些运作方式之外，还被互联网赋予了新的特征，如客户需求碎片化、互联网平台展示的数据化、平台架构的扁平化等，而最重要的不同便是电商的数据化运营。下面将围绕电商的数据化运营介绍几大常用的数据指标。

四、数据和电商运营思路

(一)电商数据指标

1. 流量数据

(1) 访问量(page view, PV)

访问量即页面浏览量。用户每一次对网站中的每个网页的访问均被记录一次。用户对同一页面的多次访问，会累加计算。

(2) 独立访客(unique visitor, UV)

这是指不同的自然人通过互联网访问或浏览某个网页的记录。UV是最重要的流量指标。对于使用真实IP上网的用户，UV和IP的数值是相同的。但如果访问某个站点的有通过"网络地址转换"(network address translation, NAT)上网的用户，那么这两个值就不同了。IP是一个反映网络虚拟地址对象的概念，UV是一个反映实际使用者的概念，每个UV相对于每个IP，更加准确地对应一个实际的浏览者。使用UV作为统计量，可以更加准确地了解单位时间内实际上有多少个访问者来到了相应的页面。

(3) 点击量(click amount)

这是指某一段时间内某个或者某些关键词广告被点击的次数，是针对网络广告推广等被点击的一种新的指标。点击率(click through rate)则是指点击的总次数与展现次数的百分比。

(4)站点停留时间(time on site)

这是指用户打开店铺最后一个页面的时间点减去打开该店铺第一个页面的时间点的时长。时间越长,说明店铺内容越吸引买家;若时间很短,卖家则可以考虑调整店铺内容,或进行装修等。

(5)访问深度(depth of visit,DV)

这是指用户一次连续访问的店铺页面数(即每次会话浏览的页面数),平均访问深度即用户平均每次连续访问浏览的店铺页面数。该指标越高,说明店铺的吸引力越大,买家希望深入挖掘该店铺内的信息。

(6)流量来源(traffic source)

流量主要有直接访问、搜索引擎和外部链接几种来源。不同的流量来源的属性和引流手法不同,比如直接访问可能来源于品牌知名度或者页面内容的价值,搜索引擎来源则反映了一个站点的搜索引擎优化(search engine optimization,SEO)水平,外部链接则反映了外部推广工作的成效。电商流量来源也分付费流量、免费流量和资源流量。

2. 成交数据

GMV(gross merchandise volume)是一定时间段内的商品交易总额。在电商网站中实际是指拍下的订单金额,包含付款和未付款部分。尽管 GMV 非评估业务的唯一指标,但在一定程度上体现了一家电商企业的发展速度及竞争力。例如,在 2019 财年,阿里巴巴在中国零售市场的 GMV 为 5.73 万亿元(约 8530 亿美元),同比增长 19%,增长的主要原因是年度活跃消费者数量的增加。2020 年,阿里巴巴数字经济的消费型商业业务 GMV 达 7.053 万亿元,成为世界上首个平台销售过 1 万亿美元的公司。

在成交数据中,还须考虑各渠道占比,如韩都衣舍的各渠道占比中,天猫最早占 100%,几年后则仅占到 50%,京东占 15%,唯品会占 25%,其他渠道占 10%。

3. 转化数据

转化率(conversion rate)通常是指在一个统计周期内,完成转化行为的次数占推广信息总点击次数的比率,包括下单转化率和付款转化率等。转化率是店铺最终盈利能力的核心。影响店铺转化率的因素很多,如品牌知名度、产品的可塑性、产品价格、库存、店铺页面装修、店铺活动、店铺推广和客服水平等。

电商行业有一个"万能公式",即

销售额(GMV)=独占访客流量(UV)×转化率×客单价

独立访客流量为各个流量入口访客数的总和。

转化率,这里指的是成交转化率。

客单价,是指支付成交金额/成交用户数,也是指一段时间内店铺产品销售的平均价格。

业界事例 1-2:为提高转化率 eBay 将扩展"向买家提供服务"的功能

4. 其他数据

标准化产品单元(standard product unit,SPU),是商品信息聚合的最小单位,是一组可复用、易检索的标准化信息的集合,该集合描述了一个产品的特性。通俗讲,属性值、特性相同的商品就可以被称为一个 SPU。它一般由类目+关键属性确定,例如手机的类目和关键属性是品牌和型号,iPhone XS 是一个 SPU(iPhone 是品牌,XS 是型号),HUAWEI Mate 20 也是一个 SPU。

库存量单位(stock keeping unit,SKU),即库存进出计量的基本单元,可以以件、盒、托盘等为单位。SKU 是大型连锁超市配送中心(distribution center,DC)物流管理的方法,现已被引申为产品统一编号的简称,每种产品均对应唯一的 SKU 号。对电商而言,SKU 指一款商品,每款都会有一个 SKU,便于识别商品。例如纺织品中一个 SKU 通常表示不同规格、颜色和款式的一款商品。

单款单色(stock keeping color,SKC),通常指服装的最小计数单位,来源于服装行业进销存管理。例如某服装品牌每个款色只出一件 S 码,那么是一个 SKC,如果这个款色出了 S 码和 M 码,则还是同一个 SKC。

每用户平均收入(average revenue per user,ARPU),是一个时间段内运营商从每个用户所得到的收入。很明显,高端的用户越多,ARPU 越高。在这个时间段,从运营商的运营情况来看,ARPU 值高未必说明利润高,因为利润还需要考虑成本,如果每用户的成本也很高,那么即使 ARPU 值很高,利润也未必高。

(二)运营思路

知识卡片 1-3:电商以"货"为本管控商品运营

电商运营通常关注活跃用户量、转化、留存、复购、GMV 等关键数据指标。运营的核心工作,一方面是做外功,提高转化率,获取消费者第一次购买行为;另一方面就是做内功,提高复购率,企业对个人(business to customer,B2C)盈利的核心也就在重复购买。电商运营主要的思路包括商品运营、用户运营和产品运营等。

商品运营其实是从传统的 4P 理论衍生出来的,即以"货"为本管控商品运营。用户运营是指以产品用户的活跃、留存、付费为目标,根据用户需求制定方案,即以"客"为本进行用户运营。具体做法包括引入新用户、留住老用户、保持现有用户活跃度、促使新用户付费、促进老用户复购及挽回流失或沉默用户等。用户的促活与留存的重要环节如图 1-5 所示。

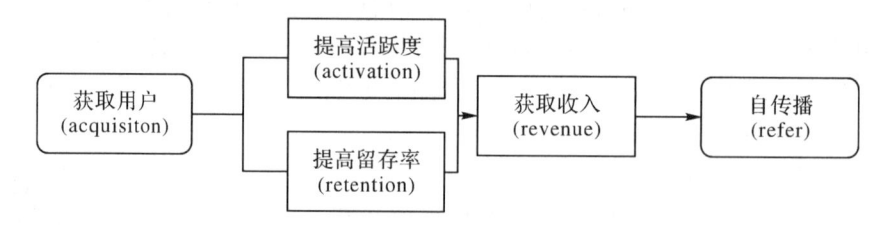

图 1-5 用户运营的基本功:用户的促活与留存

资料来源:根据网经社(http://www.100ec.cn)相关资料整理。

第二节 跨境电商概述

随着共建"一带一路"国家(地区)互联网基础设施的完善及中国跨境电商企业影响力的扩大,国家(地区)间的商品流通更加便捷,相应的网络营销、支付结算、仓储物流等电商产业链也逐步形成。

近年来,中国电商企业不断向共建"一带一路"国家(地区)加快布局,各方合作进展较快,成效明显。除了收购 Lazada,阿里巴巴还投资新加坡邮政 SingPost 和印度电商 Paytm,并成立澳大利亚和新西兰总部。事实上,不仅阿里巴巴,亚马逊、京东等电商巨头也在积极进行境外布局。此前阿里巴巴就曾和亚马逊争夺新加坡市场,而京东也紧随阿里巴巴的脚步,成立了澳大利亚和新西兰总部。

一、跨境电商的定义

跨境电商,是指分属不同关境的交易主体,通过电子商务平台达成交易,进行支付结算,并通过跨境物流送达商品、完成交易的一种国际(地区间)商业活动。从贸易属性看,跨境电商参与主体必须考虑跨境贸易中进出口流程、贸易和监管政策;从电商属性看,跨境电商需要依托互联网技术下的电商平台,利用线上交易改变传统线下贸易环节。

二、跨境电商与境内电商的区别

(一)交易主体不同

跨境电商的交易主体在不同关境之间,可以分为境内企业对境外企业、境内企业对境外个人,或者境内个人对境外个人。交易主体遍布全球,不同国家(地区)的消费心理、消费习惯、文化习俗和法律制度各异,要求跨境电商商家对国际化的招商引流、新媒体营销和知识产权保护等有更深入的了解,既要有"国际化"又要有"本土化"思维。这都远远超出了对传统境内电商的要求。

(二)业务环节不同

跨境电商需要经过海关通关、检验检疫、外汇结算、出口退税、进口征税等环节。在货物运输上,跨境电商通过邮政小包、快递方式出境,运输时间长,路途遥远,货物易损,且各国(地区)快递派送能力相对有限,容易引起纠纷。境内电商以境内快递方式将货物送达消费者,路途近,到货速度快,货物损坏概率低。

(三)适用规则不同

跨境电商需要有很强的政策规则敏感性,要及时了解国际(地区间)贸易法律法规和政策的变化,把握进出口贸易形势,更要全面掌握跨境电商平台规则,具备针对不同需求和业务模式进行多平台运营的技能,规范自身业务是长远发展的必要途径。

三、跨境电商与传统国际(地区间)贸易的区别

跨境电商实际上是买卖双方借助互联网实现资金流和商品流的反方向流动,开启的国际(地区间)贸易电子化的新模式。传统国际贸易依赖于传统销售方式,具有买家需求封闭、订单周期长、利润空间不大、交易流程复杂及效率不高等问题。跨境电商基于互联网的运营模式,改变了传统国际(地区间)贸易模式下境外渠道进口商、批发商、分销商、零售商的垄断,重塑了国际贸易链条,突破了时空物理限制,使企业可以直接面对国际(地区间)贸易中的个体批发商、零售商或者消费者,有效减少了贸易中间环节和商品流转成本,提升了进出口贸易效率和企业盈利能力。与传统国际(地区间)贸易相比,跨境电商呈现出以下新特征。

(一)小批量

由于跨境电商实现了单个企业之间、企业与个人之间,或个人与个人之间的交易,与传统

国际(地区间)贸易相比,跨境电商单笔订单大部分是小批量的,甚至是单件订单。跨境电商产品类目多,更新速度快,具有海量商品信息库、个性化广告推送、支付方式简便多样等优点,再加上掌握了大量的客户数据,跨境电商企业能为客户提供差异化、个性化的产品。

(二)高频次

在传统国际(地区间)贸易模式下,信息流、资金流和物流是分离的,而跨境电商可以将三者整合在一个平台上,甚至可以同时进行,实现了单个企业即时按需采购、销售,消费者即时消费的需求,交易频率大幅提高。

(三)多边性

跨境电商贸易过程相关的信息流、资金流、商流和物流已经由传统的双边贸易逐渐向多边方向演进,呈网状结构。传统国际(地区间)贸易主要表现为两国(地区)之间的双边贸易,即使是多边贸易,也是通过多个双边贸易实现的,呈线性结构。

四、跨境电商的主要模式

跨境电商按照商品流向可以分为跨境进口模式和跨境出口模式。

(一)跨境进口模式

1. 主要跨境进口模式

跨境进口模式主要包括直购进口和保税进口。直购进口模式(也称一般进口模式),是指境内个人购买者在指定的跨境电商网站订购境外商品,并进行网上关税申报和计税,商品通过快递等物流渠道直接从境外寄递进境,通过电商服务平台和通关管理系统实现交易的一种跨境电商进口模式(见图1-6)。保税进口模式是电商企业以货物申报进入海关特殊监管区域或保税场所,境内消费者网上交易后,区内货物以物品逐批分拨配送,按物品缴纳税费和监管的一种跨境电商进口模式。

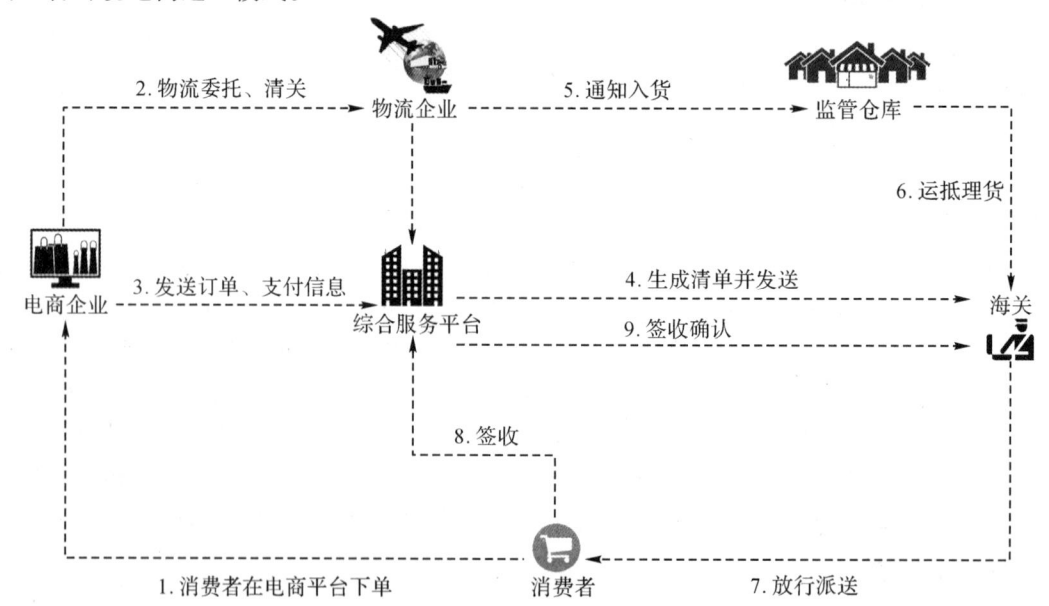

图1-6 直购进口模式

与传统的"海淘"相比,直购进口模式货物符合国家海关监管政策,清关操作更为阳光,消费信息也更透明,同时商品来源和服务更有保障。

保税进口模式则借助了保税港区特殊监管园区的政策优势,采取"整批入区,B2C邮递快件缴纳行邮税出区"的方式,大大降低了电商企业进口货品的价格,同时从境内发货的形式也缩短了消费者从下单到收货的时间。通俗地理解,直购进口模式和保税进口货物模式最大的区别在于:直购进口模式是先下单再从境外发货,保税进口货物模式是先从境外发货再下单。

两种跨境电商进口模式适用于不同类型的电商企业。其中,直购进口模式对代购类、品类较宽泛的电商平台及境外电商来说比较适用,可从境外直接发货,在商品种类多样性上具有优势。保税进口模式则在价格和时效上具有优势,适用于品类相对专注、备货量大的电商企业。

2. 主要的跨境进口平台

(1) 天猫国际(Tmall Global)

天猫国际是阿里巴巴集团在2014年2月19日宣布正式上线的,主要为境内消费者直供境外原装进口商品。入驻天猫国际的商家均为中国大陆以外的公司实体,具有境外零售资质;销售的商品均原产于或销售于境外,通过国际(地区间)物流经中国海关正规入关。所有天猫国际入驻商家将为其店铺配备旺旺交流软件以提供中文咨询,并提供境内的售后服务,消费者可以像在淘宝购物一样使用支付宝买到境外进口商品。

2018年2月27日,菜鸟天猫用区块链技术溯源海淘商品,打击物流信息造假。2019年,跨境电商迎来巨大的爆发期,为响应国家大进口战略,满足不断增长的用户需求,天猫国际宣布将持续加大投入,在5年内实现超过120个国家与地区的进口覆盖,商品从4000个品类扩充到8000个品类以上。3月21日,天猫国际在全球商家大会上发布了2019年三大重点战略:升级直营业务,与平台业务一起组建"双轮驱动"模式赋能全球品牌;打造海外仓直购新模式,为境外"小而美"品牌构建全球供应链网;与淘宝直播、微博、小红书等多渠道联合,扩宽内容触达渠道,与多机构建立达人机制,为全球品牌打造内容化营销阵地。

2022年9月,天猫国际发布进口业务新策略,将海外直购正式与天猫国际业务融合,直购、平台、自营三大进口模式将深度协同,发挥各自优势形成合力,更好地助力海外品牌开拓中国市场,帮助跨境商家在中国市场的成长。

截至2022年9月,天猫国际共引进了90多个国家和地区、超7000个品类、超39000个境外品牌的商品进入中国市场。天猫国际已经成为进口消费第一平台。

(2) 京东国际

京东全球购成立于2015年,主营跨境进口商品业务。2018年11月19日,京东全球购正式升级更名为"海囤全球",定位为京东旗下全球直购平台,专注原产地直购模式,具有自营直采、突出原产直购、京东配送等优势。在具体的业务板块,海囤全球在直采、品控、物流、用户体验、售后服务、商家赋能6个方面实现全面升级。自2018年开始,京东已先后在日本、韩国开设直采中心,后又在北美、欧洲、澳大利亚等地相继开设直采中心。使用京东物流的海囤全球商品在国内一、二线城市可实现100%当日达或次日达,30万个配送网点解决了"最后1公里"的配送问题,最快可实现1.5小时送达,而未来配送速度将继续提升。

2019年11月22日,京东集团宣布,旗下进口业务海囤全球正式更名为京东国际,并将推出百亿补贴计划。京东国际覆盖美妆、生鲜、奢侈品、日用品等全品类的进口商品,发力服务保障领域,并陆续推出晚到必赔、破损包赔等服务。针对京东PLUS会员则推出7天无理由退货等多项"放心购"服务,针对商家方面则进行全流程监管及专业化技术保障。

(3) 洋码头

洋码头成立于2009年年底,是中国独立境外购物平台的领军者。作为一站式境外购物平台,洋码头专注于连接全球零售市场与中国本土消费,致力于将世界各地优质丰富的商品及潮流的生活方式和文化理念同步给中国消费者。洋码头通过全球买手商家实时直播的境外购物场景、跨境直邮快递、严格的监管制度及售后无忧等服务保障,让消费者足不出户便可享受境外原汁原味的正品商品和服务。

2016年3月24日,财政部、海关总署、国家税务总局发布了《关于跨境电子商务零售进口税收政策的通知》(于2016年4月8日起执行,简称"四八新政")。在该税改政策落地之际,洋码头凭借多年累积的国际(地区间)物流经验,率先与海关系统快速对接实现"三单对碰",为不断提升物流效率奠定了坚实的基础。洋码头现已在全球建立了15个大型国际(地区间)物流中心,服务全球20多个主要海淘目的地,全程封闭运输,实时监控。目前,洋码头认证买手商家超过10万名,覆盖全球六大洲,分布于美国、英国、日本、韩国、澳大利亚、新西兰等80多个国家(地区),每日可供购买的商品数量超过80万件。

(二) 跨境出口模式

跨境出口模式主要包括跨境一般贸易和跨境零售。

1. 跨境一般贸易

(1) 概述

跨境一般贸易是指跨境B2B。从广义上看,跨境B2B是指互联网化的企业对企业的跨境贸易活动,即"互联网+传统国际贸易"。从狭义上看,跨境B2B是指基于电子商务信息平台或交易平台的企业对企业的跨境贸易活动。B2B跨境电商或平台所面对的最终客户为企业或集团客户,提供企业、产品和服务等相关信息。跨境B2B纳入海关一般贸易统计。目前,跨境B2B交易占中国跨境电商市场交易规模的90%以上。

(2) 主要的出口跨境B2B平台

中国出口跨境电商行业产业链图谱显示,目前出口跨境电商B2B平台主要包括阿里巴巴国际站、环球资源、中国制造网、生意宝、敦煌网、TradeKey、EC Plaza、ExportHub等。

① 阿里巴巴国际站

知识卡片1-4:阿里巴巴国际站与诚信通1688、速卖通有什么区别?

阿里巴巴国际站于1999年正式上线,是阿里巴巴集团最早创立的业务,主要针对全球进出口贸易,是目前全球领先的跨境B2B电子商务平台,服务全球采购商和供应商。此外,阿里巴巴外贸综合服务平台提供一站式通关、退税、物流和金融等服务,致力于打造未来大数据基础生产中心,同时规范中小企业入驻,以"买家视角"满足需求。目前,阿里巴巴国际站有1.5亿注册会员买家,覆盖40多个行业,5900个产品类别,每天有30多万笔询盘订单。阿里巴巴国际站主要收入来源为会员费、提供差异化打包增值服务所带来的广告费、站内搜索排名费及向认证供应商收取的企业信誉认证费等。

阿里巴巴外贸机器人(Alibaba Robot,AliRobot),是中国第一款阿里巴巴国际站自动化营销多功能软件,通过类似的软件可实现高质量产品智能海量发布,多关键词全方位覆盖,产品定时批量更新,关键词排名一键查询等功能。2018年5月,阿里巴巴在跨境电商中正式上线对话实时翻译功能。这是全球首个电商领域的实时翻译人工智能(artificial intelligence,AI)产品。凭借日翻 7.5 亿次的实力,阿里巴巴位居电商 AI 翻译量之首,实力远超脸书、亚马逊。

② 环球资源

环球资源成立于 1971 年,是国际化多渠道 B2B 贸易平台。公司的核心业务是通过贸易展览会、环球资源网站(http://www.globalsources.com)、贸易杂志及手机应用程序提供信息和交易服务,深受境外买家及供应商社群的高度信赖。目前有超过 150 万名国际买家(其中 94 家为全球百强零售商)使用环球资源的服务来获取供应商及其产品的信息,以便在复杂的供应市场进行高效的采购。与此同时,供应商借助环球资源提供的整合出口推广服务,提升公司形象,赢得商机,获取来自 200 多个国家及地区的买家的订单和合作机会。

环球资源以线下服务为主,具有贸易撮合的特征。其主要收入来源为:线下会展展位费、会展广告费、商情刊物、出售行业咨询报告等带来的广告收入和增值服务费用,其运营成本往往较线上服务高,利润率相对较低。

环球资源网拥有电子行业、家居生活行业、五金行业、时尚行业一站式采购交易平台,是供应商线上线下整合推广的最佳渠道和买家的采购首选。网站特设 O2O 专区,在黄金位置呈现精选产品,帮助供应商彰显企业实力,帮助买家迅速锁定目标供应商。新产品特色版块每日更新,持续高效吸引买家关注,促使买家发出询盘。环球资源提供的产品服务包括以下内容。

环球资源展:每年 4 月和 10 月在香港举办多场专业采购展会,聚焦热门行业,覆盖创新产品,其中包括环球资源消费电子展、移动电子展、Lifestyle 展及时尚产品展。创客展(Startup Launchpad)为亚洲最大型硬件产品展,致力于推进创客产品在知名线上及线下零售平台中的全球分销。

《世界经理人》杂志:《世界经理人》创刊于 1992 年,是环球资源旗下的商业管理类杂志。它拥有逾 500 万优质而活跃的中国高级经理人精英社群。凭借旗下网站、论坛、APP、微信、微博等一系列产品及服务,《世界经理人》为社群提供全方位优质管理资讯与交流平台。

深圳国际机械制造工业展览会(SIMM):该展会是国际展览业协会(UFI)在中国华南地区首家认可并推荐的国际级专业展会,也是深圳品牌展会之一。环球资源于 2013 年收购深圳国际机械制造工业展览会,极大地促进了环球资源在机械制造工业方面的发展。

③ 中国制造网

中国制造网创立于 1998 年,由焦点科技开发和运营,是中国领先的综合性第三方 B2B 电商平台。中国制造网面向全球提供 27 个类目和 3600 个子类目的中国产品的电子商务服务,旨在利用互联网将中国制造的产品介绍给全球采购商。中国制造网包括内贸站和国际站。2016 年 7 月,中国制造网推出线下展会推广模式,上线"虚拟展会·样品汇"(SMART EXPO),竞选优质样品,使用虚拟现实(virtual reality,VR)和 360 全景技术展示中国供应商的制造条件和产品质量,供应商无须跨国参展即可与中国制造网共享全球和行业明星展会。此外,通过 SMART EXPO 独有的"名片交换功能"可实现买家询盘实时发送,让供应商足不出户即可网罗全球展会优质买家。

阿里巴巴国际站、环球资源、中国制造网在盈利模式、主营业务、客户服务、优势、劣势等方面的对比情况如表 1-1 所示。

表1-1 阿里巴巴国际站、环球资源、中国制造网对比情况

信息服务平台	阿里巴巴国际站	环球资源	中国制造网
盈利模式	会员费、广告费	会员费、线下服务收取的增值服务费	会员费、增值服务费、认证费
主营业务	主要提供一站式的店铺装修、产品展示、营销推广、生意洽谈及店铺管理等线上服务和工具	提供网站、专业杂志、展览会等出口市场推广,以及广告创作、教育项目和网上内容管理等支持服务	提供信息发布与搜索等服务,帮助中小企业应用互联网络开展国际营销
客户服务	为中小企业拓展国际(地区间)贸易提供出口营销推广服务,向境外买家展示、推广供应商的企业和产品	面向大中华地区、多渠道的B2B媒体公司,致力于促进大中华地区的对外贸易	汇聚中国企业产品,面向全球采购商、中小企业
优势	访问量最大的B2B网站,推广力度较强,功能较完善	电子产品有优势,大中华区、韩国、欧美市场有优势	收费较公道,其知名度很大一部分靠口碑得来
劣势	价格较高,实际效用与宣传有一定差距,采购商良莠不齐,客户的含金量不高	只提供供应商目录查询功能,价格较高,而低价服务效果差,采购商信息采集和分类是其弱项	规模较小,在境外影响力不大,在境内自身推广力度仍不足

资料来源:根据网经社(http://www.100ec.cn)相关资料整理。

④ 生意宝

浙江网盛生意宝股份有限公司(http://www.cn.toocle.com)成立于1997年12月,创立了中国第一个电子商务网站,由此开启了贸易信息交换的互联网时代。2006年12月,其在中国A股成功上市,成为中国互联网行业第一家在境内上市的互联网公司,也成为B2B 1.0时代的平台标准。2007年开始致力于打造大交易、大金融、大物流的B2B 2.0平台标准,历时10年已成功完成B2B 2.0平台标准打造。

生意宝开创以"行业门户+联盟"为主的综合行业电子商务模式,以企业联盟的方式对各行业B2B网站进行资源整合,提供"既综合又专业"的B2B服务。这种"垂直+综合"的B2B平台呈现内容专业化、服务集中化、访问经常化、用户精准化等特点。其主营业务为:网络基础服务、网络信息推广服务、广告发布服务及行业门户加盟服务等。

2018年3月,Toocle 3.0上线,它是网盛生意宝历时20年打造的标准、安全、高效的全球贸易信息交换中心,由3大项目——Toocle Local(本地)、Toocle Vertical(垂直)、Toocle Global(全球)与100多个电子商务平台联合构成。其功能与服务主要包括:贸易信息的标准化全球发布、跨境贸易服务、供应链金融服务。Toocle 3.0的正式上线,标志着该公司的电商战略实现了新的转型升级。

⑤ 敦煌网

敦煌网创立于2004年,是全球领先的跨境电商出口平台。它致力于帮助中国的中小企业通过跨境电子商务平台走向全球市场,开辟了一条全新的国际贸易通道。敦煌网是国内首个为中小企业提供B2B网上交易的网站,也是亚洲第一个拥有全球"身份证"GS1(Global Standard 1,国际物品编码组织)的跨境电商B2B交易的平台。它采取佣金制,免注册费,建立并推行为成功付费的理念;推出跨境电商移动平台、买家APP、卖家APP和社交商务,成立诚

信安全部,建立完善的风险控制体系。

敦煌网的业务布局以平台交易为核心,整合并升级产业链上的支付、物流、金融等供应链服务,并在境内、境外市场实现有效下沉和业务拓展。它开创了 DHgate 小额 B2B 交易平台,打造了外贸交易服务一体化平台 DHport,为优质企业提供了直接对接境外市场需求的通路。目前,敦煌网已牵手中国 2000 多个产业带、2200 万商品、200 万供应商与全球 200 多个国家和地区的 2100 万中小微零售商在线交易,在品牌、技术、运营、用户四大维度上建立起了行业竞争优势。

⑥ TradeKey

TradeKey 成立于 2006 年,是世界上第一个同时通过 ISO 9001 质量管理体系和 ISO 27001 信息安全管理体系认证的 B2B 平台,尽最大可能提升客户满意度及确保进出口商在线交易的安全性。TradeKey 是沙特阿拉伯公司,其全球运营中心位于巴基斯坦。它具有目前世界上最先进的"贸易搜索引擎",强有力的搜索功能使用户可以快速查找到所需要的信息,除此之外,它还拥有"自动登录相关网站"的功能。用户在 TradeKey 的网站上发布信息的同时,该信息也会在 TradeKey 相关的网站上发布。

TradeKey 于 2009 年 9 月进入中国,在北京成立官方代表处。2011 年 8 月,正式打进中国市场,在北京、上海、广州设立 3 家全资公司,为中国出口企业提供 B2B 咨询和境外营销解决方案。目前,TradeKey 可以帮助贸易商与全球 200 多个国家和地区的 870 万进出口商联系。

⑦ EC Plaza

EC Plaza 创立于 1996 年,是韩国贸易信息通信公司 KTNET 旗下的 B2B 电子商务贸易网站。KTNET 自 1990 年成立以来一直提供与贸易相关的 EDI(electronic data interchange,电子数据交换)系统和商业信息技术服务,同时也发展在境外营销、电子贸易、程序构筑、多语言网站制作和平面设计等方面的业务,是世界上最为成功的 B2B 公司之一。目前,EC Plaza 为超过 100 万用户提供线上线下服务。

⑧ ExportHub

ExportHub 是由一批 B2B 和网络营销专家组成的国际 B2B 市场品牌,一直致力于为客户提供先进的数字服务及结果导向服务。ExportHub 提供包括社交媒体管理(social media marketing,SMM)、SEO、搜索引擎营销(social engine marketing,SEM)和线下营销,如面对面会议及展会参与服务等。

2. 跨境零售

(1) 概述

跨境零售分为跨境 B2C 和跨境 C2C。跨境 B2C 是指基于电子商务信息平台或交易平台的企业对消费者个人的跨境贸易活动。在 B2C 模式下,企业直接面对境外消费者,主要通过邮政小包、国际(地区间)快递或海外仓等物流方式将商品送达买家。跨境 C2C 是指个人卖家通过电子商务信息平台或交易平台对个人买家的跨境贸易活动。

(2) 主要的出口跨境 B2C 平台

目前出口跨境 B2C 电商平台主要包括速卖通、亚马逊、eBay、Wish、兰亭集势、DX、米兰网、环球易购、傲基国际、执御等。

① 速卖通

速卖通(AliExpress)于 2010 年 4 月正式上线,是阿里巴巴旗下面向全球市场打造的在线交易平台,被广大卖家称为"国际版淘宝"。目前,速卖通是中国最大的出口 B2C 电商平台,支持 18 种语言,覆盖全球 200 多个国家和地区,主要交易市场为俄罗斯、美国、西班牙、巴西、法国等国。22 个行业囊括日常消费类目,占平台 90% 交易额,境外成交买家数量已突破 1.5 亿,流量令人瞩目。AliExpress APP 境外装机量超过 6 亿次,入围全球应用榜单 TOP 10。速卖通平台实施企业化、品牌化升级以来,通过专属服务、流量扶持、营销活动、品牌授权、成长支持等五大资源多方位助力"中国好卖家"跨境出海。

② 亚马逊

亚马逊(Amazon)公司成立于 1995 年 7 月,位于西雅图,是目前美国最大的网络电子商务公司。亚马逊成立之初主要以在线销售的图书业务为主,现扩展至图书(Kindle)、电脑、数码家电、母婴百货、服饰箱包等众多品类。2004 年 8 月亚马逊全资收购中国卓越网,正式进入中国市场。

亚马逊的优势在于品牌的国际影响力和领先的国际物流仓储服务。它于 2005 年推出 Prime(优先)会员服务,2007 年引入亚马逊物流卖家服务(fulfillment by Amazon,FBA),即亚马逊将自身平台开放给第三方卖家,将其库存纳入亚马逊全球的物流网络,为其提供拣货、包装及终端配送等服务,亚马逊则收取服务费用。如今,亚马逊在全球拥有超过 2 亿名的 Prime 会员,这使得 Prime 会员计划成为全球最大的客户忠诚度计划之一。亚马逊全球开店计划为卖家开通亚马逊账户提供了快捷方式。目前,包括亚马逊美国、加拿大、德国、英国、法国、意大利、西班牙、日本、墨西哥、澳大利亚、阿联酋、沙特阿拉伯、印度、新加坡、荷兰、瑞典和波兰在内的 17 大海外站点已向中国卖家全面开放。

③ eBay

eBay(亿贝)成立于 1995 年 9 月,位于美国加州圣荷西,起步时是一家线上 C2C 拍卖平台,现已是 B2C 在线交易平台的全球领先者。2018 年 7 月,eBay 终止与长期支付伙伴 PayPal 的合作,宣布与苹果(Apple Pay)和 Square 达成新的伙伴关系。2019 年 4 月,eBay 又引入 Google Pay 支付选项,使用户可以更加灵活地选择自己喜好的支付方案。截至 2022 年第三季度,eBay 在 190 多个国家或地区拥有约 1.35 亿用户,APP 下载超 4 亿次。

④ Wish

Wish 是 2011 年成立的一家高科技独角兽公司,有 90% 的卖家来自中国,也是北美和欧洲最大的移动电商平台。它使用智能推送算法技术为每个客户提供最相关的商品。Wish 旗下共拥有 6 个垂直的 APP:Wish、Geek、Mama、Cute、Home、Wish for Merchants。Wish 淡化了品类浏览和搜索,去掉促销,专注于关联推荐。由于 Wish 采用的是移动技术,因此公司在用户界面及移动应用程序方面花费了大量心思,将资源集中投入核心平台的改进工作,而不是分散关注多个不同的收入流。Wish 应用程序本身就像是一个社交媒体站点,用户可以相互关注,查看彼此喜欢的产品和交换 Wish 清单。截至 2023 年,Wish 平台注册用户超 6 亿人,月活跃用户超 1 亿人。

速卖通、亚马逊、eBay、Wish 在盈利模式、物流体系、支付方式、销售品类、销售市场、优势、劣势等方面的对比情况如表 1-2 所示。

表 1-2　速卖通、亚马逊、eBay、Wish 对比情况

开放式平台	速卖通	亚马逊	eBay	Wish
盈利模式	会员费和交易佣金	交易佣金为主	交易佣金为主	交易佣金为主
物流体系	第三方物流	亚马逊物流及第三方物流	第三方物流	Wish 邮
支付方式	国际支付宝、PayPal（贝宝）	支付宝、网上银行支付、国际标准信用卡	Apple Pay(苹果支付)、Google Pay(谷歌支付)	PayPal、PingPong（呼嘭）、Payoneer(派安盈)
销售品类	以服装及配饰、手机通信、美容护理、珠宝手表、电脑等品类为主	以全新、翻新及二手商品为主，提供综合型全品类商品	只要物品不违反法律或不在 eBay 的禁止贩售清单之内均可售	以服装、母婴、3C、女性用品为主，提供全品类综合型商品
销售市场	以巴西、俄罗斯、乌克兰、智利等南美、东欧国家为主	以北美、欧洲、南美洲、大洋洲、亚洲（中国、日本、印度）为主	以美国、英国、澳大利亚、中国、阿根廷等为主	以北美移动端客户为主
优势	产品品类较多，用户流量大，价格相对其他平台较低	对入驻卖家要求高，品牌认同度和产品质量高，相对优于其他平台	买家资源广，品牌认同度较高，支付系统强大	作为首个移动端购物APP，能对用户进行精准的产品推送
劣势	产品质量难以得到保证，物流服务体验一般，目标国家（地区）多为新兴国家（地区）	产品质量仍不能 100% 保证，此外商家不选用亚马逊物流，服务体验也不能得到保证	对产品掌控能力弱，售后服务质量一般	物流时效慢，规则尚不完善，假货泛滥，覆盖面小，主要针对北美地区

资料来源：根据网经社(http://www.100ec.cn)相关资料整理。

（三）其他跨境电商模式

M2C(manufacturers to consumer)，是指生产厂家直接对消费者提供自己生产的产品或服务的一种商业模式，特点是流通环节减少，销售成本降低，从而保障了产品品质和售后服务质量。如天猫国际、洋码头等。

O2O(online to offline)，是指线上到线下的销售。O2O 一头是电商，一头是线下的实体零售商。线下实体零售商可借用线上的大数据资源、流量资源、供应商资源、移动支付技术等，电商也可借用线下实体零售商的会员资源、物流、区域供应商资源等，双方可实现优势互补，互利共赢。如美团、苏宁易购等。

知识卡片1-5：进口跨境电商形成多类模式和产业链

第三节 中国跨境电商行业发展

一、跨境电商发展历程

跨境电商作为互联网新兴行业，经历了从无到有，从小到大的发展过程。按照时间顺序，1999年至今跨境电商行业主要经历了信息服务、在线交易和全产业链服务的3个阶段。

（一）跨境电商1.0时代（1999—2003年）

这一阶段从1999年阿里巴巴成立开始，是我国跨境电商的起步摸索阶段。该阶段的主要商业模式是网上展示、线下交易的外贸信息服务模式。第三方平台主要的功能是为企业信息及产品提供网络展示平台，并不在网络上涉及任何交易环节。此时的盈利模式主要是通过向进行信息展示的企业收取会员费（如年服务费）来实现。在跨境电商1.0的发展过程中，也逐渐衍生出竞价推广、咨询服务等为供应商提供信息流增值的一条龙服务。

（二）跨境电商2.0时代（2004—2012年）

随着敦煌网的上线，跨境电商2.0阶段来临。跨境电商平台开始摆脱信息黄页的展示行为，将线下交易、支付、物流等流程实现电子化，逐步形成在线交易平台。借助电子商务平台，通过信息、服务和资源整合，有效打通跨境贸易价值链的各个环节。跨境电商包括B2C和B2B两种平台模式。主流形态是B2B平台模式，它将外贸活动的买卖双方直接对接，减少了中间环节，缩短了产业链，使国内供应商拥有更强的议价能力。

（三）跨境电商3.0时代（2013年至今）

2013年成为跨境电商的重要转型年，跨境电商全产业链都出现了商业模式的变化。首先，跨境电商呈现大型工厂上线、B类买家成规模、中大额订单比例提升、大型服务商加入和移动用户量爆发5个方面特征。跨境电商3.0服务全面升级，平台承载能力更强，实现了全产业链服务在线化。其次，用户群体由草根创业向工厂、外贸公司转变，且具有极强的生产设计管理能力。平台销售产品由网商、二手货源向一手货源产品转变。最后，该阶段的主要卖家群体正处于从传统外贸业务向跨境电商业务的艰难转型期，生产模式由大生产线向柔性制造转变，对代运营和生产链配套服务需求较高。该阶段的主要平台模式也由C2C、B2C向B2B、M2B模式转变，批发商买家的中大额交易成为平台的主要订单。

二、跨境电商发展现状

（一）跨境电商总体发展情况

作为国家大力支持发展的新兴业态，近年来跨境电商随着互联网基础设施的完善和全球性物流网络的构建，交易规模日益扩大。国内知名电商智库网经社-电子商务研究中心2020年6月发布的《2019年度中国跨境电商市场数据监测报告》显示，2019年中国跨境电商市场规模（含B2B、B2C、C2C和O2O等模式）达10.5万亿元（进口、出口跨境电商交易规模分别为2.47万亿元和8.03万亿元），较2018年的9.7万亿元（进口、出口跨境电商交易规模分别为

2.05万亿元和7.65万亿元)同比增长8.2%。跨境电商渗透率(跨境电商交易规模占进出口贸易总额的比例)从2013年的12.2%上升到2019年的33.3%,即2019年跨境电商交易规模占中国进出口总额31.6万亿元的33.3%,跨境电商在助推传统外贸发展上起到的作用愈加凸显(见图1-7)。

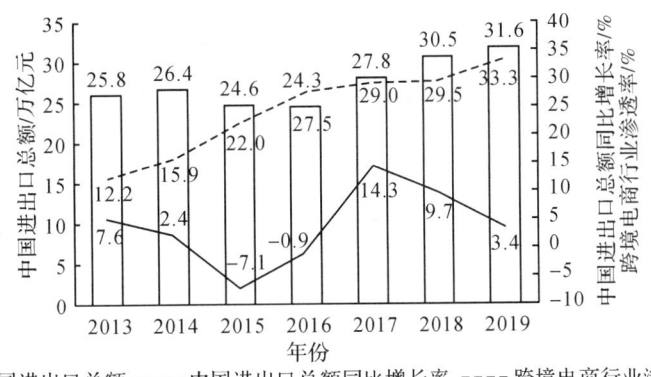

图1-7　2013—2019年中国进出口总额及同比增长率与跨境电商行业渗透率

资料来源:根据前瞻产业研究院(http://bg.qianzhan.com)相关资料整理。

在跨境电商进出口结构方面,2019年中国跨境电商的进出口结构中,出口占比达到76.5%,进口占比为23.5%。在跨境电商交易模式结构方面,2019年中国跨境电商的交易模式中,跨境电商B2B交易占比达80.5%,跨境电商B2C交易占比为19.5%。但应注意,跨境电商已呈现出贸易模式的高度复合化。为了充分反映消费者的个性化需求和制造业的智能化转型需要,B2B2C模式日益凸显,成为一种重要的线上复合贸易形态。它既能匹配国际贸易成本降低的诉求,又能契合碎片化订单集聚的趋势。

对比近年来进出口贸易的增速和跨境电商交易规模的增速可以发现,在传统进出口贸易增长缓慢,甚至出现负增长的情况下,跨境电商一直保持着较高的增长态势。自2012年以来,国务院已先后分七批设立165个跨境电商综合试验区(以下简称综试区),覆盖31个省(区、市)。在"一带一路"倡议和进一步扩大对外开放等举措的推动下,传统进出口贸易依托现代网络技术向跨境电商转型的步伐继续加速。

(二)出口跨境电商的发展状况

在跨境电商进出口结构方面,2021年中国跨境电商的出口占比达到77.5%,进口占比约为22.5%。2021年,进口与出口跨境电商市场在政策鼓励、税收优惠等助推下已达到一定规模的初步成熟。日趋完善的出口跨境电商逐步形成规模,倒逼管理精细化,从成本优势过渡到产品力优势。在跨境电商模式结构方面,2021年中国跨境电商B2B交易占比达77.0%,跨境电商B2C交易占比为23.0%。2021年,出口B2B在线采购已逐步成为全球采购主流趋势,对贸易经济带动面较大,同时出口B2C销售正往更多国家(地区)拓展,从欧美发达市场逐步向东南亚新兴市场渗透(见图1-8)。

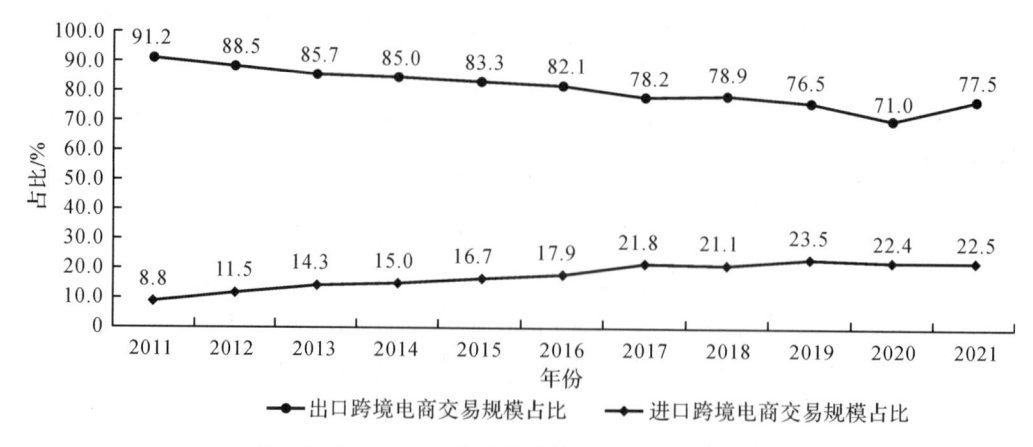

图 1-8　2011—2021 年中国跨境电商进出口结构占比

资料来源：根据前瞻产业研究院（http://bg.qianzhan.com）相关资料整理。

2020 年，海关总署创新开展跨境电商企业对企业出口试点，增设了"9710"（跨境电商 B2B 直接出口）、"9810"（跨境电商出口海外仓）贸易方式，现已在北京等 22 个直属海关开展试点，将跨境电商监管创新成果从 B2C 推广到 B2B 领域，并配套便利通关措施。受 2020 年疫情影响，境外消费者也越来越能够接受线上购物的消费方式。2021 年 2 月海关总署初步统计数据显示（调整了统计口径，加入了 B2B 数据），2020 年我国跨境电商进出口规模达 1.69 万亿元，同比增长 31.1%；其中出口跨境电商交易规模为 1.12 万亿元（占比约 66.3%），同比增长 40.1%；跨境出口电商成为我国外贸逆势上扬的重要动能。

从中国跨境电商历年的进出口结构来看，中国跨境电商主要以出口为主。网经社《2021 年度中国跨境电商市场数据报告》显示，2021 年中国跨境电商市场规模达 14.2 万亿元，同比增长 13.6%（见图 1-9）。

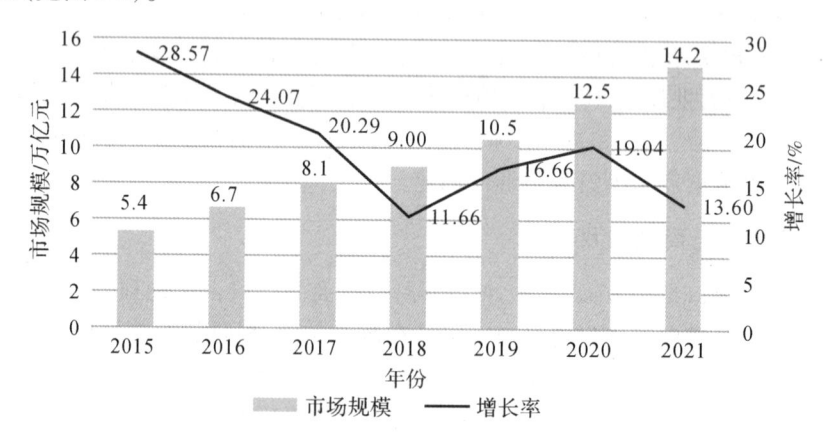

图 1-9　2015—2021 年中国跨境电商市场规模及增长率

资料来源：根据网经社（http://www.100ec.cn）相关资料整理。

（三）出口跨境电商 B2B 的发展状况

目前，跨境电商 B2B 出口市场呈现以下特征与趋势。

第一，主流出口跨境电商 B2B 平台发展重点是从信息撮合型平台转为交易型平台，即提供完善的 B2B 线上支付功能和交易保障，已取得一定的进展。

第二，外贸新时代催生新的贸易模式，在向新贸易转型的过程中，跨境 B2B 电商平台将扮演越来越重要的角色。平台将在全球贸易参与者中快速渗透，促使更多有贸易需求的买家和有跨境供应实力的供应商在平台上交易，并将更好地承接碎片化、高频的贸易订单。

第三，随着消费互联网向产业互联网转型，一般贸易线上化、交易服务平台化也成为未来发展的方向，大额贸易进入电商领域趋势明显。

（四）出口跨境电商网络零售的发展状况

目前，跨境电商 B2C 出口市场呈现以下特征。

第一，出口跨境网络零售市场继续快速发展，行业规模越大，其对于产品供应链和物流的整合力度越强，例如，可以更加快速地提供品类丰富的商品、物流成本更低等，这正是出口 B2C 电商最核心的优势所在。

第二，境内电商生态链具有"走出去"的优势。在阿里巴巴速卖通、京东国际等领先企业的推动下，我国电商行业以大数据辅助供应链选品，并具备全球领先的营销、运营能力，跨境出口搭建"网上丝绸之路"惠通全球。

三、跨境电商服务商市场

随着我国跨境出口电商市场的持续繁荣，带动了以支付、交易、营销为代表的跨境电商服务业不断壮大，帮助更多境内企业跨境"卖全球"。

围绕跨境电商企业产生的物流、商流、资金流等需求，中国跨境电商产业逐步形成了完整且高度市场化的服务生态，以支付、交易、营销为代表的跨境电商服务业，一方面完善了跨境电商产业体系，另一方面也带动了全球电商服务业的发展。2020 年，在疫情的影响下，跨境电商作为新业态，实现了飞速发展。作为新兴贸易业态，跨境电商在疫情期间进出口贸易额出现了不降反升的迹象，成为稳外贸的一个重要力量。跨境电商市场的繁荣、需求升级催生了更多的专业服务，跨境电商零售出口超过万亿元的规模，延伸出数千亿元的服务商市场。

（一）跨境市场"稳欧美、拓新兴"

从各个区域市场销售占比变化来看，近几年跨境出口电商市场依然维持较为稳定的格局，欧美市场仍处于领先地位。随着 Lazada 和 Shopee 业务的快速增长及中东市场中国独立站的崛起，东南亚和中东市场潜力开始凸显，"稳欧美、拓新兴"成为市场主要的增长策略。

作为跨境交易资金流转的核心环节，境外收款依然是广大跨境出口电商卖家最核心的需求。以连连支付为例，在深化服务上，为了满足境内卖家出海时更多元化的收款需求，连连跨境支付服务除了支持 Amazon、eBay、Wish 等全球主流电商平台外，还将触角延伸到小众、新兴电商市场。在收款币种上，除了支持美元、欧元、英镑、加元、澳元、日元等六大主流币种外，还新增了印尼盾、泰铢、巴西雷亚尔等小币种。因此连连支付作为诞生于本土、牌照齐全的第三方收款服务商，越来越受到境内卖家的关注和认可。根据亿邦动力的调研数据，2020 年，连连支付已经以 51.4% 的知名度抢占第三方境外收款工具熟知度第一名。而 PayPal、PingPong、国际支付宝在跨境卖家中的熟知度均超过了 40%，分列第二、三、四位（见图 1-10）。

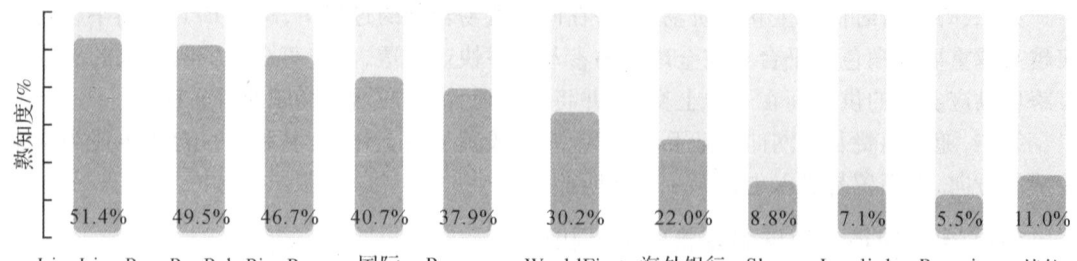

图 1-10　跨境电商卖家对第三方境外收款工具的熟知度（2020 年）

资料来源：根据亿邦动力（https://www.ebrun.com）跨境电商相关调研数据整理。

LianLian Pay 连连支付 51.4%　PayPal 贝宝 49.5%　PingPong 呼哧 46.7%　国际支付宝 40.7%　Payoneer 派安盈 37.9%　WorldFirst 万里汇 30.2%　海外银行账户 22.0%　Skyee 收款易 8.8%　Ipaylinks 艾贝盈 7.1%　Payssion 派付通 5.5%　其他 11.0%

（二）提升综合化服务成未来趋势

如果以跨境收款为例，近几年我国跨境出口境外收款服务市场竞争愈演愈烈，尤其在 2017 年末至 2018 年期间，市场短时间内涌入了一批境外收款服务商，以费率价格战为代表的新一轮竞争持续至今。

从发展趋势来看，目前跨境收款正由以费率为主导逐渐转变为收入结构多元化，商业模式不断演变，零费率、低费率时代已经到来，寻找新的收入来源将成为第三方收款企业保持稳定服务能力的着力点。

随着跨境电商服务需求日趋细化，单一的跨境收款服务在网络协同效应、服务差异化、行业壁垒等方面存在诸多痛点。未来，通过升级综合化服务的方式，提升用户拉新和留存的能力将成为行业发展的必然趋势。

面对这一迭代趋势，"行业头部"已在加速布局。2019 年初，连连支付推出跨境电商服务在线交易平台 LianLian Link，目前已实现包括运营、物流、财务、知识产权等环节在内的跨境电商卖家全链路服务。该开放平台连接境内外优质服务商，扶助传统服务商转型成为在线服务商，帮助他们实现获客在线、服务在线和组织在线。

基于跨境电商服务交易在线化，平台通过第三方在线口碑建立数字信用，跨境电商服务行业将首次迎来数字化评价。这将大大降低跨境电商服务交易中的信任成本，提升行业整体效率。综合化平台能让高品质跨境电商服务触手可及，未来将形成开放、协同、繁荣的全球跨境电商服务新形态，让更多人享受到跨境电商服务在线化的红利。

四、跨境电商发展趋势

（一）新兴市场带来出口跨境电商新增长

随着共建"一带一路"国家（地区）互联网基础设施和物流设施的不断完善，消费者网购习惯逐渐形成，为出口跨境电商提供了潜力巨大的需求空间，这成为我国出口跨境电商新的增长点。截至 2023 年初，中国已经与 29 个国家或地区签署了双边电子商务合作备忘录，并建立了双边电子商务合作机制，跨境电商已经成为"一带一路"合作的重要内容。目前，我国出口跨境电商企业的目标市场集中在欧美等发达地区，拉美地区是近年来跨境电商增速最快的地区，紧随其后的是亚太、中东和非洲等地区。虽然欧美主流市场依旧是行业发展的主力，但新兴市场的发展速度远高于欧美。印度市场相对比较封闭，但其拥有十几亿的人口，未来市场容量很大。俄罗斯市场较为成熟,中国电商平台(如速卖通)布局较早,竞争优势明显。

(二)数字技术引领跨境贸易智慧转型

数字技术深刻改变了国际贸易各个领域和环节,改变了跨境交易模式。"数据＋生态"双轮驱动成为跨境电商未来发展的新趋势,逐渐进入精细化运营时代。云计算、大数据、人工智能和区块链等新技术将广泛应用于跨境贸易服务、生产、物流和支付环节,例如智能机器人分拣中心、自动化智能物流仓库、人工智能客服、基于大数据的精准消费者洞察等,有利于降低信息沟通成本,减少商品流通环节,提高商品流通效率,推动跨境贸易从劳动型驱动转向智慧型驱动,从而提供更加高效、安全、便于操作的平台(见图1-11、图1-12)。

贸易服务
- 传统贸易受制于时间和人工,而智能客服可以提升服务体验
- 数字平台和轻量级服务器访问入口的建立,能够通过云计算提升服务效率
- 针对交易数据提炼有效信息,大数据提升服务质量

支付环节
- 沉淀支付等金融大数据,与金融垂直领域深度融合发展,提供风控、借贷等金融科技服务
- 区块链用于跨境结算,降本增效

生产环节
- 智能生产促进生产装备的数字化,逐步实现工业大数据、工业物联网、数字化工厂等新的智能制造技术
- 生产执行管理智能化,实现制造执行与运营管理、研发设计的集成

物流环节
- 智能物流加速产品流转,智能硬件和智能算法强化调度能力和规划能力
- 区块链记录产品从生产到触达用户的全流程数据,助力产品溯源,让生产和流通环节实现信息共享

图1-11 数字技术广泛应用于跨境贸易各环节

资料来源:易观《2018中国跨境出口电商发展白皮书》,https://www.analysys.cn/article/analysis/detail/20019136。

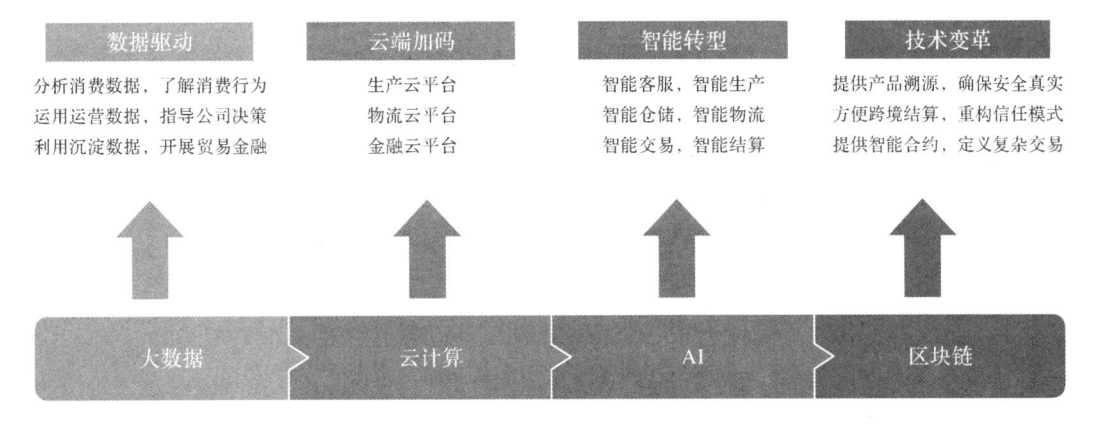

数据驱动
分析消费数据,了解消费行为
运用运营数据,指导公司决策
利用沉淀数据,开展贸易金融

云端加码
生产云平台
物流云平台
金融云平台

智能转型
智能客服,智能生产
智能仓储,智能物流
智能交易,智能结算

技术变革
提供产品溯源,确保安全真实
方便跨境结算,重构信任模式
提供智能合约,定义复杂交易

大数据 > 云计算 > AI > 区块链

图1-12 技术驱动跨境贸易智慧转型

资料来源:易观《2018中国跨境出口电商发展白皮书》,https://www.analysys.cn/article/analysis/detail/20019136。

(三)跨境电商出口产品升级和全渠道融合进程加快

在产业升级的背景下,中国跨境电商出口产品正从劳动密集型的低技术含量、低附加值产品向高技术含量和高附加值产品转变,逐步实现从"中国制造"向"中国智造"的转型。一方面,中国卖家开始设立自有品牌,主打产品差异化竞争策略,开发品牌化、定制化产品,逐步摆脱产品同质化低价竞争的困境;另一方面,中国卖家的新兴科技产品(无人机、虚拟现实产品、3D打印和智能穿戴设备等)销售额同比增长率在全球市场呈现较高增长态势。中国企业应及时把握市场动态,加强产品研发投入。此外,完善的物流供应链将进一步保障产品出口质

量。中国企业正积极布局海外仓和展示中心建设,实现"线上＋线下"全渠道融合。

(四) 资本驱动跨境电商行业整合

跨境电商企业对融资需求依然强烈,行业内企业竞争日益激烈,企业需要通过资本的手段实现快速发展,以通过规模化的发展塑造自己的核心竞争力并形成竞争壁垒。实际上,跨境电商的增速空间也为资本提供了入局条件。部分优质标的将成为上市公司的目标,还有众多资本方以定向增发或投资方式与跨境企业"联姻"。

(五) 跨境零售进口业务潜能巨大

近年来,国家出台多项促进消费的政策进一步激发居民的消费潜力。从消费者潜力来看,2019年12月23日发布的《社会蓝皮书:2020年中国社会形势分析与预测》显示,中国中等收入群体已有4亿人并将持续扩大,2021—2025年期间,中国将走向高收入国家。2022年,中国进口跨境电商市场规模达3.4万亿元,比2021年的3.2万亿元同比增长6.25%(见图1-13)。未来在新政策、新技术的加持下,跨境网购的消费潜力将进一步被释放,市场空间可期(见图1-14)。

图 1-13　2015—2022 年中国进口跨境电商市场规模

资料来源:根据网经社、艾瑞咨询相关资料整理。

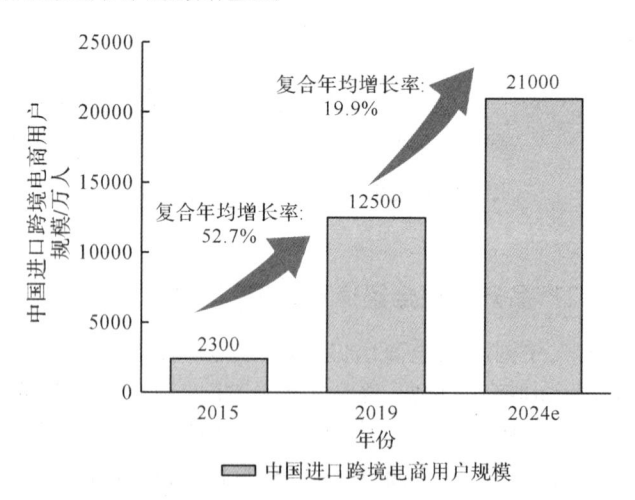

图 1-14　2015—2024 年中国进口跨境用户规模

资料来源:根据网经社、艾瑞咨询相关资料整理。

作为国家鼓励发展的新兴业态，政府在2018年底出台了一系列跨境电商零售进口新政，调整规范跨境电商零售进口业务，扩大优惠措施，明确监管新要求。跨境电商零售进口新政已于2019年1月1日起正式生效。新政不仅包括提高交易限值和增加清单物品等利好消费者的措施，对行业而言也标志着过渡期结束，政策趋于长期和稳定。

（六）跨境电商生态圈持续优化

伴随着跨境电商的发展，行业将从野蛮生长向逐步规范转变，物流、资金流和信息流三流合一，形成交易闭环，物流、金融、支付、技术等服务供应商实现专业化和系统化，围绕跨境电商形成一个生态链和服务链，这将会是行业发展的大趋势。

（七）中国将推动和引领国际电商规则的制定

通过跨境电商综试区的"先行先试"，我国已就跨境电商初步创建了一套运营良好的监管服务体系，形成了"可传播、可复制"的经验，完全可以引领全球跨境电商的发展，并引领跨境电子商务国际规则制定落到实处。2018年2月，中国海关和世界海关组织（World Customs Organization，WCO）联合举办的首届世界海关跨境电商大会在北京举行，此次会议发布了《北京宣言》和《全球跨境电子商务行业行动倡议》，还就国际跨境电商监管模式达成基本共识。而在上述议程中，我国做出了重要贡献，成为首个世界海关跨境电商监管与服务指导性文件《世界海关组织跨境电商标准框架》（以下简称《标准框架》）的牵头制定国。2023年11月，在我国乌镇举办的世界互联网大会上发布了《跨境电子商务国际规则体系发展研究报告》，该报告是在对跨境电商业务发展、规则制定实施、促进贸易便利化的最佳实践等开展实地调研的基础上，针对调研成果及各成员单位提交的材料开展国际性交流研讨，并向20余位中外方工作组成员征求意见后形成的，凸显了中国积极开展国际合作，以及在国际电子商务规则的制定中发挥的重要作用。

第四节　跨境电商法律与政策

一、《中华人民共和国电子商务法》

2018年8月31日，第十三届全国人大常委会第五次会议通过我国电商领域首部综合性法律——《中华人民共和国电子商务法》，为保障电子商务各方主体的合法权益、规范电子商务行为、维护市场秩序、促进电子商务持续健康发展构建体制框架。《电商法》对电子商务经营者、电子商务合同的订立与履行、电子商务争议解决、电子商务促进、法律责任等都做了相应的规定。该法于2019年1月1日起正式实施。

《电商法》在适用中会涉及法律衔接问题，例如在市场准入上与现行的商事法律制度相衔接，在数据文本上与合同法和电子签名法相衔接。在纠纷解决上，与现有的消费者权益保护法相衔接。在电商税收上与现行税收征管法和税法相衔接。在跨境电子商务上，与联合国国际贸易法委员会制定的《贸易法委员会电子商业示范法》、电子合同公约等国际规范相衔接。

(一)电子商务主体界定

电子商务经营者,是指通过互联网等信息网络从事销售商品或者提供服务的经营活动的自然人、法人和非法人组织,包括电子商务平台经营者、平台内经营者,以及通过自建网站、其他网络服务销售商品或者提供服务的电子商务经营者。按照上述定义,通过微信、论坛社区、直播平台等方式销售商品或者提供服务的经营者都属于"电子商务经营者"。按照该法规定,电子商务经营者应当依法办理市场主体登记。

电子商务平台经营者,是指在电子商务中为交易双方或者多方提供网络经营场所、交易撮合、信息发布等服务,供交易双方或者多方独立开展交易活动的法人或者非法人组织。平台内经营者,是指通过电子商务平台销售商品或者提供服务的电子商务经营者。

(二)跨境电子商务相关规定

1. 健全管理制度

《电商法》第十条规定:"电子商务经营者应当依法办理市场主体登记。但是,个人销售自产农副产品、家庭手工业产品,个人利用自己的技能从事依法无须取得许可的便民劳务活动和零星小额交易活动,以及依照法律、行政法规不需要进行登记的除外。"该条款对于大多数以企业主体经营、进驻跨境电商平台成为第三方卖家的企业,都不成问题。对于部分目前并未以企业主体从事自建站境外销售业务的卖家,需要特别关注此条规定。

《电商法》第十一条规定:"电子商务经营者应当依法履行纳税义务,并依法享受税收优惠。依照前条规定不需要办理市场主体登记的电子商务经营者在首次纳税义务发生后,应当依照税收征收管理法律、行政法规的规定申请办理税务登记,并如实申报纳税。"即便是普通企业,经营者都要依法履行纳税义务。《电商法》中特别提及了不需要办理市场主体登记的电子商务经营者的纳税流程。跨境电商卖家对境外 VAT(value added tax,增值税)申报可能非常了解,但对境内的财税运作未必足够了解。在新的一年,企业内部财税一定要请专业的会计人员来操作。跨境电商企业平台或自建站内部产生的相关电子销售凭证,将成为公司收入确认的依据。

2. 规范经营者责任

《电商法》第十三条规定:"电子商务经营者销售的商品或者提供的服务应当符合保障人身、财产安全的要求和环境保护要求,不得销售或者提供法律、行政法规禁止交易的商品或者服务。"该条款明确规定了卖家将不能再通过自建站向境外销售违规品。

《电商法》第十七条规定:"电子商务经营者应当全面、真实、准确、及时地披露商品或者服务信息,保障消费者的知情权和选择权。电子商务经营者不得以虚构交易、编造用户评价等方式进行虚假或者引人误解的商业宣传,欺骗、误导消费者。"该条款明确规定了卖家不能进行虚假宣传,或采取刷单、刷评等操作。《电商法》中关于跨境电商的相关规定如图 1-15 所示。

- 电子商务经营者不得以虚构交易、编造用户评价等方式进行虚假宣传或者引人误解的商业宣传，欺骗、误导消费者。
- 电子商务经营者应当遵守法律、行政法规有关个人信息保护的规定。电子商务平台经营者不得删除消费者对其平台内销售的商品或者提供的服务的评价。

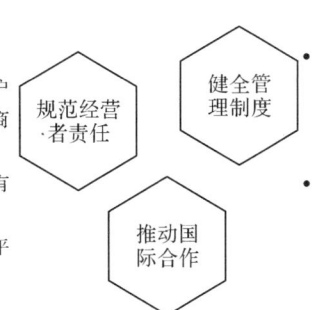

规范经营者责任

健全管理制度

推动国际合作

- 建立健全适应跨境电子商务特点的海关、税收、进出境检验检疫、支付结算等管理制度，提高跨境电子商务各环节便利化水平。支持小型微型企业从事跨境电子商务。
- 推进跨境电子商务综合服务和监管体系建设，优化监管流程，推动实现信息共享、监管互认、执法互助，提高跨境电子商务服务和监管效率。

- 国家推动建立与不同国家、地区之间跨境电子商务的交流合作，参与电子商务国际规则的制定，促进电子签名、电子身份等国际互认。国家推动建立与不同国家、地区之间的跨境电子商务争议解决机制。

图 1-15　《电商法》中关于跨境电商的相关规定

资料来源：艾媒咨询《2018—2019 中国跨境电商市场研究报告》，http://www.iimedia.cn/60608.html。

二、跨境电商政策

跨境电商行业的高速发展离不开政策的支持。自 2012 年 3 月商务部颁布《关于利用电子商务平台开展对外贸易的若干意见》以来，国家多个重要部门相继颁布相应政策支持跨境电商的发展。这些政策大到总体制度、环境建设，如开展跨境电子商务综合试验区试点，小到跨境电商的具体环节，例如税收、支付、通关、海外仓等方面，为推动跨境电商发展创造有利条件。从现有颁布的政策来看，各相关部门工作的主要目的是：大力支持跨境电商新兴业态的发展，积极引导跨境电商运营的规范化。目前，涉及跨境电商政策制定的部门包括：国务院、海关总署、商务部、发改委、财政部、税务总局、市场监督管理总局、中国人民银行和外汇管理局等部门。

2013 年 8 月，商务部、海关总署等九部委出台《关于实施支持跨境电商零售出口有关政策的意见》，为发展跨境电商指明了方向，对外贸转型升级具有重要而深远的意义。从国务院到各大相关部委，也纷纷出台针对跨境电商行业的配套政策措施。随着我国电子商务发展的政策环境、法律法规、标准体系及支撑保障水平等各方面的完善与提升，根据试点地区的实际情况及海关等相关部门的统计数字，后续跨境电商相关配套政策措施将不断优化。外贸企业应抓住难得的历史机遇，研究利用好政策红利，完成转方式调结构，增强我国企业的国际竞争力，塑造"中国创造"的新形象，为我国外贸打开新的上升通道。

（一）国务院政策

国务院是跨境电商相关政策指导性意见的制定方，2013 年为我国跨境电商发展元年，自 2013 年起，国务院相继颁布政策文件批准设立跨境电商综合试验区，要求各部门落实跨境电商基础设施建设、监管工作，优化完善支付、税收、收结汇、检验、通关等过程。海关总署是跨境电商流程层面，特别是通关流程相关政策的重要制定方，具体措施包括提高通关效率、规范通关流程、打击非法进出口等。同时，商务部、发改委、市场监督管理总局、外汇管理局等职能部门根据指导意见分别制定相应政策。

知识卡片 1-6：
2013—2021 年
国务院出台的
相关跨境电商政策

(二)海关总署政策

海关作为跨境电商监管链条的关键环节,在跨境电商政策制定上发挥着重要的作用。近年来,海关已经通过出台多项举措来保证跨境电商的快速发展。如海关对跨境电商监管实行全年365天无休息日,货到海关监管场所24小时内办结海关手续等。开展跨境电商监管业务的海关还制定了联动工作作业机制、应急预案和全年无休日跨境电商通关总体工作方案等,加大海关便捷措施的宣传力度,全面落实有关要求,确保电商企业充分享受通关便利。

知识卡片1-7:
2013—2021年海关总署出台的相关跨境电商政策

(三)其他部门政策

跨境电商行业涉及国家多个部门的业务范畴,具体涉及发改委、财政部、工信部、农业农村部、商务部、税务总局、市场监督管理总局、交通运输部、邮政局、外汇管理局、中国人民银行、银保监会、网信办、濒管办、密码管理局等十几个部门。各部门从自身所属的业务角度出发,出台或参与出台扶持或监管跨境电商行业的相关政策措施,这些政策措施的出台给跨境电商行业带来了极大的促进作用。监管的政策从行业长远发展的角度出发,从而能够更好地解决行业出现的问题。

知识卡片1-8:
2013—2021年其他部门出台的相关跨境电商政策

(四)试点城市政策

在政策具体落实层面,我国通过先试点后推广的方式进行,以降低试错成本。目前跨境电商政策落实试点城市包括由海关总署牵头的跨境电商试点城市和国务院牵头的跨境电商综合试验区,两者都是选择对外贸易发展较好的地区进行先试先行,在选择城市方面有重叠,但后者是前者的升级版,在具体工作落实上更为规范与成熟。

海关总署牵头的跨境电商试点城市自2012年12月启动以来至今,已经拓展至165个城市。这些城市依托电子口岸建设机制和平台优势,实现跨境电商企业与口岸管理相关部门的业务协同与数据共享,一些重要的运营平台包括重庆的"e点即成"、上海的"跨境通"、宁波的"跨境购"、杭州的"一步达"、郑州的"E贸易"等。

两种试点模式均处于探索期,政策多由试点当地政府自下而上探索,核心目的在于规范行业发展和提高行政效率。中国(杭州)跨境电子商务综合试验区是全国首个跨境电商综试区。杭州综试区摸索出以"单一窗口"为核心的"六大体系、两大平台"模式。"单一窗口+综合园区"齐发力,加速通关流程。线上单一窗口是指海关、外汇管理、国税、市场监督、物流、金融等部门数据申报、处理、进度提示集中在同一平台,实现"一次申报、一次查验、一次放行"。线下"综合园区"是指"一区多园"模式,例如,截至2017年,杭州跨境电商综试区建成了上城区、余杭区等13个跨境电商园区,总面积达323万平方米,入驻企业2188家。构筑"信息共享+金融服务+智能物流+电商信用+统计监测+风险防控"六大配套体系。该体系打通了各监管主体,实现了服务、评价、监管的全面电子化。

三、跨境电商零售出口新政解读

2019年7月3日,国务院常务会议部署完善跨境电商等新业态促进工作,适应产业革命新趋势、推动外贸模式创新。会议提出三大任务:一要在已有跨境电商综试区的基础上,再增加一批试点城市。对跨境电商零售出口落实"无票免税"政策，出台更加便利企业的所得税核定征收办法。二要鼓励搭建服务跨境电商的平台，建立物流等服务体系，支持建设和完善海外仓。三要完善包容审慎监管体系，严厉打击假冒伪劣产品，依法保护知识产权和商家、消费者权益。那么什么是无票免税政策呢？

(一)无票免税

根据《关于跨境电子商务综合试验区零售出口货物税收政策的通知》(以下简称《通知》)，对跨境电商综试区出口企业出口未取得有效进货凭证的货物，同时符合一定条件的，试行增值税、消费税免税政策(即"无票免税"政策)。

在一般国际(地区间)贸易中，出口商享有出口货物退税优惠，即货物输出国(地区)对输出境外的货物免征其在境内消费时应缴纳的税金或退还其按本国(地区)税法规定已缴纳的税金(增值税、消费税)。目前我国的出口退税政策是：货物出口后提供进项增值税专用发票可享受退税；提供进项增值税普通发票的可享受免税；不能提供进项发票(专票或普票)的，则需要加征增值税(且无法抵扣)。要实现出口退税，出口企业必须拥有进项增值税发票。而当前跨境电商出口零售行业的现状是：大部分跨境电商卖家都会选择在电商平台上销售多个SKU商品，有的卖家的SKU数量甚至高达10万。因为自身运营了海量商品种类，电商卖家无法做到为每一类、每一批次所售商品均获得进项增值税发票。由于在采购上采用的是海量SKU(数以万计)、多频次、小批量的模式，基于成本及效率考量，很多供应商和跨境卖家之间都不会采用增值税发票结算。

此外，货物在出口的时候，主要通过便捷清关(俗称买单出口)的报关方式出口。卖家在跨境电商平台上产生销售订单后，把订单商品打包，由物流公司上门取货后发往买家手中。这样操作便捷且边际成本低，每天可以处理多个包裹。如果每一件商品都需要取得进项增值税发票且严格按规定办理正式报关及退免税手续的话，成本极高且操作难度较大。

因为跨境电商卖家大部分采购都无法获得增值税抵扣专用发票，因此过去这些卖家也并不愿意通过9610(指海关统计代码，9610全称"跨境贸易电子商务")等跨境电商专属的正规"阳光化"的报关方式报关。毕竟一旦报关单被发送到税务局，就将面临被加收销售环节巨额增值税、消费税的风险。所以现在跨境电商零售出口的包裹通常以"个人物品"的邮包形式出境，而个人物品出境的跨境电商零售出口包裹是不纳入贸易统计的。

因此，跨境电商零售出口要实现"阳光化"报关，必须解决大部分卖家没有进项增值税发票的问题。"无票免税"则是其中一个重要思路。所以落实无票免税、寻找所得税便利核定方式将真正从本质上解决跨境电商出口零售的"阳光化"难题。

(二)"无票免税"实施方式

《通知》对"无票免税"实施方式进行了明确的规定。对综试区电商出口企业出口未取得有效进货凭证的货物，需同时符合3个条件，才能试行增值税、消费税免税政策。

第一，电子商务出口企业在综试区注册，并在注册地跨境电子商务线上综合服务平台登记出口日期、货物名称、计量单位、数量、单价、金额。

第二，出口货物通过综试区所在地海关办理电子商务出口申报手续。

第三，出口货物不属于财政部和税务总局根据国务院决定明确取消出口退(免)税的货物。

针对这些出口货物，海关总署定期将电子商务出口商品申报清单电子信息传输给税务总局。各综试区税务机关根据税务总局清分的出口商品申报清单电子信息加强出口货物免税管理。具体免税管理办法由省级税务部门同财政、商务部门制定。

比如在成都，可以享受"无票免税"政策的仅为成都综试区电商出口企业。而成都综试区电商出口企业均需是在成都综试区完成注册并在成都跨境电子商务公共服务平台上登记且由成都市商务局认定的电子商务出口企业。

这些企业应在成都跨境电子商务公共服务平台上及时、准确录入货物名称、出口日期、计量单位、数量、单价、金额等出口信息并形成电子清单。出口货物也应在成都海关办理跨境电子商务零售出口申报手续（以海关监管代码为"9610"和"1210"申报出口，以及将来被海关总署、税务总局认可的其他跨境电子商务零售出口申报方式申报出口）。

最后，成都综试区电子商务出口企业应在货物报关出口次月的增值税纳税申报期内按规定向主管税务机关办理出口货物免税申报。

实际上，早在2015年，杭州就开始提出"无票免税"的方案。2015年7月，杭州省政府发布了《中国（杭州）跨境电子商务综合试验区实施方案》，该方案提出对纳入综试区"单一窗口"平台监管的跨境电子商务零售出口的货物，如果出口企业尚未取得相关进货凭证，在平台登记销售方名称和纳税人识别号、销售日期、货物名称、计量单位、数量、单价、总金额等进货信息的，可暂执行免征增值税的政策。

总之，从各地的"无票免税"政策来看，企业起码需遵守两个原则：第一，在当地跨境电子商务线上综合服务平台登记相关信息；第二，在当地海关办理出口申报。而因为使用1210申报方式的卖家大部分都有增值税发票，因此"无票免税"的操作更多落在9610申报方式上。

9610出口报关最关键的就是可以清单核放、汇总申报。其中，"清单核放"即跨境电商出口企业将"三单信息"（商品信息、物流信息、支付信息）推送到单一窗口，海关对"清单"进行审核并办理货物放行手续，通关效率更快，通关成本更低。"汇总申报"是指跨境电商出口企业定期汇总清单形成报关单进行申报，海关为企业出具报关单退税证明，解决企业出口退税难题。

值得注意的是，除了在9610申报方式上采取"无票免税"方式外，部分城市也在"无票免税"的基本原则指导下，按照市场商户实际需求去进行"无票免税"的创新。例如义乌设想的是以义乌的线上综合服务平台为依托，着眼于"真实贸易"和三单数据清晰的跨境电商特点，通过平台来认证数据的真实性（主要是以邮包方式出口的订单），然后税务部门以此进行免税操作。通过这种如同市场采购贸易一样的方式实现"无票免税"。

（三）所得税征收及外汇问题

以上一些做法基本解决了增值税问题，另外企业还需关注的是阳光清关后所产生的所得税征收及外汇问题。

目前跨境电商零售出口的所得税征收暂时并未明确在"没有增值税发票"的情况下，什么凭证可以作为进项成本抵扣。而大部分跨境电商企业并没有进项增值税发票，因此导致所有收入即为利润，并以此来缴纳所得税。在9610出口报关方式中，"清单核放"实际上是需要跨境电商卖家自己在国税系统进行申报的。但在明确所得税征收方式前，部分卖家并不愿意自行申报，而交由外贸综合服务平台代申报。而在外汇结汇方面，支付公司回款的逻辑是"谁开账号就回款给谁"，所以除非跨境电商卖家在境外开公司，支付公司把钱汇给境外主体，境外主体再把外汇支付给外贸综合服务平台。否则支付公司只能直接把钱汇给卖家境内公司，外汇到不了外贸综合服平台,也就无法进行阳光结汇了。

该难题已经被政府重视。在国务院提出的一系列完善跨境电商等新业态促进政策中就提到要寻找所得税便利核定方式。目前来看,采用所得税"定额征收"方式或成为跨境电商所得税征收难题解决的可能思路。

四、跨境电商零售进口新政解读

作为国家鼓励发展的新兴业态,2018 年以来中央层面及各监管部门纷纷出台政策释放消费活力,如以个税改革为代表的各项减税政策。在监管政策方面,11 月 21 日国务院常务会议决定延续和完善跨境电商零售进口政策并扩大适用范围。随后,商务部等相关部门陆续出台配套法规新政,包括《关于完善跨境电子商务零售进口税收政策的通知》《关于调整跨境电商零售进口商品清单的公告》和《关于完善跨境电子商务零售进口监管有关工作的通知》,调整规范跨境电商零售进口业务,扩大优惠措施,明确监管要求。新政策于 2019 年 1 月 1 日起正式生效。

(一)政策固定,监管适用得以明确

跨境电商零售进口监管政策经历了"四八新政"[①]—新政磨合过渡期—跨境电商零售进口新政 3 个阶段。此次发布的新政最终将跨境零售进口领域几度延长的过渡期正式确立了下来,明确"对跨境电商零售进口商品按个人自用进境物品监管,不执行有关商品首次进口许可批件、注册或备案要求",为跨境零售进口业务的发展提供了稳定的政策环境。

(二)限值提高,清单扩大

"四八新政"前后交易限值和清单对比如表 1-3 所示。

表 1-3 "四八新政"前后交易限值和清单对比

比较项目	2019 年 1 月 1 日前	2019 年 1 月 1 日后
单次交易限值	2000 元	5000 元
年度交易限值	20000 元	26000 元
超过单次限值但未超过年度限值的单个商品	按照一般贸易管理	按照跨境电商渠道货物税率全额征税
超过年度限值的商品	按照一般贸易管理	按照一般贸易管理
商品清单税目总数	1258 个税目商品	新增群众需求大的 63 个税目,达到 1321 个

资料来源:《毕马威:关于跨境电子商务的专题研究报告》,http://www.100ec.cn/detail-6502366.html。

(三)监管条件放松,但守法合规要求更加严格

明确对跨境电商零售进口商品按个人自用进境物品监管,不执行有关商品首次进口许可批件、注册或备案要求。这是有关具体监管要求的基础,也是企业最为关注的问题。同时,新政对参与主体的守法合规提出了更高要求,明确了参与各方的权责问题。如对于参与制造或

[①] "四八新政"是指 2018 年 4 月 8 日国务院发布的《关于进一步促进跨境电子商务进口有关税收政策的通知》。

传输虚假"三单"信息、为二次销售提供便利、未尽责审核订购人身份信息真实性等,依法进行处罚,构成犯罪的,依法追究刑事责任。利用其他公民身份信息,非法从事跨境电商零售进口业务的,海关按走私违规处理。同时,禁止消费者将购买用途为"个人自用"的商品再次销售,跨境电商完成的零售业务,就是产品流通的最终环节。此外,新政还提到将跨境电商零售进口企业纳入海关信用管理体系,根据信用等级实施差异化的通关管理措施。海关信用管理等级对于企业通关的效率至关重要,高级认证企业的平均查验率不到一般信用企业的20%。

第一章知识与技能训练

第二章

支付行业

知识目标

- 了解银行支付和电子银行的概念。
- 熟悉第三方支付的来源和多种分类。
- 掌握第三方支付的牌照类型和特点。
- 了解第三方支付的新规和行业发展。

能力目标

- 能分析支付行业的竞争格局。
- 能判断支付企业的商业模式。
- 能开展基本的支付行业调研。
- 能搜索并提供行业的调研数据。

案例导入

银行取消第三方支付接口,支付宝、微信里的钱怎么办?

随着经济的发展,网络已经成为人们生活中必不可少的一部分,极大地方便了人们的日常生活,第三方支付市场越来越受人们的欢迎,其中微信和支付宝使用最为普遍。在现实生活中,出门只需要带一部手机就可以解决吃、喝、玩、乐所有的事情,扫码收钱、扫码付钱已经成为生活中极其常见的事情。但是支付宝在方便人们生活的同时也存在着一定的安全隐患。就拿日常生活中的例子来说,很多小门店上贴的二维码不知什么时候变成了别人的二维码,自己赚的钱可能轻轻松松进入了别人的口袋;此外还有不少诈骗分子利用第三方支付的漏洞,在用户转账或者付款时套取现金,这也说明第三方支付平台风控能力还不太完善。所以监管部门这些年一直在控制第三方支付的交易额,例如,余额宝个人交易账户额度上限从最初的100万元调整到目前的10万元。2018年6月,支付方面又一重大政策出台了,即2018年6月30日将关闭支付宝、微信第三方支付代扣;网联正式发布了《关于非银行支付机构网络支付清算平台渠道接入工作相关事宜的函》,其内容是督促第三方支付机构尽快接入网联

| 跨境支付 |

渠道,明确6月30日前银行取消第三方支付接口,所有第三方支付机构与银行的直连都将被切断。

(资料来源:根据网络相关资料整理)

其实,关闭第三方支付平台的代扣服务并不会影响支付宝的提现及支付业务。支付宝、微信该怎么用还是怎么用,对人们的日常生活几乎没什么影响,只不过是中间多了一层我们看不到的机构——网联。举个简单的例子,比如用户从银行卡转出100元到支付宝,再从支付宝中转出100元至另外一家银行,在这种情况下,银行很难对转账路径掌握全部情况,进而容易产生洗钱的风险。

2017年8月,中国人民银行就已经发布了《关于将非银行支付机构网络支付业务由直连模式迁移至网联平台处理的通知》,规定自2018年6月30日起,支付机构受理的涉及银行账户的网络支付业务全部通过网联平台处理。网联的诞生,意味着直连时代的结束,同时也将第三方支付的资金流动,以及清算、结算的权限紧紧掌控在监管体系手中。网联的加入并不会影响用户的体验,反而会有助于反洗钱工作的开展,也有利于制止一些代扣乱扣现象的产生。

从这个案例中我们了解到,支付业务可以被区分为银行支付和非银行支付机构的支付两类。

第一节 银行支付

银行办理的业务按照其资产负债表的构成,主要分为三类:负债业务、资产业务、中间业务。

负债业务是商业银行形成资金来源的业务,是商业银行资产业务和中间业务的重要基础。商业银行负债业务主要由存款业务、借款业务、同业业务等构成。负债是银行由于授信而承担的,将以资产或资本偿付的,能以货币计量的债务。存款、派生存款是银行的主要负债,约占资金来源的80%。另外,联行存款、同业存款、借入或拆入款项或发行债券等,也构成银行的负债。

资产业务是商业银行运用资金的业务,包括贷款业务、证券投资业务、现金资产业务。

中间业务又称广义表外业务,是指不构成商业银行表内资产、表内负债,形成银行非利息收入的业务,包括交易业务、清算业务、支付结算业务、银行卡业务、代理业务、托管业务、担保业务、承诺业务、理财业务、电子银行业务。它分为两大类:不形成或有资产、或有负债的中间业务(即一般意义上的金融服务类业务,也称狭义中间业务),以及形成或有资产、或有负债的中间业务(即一般意义上的表外业务,也称狭义表外业务),如图2-1所示。我国银行的中间业务等同于广义上的表外业务,即包括金融服务类业务和表外业务。

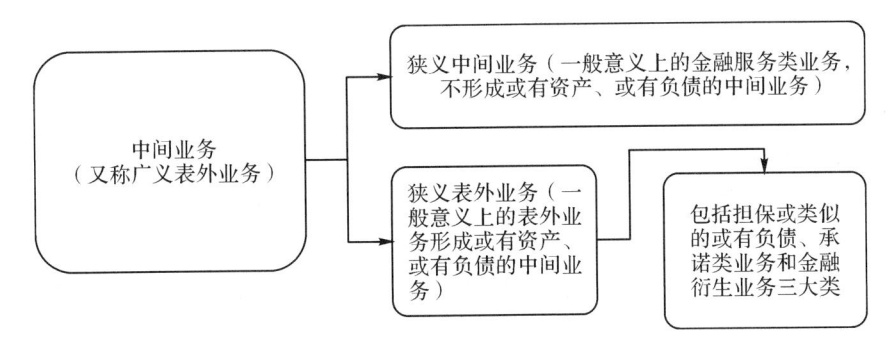

图 2-1 中间业务与表外业务

资料来源：根据网络相关资料整理。

一、银行与支付

金融服务类业务是指商业银行以代理人的身份为客户办理的各种业务，目的是获取手续费收入。主要包括：支付结算类业务、银行卡业务、代理类中间业务、基金托管类业务和咨询顾问类业务。银行支付属于银行的中间业务范畴。

(一)中间业务

中国人民银行在《关于落实〈商业银行中间业务暂行规定〉有关问题的通知》银发〔2002〕89号中，将国内商业银行中间业务分为以下9类。

1. 支付结算类中间业务

(1) 结算工具

结算业务借助的主要结算工具包括银行汇票、商业汇票、银行本票和支票。

① 银行汇票是出票银行签发的、由其在见票时按照实际结算金额无条件支付给收款人或者持票人的票据。

② 商业汇票是出票人签发的、委托付款人在指定日期无条件支付确定的金额给收款人或持票人的票据。商业汇票分银行承兑汇票和商业承兑汇票。

③ 银行本票是银行签发的、承诺自己在见票时无条件支付确定的金额给收款人或者持票人的票据。

④ 支票是出票人签发的、委托办理支票存款业务的银行在见票时无条件支付确定的金额给收款人或持票人的票据。

(2) 结算方式

主要包括同城结算方式和异地结算方式，具体分为以下几种业务。

① 汇款业务，是由付款人委托银行将款项汇给外地某收款人的一种结算业务。汇款结算分为电汇、信汇和票汇3种形式。

② 托收业务，是指债权人或售货人为向外地债务人或购货人收取款项而向其开出汇票，并委托银行代为收取的一种结算方式。

③ 信用证业务，是由银行根据申请人的要求和指示，向收益人开立的载有一定金额，在一定期限内凭规定的单据在指定地点付款的书面保证文件。

（3）其他支付结算业务

包括利用现代支付系统实现的资金划拨、清算，利用银行内外部网络实现的转账等业务。

2. 银行卡业务

银行卡业务可分为贷记卡业务、准贷记卡业务和借记卡业务。

3. 代理类中间业务

代理类中间业务是指商业银行接受客户委托、代为办理客户指定的经济事务、提供金融服务并收取一定费用的业务，包括代理政策性银行业务、代收代付款业务、代理证券业务、代理保险业务、代理银行卡收单业务等。

4. 担保类中间业务

担保类中间业务是指商业银行为客户债务清偿能力提供担保，承担客户违约风险的业务。包括银行承兑汇票、备用信用证、各类保函等。

5. 承诺类中间业务

承诺类中间业务是指商业银行在未来某一日期按照事前约定的条件向客户提供约定信用的业务，主要指贷款承诺，包括可撤销承诺和不可撤销承诺两种。可撤销承诺包括透支额度等，不可撤销承诺包括备用信用额度、回购协议、票据发行便利等。

6. 交易类中间业务

交易类中间业务是指商业银行为满足客户保值或自身风险管理的需要，利用各种金融工具进行的资金交易活动，包括期货、期权等各类金融衍生业务。

7. 基金托管业务

基金托管业务是指有托管资格的商业银行接受基金管理公司委托，安全保管所托管的基金的全部资产，为所托管的基金办理基金资金清算款项的业务。

8. 咨询顾问类业务

咨询顾问类业务是指商业银行依靠自身在信息和人才等方面的优势，收集和整理有关信息，结合银行和客户资金运动的特点，形成系统的方案提供给客户，以满足其经营管理需要的服务活动，主要包括财务顾问和现金管理业务等。

9. 其他类中间业务

其他类中间业务包括保管箱业务及其他不能归入以上8类的业务。

银行支付属于银行的中间业务范畴，与商业银行表内资产业务相比，商业银行中间业务具有以下作用：一是不直接构成商业银行的表内资产或负债，风险较小，为商业银行的风险管理提供了工具和手段。二是为商业银行提供了低成本的稳定收入来源。由于商业银行在办理中间业务时，通常不运用或不直接运用自己的资金，大大降低了商业银行的经营成本。中间业务收入为非利息收入，不受存款利率和贷款利率变动的影响。由于信用风险和市场风险较小，中间业务一般不会遭受客户违约的损失，即使损失，影响也不大。这样，中间业务能给商业银行带来低成本的稳定收入来源，有利于提高商业银行的竞争能力和促进商业银行的稳健发展。中间业务收入已经成为西方国际性商业银行营业收入的主要组成部分，占比一般为40%～60%，一些银行甚至达70%以上。三是完善了商业银行的服务功能。随着财富的积累、物质生活和文化生活的日益丰富，不管是企业还是个人，对个人理财、企业理财、咨询、外汇买卖、证券买卖等各个方面均存在较大需求。

（二）结算、清算业务

结算、清算是银行传统的中间业务，包括国内、国际结算、清算业务。在银行收入占比中，大银行与农商银行结算、清算手续费占比高，股份制、城市商业银行占比低。

大银行占比较高是因为其网点覆盖广泛，且有大量的客户，为庞大的结算量打下了基础。农商银行占比较高则是因为其中间收入结构较为单一。上市农商银行普遍以银行卡、结算清算和理财一类传统中间业务收入为主。

从国内结算业务来看，其业务优惠减免力度逐步加大，个人人民币结算业务收入受到一定的影响。结算业务伴随互联网的发展，其渠道正从柜台等实体终端向电子渠道转移。商业银行逐步落实国家金融服务收费政策，减免部分业务手续费，结算业务便是其中的重要减免项。近年来，伴随银行减免让利的规模逐渐扩大，个人人民币结算业务的收入也同比减少。

从国际结算业务来看，其受经济环境影响而波动。国际结算业务的主要影响因素是外贸业务形势与人民币汇率，结算、清算手续费的同比增速与进出口金额的增速趋势相近。自2010年后，结算、清算手续费与进出口金额增速均逐渐趋缓。

（三）银行的"存贷汇"

传统上，银行主要业务被总结为"存贷汇"："存"即存款，"贷"即贷款，"汇"即汇款结算等。从历史发展的角度来看，在"存贷汇"三大类业务中，银行业务最早其实源于"汇"，而不是在现在业务中占比更高的"存"或"贷"。不管是欧洲近代的银行业，还是我国近代的票号、钱庄，其最初的业务起点均是汇兑业务。银行的汇兑业务发展到今天，形成了银行支付业务，它也是银行其他业务的基础。

业界事例2-1：融e购、融e联、融e行三大平台　共筑互联网金融生态圈

银行业未来的竞争将越来越激烈，围绕客户真实需求的支付、结算、汇兑及其他中间业务，重要性将大大提升，通过这些业务能够实现"导流"功能，获取客户，提升客户交易频度，增加客户黏性，深度挖掘单个客户价值。在此基础上，再发展存款、贷款等业务，这才是银行发展的基本逻辑。

二、电子银行

发展电子银行业务，不仅能提高商业银行形象、树立银行品牌、吸引高端客户、扩大市场份额、提高经营效率，更重要的是现代金融创新往往与电子银行结合在一起，电子银行平台已经成为金融创新的基础平台。而创新关系到银行的生存与发展，关系到银行核心竞争力的形成，也关系到一国（地区）金融业的风险控制与分散能力。

根据银监会颁布并于2006年3月1日起执行的《电子银行业务管理办法》中的定义（以下简称《办法》），电子银行业务，是指商业银行等银行业金融机构利用面向社会公众开放的通信通道或开放型公众网络，以及银行为特定自助服务设施或客户建立的专用网络，向客户提供的银行服务。

电子银行业务包括利用计算机和互联网开展的银行业务（简称为网上银行业务），利用电话等声讯设备和电信网络开展的银行业务（简称为电话银行业务），利用移动电话和无线网络开展的银行业务（简称为手机银行业务），以及其他利用电子服务设备和网络，由客户通过自助服务[如ATM（automated teller machine，自动取款机）、POS（point of sale，一种多功能销

售终端)]方式完成金融交易的银行业务(见图2-2)。

```
                    电子银行
          ┌────────┬────┴────┬────────┐
        网上银行  电话银行  手机银行  其他自助服务
```

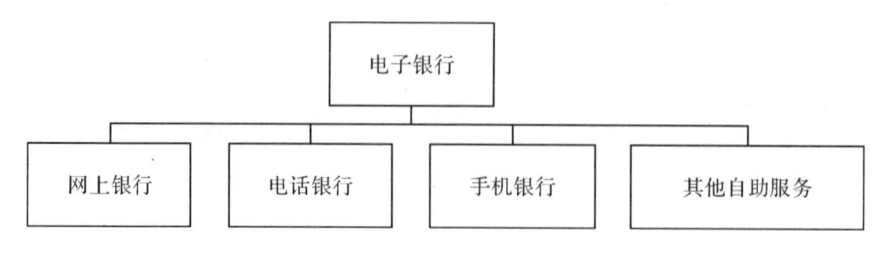

图 2-2 电子银行业务示意

资料来源:《银监会新闻发言人就〈电子银行业务管理办法〉和〈电子银行安全评估指引〉答记者问》,http://www.cbrc.gov.cn/chinese/home/docView/2243.html。

《办法》的适用对象为银行业金融机构,以及在我国境内设立的金融资产管理公司、信托投资公司、财务公司、金融租赁公司和经银监会批准设立的其他金融机构。经银监会批准,金融机构可以在中华人民共和国境内开办电子银行业务,向中华人民共和国境内企业、居民等客户提供电子银行服务,也可按本《办法》的有关规定开展跨境电子银行服务。银监会负责对电子银行业务实施监督管理。

《办法》规定:业务经营活动不受地域限制的银行业金融机构(简称全国性金融机构),申请开办电子银行或增加、变更需要申请批准的电子银行业务种类,应由其总行(公司)统一向中国银监会申请。按照有关规定只能在某一城市或地区内从事业务经营活动的银行业金融机构(简称地区性金融机构),申请开办电子银行或增加、变更需要申请批准的电子银行业务种类,应由其法人机构向所在地银监会派出机构申请。如果全国性金融机构的分支机构使用单独的电子银行系统,该分支机构开办电子银行视同地区性金融机构,由所在地银监会派出机构审批。注意:银监会在2014年对《中国银监会外资银行行政许可事项实施办法》进行了修订,取消了包括开办电子银行等在内的十余项行政审批事项。

另外《办法》还对网上银行的服务器设置有特定要求:中资银行业金融机构的电子银行业务运营系统和业务处理服务器设置在中华人民共和国境内;外资金融机构的电子银行业务运营系统和业务处理服务器可以设置在中华人民共和国境内或境外。设置在境外时,应在中华人民共和国境内设置可以记录和保存业务交易数据的设施设备,能够满足金融监管部门现场检查的要求,在出现法律纠纷时,能够满足中国司法机构调查取证的要求。

(一)网上银行

网上银行,又称网络银行或在线银行,指以信息技术和互联网技术为依托,通过互联网平台向用户提供开户、销户、查询、对账、行内转账、跨行转账、信贷、网上证券、投资理财等各种金融服务的新型银行机构与服务形式。一般分为个人网上银行和企业网上银行。

网上银行的优点十分明显。首先可以减少银行的营业网点数量、降低经营成本。同时客户可以不受空间、时间的限制,只要有一台电脑和网络,则无论是在家里,还是在旅途中都可以与银行相连,享受每周7天、每天24小时的不间断服务。另外,作为企业客户,还可通过网上银行,把业务延伸到商贸往来的方方面面。如中国银行广东省分行的网上银行"中银E点通",便是针对中行在广东地区的外向型企业特点而开发的。该网上银行系统把"企业集团服务系统"和针对外向型企业的"报关即时通"进行整合,使之更具实用性。

(二)电话银行

电话银行通过电话这种现代化的通信工具把用户与银行紧密相连,通过自助语音和人工座席服务相结合的方式向客户提供账户查询、转账汇款、投资理财,以及业务咨询、投诉建议等金融服务。用户不必去银行,无论何时何地,只要通过拨通电话银行的电话号码,就能够得到电话银行提供多种服务。银行也可以借由电话银行来提高服务质量,增加客户,为银行带来更好的经济效益。

(三)手机银行

手机银行也可称为移动银行(mobile banking service),是利用移动通信网络及终端办理相关银行业务的简称。作为一种结合了货币电子化与移动通信的崭新服务,手机银行业务以便利、高效而又较为安全的方式为客户提供传统和创新的服务,而移动终端所独具的贴身特性,使之成为继互联网、ATM、POS 之后银行开展业务的又一种强有力的工具。手机银行并非电话银行,一般来说电话银行是基于语音的银行服务,而手机银行则是基于智能手机 App 的银行服务。手机银行是网上银行的延伸,也是继网上银行、电话银行之后又一种方便银行用户的金融业务服务方式。它一方面延长了银行的服务时间,扩大了银行服务范围;另一方面也无形地增加了许多银行的经营业务网点,真正实现了 24 小时全天候服务,大大拓展了银行的中间业务。

三、银行卡

银行卡(bank card)是指经批准由商业银行(含邮政金融机构)向社会发行的具有消费信用、转账结算、存取现金等全部或部分功能的信用支付工具。银行卡减少了现金和支票的流通,使银行业务的服务范围突破了时间和空间的限制。银行卡自动结算系统的运用,也极大地提高了银行业的服务效率。

一般情况下,银行卡按是否给予持卡人授信额度分为借记卡(debit card)和信用卡(credit card)。

借记卡可以通过网络或 POS 机消费,或者通过 ATM 转账和提款,但不能透支,卡内的金额按活期存款计付利息。消费或提款时资金直接从储蓄账户划出。借记卡在使用时一般需要密码(PIN)。借记卡按等级可以分为普通卡、金卡和白金卡;按使用范围可以分为国内卡和国际卡。同一客户在同一机构开立借记卡原则上不得超过 4 张(不含社保类卡),同时各商业银行应主动免收客户在本行开立的唯一账户的年费(不含信用卡、贵宾账户)、账户管理费(含小额账户管理费)。

信用卡又分为贷记卡和准贷记卡。贷记卡是指发卡银行给予持卡人一定的信用额度,持卡人可在信用额度内先消费、后还款的银行卡。持卡人享有免息缴款期(最长可达 56 天),并设有最低还款额,客户出现透支可自主分期还款。客户需要向申请的银行交付一定数量的年费,各银行不相同。

知识卡片 2-1:
信用卡起源

此外银行卡还可以按信息载体不同分为磁条卡和芯片卡;按发行主体是否在境内分为境内卡和境外卡;按发行对象的不同分为个人卡和单位卡;按账户币种不同分为人民币卡、外币卡和双币种卡。另外,由于国际信用卡组织在中国的业务调整,双币信用卡不再发新产品。其停发时间主要集中在 2015—2017 年(见图 2-3)。

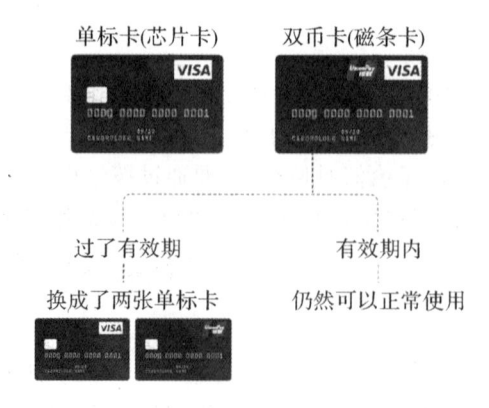

图 2-3 双币信用卡不再发新产品

资料来源:《关于银行卡账户分类,央视做了这些图》,http://www.mpaypass.com.cn/news/201611/30085929.html。

四、银行支付账户分类

(一)分类

2015年12月25日,中国人民银行发布《中国人民银行关于改进个人银行账户服务 加强账户管理的通知》(银发〔2015〕392号)。通知中设置了银行账户分类管理机制,将个人银行账户细分为Ⅰ类、Ⅱ类和Ⅲ类账户,不同类别的账户有不同的功能和权限。简单来说,就是个人在银行开设的账户,与网上银行、直销银行,还有快捷支付开通的账户等,都有了更加明确的管理和规定(见图2-4)。

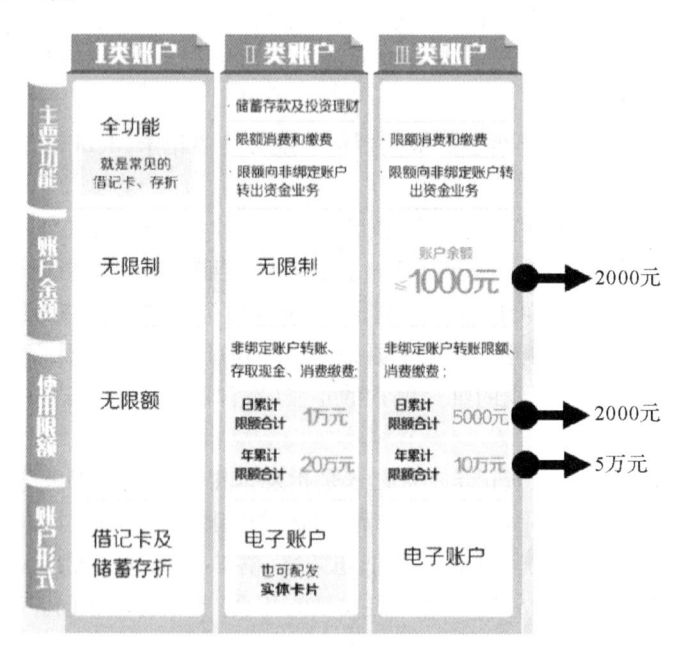

图 2-4 个人银行账户分类管理

注:2018年中国人民银行发布《关于改进个人银行账户分类管理有关事项的通知》(银发〔2018〕16号),对上图中限额做出了一定的调整,特用黑色箭头标识。

资料来源:《关于银行卡账户分类,央视做了这些图》,http://www.mpaypass.com.cn/news/201611/30085929.html。

简单来说,Ⅰ类账户,也就是居民日常在综合银行中开设的账户,是通过在银行柜台现场核验身份信息开立的银行账户,拥有最全面的账户功能,包括办理存款、购买投资理财产品、转账、消费和缴费支付、支取现金等业务。Ⅱ类账户满足直销银行、网上理财产品等支付需求,与Ⅰ类账户最大的区别是不能存取现金、不能向非绑定账户转账,消费支付和缴费也有限额,单日支付最高不超过1万元,但购买理财产品的额度不限。Ⅲ类账户则主要用于快捷支付,如"闪付""免密支付"等,仅能办理小额消费及缴费支付,不得办理其他业务,户内余额不超过1000元。

Ⅱ类账户与Ⅰ类账户最大的区别是不能存取现金、不能向非绑定账户转账。Ⅲ类账户与Ⅱ类账户最大的区别是仅能办理小额消费及缴费支付,不得办理其他业务。

中国人民银行建立个人银行账户分类管理制度的初衷就是通过分层、分类地使用账户,为个人建立资金防火墙,有效地保护个人银行账户资金和信息安全。形象地说,三类银行账户就像是人们3个不同资金量的钱包。

Ⅰ类账户是"钱箱",个人的工资收入等主要资金来源都存放在该账户中,安全性要求较高,主要用于现金存取、大额转账、大额消费、购买投资理财产品、公用事业缴费等。

Ⅱ类账户是"钱夹",个人日常刷卡消费、网络购物、网络缴费通过该账户办理,还可以购买银行的投资理财产品。

Ⅲ类账户是"零钱包",主要用于金额较小、频次较高的交易,尤其是目前银行基于主机的卡模拟(host-based card emulation, HCE)、手机安全单元(secure element, SE)、支付标记化(tokenization)等创新技术开展的移动支付业务,包括免密交易业务等。

总体来说,Ⅰ类账户的特点是安全性要求高,资金量大,适用于大额支付;Ⅱ、Ⅲ类账户的特点是便捷性突出,资金量相对小,适用于小额支付;Ⅲ类账户尤其适用于移动支付等新兴的支付方式。社会公众可以根据需要,主动管理自己的账户,把资金量较大的账户设定为Ⅰ类账户,把经常用于网络支付、移动支付的账户降级,或者新增开设Ⅱ、Ⅲ类账户用于这些支付,这样既能有效保障账户资金安全,又能体验各种便捷、创新的支付方式,达到支付安全性和便捷性的统一。

(二)调整

在个人银行账户服务方面,自2015年以来,中国人民银行立足我国国情,又陆续印发《关于落实个人银行账户分类管理制度的通知》(银发〔2016〕302号)、《关于改进个人银行账户分类管理有关事项的通知》(银发〔2018〕16号)等。尤其是在银发〔2018〕16号文中,要求在确保实名制底线的前提下,大大提升Ⅲ类账户的开户便捷性。个人开立Ⅲ类账户时,可暂缓出示身份证件,只需填写个人姓名、身份证件号码、绑定账户账号和联系方式等基本信息即可开户。同时放宽Ⅲ类账户的使用限制,将Ⅲ类账户余额从1000元提升为2000元。非面对面线上开立Ⅲ类账户能够接受非绑定账户入金,以满足个人之间小额收付款、发放红包、与个人支付账户对接、银行或商户小额返现奖励等需求。同时,允许银行向Ⅲ类账户发放本行小额消费贷款并通过Ⅲ类账户还款。而在此之前,只有Ⅰ、Ⅱ类账户有此权限。

在进一步放宽对Ⅲ类账户开立和使用的政策后,为更好地平衡安全和效率的关系,防范其被用于诈骗、洗钱犯罪等,也规定了以下措施。

1. 限额下调

将Ⅲ类账户消费和缴费支付、非绑定账户资金转出等出金的日累计限额从原来的5000元下调至2000元,年累计限额从原来的10万元下调为5万元,通过控制Ⅲ类账户支出额度,确保风险相对可控。

2. 入金验证

规定非面对面线上开立的Ⅲ类账户通过绑定账户入金之后,才可接受非绑定账户入金,以此方式确认绑定账户实际控制人与Ⅲ类账户开立人为同一人,防范不法分子通过获取他人身份信息和银行账户信息后冒名开立。

3. 单个账户

规定同一家银行通过线上为同一个人只能开立一个允许非绑定账户入金的Ⅲ类账户,防止不法分子通过开立多个此类账户变相扩大Ⅲ类账户的转账限额,将Ⅲ类账户用于转移电信网络诈骗资金等。同时,规定同一银行法人为同一人开立Ⅱ、Ⅲ类账户的数量原则上分别不超过5个,这样的规定既有原则,易于风险控制,又便于银行根据实际情况灵活掌握。

(三)与支付账户的关系

银行个人银行账户分类制度对Ⅱ、Ⅲ类账户与支付账户之间的出入金管理做出了较为严格的规定,即非面对面线上开立的Ⅱ、Ⅲ类账户可以向支付账户出金(出金的日累计限额Ⅱ类账户为单日1万元,Ⅲ类账户为单日2000元),未用完余额可从支付账户退回,但Ⅱ、Ⅲ类账户不能直接从支付账户入金。

主要原因是,支付账户的实名程度相对不高,且支付账户出入金对象不受限制,如允许支付账户与线上开立Ⅱ、Ⅲ类账户之间任意转入、转出资金,不利于落实账户实名制,不利于保护绑定Ⅰ类账户及Ⅱ、Ⅲ类账户的资金安全。为落实个人账户实名制,防范风险,中国人民银行进一步重申将支付账户作为非绑定账户管理,即支付账户不能直接向线上开立的Ⅱ、Ⅲ类账户入金,但允许非绑定账户入金的Ⅲ类账户除外。

第二节　第三方支付

随着网络信息、通信技术的快速发展和支付服务的不断细化,越来越多的非金融机构借助互联网、手机等通信工具广泛参与支付业务。非金融机构提供支付服务、与银行业既合作又竞争,已经成为一支重要的力量。传统的支付服务一般由银行部门承担,如现金服务、票据交换服务、直接转账服务等,而新兴的非金融机构介入支付服务体系,运用电子化手段为市场交易者提供前台支付或后台操作服务,因而往往被称作"第三方支付机构"。

一、第三方支付的概念

第三方支付是指具备一定实力和信誉保障的第三方企业与国内外的各大银行签约,为买方和卖方提供的一项旨在增强信用的服务。也就是说,在银行的直接支付环节中增加一个中介,买方选购商品后将款项付给中介,由中介通知卖家进行发货;待买方收到商品后,由中介将买方的款项转至卖家账户。三者之间的关系如图2-5所示。

客户(买方) ⇨ 第三方 ⇨ 商家(卖方)

图2-5　第三方支付关系示意

资料来源:《第三方支付的含义与特点分析》,http://www.wyzhifu.com/zfchangshi/1358.html。

第三方支付的优点在于：对于买方，可以规避无法收到卖方货物的风险；同时，相对于网上银行，第三方支付大大节约了买方安装各银行网银认证软件的时间和精力，简化了网上支付的操作流程和成本；此外，第三方支付还提供了诸多增值服务，能够满足买方停止支付、退款等的自由选择权，也有利于实现实时交易查询和交易行为分析。对于卖方，可以规避无法收到买方货款的风险；同时，第三方支付平台架设了卖方和银行之间的桥梁，促成其合作，降低卖方运营成本，为无法与银行网关建立对接的中小企业提供了便捷的支付平台；此外，由于第三方支付平台的中立性和透明性，在货物质量、交易诚信、退换要求等方面在一定程度上保障了卖方在买方心中的认可度，刺激了买方的购买欲望，有助于提升其购买力。

实践证明，非金融机构利用信息技术、电子化手段提供支付服务，大大丰富了金融服务的方式，拓展了银行业金融机构支付业务的广度和深度，有效缓解了因银行金融机构网点不足等产生的排队等待、找零难等社会问题。非金融机构支付服务的多样化、个性化等特点较好地满足了电子商务企业和个人的支付需求，促进了电子商务的发展，在支持"刺激消费、扩大内需"等宏观经济政策方面发挥了积极的作用。虽然非金融机构的支付服务主要集中在零售支付领域，其业务量与银行业金融机构提供的支付服务量相比还很小，但其服务对象非常多，主要是网络用户、手机用户、银行卡和预付卡持卡人等，其影响非常广泛。

美国将类似机构（包括非金融机构和非银行金融机构）界定为货币服务机构。美国有40多个州参照《统一货币服务法案》制定法律对货币服务进行监管。这些法律普遍强调以发放执照的方式管理和规范从事货币服务的非银行机构。从事货币服务的机构必须获得专项业务经营许可，并符合投资主体、营业场所、资金实力、财务状况、从业经验等相关资质的要求。货币服务机构应保持交易资金的高度流动性和安全性等，不得从事类似银行的存贷款业务，不得擅自留存、使用客户交易资金。这类机构还应符合有关反洗钱的监管规定，确保数据信息安全等。

欧盟就从事电子货币发行与清算的机构先后制定了《电子货币指令》和《内部市场支付服务指令》等，并于2009年再次对《电子货币指令》进行修订。这些法律强调欧盟各成员应对电子货币机构及支付机构实行业务许可制度，确保只有遵守审慎监管原则的机构才能从事此类业务。支付机构应严格区分自有资金和客户资金，并对客户资金提供保险或类似保证；电子货币机构提供支付服务时，用于活期存款及具备足够流动性的投资总额不得超过自有资金的20倍。与之类似，英国的《金融服务与市场法》要求对从事电子支付服务的机构实行业务许可，并且电子货币机构必须用符合规定的流动资产为客户预付价值提供担保，且客户预付价值总额不得高于其自有资金的8倍。

韩国、马来西亚、印度尼西亚、新加坡、泰国等亚洲经济体先后颁布法律规章，要求电子货币发行人必须预先得到中央银行或金融监管当局的授权或许可，并对储值卡设置金额上限等。

我国在2010年6月由中国人民银行颁布了《非金融机构支付服务管理办法》（中国人民银行令〔2010〕第2号），明确非金融机构支付服务是指非金融机构在收付款人之间作为中介机构提供的货币资金转移服务，包括网络支付、预付卡的发行与受理，以及银行卡收单等。

网络支付，是指依托公共网络或专用网络在收付款人之间转移货币资金的行为，包括货币汇兑、互联网支付、移动电话支付、固定电话支付、数字电视支付等。

预付卡，是指以营利为目的发行的、在发行机构之外购买商品或服务的预付价值，包括采取磁条、芯片等技术以卡片、密码等形式发行的预付卡。

银行卡收单,是指通过POS终端等为银行卡特约商户代收货币资金的行为。

二、第三方支付分类

(一)按支付指令传输通道分类

《非金融机构支付服务管理办法》按照支付指令传输所依托的信息网络通道对网络支付进行分类。主要包括互联网支付、移动网络支付、固话网络支付、数字电视网络支付。

(二)按支付终端分类

根据支付指令发起方式分类,《电子支付指引(第一号)》(中国人民银行公告〔2005〕第23号)采用的是这种分类方法。主要包括POS支付、PC支付、移动电话支付、固定电话支付、机顶盒支付、ATM机支付。

(三)按支付距离分类

按支付距离可分为以下几类:①近场支付,即不需要使用远程移动网络,通过近场通信(near field communication,NFC)、红外、蓝牙等其他技术,实现资金载体与售货机、POS机终端等设备之间支付指令的传递,支付完毕,消费者即可得到商品或服务;②远程支付,即支付的处理是在远程的服务器中进行的,支付的信息需要通过网络传送到远程服务器中才可完成的支付。

(四)按交易主体分类

按交易主体可分为以下几类:①B2B支付,指第三方支付机构为企业与企业间的资金转移活动提供服务;②B2C支付,指第三方支付机构为企业和个人间的资金转移活动提供服务;③C2C支付,指第三方支付机构为个人与个人间的资金转移活动提供服务。

(五)按支付时间分类

这种分类是按付款人实际转移货币资金的时间与交易完成时间的先后关系来划分的。在《非金融机构支付服务管理办法》中规定的"预付卡发行与受理"业务就是采用的这种分类方式。主要包括以下几类:①预付支付,指付款方在交易尚未完成前,需提前支付款项并由第三方支付机构给到收款方;②即时支付,指付款方在交易完成时已同步完成款项支付,并由第三方支付机构付给收款方;③信用支付,指在交易过程中,由第三方支付机构独立或者会同商业银行为付款方提供垫资服务的支付行为。

(六)按货币资金存储方式分类

按货币资金存储方式可分为卡基支付和网基支付;①卡基支付,指以银行卡(包括信用卡和借记卡)和预付卡为主要支付工具载体去实现的各种支付服务;②网基支付,指通过互联网、电话、手机等通信终端实现基于账户(银行账户、第三方虚拟账户)的无卡(nocardpresent)支付,这种类型的支付通常不是通过读取卡片信息,而是通过密码来验证支付指令的。卡基支付和网基支付现已成为我国个人使用最为广泛的非现金支付工具,对于便利居民日常收付,拓展个性化理财服务,促进旅游、消费、扩大税基,推动电子商务的发展具有重要的意义。

(七)按交易背景分类

按有无真实交易背景分类的方法在《非金融机构支付服务管理办法》中也得到了部分体

现,主要涉及货币汇兑业务,可分为以下几类:①有交易背景的支付,指第三方支付机构服务的收付款人之间存在交易背景,如 B2C 支付、POS 收单等;②无交易背景的支付,指第三方支付机构服务的收付款人之间没有交易背景,如货币汇兑业务。

(八)按是否具有信用中介功能分类

按是否具有信用中介功能可以分为以下几类:①有信用中介功能的支付,指第三方支付机构充当了信用中介的角色,在买方确认收到商品前,替买卖双方暂时监管货款的支付方式;②无信用中介功能的支付,指第三方支付机构只作为单纯的支付服务中介,不承担信用中介职能。

三、网络支付

所谓网络支付,是一个很宽泛的概念,因为网络的种类很多,既包括公用网络,也包括专用网络。公用网络有互联网等,所以网络支付中包括互联网支付;专用网络有货币汇兑网络、电话网络、电视网络等,所以网络支付中还包括货币汇兑、移动电话支付、固定电话支付、数字电视支付等。当然,如今最开放、最为大家所方便使用的网络就是互联网,因此互联网支付是网络支付中的主流。互联网支付主要有两种模式:支付网关模式和虚拟账户模式。

(一)支付网关模式

支付网关模式又称为网关支付模式,是电子商务中使用最多的一种互联网支付服务模式。该模式的主要特点是在网上商户和银行网关之间增加一个第三方支付网关,由第三方支付网关负责集成不同银行的网银接口,并为网上商户提供统一的支付接口和结算对账等业务服务。在这种模式下,第三方支付机构把所有银行网关(网银、电话银行)集成在了一个平台上,商户和消费者只需要使用支付机构的一个平台就可以连接多个银行网关,实现一点接入,为商户和消费者提供多种的银行卡互联网支付服务。

以电子商务 B2C 交易场景为例,支付网关模式的一般业务流程如图 2-6 所示。

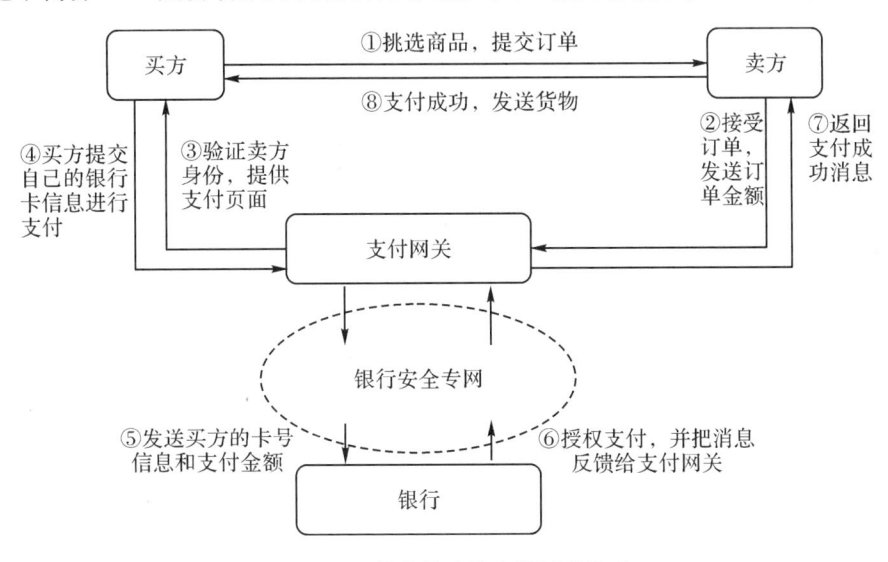

图 2-6 网络支付中的支付网关模式

资料来源:《网络支付——支付网关模式与虚拟账户模式》,https://blog.csdn.net/Evan_QB/article/details/82427325。

(二)虚拟账户模式

虚拟账户型支付模式是指第三方支付机构不仅为商户提供银行支付网关的集成服务,还为客户提供了一个虚拟账户,该虚拟账户可与客户的银行账户进行绑定或者对接,客户可以从银行账户等资金源向虚拟账户中充入资金(如支付宝),或从虚拟账户向银行账户注入资金。客户在网上的支付交易可在客户的虚拟账户之间完成,也可在虚拟账户与银行账户之间完成。

1. 虚拟账户的优点

(1)虚拟账户模式加快了资金清算速度,减少了使用银行支付服务的成本。

(2)虚拟账户模式不仅具有支付网关模式集中银行支付接口的优点,还解决了交易中信息不对称的问题。

① 通过虚拟账户对商户和消费者的银行账号、密码等进行屏蔽,买家和卖家都不能互知对方的此类信息,由此减少了用户账户机密信息暴露的机会。

② 可为电子商务等交易提供信用担保,为网上消费者提供了信用增强服务,由此解决了中国互联网支付的信用缺失问题。当然,在具体业务操作过程中,当虚拟账户资金被真实转移到客户银行账户之前,是汇集起来存放在第三方支付机构的银行账户中的,这导致该模式在用户交易资金管理上可能存在一定的风险。

2. 虚拟账户模式

在虚拟账户模式下,虚拟账户是非常重要的,是所有支付业务流程的基本载体,根据虚拟账户承担的不同的功能,虚拟账户模式又可细分为信用中介型账户模式和直付型账户模式两类。

(1)信用中介型虚拟账户模式(见图2-7)。

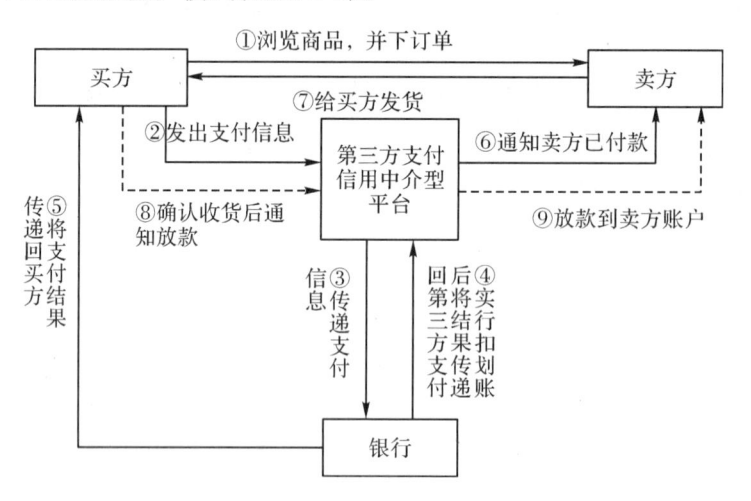

图2-7 网络支付中的信用中介型虚拟账户模式

资料来源:《网络支付——支付网关模式与虚拟账户模式》,https://blog.csdn.net/Evan_QB/article/details/82427325。

在信用中介型虚拟账户模式中,虚拟账户不仅是一个资金流转的载体,而且还起到信用中介的作用。这里所谓的信用中介,是指提供信用中介型支付模式的第三方支付机构将其自身的商业信用注入该支付模式中:交易发生时,先由第三方支付机构暂替买方保存货款,待买家收到交易商品并确认无误后,再委托第三方支付机构将货款支付给卖家。支付宝提供的虚拟账户支付服务就是一种典型的信用中介型虚拟支付模式。

从信用中介型虚拟账户模式的发展来看,该模式有以下两个明显的特点。

第一,具有虚拟账户模式的所有功能,包括基于虚拟账户的资金流转、银行支付网关集成等。

第二,为交易提供了信用增强功能:传统的交易信用来自买卖双方的信用,而通过信用中介型虚拟账户模式实现的交易,第三方支付机构在交易中不仅提供了支付功能,还融入了第三方支付机构的商业信用,这就大大增强了交易的信用,提高了交易的达成率。

(2) 直付型虚拟账户模式(见图 2-8)。

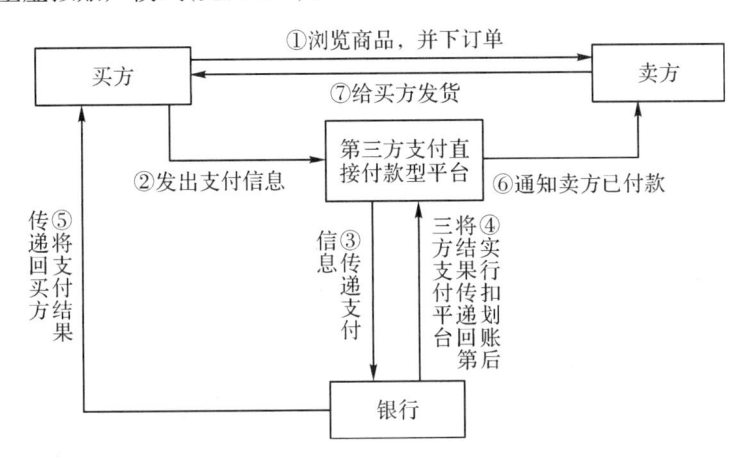

图 2-8　网络支付中的直付型虚拟账户模式

资料来源:《网络支付——支付网关模式与虚拟账户模式》,https://blog.csdn.net/Evan_QB/article/details/82427325。

直付型虚拟账户模式交易流程较为简单,支付平台中的虚拟账户只负责资金的暂时存放和转移,不承担信用中介等其他功能。如果要实现直付型账户支付模式,买卖双方首先在支付平台上设置虚拟账号,并进行各自银行账户与虚拟账户的关联。在交易过程中,支付平台根据支付信息将资金从买家银行账户转移到买家虚拟账户,再从买家虚拟账户转移到卖家虚拟账户,并最终划付给卖家的银行账户,整个交易过程对买卖双方而言,都通过虚拟账户进行操作并实现。提供直付型虚拟账户模式的第三方支付机构也很多,国外知名的公司有PayPal,国内则有快钱、盛付通等。

四、预付卡

商业预付卡又叫储值卡,也就是先付费再消费的卡片,分为记名预付卡和不记名预付卡,记名卡可挂失,不记名卡不可挂失。预付卡并不是单指目前在商场、超市使用的实体卡,这种卡仅仅是预付卡的一种形式,预付卡的表现形式众多,既包括以磁条卡、芯片卡、纸券等为载体的实体卡,也包括以密码、串码、图形生物特征信息等为载体的虚拟卡。

根据《国务院办公厅转发人民银行监察部等部门关于规范商业预付卡管理意见的通知》(国办发〔2011〕25号),商业预付卡以预付和非金融主体发行为典型特征,按发卡人不同可划分为两类:一类是商业企业发行,只在本企业或同一品牌连锁商业企业购买商品、服务的单用途预付卡,由商务部门负责监管;另一类是专营发卡机构发行,可跨地区、跨行业、跨法人使用的多用途预付卡,由中国人民银行负责监管,发卡企业需拥有支付业务许可证。

(一)单用途预付卡

单用途预付卡是由发卡机构发行的,只在本企业或同一品牌连锁商业企业购买商品或服务使用的一种预付卡,包含规模发卡、集团发卡和品牌发卡。如苏宁礼品卡、沃尔玛卡、家乐福卡、百盛卡、美容卡、健身卡等,只能在发卡企业内部使用。

目前,零售业、住宿业、餐饮业和居民服务业等领域可使用单用途预付卡,零售业如百货商店、超市、杂货店、便利店等,住宿业包括旅游饭店、一般饭店等,居民服务业包括家政服务、洗染服务等。其涵盖范围比较广,与老百姓切身利益相关。

其他一些商务领域,如健身机构、电影院、高尔夫球场、书店、球场、游乐场、旅行机构、培训机构等行业,公益性的水电气等特定用途的预付(缴费)卡没有列入商务监管序列。另外,纳入管理的预付卡必须是法人企业发行的,非法人企业发行的预付卡没有纳入商务部门的管理。

对于单用途预付卡,单张记名卡限额不得超过5000元(含),单张不记名卡不得超过1000元(含),单张卡充值后不得超过上述限额。

(二)多用途预付卡

🔍 业界事例2-2:
无支付牌照却发行
多用途预付卡案例

多用途预付卡是由发卡机构发行,可用于发行机构之外的企业或商户购买商品或服务的一种预付卡,可跨地区、跨行业、跨法人使用。如商通卡、福卡、新生易卡、欢付通卡、连心卡等,可在商场、便利店、餐馆等多个签约商户处使用,也可以用来缴纳水、电、煤气费用和公共交通费用。

中国人民银行于2012年9月27日发布了《支付机构预付卡业务管理办法》,对多用途预付卡发布了更为明确的监管规则。

《支付机构预付卡业务管理办法》规定,发卡机构发行的预付卡应当以人民币计价,单张记名预付卡资金限额不超过5000元,单张不记名预付卡资金限额不超过1000元。记名预付卡应当可挂失,可赎回,不得设置有效期。不记名预付卡不挂失,不赎回,不记名预付卡有效期不得低于3年。预付卡不得具有透支功能。个人或单位购买记名预付卡或一次性购买不记名预付卡1万元以上的,应当使用实名并提供有效身份证件。单位一次性购买预付卡5000元以上,个人一次性购买预付卡5万元以上的,应当通过银行转账等非现金结算方式购买,不得使用现金。购卡人不得使用信用卡购买预付卡。采用银行转账等非现金结算方式购买预付卡的,付款人银行账户名称和购卡人名称应当一致。

《支付机构预付卡业务管理办法》规定多用途预付卡不得用于网络支付渠道,但以下3种情形例外:一是缴纳公共事业费;二是在发卡机构拓展的实体特约商户的网络商店中使用;三是同时获准办理"互联网支付"业务的发卡机构,其发行的预付卡可向持卡人在本机构开立的实名的网络支付账户充值,但同一客户的所有网络支付账户的年累计充值金额合计不超过5000元。为防范匿名预付卡被用于洗钱、套现风险,《支付机构预付卡业务管理办法》规定不记名预付卡不得赎回(但对余额在100元以下的公共交通领域不记名预付卡,允许按约定赎回)。

五、银行卡收单

中国人民银行于2013年7月5日发布并实施了《银行卡收单业务管理办法》,该办法中定义的银行卡收单业务,是指收单机构与特约商户签订银行卡受理协议,在特约商户按约定受理银行卡并与持卡人达成交易后,为特约商户提供交易资金结算服务的行为。

简单的解释就是在刷卡过程中,客户并没有直接付钱给商家,而是代替客户直接付钱给商家的银行,即收单行。当然,在此之后,收单行会向客户收回它先前垫付的资金,并赚取手续费。

以信用卡为例,收单通常是指消费者刷某个银行的卡买东西,再签字,商家把消费者签字的那张签购单留下,然后把它交给发卡给自己刷卡机的银行,这个银行就是收单行。收单行收到消费者当时的签购单后,按上面的金额把钱给商家。商家就得到卖出商品应得的钱了,这属于预先垫付模式。但结算并不是只有一种模式,这取决于商家与收单行之间签订的协议。还有一种模式是转接模式,即收单行将信息转给银联,银联于次日将款项划转给收单行,收单行再将款项支付给商家,然后收单行再通过银联平台找发卡行要该笔钱。消费者还钱给发卡行就可以了。这中间当然不是这么简单,各个环节都是有手续费的。其实消费者刷卡的那一瞬间,整个过程都通过银联这个共享中间环节实现了。

收单机构,包括从事银行卡收单业务的银行业金融机构,也包括获得银行卡收单业务许可、为实体特约商户提供银行卡受理并完成资金结算服务的支付机构,以及获得网络支付业务许可、为网络特约商户提供银行卡受理并完成资金结算服务的支付机构。也就是说,银行卡收单业务可以由银行来执行,也可以由线下或线上的支付公司来执行。当收单业务由线下或线上的非银行支付公司来执行时,该业务属于第三方支付的范畴。

另外,在收取手续费方面,收单机构应当按照有关规定向特约商户收取结算手续费,不得变相向持卡人转嫁结算手续费。在信息安全方面,收单机构不得以任何形式存储银行卡磁道信息或芯片信息、卡片验证码、卡片有效期、个人标识码等敏感信息,并应采取有效措施防止特约商户和外包服务机构存储银行卡敏感信息。因特殊业务需要,收单机构确需存储银行卡敏感信息的,应当经持卡人本人同意、确保存储的信息仅用于持卡人指定用途,并承担相应信息安全管理责任。在商户收款账户方面,特约商户的收单银行结算账户应当为其同名单位银行结算账户,或其指定的、与其存在合法资金管理关系的单位银行结算账户。特约商户为个体工商户和自然人的,可使用其同名个人银行结算账户作为收单银行结算账户。

第三节　第三方支付牌照

在中国的第三方支付发展历程中,一个标志性的事件就是2010年6月中国人民银行发布了《非金融机构支付服务管理办法》,该办法对第三方支付进行了明确的定义和规范。为促进支付服务市场的健康发展,规范非金融机构支付服务行为,防范支付风险,保护当事人的合法权益,办法要求非金融机构提供支付服务,应当依据该办法规定取得《支付业务许可证》,成为支付机构。也就是说要在中国合法合规地开展支付业务,对于非银行类型的公司而言,必须取得"支付业务许可证",即成为合法的支付机构才可以。业界一般也称"支付业务许可证"为第三方支付牌照。

为配合《非金融机构支付服务管理办法》的实施工作,中国人民银行又制定了《非金融机构支付服务管理办法实施细则》(中国人民银行公告〔2010〕第17号)。这些都是理解第三方支付行业必须了解和遵守的行业规则。

一、支付牌照类型

(一)牌照分类

根据中国人民银行已发放的支付牌照进行统计,它们共分为7种类型,分别是:互联网支付、移动电话支付、银行卡收单、预付卡发行、预付卡受理、固定电话支付和数字电视支付。其中,互联网支付、移动电话支付又合称为网络支付;预付卡发行与受理和银行卡收单又分地域性和全国性两类,预付卡发行与受理以地方性为主。

据零壹智库统计,截至2018年1月,央行共为271家支付机构发放了"支付业务许可证",已被注销支付牌照的支付机构有28家,最终支付机构缩减至243家。在这243家支付机构中,仅有6家具有全国性的"预付卡发行与受理"业务许可,分别是资和信电子支付有限公司、开联通支付网络服务股份有限公司、裕福支付有限公司、易生支付有限公司、海南新生信息技术有限公司、平安付科技服务有限公司。

这243家支付机构共拥有535张支付牌照(一种业务类型对应一张牌照)。其中预付卡发行支付牌照150张,预付卡受理支付牌照155张,两者的占比之和超过50%;其次,互联网支付牌照共110张,占比约为21%。图2-9为7种支付牌照类型的占比情况。

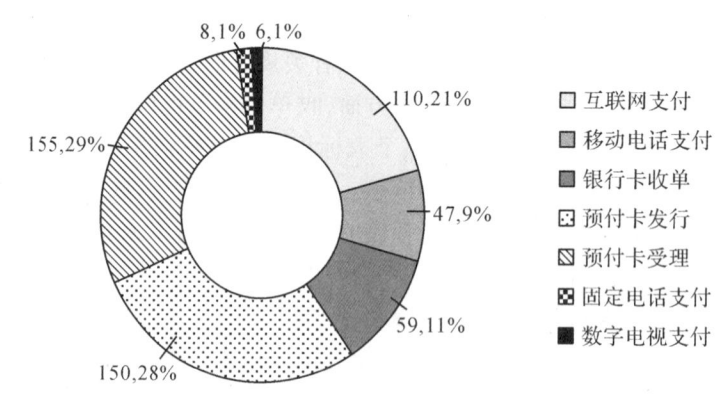

图2-9 7种支付牌照的数量分布情况

资料来源:《一文看懂243家支付机构牌照价值》,https://baijiahao.baidu.com/s?id=1590213013116815481&wfr=spider&for=pc。

其中拥有数字电视支付牌照的支付机构有6家,分别是拉卡拉支付股份有限公司、银视通信息科技有限公司、北京数码视讯支付技术有限公司、上海亿付数字技术有限公司、昆明卡互卡支付科技有限公司和深圳市讯联智付网络有限公司。

拥有固定电话支付业务的支付机构有8家,分别是供销中百支付有限公司、天下支付科技有限公司、安付宝商务有限公司、天翼电子商务有限公司、联通支付有限公司、迅付信息科技有限公司、上海汇付数据服务有限公司和通联支付网络服务股份有限公司。四批支付牌照续展结果显示,有6家支付机构终止了固定电话支付业务。它们分别是上海银生宝、上海付费通、财付通、快钱、银盛支付、网银在线。

值得一提的是,银联商务有限公司、广州银联网络支付有限公司、北京数字王府井科技有限公司、北京银联商务有限公司、拉卡拉支付股份有限公司这5家支付机构均拥有预付卡受理支付牌照,其余150家支付机构均拥有预付卡发行与受理双牌照。

(二)牌照分布

从支付牌照的地域分布来看,北京市、上海市、广东省支付牌照布局位列前三,北京有 127 张支付牌照,占比约 24%。而宁夏、青海及西藏均无一张支付牌照。仅京沪粤的支付牌照总和就为 305 张,超过其他省市支付牌照数量之和,占比达 57%。

从支付牌照种类分布情况来看,网络支付也即互联网支付和移动电话支付牌照共有 157 张,其中京沪粤 113 张,占比超过 70%。全国共有 305 张预付卡牌照,其中京沪粤就有 133 张,占比 44%。

虽然有 7 种支付牌照类型,但目前尚无拥有全业务类型的支付机构,拥有业务类型最多的为 6 种,仅有两家国企运营商,分别是天翼电子商务有限公司、联通支付有限公司,均拥有互联网支付、移动电话支付、银行卡收单、预付卡发行、预付卡受理、固定电话支付牌照。有两张支付牌照(业务类型)的支付机构共有 129 家,占比超过 24%;仅有一张支付牌照的支付机构有 51 家,占比约 10%。

二、支付牌照申请

依据《非金融机构支付服务管理办法》,中国人民银行负责"支付业务许可证"的颁发和管理(见图 2-10)。

图 2-10 支付业务许可证

资料来源:《支付牌照的办理条件》,http://baijiahao.baidu.com/s?id=1601309985462012420&wfr=spider&for=pc。

申请"支付业务许可证"的,需经所在地中国人民银行副省级城市中心支行以上的分支机构审查后,报中国人民银行批准。申请中对于细则的解释还必须参考 2010 年 12 月 1 日增发的《非金融机构支付服务管理办法实施细则》。

(一)申请条件

"支付业务许可证"的申请人应当具备下列条件。

(1)在中华人民共和国境内依法设立的有限责任公司或股份有限公司,且为非金融机构法人。

(2)有符合本办法规定的注册资本最低限额。

(3)有符合本办法规定的出资人。

(4)有 5 名以上熟悉支付业务的高级管理人员。

《非金融机构支付服务管理办法实施细则》中对"有 5 名以上熟悉支付业务的高级管理人员"做出了更具体的解释:指申请人的高级管理人员中至少有 5 名人员具备下列条件。

① 具有大学本科以上学历,或具有会计、经济、金融、计算机、电子通信、信息安全等专业的中级技术职称。

② 从事支付结算业务或金融信息处理业务 2 年以上,或从事会计、经济、金融、计算机、电子通信、信息安全工作 3 年以上。

前款所称高级管理人员,包括总经理、副总经理、财务负责人、技术负责人或实际履行上述职责的人员。

③ 有符合要求的反洗钱措施。

④ 有符合要求的支付业务设施。

⑤ 有健全的组织机构、内部控制制度和风险管理措施。

⑥ 有符合要求的营业场所和安全保障措施。

⑦ 申请人及其高级管理人员最近 3 年内未因利用支付业务实施违法犯罪活动或为违法犯罪活动办理支付业务等受过处罚。

(二)注册资本

申请人拟在全国范围内从事支付业务的,其注册资本最低限额为 1 亿元;拟在省(区、市)范围内从事支付业务的,其注册资本最低限额为 3000 万元。注册资本最低限额为实缴货币资本。

本办法所称在全国范围内从事支付业务,包括申请人跨省(区、市)设立分支机构从事支付业务,或客户跨省(区、市)办理支付业务的情形。

中国人民银行根据国家有关法律法规和政策规定,调整申请人的注册资本最低限额。

外商投资支付机构的业务范围、境外出资人的资格条件和出资比例等,由中国人民银行另行规定,报国务院批准。

(三)出资人条件(注意与申请人区分)

申请人的主要出资人应当符合以下条件。

(1)为依法设立的有限责任公司或股份有限公司。

(2)截至申请日,连续为金融机构提供信息处理支持服务 2 年以上,或连续为电子商务活动提供信息处理支持服务 2 年以上。

(3)截至申请日,连续盈利 2 年以上。

(4)最近 3 年内未因利用支付业务实施违法犯罪活动或为违法犯罪活动办理支付业务等受过处罚。

本办法所称主要出资人,包括拥有申请人实际控制权的出资人和持有申请人 10% 以上股权的出资人。

(四)提交材料

1. 申请人应提交的文件和资料

申请人应当向所在地中国人民银行分支机构提交下列文件和资料。

(1)书面申请,载明申请人的名称、住所、注册资本、组织机构设置、拟申请支付业务等。

(2)公司营业执照(副本)复印件。

(3)公司章程。

(4)验资证明。

(5) 经会计师事务所审计的财务会计报告。
(6) 支付业务可行性研究报告。
(7) 反洗钱措施验收材料。
(8) 技术安全检测认证证明。
(9) 高级管理人员的履历材料。
(10) 申请人及其高级管理人员的无犯罪记录证明材料。
(11) 主要出资人的相关材料。
(12) 申请资料真实性声明。

2. 申请人应当公告的事项

申请人应当在收到受理通知后按规定公告下列事项。
(1) 申请人的注册资本及股权结构。
(2) 主要出资人的名单、持股比例及其财务状况。
(3) 拟申请的支付业务。
(4) 申请人的营业场所。
(5) 支付业务设施的技术安全检测认证证明。

中国人民银行分支机构依法受理符合要求的各项申请,并将初审意见和申请资料报送中国人民银行。中国人民银行审查批准的,依法颁发"支付业务许可证",并予以公告。

业界事例 2-3：中国人民银行公布第五批支付续展结果

三、支付牌照更新

"支付业务许可证"自颁发之日起,有效期 5 年。支付机构拟于"支付业务许可证"期满后继续从事支付业务的,应当在期满前 6 个月内向所在地中国人民银行分支机构提出续展申请。中国人民银行准予续展的,每次续展的有效期为 5 年。

关于非银行支付机构的主要监管思路,中国人民银行有关负责人就"支付业务许可证"续展工作答记者问时提到,一段时期内原则上不再批设新机构。对于支付业务监管的高压态势将会保持非常长的一段时间,严监管对于第三方支付行业的影响主要在于两大方面:一是加速了对经营不善的支付机构的淘汰,要么违规被罚甚至被注销,要么主动放弃牌照或者寻求被收购,没有竞争力的支付机构难以为继。二是让"灰色地带"及"黑色生意"的

知识卡片 2-2：二次清分

生存空间越来越小,主要表现在"二清"等行为(参见"知识卡片 2-2"二次清分)已经失去了银行和支付机构的通道,套现、赌博网站等非法商户想通过电子支付来收款也越来越难。

四、支付牌照现状

早在 2015 年,中国人民银行就基本停止了支付牌照的发放。2016—2019 年 1 月,中国人民银行没有发放一张新的支付牌照。2020 年 12 月 7 日,中国人民银行公布了传化支付有限公司的支付牌照续展结果,与此同时也表示了此前总共发放的 271 张支付牌照的首次续展工作已经全部完成。从 2016 年的第一批支付牌照续展到 2020 年年底的最后一张支付牌照续展,5 年时间,有 38 张支付牌照被注销。截至 2021 年 8 月,中国人民银行官方网站公示支付业务许可证(支付牌照)为 230 家。

在申请获批牌照越来越困难的形势下,收购就成为获取支付牌照的重要途径之一。2020年首笔支付牌照易主交易是拼多多正式收购付费通,自此互联网行业前20强公司均已拥有支付牌照。2021年第一季度,华为收购深圳市讯联智付网络有限公司(简称讯联智付),旨在通过收购"支付业务许可证"完善其软件生态圈建设,更多企业的跨界布局必将使得移动支付领域竞争更加激烈。

2018年3月份,中国人民银行发布了《中国人民银行公告〔2018〕第7号》文件(以下简称《央行7号公告》),明确外商投资支付机构的准入和监管政策。文件明确了外资和内资支付机构须遵守相同规定,实现统一的准入标准与监管要求,营造公平的市场竞争环境,不断扩大金融对外开放。

此后的2018年5月,中国人民银行收到万里汇(WorldFirst)关于申请支付业务许可的来函。不过,该公司由于被蚂蚁金服收购,主动撤回了相关申请文件。

2019年9月30日,中国首张外资第三方支付牌照发放。中国人民银行批准国付宝股权变更申请,全球第三方支付商业模式首创者、美国PayPal通过旗下美银宝信息技术(上海)有限公司(以下简称美银宝公司)收购国付宝70%的股权,成为国付宝实际控制人并进入中国支付服务市场。PayPal在中国境内的商业实体美银宝公司在获得此次第三方支付牌照之前已经通过与境内互联网企业、电商企业的合作开展跨境支付服务,为中国中小企业收付国际贸易项下的货款。适度引入外资支付机构,有利于营造公平竞争的市场环境,提高资源配置效率,提升支付机构和支付产业的服务水平。

第四节 第三方支付账户

一、支付账户简介

之前我们介绍了《中国人民银行关于改进个人银行账户服务 加强账户管理的通知》的文件,这是针对银行借记卡账户的分类规则(请参考本章第一节"银行支付账户分类")。

在2015年12月28日央行又针对第三方支付机构发布了《非银行支付机构网络支付业务管理办法》(中国人民银行公告〔2015〕第43号),这两个管理规范文件都要求对支付账户进行分类,同样是分3类,银行与第三方支付的3类账户差别其实很大。

(一)支付账户与银行账户的区别

支付账户最初是支付机构为方便客户网上支付和解决电子商务交易中买卖双方信任度不高而为其开立的,与银行账户有明显不同。

一是提供账户服务的主体不同,支付账户由支付机构为客户开立,主要用于电子商务交易的收付款结算。银行账户由银行业金融机构为客户开立,账户资金除了用于支付结算外,还具有保值、增值等目的。

二是账户资金余额的性质和保障机制不同。支付账户余额的本质是预付价值,类似于预付费卡中的余额,该余额资金虽然所有权归属于客户,却未以客户本人名义存放在银行,而是支付机构以其自身名义存放在银行,并实际由支付机构支配与控制。同时,该余额仅代表支付机构的企业信用,法律保障机制上远低于《中华人民共和国中国人民银行法》《中华人民共和国商业银行法》保障下的央行货币与商业银行货币,也不受存款保险条例保护。一旦支付机构出现经营风险或信用风险,将可能导致支付账户余额无法使用,不能回提为银行存款,使客户遭受财产损失。

(二)不得为金融机构开立支付账户

鉴于金融机构和从事网络借贷、股权众筹融资、互联网基金销售、互联网保险、互联网信托和互联网消费金融等机构本身存在金融业务经营风险,同时支付机构的资本实力、内控制度和风险管理体系普遍还不够完善,抵御外部风险冲击的能力较弱,为保障有关各方的合法权益,有效隔离跨市场风险,切实守住不发生系统性和区域性风险的底线,《非银行支付机构网络支付业务管理办法》规定,支付机构不得为金融机构和从事金融业务的其他机构开立支付账户。虽然支付机构不能为金融从业机构开立支付账户,但仍可基于银行账户为其提供网络支付服务,以有效支持互联网金融的创新需要。

(三)支付账户的五大原则

近年来,支付机构大力发展网络支付服务,促进了电子商务和互联网金融的快速发展,对支持服务业转型升级、推动普惠金融纵深发展发挥了积极的作用。同时,支付机构的网络支付业务也面临不少问题和风险,必须加以重视和规范:一是客户身份识别机制不够完善,为欺诈、套现、洗钱等风险提供了可乘之机;二是以支付账户为基础的跨市场业务快速发展,沉淀了大量的客户资金,加大了资金流动性管理压力和跨市场交易风险;三是风险意识相对较弱,在客户资金安全和信息安全保障机制等方面存在欠缺;四是客户权益保护亟待加强,存在夸大宣传、虚假承诺、消费者维权难等问题。因此,人民银行确立了坚持支付账户实名制、平衡支付业务安全与效率、保护消费者权益和推动支付创新的监管思路。

1. 定位小额

即明晰支付机构定位。坚持小额便民、服务电商的原则,有效隔离跨市场风险,维护市场公平竞争秩序及金融稳定。

2. 实名制

即坚持支付账户实名制。账户实名制是支付交易顺利完成的保障,也是反洗钱、反恐融资和遏制违法犯罪活动的基础。针对网络支付非面对面开户的特征,强化支付机构通过外部多渠道交叉验证识别客户身份信息的监管要求。

3. 交易限额

即兼顾支付安全与效率。本着小额支付偏重便捷、大额支付偏重安全的管理思路,采用正向激励机制,根据交易验证安全程度的不同,对使用支付账户余额付款的交易限额做出相应安排,引导支付机构采用安全验证手段来保障客户资金安全。

4. 消费者赔付

即突出对个人消费者合法权益的保护。基于我国网络支付业务发展的实际和金融消费的现状,《非银行支付机构网络支付业务管理办法》引导支付机构建立完善的风险控制机制,健全客户损失赔付、差错争议处理等客户权益保障机制,有效降低网络支付业务风险,保护消费者的合法权益。

5. 机构分级

即实施分类监管推动创新。建立支付机构分类监管工作机制,对支付机构及其相关业务实施差别化管理,引导和推动支付机构在符合基本条件和实质合规的前提下开展技术创新、流程创新和服务创新,在有效提升监管措施弹性和灵活性的同时,激发支付机构活跃支付服务市场的动力。

二、第三方支付账户分类

(一)三类账户

《非银行支付机构网络支付业务管理办法》将个人支付账户分为三类(见表2-1)。其中,Ⅰ类账户只需要一个外部渠道验证客户身份信息(如联网核查居民身份证信息),账户余额可以用于消费和转账,主要适用于小额、临时支付,身份验证简单快捷。为兼顾便捷性和安全性,Ⅰ类账户的交易限额相对较低,但支付机构可以通过强化客户身份验证,将Ⅰ类账户升级为Ⅱ类或Ⅲ类账户,提高交易限额。

Ⅱ类和Ⅲ类账户的客户实名验证强度相对较高,能够在一定程度上防范假名、匿名支付账户问题,防止不法分子冒用他人身份开立支付账户并实施犯罪行为,因此具有较高的交易限额。鉴于投资理财业务的风险等级较高,《非银行支付机构网络支付业务管理办法》规定,仅实名验证强度最高的Ⅲ类账户可以使用余额购买投资理财等金融类产品,以保障客户资金安全。

表2-1 个人支付账户分类

账户类别	余额付款功能	余额付款限额	身份核实方式
Ⅰ类账户	消费、转账	自账户开立起累计1000元	以非面对面方式,通过至少1个外部渠道验证身份
Ⅱ类账户	消费、转账	年累计10万元	面对面验证身份,或以非面对面方式,通过至少3个外部渠道验证身份
Ⅲ类账户	消费、转账、投资理财	年累计20万元	面对面验证身份,或以非面对面方式,通过至少5个外部渠道验证身份

资料来源:人民银行有关负责人就《非银行支付机构网络支付业务管理办法》答记者问,http://www.pbc.gov.cn/goutongjiaoliu/113456/113469/2996377/index.html。

上述分类方式及付款功能、交易限额管理措施仅针对支付账户,客户使用银行账户付款(如银行网关支付、银行卡快捷支付等)不受上述功能和限额的约束。

(二)验证渠道

《非银行支付机构网络支付业务管理办法》要求支付机构在开立Ⅱ类、Ⅲ类支付账户时,分别通过至少3个、5个外部渠道验证客户身份信息,是为了保障客户的合法权益,防范不法分子开立匿名或假名账户从事欺诈、套现、洗钱、恐怖融资等非法活动,是对支付机构提出的监管要求,支付机构负有"了解你的客户"的义务。

目前,公安、社保、民政、住建、交通、市场监管、教育、财政、税务等政府部门,以及商业银行、保险公司、证券公司、征信机构、移动运营商、铁路公司、航空公司、电力公司、自来水公司、燃气公司等单位,都运营着能够验证客户身份基本信息的数据库或系统。支付机构可以根据本机构客户的群体特征和实际情况,选择与其中部分单位开展合作,实现多个渠道交叉验证客户身份信息。

在身份验证过程中,客户只需要按照支付机构的要求在网上填写并上传相关信息即可,并不需要本人去相关部门证明"我是我",而是由支付机构负责与外部数据库或系统进行连接并验证客户身份信息的真实性。支付机构应采用必要技术手段确保客户操作流程简便、体验便捷,这对支付机构的服务能力和服务水平提出了一定要求。

此外,《非银行支付机构网络支付业务管理办法》还规定,综合评级较高且实名制落实较好的支付机构在开立Ⅱ类、Ⅲ类支付账户时,既可以按照3个、5个外部渠道的方式进行客户身份核实,也可以运用各种安全、合法的技术手段,更加灵活地制定其他有效的身份核实方法,经人民银行评估认可后予以采用。这既鼓励了创新,也兼顾了安全与便捷。

(三)账户限额

支付机构应根据交易验证方式的安全级别,按照下列要求对个人客户使用支付账户余额付款的交易进行限额管理:①支付机构采用包括数字证书或电子签名在内的两类(含)以上有效要素进行验证的交易,单日累计限额由支付机构与客户通过协议自主约定;②支付机构采用不包括数字证书、电子签名在内的两类(含)以上有效要素进行验证的交易,单个客户所有支付账户单日累计金额应不超过5000元(不包括支付账户向客户本人同名银行账户转账);③支付机构采用不足两类有效要素进行验证的交易,单个客户所有支付账户单日累计金额应不超过1000元(不包括支付账户向客户本人同名银行账户转账),且支付机构应当承诺无条件全额承担此类交易的风险损失赔付责任。

为引导支付机构提高交易验证方式的安全性,加强对客户资金的安全保护,《非银行支付机构网络支付业务管理办法》规定,对于交易验证安全级别较高的支付账户"余额"付款交易,支付机构可以与客户自主约定单日累计限额;但对于安全级别不足的支付账户"余额"付款交易,规定了单日累计限额。《非银行支付机构网络支付业务管理办法》规定的单日累计1000元、5000元的限额能够有效满足绝大部分客户使用支付账户"余额"进行付款的需求。此外,综合评级较高且实名制落实较好的支付机构单日支付限额最高可提升到现有额度的两倍,以进一步满足客户需求。例如,评级较好的支付机构,如支付宝、微信支付可以达到单日累计2000元、10000元的限额。

需要强调的是,10万元、20万元的年累计限额,以及1000元、5000元的单日累计限额,都仅针对个人支付账户"余额"付款交易。客户通过支付机构进行银行网关支付、银行卡快捷支付,年累计限额、单日累计限额根据相关规定由支付机构、银行和客户自主约定,不受上述限额约束。

三、第三方支付公司分级

中国人民银行可以结合支付机构的企业资质、风险管控,特别是客户备付金管理等因素,确立支付机构分类监管指标体系,建立持续分类评价工作机制,并对支付机构实施动态分类管理。中国人民银行根据支付机构分类评级情况,在业务监管标准、创新扶持力度、监管资源分配等方面,对支付机构实施差别化管理。

对于综合评级较高且实名制落实较好的支付机构,《非银行支付机构网络支付业务管理办法》在客户身份验证方式、个人卖家管理方式、支付账户转账功能、支付账户单日交易限额、银行卡快捷支付验证方式等方面,提升了监管弹性和灵活性。

一是支付机构在开立Ⅱ类、Ⅲ类支付账户时,既可以按照3个、5个外部渠道的方式进行客户身份核实,也可以运用各种安全、合法的技术手段灵活制定其他有效的身份核实方法,经评估认可后予以采用。

二是对于从事电商经营活动、不具备工商登记注册条件的个人卖家,支付机构可以参照单位客户进行管理,以更好地满足个人卖家的支付需求,进一步支持电商的发展。

三是支付机构可以扩充支付账户转账交易功能,可以同时办理支付账户与同名银行账户之间、支付账户与非同名银行账户之间的转账交易。

四是支付机构可以根据客户实际需要,适度提高支付账户余额付款的单日交易限额。评定为"A"类且Ⅱ类、Ⅲ类支付账户实名比例超过95%的支付机构,可以将达到实名制管理要求的Ⅱ类、Ⅲ类支付账户的余额付款单日累计限额,提高至规定的两倍。评定为"B"类及以上,且Ⅱ类、Ⅲ类支付账户实名比例超过90%的支付机构,可以将达到实名制管理要求的Ⅱ类、Ⅲ类支付账户的余额付款单日累计限额,提高至规定的1.5倍。

五是在银行卡快捷支付交易中,支付机构可以与银行自主约定由支付机构代替进行交易验证的具体情形。

对于评定为"C"类及以下、支付账户实名比例较低、对零售支付体系或社会公众非现金支付信心产生重大影响的支付机构,中国人民银行及其分支机构将可以适度提高公开披露相关信息的要求,并加强非现场监管和现场检查。

四、银联与网联

中国银联(China UnionPay)成立于2002年3月,是经国务院同意,由中国人民银行批准设立的中国银行卡联合组织,总部设于上海。为满足人民群众日益多元化的用卡需求,中国银联大力推进各类基于银行卡的创新支付业务。银联标准卡按照中国银联的业务、技术标准发行,符合ISO国际通用标准,持卡人可在境内任一银行卡受理点及境外160多个国家和地区的ATM及银联特约商户实现轻松取款、刷卡消费。

中国银联处于银行卡产业的核心和枢纽地位,是实现银行卡系统互联互通的关键所在。依托跨行交易清算系统(China UnionPay System,CUPS),中国银联制定和推广银联跨行交易清算系统入网标准,统一银行卡跨行技术标准和业务规范,形成银行卡产业的资源共享和自律机制,从而对银行卡产业的发展起到引导、协调、推动和促进作用。各商业银行通过中国银联的银行卡跨行交易清算系统,实现系统间的互联互通和资源共享,保证银行卡跨行、跨地区和跨境的使用。

人们不仅可以在ATM、商户POS机上使用银行卡,还可以通过互联网、手机、固定电话、自助终端、数字电视机顶盒等各类新兴渠道进行公用事业缴费、机票和酒店预订、信用卡还款、自助转账等多种支付。

(一)银联在线

银联电子支付服务有限公司(China Pay)是中国银联控股的银行卡专业化服务公司,拥有面向全国的统一支付平台网付通,主要从事以互联网等新兴渠道为基础的网上支付、企业B2B账户支付、电话支付、网上跨行转账、网上基金交易、企业公对私资金代付、自助终端支付等银行卡网上支付及增值业务。

银联在线支付作为银联互联网支付的集成化、综合性工具,涵盖认证支付、快捷支付、储值卡支付、网银支付等多种支付方式,广泛应用于购物缴费、还款转账、商旅服务、基金申购、企业代收付等诸多领域。具有方便快捷、安全可靠、全球通用、金融级担保交易、综合性商户服务、无门槛网上支付等六大特点。简单灵活的快捷支付模式,无须开通网银,能加快交易进程,提升用户体验,有助于银行、商户吸引更多客户,促进网上交易。多重安全技术保障,实时风险监控,充分保证支付安全。与其他担保交易提前划款给第三方账户不同,银联在线支付的金融级预授权担保交易是在持卡人自有银行账户内冻结交易资金,免除利息损失和资金挪用风险,最大化保证了银行、商户和持卡人的权益。随着银联网络在全球的推广,越来越多的银联境外网上商户让持卡人可以"轻点鼠标,网购全球"。

(二)银联商务

银联商务股份有限公司是中国银联控股的从事银行卡收单专业化服务的全国性公司。2011年5月26日,银联商务首批获得人民银行颁发的"支付业务许可证",涵盖了银行卡收单、互联网支付、预付卡受理等支付业务类型。简单地说,银联商务股份有限公司主要负责银行卡业务,而银联电子支付服务有限公司负责银行卡网上支付及增值业务。

2019年,全球支付行业权威市场研究机构尼尔森报告(The Nilson Report)正式发布《亚太地区收单机构排名》,银联商务股份有限公司以高达77.7亿笔的收单交易笔数排名亚太地区收单机构榜首。自2013年度首度登顶以来,银联商务股份有限公司已连续六年位列亚太地区收单机构榜首,是国内最大的综合支付与信息服务提供商。

随着移动支付对小微商户影响的增大,很多线下收单业务市场被支付宝与财付通瓜分,银联商务股份有限公司的主营收单业务遭受冲击。更为激烈的是,移动支付占整体市场份额的比重不断增大,对银联商务形成强大的阻力。虽然在传统银行卡收单业务中,银联商务堪称王者,但是在移动支付领域,还是排在支付宝和财付通两大巨头之后。2019第四季度中国非金融支付机构综合支付业务的总体交易规模接近66.5万亿元,支付宝、腾讯金融和银联商务分别以48.8%、33.1%和7.5%的市场份额位居前三位,三者市场份额总和达到89.3%。

(三)移动支付对线下收单的冲击

在目前的支付市场中,移动支付、互联网支付和银行卡收单3个细分领域市场格局差距较大,移动支付市场存在明显的双寡头格局,互联网支付相对均衡,银行卡收单则是银行和支付机构平分秋色。不过,由于移动支付占据了60%以上的市场规模,且从行业发展趋势来看,移动支付代表未来的发展方向,所以从整个支付市场来看,得移动支付者得支付天下。支付宝和微信依然占据着明显的领先地位。

根据易观分析对2021年第一季度中国第三方支付机构综合支付市场交易规模的占比统计,支付宝、腾讯金融和银联商务仍居市场前三;快钱以支付为核心,持续深耕保险、航空、零售等领域,保持行业第四;通联支付、壹钱包、易宝支付分居行业第五至第七位。

2021年第一季度,我国移动支付业务量延续增长态势。其中,占据主导地位的银行移动支付业务金额为130.14万亿元。根据易观分析发布的《中国第三方支付移动支付市场季度监测报告(2021年第一季度)》数据,作为我国移动支付业务重要补充力量的第三方移动支付,2021年第一季度市场交易规模高达73.89万亿元。

伴随着国内互联网和移动互联网技术的发展,银联商务先后推出包括网上支付、移动支付、NFC支付、人脸支付等各类新型支付方式,同时基于旗下800万商户和900万终端的海量资源,紧紧围绕"支付+",以最擅长的支付为切入口,打造出包括互联网金融、大数据、O2O营销、物流撮合等各类产品在内的综合支付服务和信息服务体系。相较支付宝依托淘宝、财付通依托微信等电子商务平台或社交平台所带来的天然个人用户资源和个人用户黏性，目前银联商务旗下"全民付""天天富"互联网金融服务平台、"大华捷通"物流撮合平台等正在探索如何基于自身的B端优势，实现更大范围的C端用户引流和转换，以便让更多的C端持卡人享受到银联商务专业、高效、安全的支付服务和信息服务。

（四）网联

在《中国人民银行支付结算司关于将非银行支付机构网络支付业务由直连模式迁移至网联平台处理的通知》（银支付〔2017〕209号）的推动下，中国第三方支付市场迎来了自2011年实施许可证制度之后再次的"统一规则、统一步调"。

网联清算有限公司（Nets Union Clearing Corporation，NUCC）是经中国人民银行批准成立的非银行支付机构网络支付清算平台的运营机构。在中国人民银行的指导下，由中国支付清算协会按照市场化方式组织非银行支付机构以"共建、共有、共享"原则共同参股出资，于2017年8月在北京注册成立，为公司制企业法人。包括中国人民银行清算总中心、财付通、支付宝、银联商务等在内的45家机构和公司签署了《网联清算有限公司设立协议书》。其中，网联注册资本为20亿元，为第一大股东；第二大股东梧桐树投资平台是国家外汇管理局的直属机构；支付宝和财付通股份相同，位列第三方大股东；京东旗下网银在线紧邻其后为第四大股东。

非银行支付机构网络支付清算平台作为全国统一的清算系统，主要处理非银行支付机构发起的涉及银行账户的网络支付业务，实现非银行支付机构及商业银行的一点接入，提供公共、安全、高效、经济的交易信息转接和资金清算服务，组织制定并推行平台系统及网络支付市场相关的统一标准规范，协调和仲裁业务纠纷，并将提供风险防控等专业化的配套及延展服务。

非银行支付机构网络支付清算平台作为国家级重要金融基础设施，由非银行支付机构相关专家共同参与设计，采用先进的分布式云架构体系，在北京、上海、深圳3地建设6个数据中心，实现平台系统高性能、高可用、高安全、高扩展、高可控、高一致性等全面高标准，适应行业高速发展态势。

在没有网联之前，支付机构直接与各家银行对接，进行线上支付业务；有了网联后，则要求支付机构必须通过与网联对接，才能在线上接入各家银行（见图2-11）。

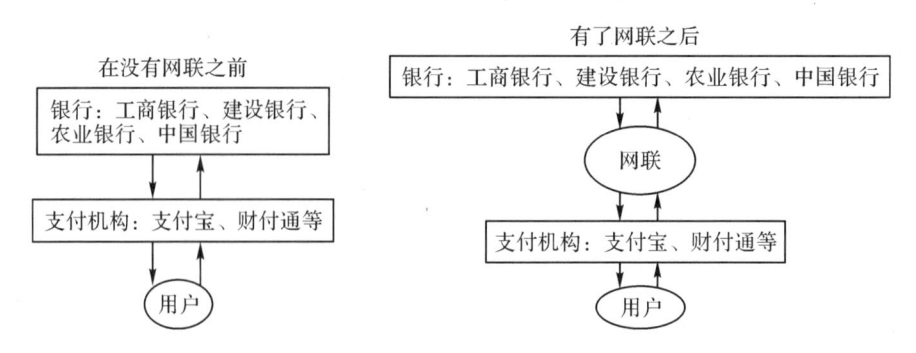

图2-11 支付机构与网联的联接关系

资料来源：《网联是什么？和银联有什么不同？》，http://www.cnbaiyin.com/shehui/2017-08-10/c2665833.html。

中国人民银行之所以设立网联,首先是为了监管第三方支付机构,其次是掌控大数据。

1. 监管第三方支付机构

在没有网联之前,支付宝、财付通等支付机构其实是变相地行使了"跨行清算"的职能。举个例子,如果想把平安银行工资卡中的 5000 元钱转到农业银行的卡中,传统的跨行转账的流程是:在平安银行操作 5000 元转账程序,进入银联支付清算系统,再通过银联支付清算系统将 5000 元转到自己的农业银行账户。而第三方支付机构(以支付宝为例)的流程是:客户通过支付宝从平安银行转出 5000 元到支付宝账户,支付宝通过自己的农行账户,转出 5000 元到客户的农行账户。

从这个过程可以看到,在传统的跨行转账的过程中,银行的跨行支付和清算全部在银联和中国人民银行的监管下完成。然而通过第三方支付机构跨行转账的过程,是没有通过中国人民银行监管的清算账户的。因而银行和中国人民银行都无法掌握具体交易信息,无法掌握准确的资金流向。这就给金融监管、货币政策调节、金融数据分析等中国人民银行的各项金融工作带来很大的困难。更危险的是它也有可能被不法分子利用,成为洗钱、套现、盗取资金的渠道。

2. 掌控大数据

以支付宝为例,海量的用户通过其进行交易,只有支付宝能掌握其中的海量数据。随着越来越多的人使用支付宝,支付宝掌握了很多独家的数据,有可能对数据进行垄断。久而久之,会使金融机构和支付宝之间产生数字鸿沟和信息孤岛现象,不利于金融行业的发展。争取这些数据的控制权,也是中国人民银行成立网联的原因之一。有了网联,中国人民银行才能掌控未来的金融和消费大数据,也才能更好地行使其监管职能。

3. 银联和网联的关系

那么有了银联为什么还要设立网联?其实二者的定位也是非常明晰的,就是以后银联只负责银行卡线下交易的跨行清算,而网联则负责网上交易的清算。

网联清算有限公司及非银行支付机构网络支付清算平台的建立,实现了网络支付资金清算的集中化、规范化、透明化运作,节约了连接成本,提高了清算效率,支撑了行业创新,促进了公平竞争,助力了资金流向的有效监控,保障了客户资金的安全,并推动了行业机构资源的共享和价值共赢,实现了市场长远健康的发展。

五、聚合支付

(一)产生背景

第三方支付的快速发展导致支付方式呈现高度碎片化的特征。第一,支付渠道碎片化,拥有支付牌照的第三方支付机构瓜分市场,银联和其他互联网巨头纷纷进入;第二,平台碎片化,Android、IOS、HTML5 为 3 种主流支付渠道,主要的第三方支付服务商均需适配支持,特约商户为服务客户要完成其平台支付功能的全覆盖,需接入所有支付渠道;第三,支付场景碎片化,支付场景可分为 App 内支付、HTML5 支付、扫码支付、被扫支付、NFC 支付等 5 类,5 种支付场景均对应着不同的支付需求;第四,支付数据碎片化,渠道的碎片化进而导致特约商户收款数据的碎片化,财务数据、运营数据、产品数据等各自割裂,严重影响商户的运营决策水平;第五,支付需求碎片化,互联网的影响加速了传统行业的升级,进而加快了支付产业链的拓展,如消费金融领域的消费信贷需求等。

以上5类移动支付的碎片化特点,对特约商户而言,特别是广大的中小企业,在引入支付功能并在后期加以维护时,也产生大量的痛点,由此自然会诞生相应的解决方案。而要解决上述痛点,需要实现如下功能:第一,聚合所有主流支付渠道,达到"一点接入,支付渠道全拥有"的市场需求;第二,覆盖主流支付平台;第三,覆盖主流支付场景;第四,整合与分析支付数据;第五,产品快速迭代,以适应支付需求的快速发展和变化。在上述背景下,聚合支付应时而生。

(二)服务模式

根据服务对象的不同,聚合支付可分为线上模式、线下模式及O2O模式。线上模式是聚合网络支付,主要提供技术接口,将各种支付方式(微信、支付宝等)集成到自己的平台,主要为电商服务;线下模式是聚合支付收单,将不同支付方式的收单集于一个二维码或者一个终端中,主要为实体店服务;O2O模式是聚合线上线下融合的一种模式,最早应用在团购里,随着线上线下场景发展的融合度提高,O2O也拓展了配送、预约等多种服务形式,呈现多样化特征。

(三)四道红线和五大环节

聚合发展虽具有众多优点,但目前仍处于规范发展期。为规范聚合支付市场发展,2017年,中国人民银行先后发布《中国人民银行支付结算司关于开展违规"聚合支付"服务清理整治工作的通知》(银支付〔2017〕14号)、《中国人民银行关于持续提升收单服务水平规范和促进收单服务市场发展的指导意见》(银发〔2017〕45号)。在明确聚合支付不得从事核心业务,不得经手特约商户结算资金,不得伪造、篡改或隐匿交易信息,不得采留敏感信息四道红线后,中国人民银行对于聚合支付采取了支持态度,聚合支付合规发展之后迎来了发展的机遇期。

正规的聚合支付不涉及资金清算,只涉及支付环节的信息流转和商户操作的承载。一个完整的支付产业链包括商户、聚合支付服务商、第三方支付、官方清算中心(银联和网联)、消费者五大环节(见图2-12)。

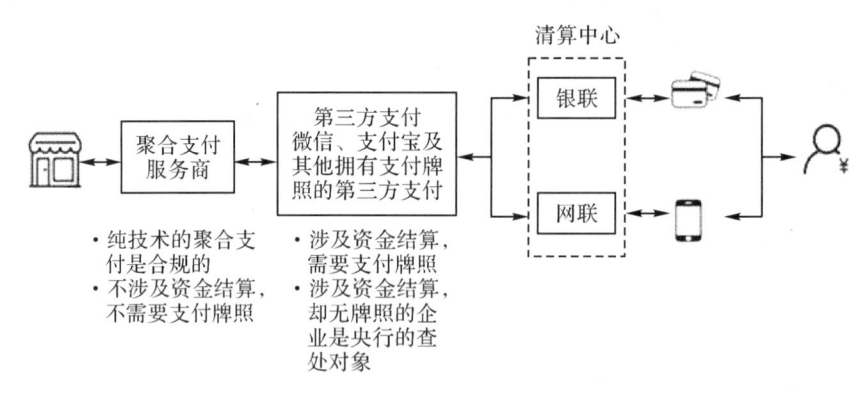

图 2-12 聚合支付五大环节

资料来源:《十张图看懂聚合支付行业》,https://baijiahao.baidu.com/s?id=1615727451052972558&wfr=spider&for=pc。

(四)市场格局

1. 非银行聚合支付(第四方支付企业)

目前,聚合支付市场已经成长出钱方好近、Ping＋＋、哆啦宝、BeeCloud、Paymax、付钱拉、收钱吧、普付宝、友店、利楚扫呗等,以及主打跨境支付服务的 PingPong、钱海支付等。据不完全统计,聚合支付企业总数量不少于 30 家。根据服务对象的不同,可分为线下和线上服务;根据商业模式的发展阶段的不同,可分为初级阶段的聚合支付工具和以此为基础的综合金融服务。

2. 商业银行聚合支付

聚合支付的出现给了商业银行在 B 端(商户端)冲破隔离的机会。商业银行的聚合支付是商业银行将支付宝、微信支付、银联和本行二维码支付等整合为统一的二维码,即一个二维码支持支付宝、微信、银联和各家商业银行手机银行的扫码支付,既支持主扫,也支持被扫(见图 2-13)。商业银行聚合支付的最大特点是在 C 端(客户端)支持各类支付终端,即用户使用支付宝、微信、银联钱包和各商业银行的手机银行均可以扫码支付,而交易资金在 B 端统一回流到商户在商业银行开设的存款账户,从而形成了 C 端开放而 B 端聚合的新支付体系。

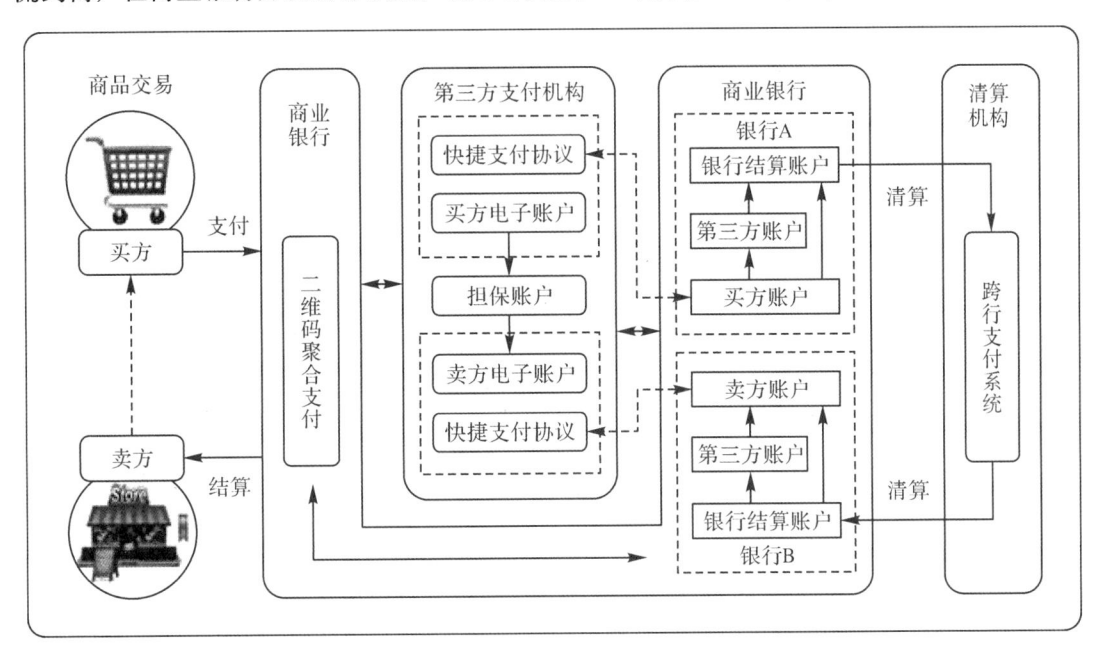

图 2-13 商业银行聚合支付

资料来源:《十张图看懂聚合支付行业》,https://baijiahao.baidu.com/s? id＝1615727451052972558&wfr＝spider&for＝pc。

这种支付体系的核心是放弃 C 端的争夺,支持所有主流 C 端,方便用户使用;而在 B 端则是用银行账户作为唯一收款账户,而使资金从各种第三方支付机构回流到银行,形成商业银行的核心存款。

商业银行具有得天独厚的金融服务及政策合规优势,不仅有丰富、成熟的金融服务产品,而且拥有大量相对稳定的个人客户和收单商户。所以在现有基础和条件下,商业银行只要把握好当前难得的机遇,适应二维码支付的市场需求,建设好支付这一基础设施和工具,提升产品的便捷性,那么相对于第三方、第四方支付机构,商业银行对客户和商户都将拥有不可低估的吸引力。

聚合支付已经逐渐成为今后支付的主流趋势之一,银行和第三方支付机构的合作也有望进一步加强,通过聚合支付服务应用的方式,促进银行与第三方支付机构的共同发展。

第五节　支付新规

一、断直连

由于在之前很长的一段时间,第三方支付机构绕过银联,自己完成清算工作,第三方支付清算没有相应的授权和监管,中国人民银行无法监控资金流向,容易让诈骗、洗钱等犯罪行为有可乘之机,而第三方支付这种操作是中国人民银行绝不允许的。

因此,2017年8月,中国人民银行支付结算司印发《中国人民银行支付结算司关于将非银行支付机构网络支付业务由直连模式迁移至网联平台处理的通知》(银支付〔2017〕209号文),明确表示自2018年6月30日起,支付机构受理的涉及银行账户的网络支付业务全部通过网联平台处理。2017年,中国人民银行接连发布《中国人民银行关于规范支付创新业务的通知》(银发〔2017〕281号)和《关于印发〈条码支付业务规范(试行)〉的通知》(银发〔2017〕296号)等文件,铁腕整治支付行业。其中一个硬性的要求就是支付机构要断开与银行的直连,必须通过合法清算机构完成清算,也就是俗称的"断直连"。

从理论上来说,这也就意味着自2018年7月1日开始,第三方支付机构在各家银行的清算账户就直接被切断了,必须经过网联或者银联系统之后才能连接到银行。

在实际执行中,业内大部分的第三方支付机构基本已接入网联或者银联系统,有些机构是两家清算机构都接入了。网联发布的文件显示,截至2018年7月1日,462家银行、115家支付机构已全面接入。微信、支付宝也已提前宣布,全面完成系统对接。

支付机构要断开与银行的直连,除了资金流的"断直连",信息流"断直连"也被提上了日程。2021年4月29日,中国人民银行、银保监会、证监会、国家外汇管理局等金融管理部门联合对腾讯、京东金融、字节跳动等13家网络平台企业代表进行了约谈。在本次约谈中,中国人民银行要求平台机构在与金融机构开展引流、助贷、联合贷等业务的合作中,不得将个人主动提交的信息、在平台内产生的信息或从外部获取的信息以申请信息、身份信息、基础信息、个人画像评分信息等名义直接提供给金融机构。网络平台要严格通过持牌征信机构依法合规地开展个人征信业务。也就是说,敏感信息流只能通过持牌征信机构来进行流动。

二、备付金交存

2018年11月29日,中国人民银行支付结算司向各中支机构、各备付金银行网络金融部和支付机构下发《中国人民银行支付结算司关于支付机构撤销人民币客户备付金账户有关工作的通知》(银支付〔2018〕238号)。根据该特急文件,要求所有的第三方支付机构应于2019年1月14日前撤销人民币客户备付金账户,备付金将由中国人民银行接管。该特急文件显示,支付机构应根据与中国银联或网联的业务对接情况,于1月14日前开立"备付金集中存管账户",并将原"备付金交存专户"销户。

此前,中国人民银行就已先后出台了《关于支付机构客户备付金全部集中交存有关事宜的通知》和《支付机构客户备付金存管办法》,针对支付机构客户备付金集中缴存比例达到100%这一要求,明确提出了2019年1月14日的限期。

支付机构客户备付金和银行结算的利息收益是按照日均资金沉淀量及协议存款的方式计算的。这意味着,支付机构的客户备付金沉淀量越高,银行给予的利息就越高。通常协议存款的价格区间基本是在年化3%左右,高的可以达到4%以上,一家二线支付机构备付金的日均沉淀量就可以达到30亿~50亿元,一年在银行获得备付金利息就达到1亿元以上,远比外界估算的要高。支付宝、财付通这样的行业巨头的备付金收入年逾百亿元。2019年1月14日之后,支付机构客户备付金将由中国人民银行实现100%集中存管。这对于一些规模较大的预付卡公司和一些面向C端账户的支付巨头而言,不啻一次行业变革。因为自此以后,备付金利息将成为历史。

此前,通过客户备付金赚利息,对支付机构来说,相当于无风险套利,只要吸纳客户备付金,就可以躺着赚利差,这个利差空间甚至比许多银行产品的利差空间还高,以至于开拓新支付场景的动力不强。为了进一步提高备付金的收益,甚至有支付机构违规挪用备付金,购买银行理财产品、参与过桥贷款,甚至投资高风险证券类项目等。这也是中国人民银行为什么决定对支付机构客户备付金集中监管的重要原因。

而失去了备付金利息收入,各大支付机构补贴市场的力度将大大弱化。同时,"断直连"仅仅聚焦在快捷端,代扣端仍无太大进展。没有了备付金作为存款与银行进行通道谈判的价值,"断直连"的进度或将进一步提速。

三、大额交易报告

根据2018年7月13日中国人民银行发布的《关于非银行支付机构开展大额交易报告工作有关要求的通知》,非银行支付机构应当于2019年1月1日起按照该通知的规定,提交大额交易报告。这项新规主要针对的是利用支付通道进行洗钱等违法行为,实施后支付机构需要报告相关交易,但个人正常使用基本不会受到影响。

根据该通知规定,非银行支付机构应当以客户为单位,按资金收入或者支出单边累计计算并报告下列大额交易。

(一)现金收支

当日单笔或者累计交易额5万元及以上、外币等值1万美元及以上的现金收支。

(二)款项划转

非自然人客户支付账户与其他账户发生当日单笔或者累计交易额200万元及以上、外币等值20万美元及以上的款项划转。本通知所称的非自然人客户包括法人、其他组织或个体工商户。

自然人客户支付账户与其他账户发生当日单笔或者累计交易额50万元及以上、外币等值10万美元及以上的境内款项划转。

自然人客户支付账户与其他账户发生当日单笔或者累计交易额20万元及以上、外币等值1万美元及以上的跨境款项划转。

事实上,在2016年,中国人民银行就曾发布《金融机构大额交易和可疑交易报告管理办法》,自 2017 年 7 月 1 日起实施。当时中国人民银行有关负责人已在答记者问中明确指出,该管理办法的有关规定适用于非银行支付机构。同时,人民银行对非银行支付机构应当履行的反洗钱义务,还有更为具体的要求,例如《支付机构反洗钱与反恐怖融资管理办法》。另外,中国人民银行、银保监会、证监会还联合发布了文件《互联网金融从业机构反洗钱和反恐怖融资管理办法(试行)》,自 2019 年 1 月 1 日起施行。

第二章知识与技能训练

第三章

跨境支付——新型国际贸易支付

> **知识目标**

◎ 了解跨境支付的背景与场景。
◎ 掌握跨境电商支付的相关政策。
◎ 熟悉跨境电商支付的牌照类别与支付特点。
◎ 掌握跨境电商的监管规则并能与支付相关联。

> **能力目标**

◎ 能分析并比较跨境电商零售进口商品的税费方式。
◎ 能分析跨境电商零售进口的支付模式和流程。
◎ 能分析跨境电商出口的支付模式和流程。
◎ 能分析各种报关模式对于跨境支付的影响。

> **案例导入**

推出"义支付" 义乌构建自身的跨境支付系统！

"世界超市"义乌，有市场主体超 90 万家，上下游生态圈企业达 210 万家，跨境人民币结算的国家和地区达 176 个，但其货销全球的同时也被一个问题所困扰：如何把钱收回来？这是外贸大省浙江的新课题，随着经济全球化和跨境电商的高速发展，对这一问题的破解越发迫切。

2023 年 2 月，义乌推出了支付平台义支付（YiwuPay）。通过收购"快捷通支付"100%的股权，获得了互联网支付牌照，实现了跨境支付业务。义支付是浙江中国小商品城集团股份有限公司旗下的第三方支付服务公司，现已与 400 家主流银行建立合作关系，为企业提供合规、安全、高效的全链路贸易支付服务。事实上，义乌小商品城早在 2012 年就创立了义支付公司，通过与银行等机构合作开展境内相关业务；2022 年，小商品城收购并获批持有海尔旗下第三方支付平台"快捷通支付"100%的股权，终于获得互联网支付牌照，正式踏入跨境支付领域。

| 跨境支付 |

　　传统的一般贸易、加工贸易、转口贸易等外贸方式，要求商户有专门的权限资质。但在现实中，如在浙江，很多商户做的是"单小、货杂、品种多"的小生意，自身不具备外贸能力但有很强的外贸需求。十年前，国家给义乌"量身定制"了一种叫市场采购贸易的新模式，允许企业和商户在义乌国际商贸城这类经国家主管部门认定的市场集聚区内采购，参与外贸出口。2022年，义乌高达74%的进出口业务走的就是这一模式。它的试点范围也已扩大到浙江海宁皮革城、江苏常熟服装城、河北白沟箱包市场、天津王兰庄国际商贸城等国内知名的专业市场。近年来，在市场采购贸易解决了没有进出口权限问题之后，外贸资金收付不畅这一短板，随着贸易量快速增长进一步凸显。

　　跨境贸易支付不像普通人跨境消费那么简单，只要有一张带有VISA（维萨卡）、MasterCard（万事达卡）等标志的信用卡就行；它涉及币种、汇率、结算、进出口退税、还原申报等多种复杂业务，不是专业人士操作很容易出错。很多商户以前会找专业的外贸公司代理收款，但现在发现这不是长久之计。代理本身就存在收不回款的风险，而且周期比较长，延期一两个月都有可能。如今，跨境支付已俨然成为一条热门赛道，涌现出越来越多的第三方支付平台。它们通过聚集多笔小额跨境支付交易，能有效降低交易成本，非常适用于金额小、数量多的跨境电商交易。

　　相比其他第三方支付平台，义支付平台拥有自己独特的本地区位优势，跨境业务覆盖150多个国家和地区，拥有20多个主流币种的互换能力，特别值得一提的是其对跨境人民币支付的支持。截至2024年1月，义支付已累计为超2万个商户开通跨境人民币账户，跨境人民币结算突破70亿元，公司跨境人民币业务已实现从0到1的跨越式发展。

　　（资料来源：《推出"义支付"　义乌构建自身的跨境支付系统》，https://baijiahao.baidu.com/s?id=1767833251157288939&wfr=spider&for=pc）

　　事实上，不仅第三方支付公司在跨境支付中发挥着重要作用，中国人民银行发行的数字人民币也正在积极拓展跨境支付市场。2024年5月17日，香港金融管理局及中国人民银行就数字人民币跨境支付试点的合作取得重大进展，中国人民银行进一步扩大了数字人民币在香港的试点范围，便利香港居民开立和使用数字人民币钱包，并通过香港的"转数快"系统[①]为数币钱包充值。扩大数字人民币在香港的跨境试点，是2024年初中国人民银行公布的"三联通、三便利"六项措施中的其中一项。随着此次试点范围的扩大，用户现在只需用香港手机号码便可以在香港开立并使用个人数币钱包。数币钱包可用于跨境支付，但不可用于个人之间的转账。同时，香港用户无须开立内地银行账户，就可以随时随地用港币账户直接为数币钱包充值人民币，汇率实时可见，便利港人在内地消费。数字人民币跨境使用不但有助于促进粤港澳大湾区的互联互通，更为重要的意义在于，"转数快"与人民银行数字货币研究所营运的数字人民币央行端系统的互通，也是世界首个快速支付系统与央行数字货币系统的连接，为G20跨境支付蓝图所强调的互通性提供了创新的用例。

---

　　① 转数快，即快速支付系统，英文全称为Faster Payment System，简称FPS，是香港金融管理局（Hong Kong Monetary Authority，HKMA）在2018年推出的与银行全面连接的快速支付系统，于2018年9月30日正式开通，目前几乎支持香港地区所有银行或电子钱包运营商的跨平台支付或转账需求。"转数快"不是一个手机软件，也不用下载程序，而是一个系统，用户只需登录网上银行或任何电子钱包，输入收款人的手机号码、支付金额，便可以即时转账。

第一节　中国跨境支付

随着国民生活水平的不断提高,中国进出口贸易迎来了飞速发展的机会。出境旅游、境外留学已经不再是新鲜事儿,消费者也热衷于在境外电商平台"海淘"。如此一来,跨境支付也成为最有必要的跨境配套服务。

在东亚、东南亚商场,欧美热门旅游地及各大机场免税店,都能见到微信支付和支付宝的身影;在跨境电商网站上,境内消费者可以通过 VISA、MasterCard、UnionPay(银联卡)下单;通过第三方支付平台可直接跨境汇款,支付留学生学费,留学生家长免去了亲自去银行柜台办理电汇打款的麻烦。那么,跨境支付到底是什么呢?

跨境支付(cross-border payment)是指因贸易、消费、投资及其他目的所发生的涉及两个及两个以上金融监管区域,借助一定的结算工具和支付系统,实现的价值转移的行为。如境内消费者在网上购买境外商家产品或境外消费者购买境内商家产品时,由于币种的不同,就需要通过一定的结算工具和支付系统实现两个国家(地区)之间的资金转换或价值转移,最终完成交易。

一、跨境支付背景

(一)理论背景:蒙代尔不可能三角

在现代金融理论中有一个非常著名的定理:不可能三角(impossible trinity),它最初是由"欧元之父"罗伯特·A.蒙代尔提出的,即一个国家(地区)不可能同时实现资本自由流动、货币政策的独立性和汇率的稳定性。也就是说一个国家(地区)只能拥有其中两项而不能同时拥有三项(见图 3-1)。例如一个国家想允许资本流动又要求拥有独立的货币政策,那么就难以保持汇率稳定。如果要求汇率稳定和资本自由流动,那么就必须放弃独立的货币政策。

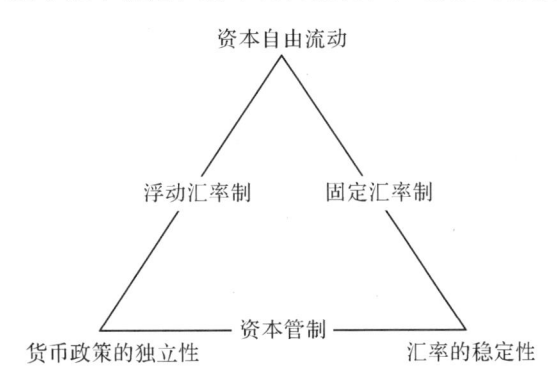

图 3-1　蒙代尔不可能三角

资料来源:《从蒙代尔不可能三角理论分析汇率》,http://www.360doc.com/content/18/0805/06/28751310_775773988.shtml。

中国作为一个独立自主的国家,必须有自己独立的货币政策,这是毋庸置疑的。其次,汇率的稳定性对于我国经济而言非常关键,即货币的汇率在一段比较长的时间内保持相对稳定十分重要。

以中国和美国之间货币汇率的变动为例。中国的法定货币是人民币,美国的法定货币是美元。两国互相独立,在自己国家内必须使用自己的货币,但是企业之间经常互相做生意,而做生意的人需要互相交换货币,这个交换货币的场所就是外汇市场,货币兑换的比率就是汇率。

假设中国企业主卖一集装箱衣服得到100万美元,成本是人民币600万元。如果1美元能换人民币6元,企业主就能用卖衣服得到的100万美元,换回人民币600万元,扣除成本,企业主不赔不赚,干了等于没干。

如果第二天人民币贬值了,1美元能换人民币7元,扣除成本,企业主高高兴兴地挣了人民币100万元。企业就能继续扩大再生产,招聘更多的工人,挣更多的钱,提高工人福利。工人有钱了,就会去消费,从而促进社会和经济发展。

如果第三天人民币又升值了,1美元只能换人民币5元了,企业主还赔了人民币100万元,企业主很生气,关掉工厂不干了。工人全部遣散回家,工人失业没经济来源,就只能勒紧裤腰带,也没钱消费,最终导致社会危机的爆发。

从上面这个例子中可以看出,汇率的稳定对于我国经济发展而言至关重要。那么根据蒙代尔不可能三角理论,我们在保持货币政策的独立性和汇率的稳定性的同时,资本的自由流动就比较难了。因此,国际资本流入流出没那么方便,由此也诞生了跨境支付这个概念和需求。

(二)现实操作背景:外汇相关规则

1. 5万美元限额

目前,国家外汇管理局实行每人每年限购5万美元额度的外汇政策,这个额度被称为"个人年度购汇便利化额度"。境内个人凭有效身份证件进行真实性购汇需求申报后,直接在银行办理年度便利化额度之内的购汇;便利化额度之外的经常项目购汇,凭有交易金额的真实性证明材料办理,不存在任何障碍。

每年的1月1日起,使用过的便利化额度重新清零又恢复到5万美元。如果换汇需求超过5万美元(含每日取现等于或超过1万美元),就需要向银行提供实际用途证明材料,再由银行提供给国家外汇管理局进行申报。

2017年12月30日,国家外汇管理局发布《国家外汇管理局关于规范银行卡境外大额提取现金交易的通知》,该通知提到,境外提现每年每人不得超过10万元等值人民币,每日不得超过1万元等值人民币。

2. 经常项目购汇

除了对每日提现有限制以外,国家外汇管理局还对购汇的用途进行了限制,不得用于境外买房、证券投资、购买人寿保险和投资性返还分红类保险等尚未开放的资本项目。无论是用手机网银购汇、在网点自助购汇机购汇,还是在网点柜台购汇,都需要先填写一份"个人购汇申请书"。该申请书细化了申报内容,个人购汇用途细分为因私旅游、境外留学、公务及商务出国、探亲、境外就医、货物贸易、非投资类保险、咨询服务及其他共9大项,属于经常项目购汇。关于投资,由于当前我国资本账户尚未实现完全可兑换,国家外汇管理局规定资本项下个人对外投资只能通过规定的渠道,如QDII(合格境内机构投资者)和QDII2(合格境内个人投资者)等实现。

需要强调一点的是,这里我们说的5万美元额度是无须审批的自由额度,并不是说超过5万美元就不行。实际上,一些个体贸易者进行国际贸易,是可以超过这个额度的。依据2006年中国人民银行发布的《个人外汇管理办法》(中国人民银行令〔2006〕第3号),以及2007年1

月5日国家外汇管理局发布的《个人外汇管理办法实施细则》,个人跨境汇款,不存在年度额度。境内个人外汇汇出境外用于经常项目支出,单笔或当日累计汇出不超过等值5万美元的,凭本人有效身份证件在银行办理;单笔或当日累计汇出超过等值5万美元的,凭本人有效身份证件和有交易的相关证明等材料在银行办理。

3. 银行结售汇操作

各外汇指定银行按照规定对个人外汇业务进行真实性审核,不得伪造、变造交易。同时银行还要通过个人结售汇管理信息系统办理个人购汇和结汇业务,真实、准确、完整录入相关信息。

4. 外汇管理局相关规定

谈及支付,就离不开账户管理。《个人外汇管理办法实施细则》中规定:个人经常项目项下外汇收支分为经营性外汇收支和非经营性外汇收支。

个人经常项目项下经营性外汇收支主要包括对外贸易、境外个人旅游购物。境外个人经常项目项下非经营性外汇收支主要包括境外留学教育、境外医疗等。

个人外汇账户按交易性质分为外汇结算账户、外汇储蓄账户、资本项目外汇账户。外汇结算账户属于机构账户,是指个人对外贸易经营者、个体工商户按照规定开立的用以办理经常项目项下经营性外汇收支的账户。其开立、使用和关闭按机构账户进行管理。外汇储蓄账户属个人账户,个人在银行开立外汇储蓄账户应当出具本人有效身份证件,所开立账户户名应与本人有效身份证件记载的姓名一致。资本项目外汇账户是指用于资本项目外汇收支的账户,包括贷款(外债及转贷款)专户、还贷专户、发行外币股票专户、外汇资本金账户、投资款临时专户、资产变现专用外汇账户、B股交易专户等。境内单位、驻华机构一般不允许开立外币现钞账户。

与个人外汇储蓄账户和资本项目外汇账户相比,外汇结算账户购汇和结汇均不受年度总额限制,无论金额大小都可凭真实贸易单据办理。开立外汇结算账户后,个体工商户可与其委托的代理企业之间办理资金划转,不受账户开立人的限制。

总结一下,跨境支付涉及多种规定,也涉及银行、外汇管理局的多种操作,对于高频多次、小额的电子商务而言,每一笔交易都进行申报、换汇并不是非常简便的一个操作,最好能有银行或者第三方的支付服务商为买家、卖家进行服务,让电子商务的支付流程更加便捷。

银行或者第三方的支付服务商为客户提供的跨境支付可以理解为是一种国际化的聚合支付。一般来说,单靠一家银行或者一家公司去服务所有的跨境电商的商家和客户是不太现实的。所以,第三方的支付服务商在跨境支付的过程中能将多种支付方式、多种支付通道整合起来以聚合的形态呈现给客户使用是至关重要的。现阶段中国跨境支付行业的集中度低,每家跨境支付公司都有机会,在市场扩张中速度为王。当然市场拓展能力的基础是全面的支付通道,包括支持的货币种类、支付工具的种类、覆盖的国家和地区、是否有独家合作的渠道等,因此,跨境支付目前的发展方兴未艾,而且从整体上可以被理解为是一种国际化的聚合支付。

二、跨境支付场景

(一)跨境电商

根据我国"一带一路"TOP10影响力社会智库发布的《2021年度中国跨境电商市场数据

报告》,2021年中国跨境电商市场规模14.2万亿元,同比增长13.6%。中国进口跨境电商用户规模1.55亿人,较2020年的1.4亿人同比增长10.71%。跨境电商的迅速发展对跨境支付业务起到了极大的推动作用。

(二)跨境旅游

在跨境支付领域,香港铁路有限公司及蚂蚁集团旗下AlipayHK宣布自2021年1月23日起,在港铁重铁网络推出二维码付费乘车服务。之后会再引入微信支付、银联支付等其他电子钱包。目前使用微信的香港用户可用微信在内地购买高铁票、打车、享受美食等。用户支付时,微信香港钱包将自动把需要支付的人民币金额换算成港币金额,用户可通过钱包余额、已绑定的信用卡或银行卡中的港币支付。

受益于人们生活水平的提高,中国居民个人跨境游热情高涨,携程、万事达卡联合发布的《2018年中国跨境旅行消费报告》显示,中国出境游客人均消费排名世界第一,大幅领先其他国家。此次报告因为首次结合了两大全球领先公司——携程的旅游产品预订数据及万事达的刷卡消费数据,实现了"旅游+支付"的结合,数据支撑力更强。之后几年,受疫情影响,中国出境旅游市场的增长速度放缓。截至2023年底,国际旅游业恢复至疫情前水平的88%。

(三)留学教育

中国教育部数据显示,2018年我国出国留学人数首次突破60万大关,2019年达到了70.35万人,2021年中国在海外高等教育机构留学的学生共102.1万人,数量居全球首位。持续保持世界最大留学生生源国的地位。就目前而言,美国依然是中国留学生最多的国家,《美国门户开放报告(2023)》数据显示,中国在美的留学生为28.9万人,占美国高等院国际学生的27.4%,这是中国大陆连续第15年成为美国国际生最大生源地。这些留学需求也带来了大量的跨境支付业务,虽然其支付频率受学期性因素影响。

(四)国际会展

🔍 业界事例3-1:连连支付:助力产业升级的跨境支付变革

进入21世纪,中国会展业搭上国民经济快速发展的列车,已确立了世界会展大国的地位,并逐步向会展强国挺进。据《进出口经理人》杂志社发布的"2020年世界商展100大排行榜",中国占1/4,居全球第二位,仅次于德国。我国会展业已渗透到机械、电子、汽车、建筑、纺织、花卉、食品、家具等诸多领域,成为我国国民经济发展的亮点。由此可知,这些展会势必带来庞大的跨境支付需求。

一般我们认为跨境支付可以服务于货物贸易和服务贸易,其中服务贸易中主要有四大场景,即跨境电商、跨境旅游、留学教育、国际会展。这四大场景都是跨境支付重点服务的对象。其中又以跨境电商的交易频率最高,覆盖影响面最广。因此,广义的跨境支付是指可以服务于多个场景的支付,而本书讨论的重点在于服务于跨境电商的跨境支付,因此如果没有特别声明,本书的跨境支付,狭义上就是指应用于跨境电商中的跨境支付。

如今,出国旅游、国外留学已经不再新鲜;海淘、代购等也愈发流行。中国进出口贸易迎来飞速发展的机会。增长快速的领域,产生的配套需求也是很大的,单靠银行无法全面满足这些需求,因此,第三方跨境支付便成为其中最为必要的跨境配套服务。第三方支付已经成为继银行电汇、专业汇款公司、国际信用卡组织之后,全球跨境支付市场中又一个重要的参与者。鉴于全球范围内众多第三方跨境支付公司在不同区域的跨境支付行业取得了成功,比如北美的 PayPal、欧洲的 sofortbanking、中国的支付宝、俄罗斯的 Qiwi,中东和北非地区的 CashU,澳大利亚的 POLi,第三方跨境支付公司已经成为全球跨境支付市场中不可忽视的力量。

三、跨境支付牌照

通过本书第二章的学习,我们了解到第三方支付牌照包括互联网支付、银行卡收单和预付卡业务。关于第三方支付中的银行卡收单的内容将在其他章节中特别讨论。本节讨论的牌照是特指第三方支付中的互联网支付。

(一)两种类型的牌照:跨境外汇与跨境人民币

1. 跨境外汇第三方支付

在中国,关于跨境支付相关业务的外汇管理方面的研究已初步展开。国家外汇管理局于 2007 年和 2009 年先后批复支付宝和财付通办理境外收单业务(即跨境代付业务,俗称境外收单业务,实际上还是属于互联网支付,也即境内用户通过国际性的电子商务信息平台购买境外商品和服务,支付机构集中代境内用户付汇),允许其为境内个人在境外网站购买商品提供代理购付汇服务。支付宝旗下从事国际小额贸易出口的速卖通平台,2011 年业务量达 3.23 亿美元,同比增长高达 219.8%。这表明,若能开放网上双向收付汇业务,将对网上出口形成有力支持,使其成为我国外贸出口的新增长点。

国家为了更好地发展第三方支付市场,终于确定允许其他第三方支付公司进入跨境支付服务领域。2013 年 9 月,国家外汇管理局发放了首批 17 张跨境支付牌照。

2014 年第二批共 5 家第三方支付平台获得跨境支付牌照。进入 2015 年,跨境支付走向了法治化和规范化的道路。国家外汇管理局正式发布了《国家外汇管理局关于开展支付机构跨境外汇支付业务试点的通知》(汇发〔2015〕7 号)和《支付机构跨境外汇支付业务试点指导意见》。允许部分拥有"支付业务许可证"且支付业务为互联网支付的第三方支付公司开展跨境业务试点。

截至 2015 年底,获得该资格的支付平台数量为 27 家。随后的 2016 年,跨境业务试点企业数量维持不变。直至 2017 年春季,国家外汇管理局才批准 3 家平台参与跨境试点。截至 2019 年 2 月,拥有跨境支付资格的支付平台数量达到 30 家。

从这 30 家境内跨境支付平台的城市分布来看,北京和上海以压倒性的优势领跑全国,其中北京的跨境支付平台数量为 10 家,上海为 9 家。杭州、深圳、重庆处在第二梯队,跨境支付公司数量分别为 4 家、2 家、2 家。而成都、海口、南京则各有 1 家。

其中,支付宝、汇付天下、通联、银联电子支付、快钱、盛付通、财付通、环迅支付、富友支付、通融通、爱农驿站科技服务有限公司的业务范围限于货物贸易、留学教育、航空机票及酒店住宿。

易极付、东方电子、钱宝科技的支付业务范围限于货物贸易,贝付科技则限于货物贸易及留学教育。

2. 跨境人民币第三方支付

为积极支持跨境电商的发展,扩大人民币跨境使用范围,规范和促进支付机构跨境人民币业务发展,根据《中国人民银行关于金融支持中国(上海)自由贸易试验区建设的意见》《非金融机构支付服务管理办法》(中国人民银行令〔2010〕第2号)及其他相关规定,2014年2月中国人民银行发布了《关于上海市支付机构开展跨境人民币支付业务的实施意见》,允许获批机构开展跨境人民币支付业务,其范围为:上海市注册成立的支付机构,包括在试验区内注册成立和试验区外、上海市内注册成立的支付机构,以及上海市以外地区注册成立的支付机构在试验区内设立的分公司(以下简称支付机构)可以开展跨境人民币支付业务。以上支付机构均需有互联网支付业务许可。上海银联、通联、东方电子、快钱、盛付通等5家第三方支付机构取得了首批跨境人民币支付业务资格。

根据规定,支付机构开展跨境电商外汇支付业务首先需要有中国人民银行颁发的"支付业务许可证",其次需要国家外汇管理局准许开展跨境电子商务外汇支付业务试点的批复文件(见图3-2)。跨境人民币支付业务不需要国家外汇管理局的批复,由各地央行分支机构发布相关文件即可。

> 境内公司要想开展跨境支付业务,首先必须是支付机构,同时持有央行颁发的"支付业务许可证";其次需要国家外汇管理局准许开展跨境电子商务外汇支付业务试点的批复文件。如果不涉及换汇,支付机构持有各地央行分支机构颁发的人民币跨境支付牌照即可,跨境人民币支付业务不需要外汇管理局的批复。

第三方支付
- 支付牌照：2011年5月26日央行公布了首批获得"支付业务许可证"的27家单位,最多时,持牌机构达到270家,分布在各个行业,截至2024年7月仍有179家机构持牌。
- 外管牌照：2015年1月,国家外汇管理局根据《国家外汇管理局关于开展支付机构跨境外汇支付业务试点的通知》发放外汇支付牌照,目前已有30家机构持牌。
- 人民币牌照：2014年2月18日,中国人民银行上海总部发布《关于上海市支付机构开展跨境人民币支付业务的实施意见》,上海银联、通联等5家机构取得了首批资格。

图3-2 第三方跨境支付机构持有外汇和人民币支付牌照情况

资料来源:整理自《中国跨境支付行业年度专题分析(2024)》,https://www.analysys.cn/article/detail/20021187。

(二)三个重要文件:外管局2013年5号文、2015年7号文与2019年13号文

业界事例3-3:银行与第三方支付机构的跨境支付合作

1. 2013年5号文

2013年2月1日,国家外汇管理局综合司下发《支付机构跨境电子商务外汇支付业务试点指导意见》(汇综发〔2013〕5号,以下简称2013年5号文),决定在上海、北京、重庆、浙江、深圳等地开展试点,允许参加试点的支付机构为境内机构和个人集中办理小额购物,以及机票、酒店、留学等跨境外汇资金收付汇及相关结售汇业务。

国家外汇管理局规定,试点支付机构为客户集中办理收付汇和结售汇业务,货物贸易单笔交易金额不得超过等值1万美元(注:2015年已提升至5万美元),留学教育、航空机票和酒店项下单笔交易金额不得超过等值5万美元。

所谓支付机构跨境电子商务外汇支付业务,是指支付机构通过银行为电子商务(货物贸易或服务贸易)交易双方提供跨境互联网支付所涉的外汇资金集中收付及相关结售汇服务。

业内人士表示,第三方支付机构跨境支付业务试点的铺开,不但直接利好参与试点的支付机构,还将利好境内的电商平台和网上卖家。通过试点支付机构,网上个人卖家可以直接与境外买家进行交易,无须再为个人结售汇等烦琐的手续而困扰。

根据2013年5号文,支付机构应选择其境内人民币备付金存管银行,开立1个存管银行外汇备付金账户,同时可以根据业务需要,选择不超过3家境内商业银行作为备付金合作银行,每家合作银行可开立1个外汇备付金账户,以上两种账户均可办理集中外汇收付和结售汇业务。

2. 2015年7号文

2015年1月,国家外汇管理局进一步推进试点业务。国家外汇管理局将试点地区范围由2013年5号文决定的上海、北京、重庆、浙江、深圳等5地扩大至全国。

2015年1月20日,国家外汇管理局发布《国家外汇管理局关于开展支付机构跨境外汇支付业务试点的通知》(汇发〔2015〕7号,以下简称2015年7号文),在全国范围内开展支付机构跨境外汇支付业务的试点工作,简化外汇支付流程,将跨境电商单笔限额由等值1万美元提升至5万美元。通知所附的《支付机构跨境外汇支付业务试点指导意见》旨在促进跨境电子商务的有序发展,防范互联网渠道外汇收支业务风险。该指导意见明确在全国范围内开展支付机构跨境外汇支付业务试点的同时,坚持客户实名制和交易数据逐笔采集原则,切实防范异常交易风险。

国家外汇管理局跨境支付2015年7号文使得支付机构成本降低,真正开启了第三方支付机构跨境支付业务的大门,支付机构跨境外汇支付业务是指支付机构通过银行为电子商务(货物或服务贸易)交易双方提供跨境互联网支付所涉及的外汇资金集中收付及相关结售汇服务。符合条件的支付机构向注册地外汇管理局申请办理贸易外汇收支企业名录,登记后可试点开办跨境外汇支付业务。

它有如下特点。

第一,单笔交易金额提升至5万美元。

2013年5号文中规定货物贸易单笔交易金额不得超过等值1万美元,服务贸易单笔交易金额不得超过等值5万美元。在2015年7号文中修改为单笔交易金额上限一律为5万美元。

第二,支付机构可轧差结算。

在满足交易信息逐笔还原要求的情况下,支付机构可以办理轧差结算,极大地缩小了支付机构的结算成本。

第三,小额支付汇总录入。

银行将不再需要全部逐笔录入单笔金额等值500美元以下的跨境外汇支付,大大简化了银行信息申报流程。

第四,取消备付金合作银行数量限制。

外汇管理局不再对备付金合作银行和备付金账户的数量进行限制,令跨境支付机构选择更多面,也令更多银行加入跨境贸易中。

2013年5号文、2015年7号文与其他跨境支付事件的时间轴如图3-3所示。

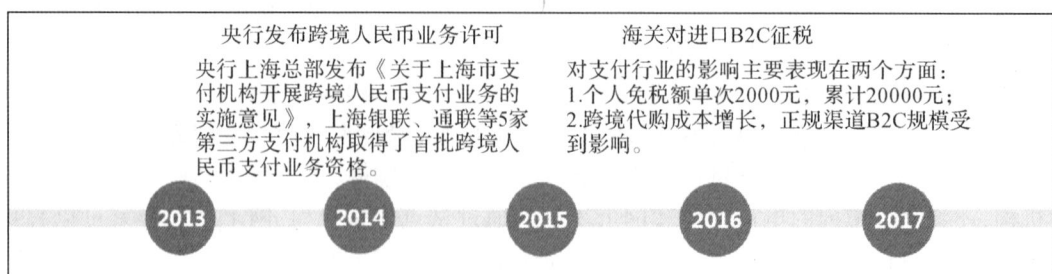

央行发布跨境人民币业务许可
央行上海总部发布《关于上海市支付机构开展跨境人民币支付业务的实施意见》，上海银联、通联等5家第三方支付机构取得了首批跨境人民币支付业务资格。

海关对进口B2C征税
对支付行业的影响主要表现在两个方面：
1. 个人免税额单次2000元，累计20000元；
2. 跨境代购成本增长，正规渠道B2C规模受到影响。

2013 —— **2014** —— **2015** —— **2016** —— **2017**

开启跨境支付试点
外管局下发《关于开展跨境电子商务外汇支付业务试点的批复》，批准17家第三方支付机构开展跨境电子商务外汇支付业务试点。

外管局跨境支付新政
外管局2015年发布的新政对跨境支付最近几年快速的发展功不可没，该新政允许支付机构自行办理轧差结算，并且不再限制支付机构合作银行数量。

跨境支付牌照增至30张
支宝付于2017年上半年获得外管局牌照代表着跨境支付牌照收紧后两年内仅仅增加了2张牌照，跨境支付牌照总数增至30张。此外，CIPS[①]二期投入使用时间点临近。

注：①CIPS：即Cross-border Interbank Payment System，人民币跨境支付系统。

图3-3 2013年5号文、2015年7号文与其他跨境支付事件的时间轴

资料来源：《中国跨境支付行业专题研究(2017)》，http://www.100ec.cn/detail-6473311.html。

3. 2019年13号文

为积极支持跨境电子商务等新业态的发展，国家外汇管理局于2013年在北京等5个地区启动支付机构跨境外汇支付试点工作，并于2015年将试点扩大至全国。在总结试点经验的基础上，2019年4月29日国家外汇管理局发布《国家外汇管理局关于印发〈支付机构外汇业务管理办法〉的通知》（汇发〔2019〕13号，以下简称2019年13号文），在保持政策框架整体稳定不变的基础上，主动适应跨境电子商务新业态的业务特点，完善支付机构跨境外汇业务的相关政策，进一步促进跨境电子商务结算便利化。

2019年13号文的主要内容包括：①支付机构可以凭交易电子信息，通过银行为市场主体提供经常项下电子支付服务。②明确支付机构可为境内个人办理跨境购物、留学、旅游等项下外汇业务。③支付机构应建立有效风控制度和系统，加强交易真实性、合规性审核；银行应对合作支付机构相关外汇业务加强审核监督。④在满足交易信息采集、真实性审核等条件下，银行也可参照申请凭交易电子信息为市场主体提供结售汇及相关资金收付服务。

2019年13号文将进一步便利个人"海淘"。个人在跨境电商平台或网站购买商品或服务时，通过支付机构可以便利地实现购汇并对外支付。该文件还允许银行为个人"海淘"提供电子支付服务，拓宽个人"海淘"支付结算渠道。

四、跨境支付模式

跨境电商模式可以分为进口和出口两种模式，这两大类模式中又分别包含B2B、B2C、C2C模式。

至于跨境支付模式，则主要包括跨境代付业务(进口B2C)和跨境代收业务(出口B2C)。

(一)按业务种类分类的模式

1. 进口：跨境代付业务

跨境代付业务，俗称境外收单业务，即境内用户通过国际性的电子商务信息平台购买境外商品和服务,支付机构集中代境内用户付汇。结算币种根据境内用户的选择收取人民币或外币,如果收取的是人民币,再集中购汇并支付给境外商户,其具体流程如图3-4所示。按照2013年5号文的规定,支付机构办理此类业务,须与境内银行合作,开立外汇备付金账户,并通过该账户办理跨境资金的集中支付;而境内合作银行则须根据支付机构提供的交易明细,将集中收付的资金按照现行外汇管理规定进行结售汇和国际收支的逐笔还原申报。

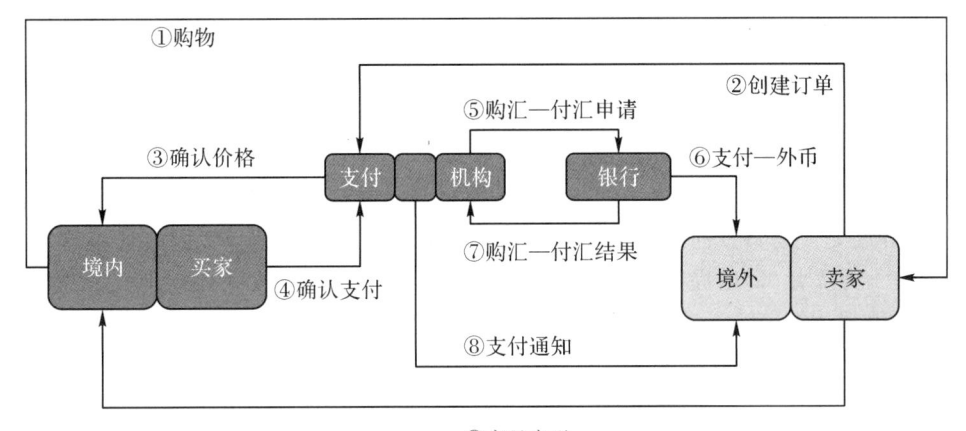

图3-4　进口:跨境代付业务流程示意

资料来源:《支付机构跨境支付"破冰"》,https://m.hexun.com/hz/qtt/2013-12-09/160413009.html。

2. 出口:跨境代收业务

跨境代收业务,俗称外卡收单业务,即境内商户通过国际性的电子商务信息平台联系境外的买家并出售商品,支付机构集中代境内商户收汇,并根据境内商户结算币种的选择,向其支付外汇或代理结汇并支付人民币,其具体流程如图3-5所示。与跨境代付业务相同,支付机构办理此类业务,须在境内合作银行开立外汇备付金账户,并通过该账户办理跨境资金的收结汇,同时向银行提供集中收汇的交易明细;银行则须根据明细进行国际收支和结售汇的逐笔还原申报。

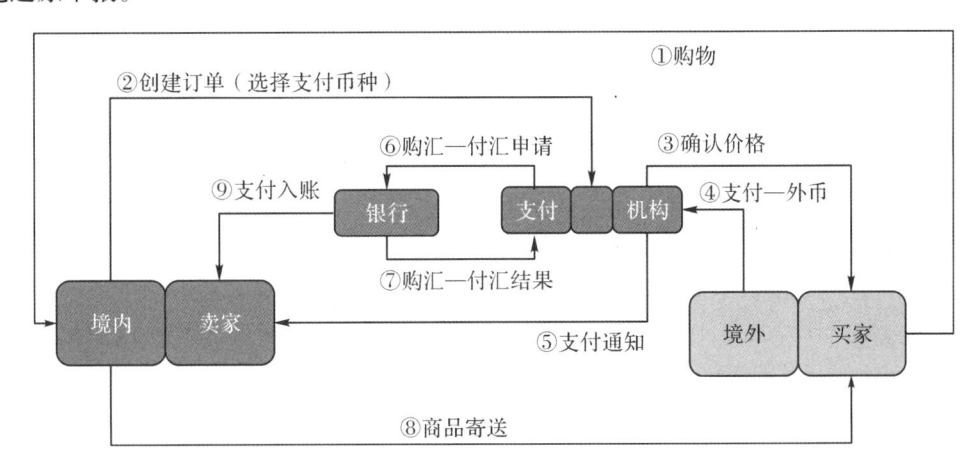

图3-5　出口:跨境代收业务流程示意

资料来源:《支付机构跨境支付"破冰"》,https://m.hexun.com/hz/qtt/2013-12-09/160413009.html。

3. 模式特点

为了支持和规范跨境电子商务和支付机构跨境业务的发展,2013年5号文试点政策在一定程度上突破了现行外汇管理的规定,具体体现在以下几个方面。

(1) 用户实名制管理要求

支付机构跨境电子商务外汇支付业务用户仅限境内个人和境内机构,采取实名认证制,严格审核用户身份信息的真实性,并核验用户银行支付账户开户人信息与客户身份信息的一致性。此外,支付机构可自主发展境外特约商户,但须按照"了解你的客户"的原则保证境外特约商户的真实性、合法性,并对境外商户引发的交易风险承担责任。

(2) 真实交易背景要求

支付机构只能对真实跨境电子商务交易(货物贸易及部分服务贸易)提供跨境外汇支付业务,不得开展无交易背景的跨境外汇支付业务和结售汇业务。其中,货物贸易单笔金额不得超过等值1万美元(后已提高到5万美元);服务贸易仅限留学教育、酒店住宿和航空机票,单笔金额不得超过等值5万美元。

(3) 外汇备付金账户管理要求

支付机构必须在境内合作银行开立外汇备付金账户,并通过该账户办理跨境代收/代付业务,且须对外汇备付金账户资金与支付机构自有外汇资金进行严格区分,不得混用。

(4) 逐笔还原申报要求

在跨境收付和结售汇环节,支付机构必须向合作银行提供逐笔交易信息,银行则须据此以交易主体名义进行跨境收支和结售汇信息的逐笔还原申报。

(5) 银行汇率标价要求

支付机构为客户集中办理结汇及购汇业务时,必须按照银行汇率直接向客户标价,不得自行变动汇率价格;对支付过程中的手续费、交易退款涉及的汇兑损益分担等,应与客户事先达成协议。

(6) 风险控制要求

支付机构需要按照交易性质,审核客户身份及每笔交易的真实性,并留存明细材料备查;同时,按月向所在地外汇管理局提交总量报告,并对每月累计交易额超过等值20万美元的客户交易情况提交累计高额支付报告。

(二) 按支付机构分类的模式

知识卡片3-3:跨境支付的四大模式比较

目前跨境支付存在两种形式,一种是具有跨境支付牌照的企业可以直接对接买卖方;另一种是具有汇兑牌照的企业通过境内外的本土第三方支付企业完成与买卖方的对接,这类企业未来有望通过向两端延伸打通产业链,牌照的壁垒作用正在逐步减弱。同时行业的服务模式也将逐步分化,服务于B2C的支付企业将逐步简化成支付通道,规模效应是这类企业的目标;服务于B2B的支付企业将提供场景深度吻合的综合支付解决方案,重点在于产品设计和客户资源获取能力。

在支付行业人士看来,目前中国跨境支付市场已经进入竞争白热化的阶段,全面引入外资,定会加速竞争和洗牌。但另一方面,外资带来的技术及大量的境外客户必然互惠双方。

五、跨境支付平台简介

(一)国际支付宝

阿里巴巴国际支付宝(Escrow)由阿里巴巴与支付宝联合开发,是为保护国际在线交易中买卖双方的交易安全所设的一种第三方支付担保服务,全称为 Escrow Service。如果已经拥有了国内支付宝账户,无须再另外申请国际支付宝账户。如果是速卖通的用户,则可以直接登录"My Alibaba"后台(中国供应商会员)或"我的速卖通"后台(普通会员),直接绑定境内的支付宝账户即可管理收款账户。国际支付宝支持的支付方式有国际信用卡、T/T 银行汇款、PayPal 等。国际支付宝是一种第三方支付担保服务,而不仅仅是一种支付工具,因为它的风控体系可以避免交易中信用卡盗刷的风险,而且只有当且仅当国际支付宝收到了货款,才会通知发货,这样也可避免在交易中使用其他支付方式而导致的交易欺诈。使用国际支付宝收款无须预存任何款项,速卖通会员只需绑定境内支付宝账户和美元银行账户就可以分别进行人民币和美元的收款。在卖家的支付方式页面中要用 Escrow 代替 Alipay,可以使用以下或者类似措辞:"We accept the payment method provided by AliExpress Escrow."

知识卡片 3-4:
全球主要支付通道

那么国际支付宝与境内支付宝的区别在哪里呢?其区别主要体现在以下几个方面:①国际支付宝账户是多币种账户,包括美元和人民币账户,目前只有速卖通与阿里巴巴国际站的会员才能使用。②目前国际支付宝账户暂不能像境内支付宝一样作为收款账户,也无法看到具体的账号,它必须对阿里巴巴国际站的订单进行操作之后才可以收款。

所以最大的区别就在于:国际支付宝可以有美元等多币种账户。那么国际支付宝是否有 5 万美元的收款限制呢?首先要明确,国际支付宝账户暂不能像境内支付宝一样直接作为收款账户,它必须基于阿里巴巴国际站订单操作之后才可以收款。当买家使用信用卡支付时,所有的外币都将由中国银行按照买家支付当天的平均汇率直接转换为人民币,卖家收到的是人民币,因此没有 5 万美元的收款限制。如果使用公司美元收款账户收取美元,收款时,必须办理正式报关手续,并在银行端完成相关出口收汇核查、国际收支统计申报之后,才能顺利收汇、结汇;如果使用个人美元收款账户,结汇时会受到每年 5 万美元的限制。

(二)PayPal

PayPal 支付平台集国际流行的信用卡、借记卡、电子支票(e-checking)等支付方式于一身,帮助买卖双方解决各种交易过程中的支付难题。PayPal 是名副其实的全球化支付平台,服务范围超过 200 个市场,支持的币种超过 100 个。在跨境交易中,将近 70% 的在线跨境买家更喜欢用 PayPal 支付境外购物款项。用户可以将资金从其 PayPal 账户提取到用户的本地银行账户、中国香港银行账户,也可以提取到美国银行账户,或向 PayPal 申请支票。

(三)亚马逊全球收款服务

亚马逊官网于 2018 年 6 月 20 日推出亚马逊全球收款服务,收款费率为 1.25%。此服务无须外国银行卡或者第三方账户,卖家可以使用本地货币接收全球付款,并直接存入卖家的境内银行账户。

亚马逊全球收款上线以后,卖家可以在卖家平台的"设置"中更换存款信息,选择销售国

(地区)并添加一个境内的银行账户。值得注意的是,卖家获取付款的款项最快可在两个工作日内转入添加的境内银行账户。此次推出的全球收款服务为卖家带来以下两大好处。

第一,亚马逊将货币兑换和付款简化为一个单一流程,让卖家可以快速地收到货款。

第二,亚马逊官方将此项服务直接整合到了亚马逊卖家平台中,使卖家能轻松地在一个地方管理全球付款。但亚马逊全球收款提现费率并非免费,而是以1.25%的费率提取现金到账。

(四)派安盈(Payoneer)

Payoneer,就是我们常说的"P卡",是2005年成立于纽约的专注于跨境资金下发的支付企业,为跨境电商平台提供全球资金下发服务。Payoneer也是亚马逊官方推荐的收款服务商之一,能帮助卖家从亚马逊各个站点收款、合规提款到中国内地或香港。通过Payoneer账户,卖家可以实现境外资金的一站式管理。

Payoneer支持提款到内地的个人及对公银行账户,结汇人民币到境内不受个人结汇额度限制。提款到香港则可选港币、美元、欧元、英镑到账。在提款速度上,快则当天、慢则3天即可到账。比较灵活的一点是,如果在Payoneer注册的是公司账户,提款银行也可以用公司法人或股东的个人银行账户。

第二节 跨境电商与支付

当前跨境支付的主要应用场景集中在跨境电商、跨境旅游及留学教育等3个领域,截至2019年,这3个领域本身的市场规模分别达到了10.5万亿元、0.87万亿元和0.42万亿元,电商的跨境支付成为跨境支付的主流。2020年11月《区域全面经济伙伴关系协定》(Regional Comprehensive Economic Partnership,RCEP)的签订将进一步促进亚太区域贸易的流通,也为跨境电商市场的发展提供了新的增长机遇。海关数据显示,2020年中国跨境电商进出口总额1.69万亿元,同比增长31.1%。其中,出口1.12万亿元,同比增长40.1%;进口0.57万亿元,同比增长16.5%。随着这3个领域的进一步扩容及跨境支付向其他领域的拓展,跨境支付行业逐渐步入高速发展期。根据艾瑞咨询的统计数据,2021年中国跨境出口B2C电商交易规模预计接近2万亿元,随着"一带一路"倡议的深入推进和全球跨境贸易线上化的趋势的进一步发展,预计未来仍将保持较高增速。同时,行业的盈利模式也逐步多元化,由过去的以手续费为主向手续费、供应链金融、综合一体化方案等多种盈利模式演进。

一、跨境电商发展历程

(一)境外代购、传统海淘

从2000年开始,境外代购逐步兴起。代购,即代理购买。境外代购是由代购商或经常出入境的个人帮消费者买商品。近些年,伴随着留学的热潮,这个不算是行业的"行业"悄然而生。澳大利亚电视节目给出的一组数据显示:全球代购的市场规模大概为150亿澳元(人民币750多亿元),而在澳大利亚本地从事代购的人数约为20万,其中中国代购占大多数。基于这种形式,从事代购的主要人群就是时间相对自由的留学生。当然现在的代购又有了很多新的做法,比如借助直播平台的"产地直采"来进行验货和促销。

此外,外语比较好的一批人也开始在境外网站上自行选购商品,这就是所谓的海淘一族了。随着中国经济的发展,人民收入的增加,海淘一族在中国也蓬勃地发展起来。

(二)物品和货物

我国对进出境商品区分为货物和物品,执行不同的税制。其中,对进境货物征收进口关税和进口环节增值税、消费税;对非贸易属性的进境行李、邮递物品等,将关税和进口环节增值税、消费税三税合一,合并征收进境物品进口税,俗称行邮税。我国一直对个人自用、合理数量的跨境电商零售进口商品在实际操作中按行邮税征税,大部分商品税率为10%,总体上低于境内销售的同类一般贸易进口货物和本地产货物的税负。

(三)行邮清关

代购和海淘之所以能有其市场,最主要的是购买到的商品性价比高。因为除了能保证商品为正品之外,还能在价格上比境内正常进口的相同商品便宜。根据《海关总署公告2010年第43号》第一条规定:个人邮寄进境物品按个人物品行邮税征收(比征收关税税额要少)。国家海关明文规定:"个人邮寄物品应征进口税税额在人民币50元(含50元)以下的,予以免征,超过50元的一律按商品价值全额征税。"例如一双运动鞋,完税价格200元/件,行邮清关税率10%,税额为200×10%=20(元);如果一次购买不超过2件的话,按完税价格算税额不足50元,免征;而如果一次购买3件或以上的话,税额超过50元,就要交税了。

当然,从宏观层面来看,这不利于创建平等竞争的营商环境,因为对从事进出口贸易的企业来说,商品是要被征收关税的。另外,还有很多商家利用了这个50元的免税额,把跨境进口的商品进行拆单,逃避入关税收。这一切都直接促使国家对跨境电商的入境税收政策的调整,也就是后面将介绍的2016年的"四八新政"(即2016年4月8日,财政部联合海关总署、国家税务局共同推出的《关于跨境电子商务零售进口税收政策的通知》,简称"四八新政"),如图3-6所示。

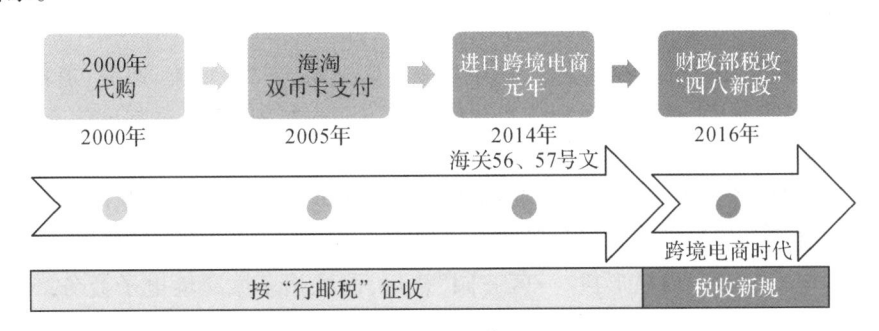

图3-6 2014年跨境电商元年与2016年"四八新政"

资料来源:《海关56号文官方解读出炉:为解决退税结汇》,http://www.ebrun.com/20140808/106921.shtml。

(四)跨境电商时代:2014、2016两个时点

海关总署2014年7月23日发布了《海关总署关于跨境贸易电子商务进出境货物、物品有关监管事宜的公告》(2014年第56号公告,以下简称56号文),2014年8月1日开始正式执行,56号文从主体、渠道和性质3个方面明确了跨境电商贸易的形式。海关总署通过56号文明确了跨境进口电商平台的合法性。因此从海关监管角度来看,2014年常被业界称为跨境电商元年。通过56号文可以看出,进口商品必须备案,平台与海关系统实现互联互通的方

式,已被海关总署确立为未来跨境电商唯一的合法出路。但是56号文只是对新型的跨境贸易电子商务形式的明确,它对原有的货物、物品进出境形式没有影响,企业及个人仍能选择原有货物、物品的进出境通道。从财税角度来看,2014—2016年跨境商品还是按照行邮税来进行征收的。

2016年"四八新政"之后,我国对跨境电商零售进口商品实行了新税制,该类商品不再按邮递物品征收行邮税,而是按货物征收关税,在进口环节征收增值税和消费税,从而形成了"跨境电商"的专有概念。从这个意义上来说,正是2016年"四八新政"之后,才真正开启了跨境电商时代。这个时代最显著的特点就是将跨境电商与个人物品分离开来,形成了个人物品、跨境电商和一般贸易三足鼎立的格局。当然这个局面的形成,不是凭空得来的,而是通过不断试点,并不断调整才得以完善的,其中最重要的一个举措就是2015年率先成立了杭州跨境电商综试区。

二、跨境电子商务综合试验区

2013年,中国的电子商务交易额达到10万亿元,首次超过美国,成为世界电子商务第一大国。按照国务院长三角区域规划,杭州被定位为中国的电子商务中心。

国家2013年把杭州列为首批跨境电子商务贸易的试验区,同时杭州也被国家有关部委定为电子商务的示范区。

2014年,浙江省跨境电子商务发展迅速并取得了突破性进展,成为浙江新的外贸出口增长点。依托良好的电商发展环境和丰富的市场商品资源,杭州、金华和义乌等地逐渐成为浙江省跨境电商出口的先发优势地区。杭州跨境贸易电子商务产业园在全国5个试点城市中率先正式开园运营,金华、义乌把发展电子商务作为政府工作的一号工程来抓,浙江省跨境电商形成几大战略平台,地区集聚效应优势明显。特别是拥有47万家网络经营主体,电子商务交易额居全国城市首位的杭州。2015年3月7日,国务院国函〔2015〕44号批复,同意设立杭州跨境电商综试区。

设立杭州跨境电商综试区的目标就是在跨境电商交易、支付、物流、通关、退税、结汇等环节的技术标准、业务流程、监管模式和信息化建设等方面先行先试,通过制度创新、管理创新、服务创新和协同发展,破解跨境电商发展中的深层次矛盾和体制性难题,打造跨境电商完整的产业链和生态链,逐步形成一套适应和引领全球跨境电商发展的管理制度和规则,为推动全国跨境电商健康发展提供可复制、可推广的经验。

杭州跨境电商综试区内已形成"一区三园"格局,即杭州下城跨境电子商务产业园、杭州下沙跨境电子商务产业园、杭州空港跨境电子商务产业园。3个园区优势不同,功能互补,协同发展,其中,下城园区为目前国内唯一的同时具有出口和进口两个功能的跨境电子商务产业园,进口主要是直邮;下沙园区同时具有进口直邮和保税进口两种跨境电子商务贸易模式,为阿里巴巴集团天猫国际在中国的主阵地,目前为全国试点保税进口跨境电子商务业务最多的园区;空港园区已有京东国际、顺丰海淘、跨境生活、微信公众平台、上海自贸区销售中心等一批重点跨境电子商务平台企业入驻,同时开展保税和直邮两种模式的跨境电子商务贸易。

(一)五批试点城市

2015年3月和2016年1月,国务院分两批批准设立了天津、上海、重庆等12个跨境电商综试区。按照党中央国务院的决策部署,在各部门和地方的共同努力下,包括杭州在内的13

个综试区建设取得了积极的成效,初步建立起一套适应跨境电商发展的政策体系,探索形成了一批可复制、可推广的经验做法,有力地支撑了外贸转型升级和创新发展。

这 13 个试点城市基本囊括了中国目前最发达的十几个城市,在经济基础、国际物流条件、电商氛围、城市人口方面具有优势,总体分布为珠三角(广州、深圳)、长三角(杭州、上海、宁波、苏州)、中部(郑州、合肥)、西部(成都、重庆)、北部(天津、大连、青岛)。

而 2018 年 7 月 13 日第三批主要向中西部和东北地区倾斜,在北京、呼和浩特、沈阳、长春、哈尔滨、南京、南昌、武汉、长沙、南宁、海口、贵阳、昆明、西安、兰州、厦门、唐山、无锡、威海、珠海、东莞、义乌等 22 个城市新设跨境电商综试区。

2019 年 12 月 24 日,中国政府网发布国务院批复设立的第四批跨境电商综试区,包括石家庄市、太原市、赤峰市、抚顺市、珲春市、绥芬河市、徐州市、南通市、温州市、绍兴市、芜湖市、福州市、泉州市、赣州市、济南市、烟台市、洛阳市、黄石市、岳阳市、汕头市、佛山市、泸州市、海东市、银川市等 24 个城市。

2020 年 5 月 6 日,中国政府网发布国务院批复设立的第五批跨境电商综试区,包括雄安新区、大同市、满洲里市、营口市、盘锦市、吉林市、黑河市、常州市、连云港市、淮安市、盐城市、宿迁市、湖州市、嘉兴市、衢州市、台州市、丽水市、安庆市、漳州市、莆田市、龙岩市、九江市、东营市、潍坊市、临沂市、南阳市、宜昌市、湘潭市、郴州市、梅州市、惠州市、中山市、江门市、湛江市、茂名市、肇庆市、崇左市、三亚市、德阳市、绵阳市、遵义市、德宏傣族景颇族自治州、延安市、天水市、西宁市、乌鲁木齐市等 46 个城市和地区。

2022 年 2 月 8 日,国务院在已有的五批 105 个跨境电商综试区的基础上,再批复新增鄂尔多斯市、扬州市、镇江市、泰州市、金华市、舟山市、马鞍山市、宣城市、景德镇市、上饶市、淄博市、日照市、襄阳市、韶关市、汕尾市、河源市、阳江市、清远市、潮州市、揭阳市、云浮市、南充市、眉山市、红河哈尼族彝族自治州、宝鸡市、喀什地区、阿拉山口市等 27 个城市和地区为跨境电商综试区。

2022 年 11 月,国务院批复同意在以下 33 个城市和地区设立第七批跨境电商综试区:廊坊市、沧州市、运城市、包头市、鞍山市、延吉市、同江市、蚌埠市、南平市、宁德市、萍乡市、新余市、宜春市、吉安市、枣庄市、济宁市、泰安市、德州市、聊城市、滨州市、菏泽市、焦作市、许昌市、衡阳市、株洲市、柳州市、贺州市、宜宾市、达州市、铜仁市、大理白族自治州、拉萨市、伊犁哈萨克自治州。

至此,全国跨境电商综试区数量已达 165 个,覆盖全国 31 个省、自治区和直辖市。

(二)两平台六体系

2017 年 9 月 20 日召开的国务院第 187 次常务会议决定将跨境电商线上综合服务和线下产业园区"两平台",以及信息共享、金融服务、智能物流、风险防控等监管和服务"六体系"等成熟做法面向全国复制推广。

"两平台"中的线上综合服务平台,是指坚持"一点接入"原则,与商务、海关、税务、市场监督、邮政、外汇等政府部门进行数据交换和互联互通,在实现政府管理部门之间"信息互换、监管互认、执法互助"的同时,为跨境电商企业提供物流快递、金融等供应链服务。

另外,注意区分综合服务平台与跨境电商通关服务平台、公共服务平台的关系。跨境电商通关服务平台、公共服务平台、综合服务平台是从 3 个不同层面出发建设的平台(通关服务平台对应的是海关,公共服务平台对应的是政府,综合服务平台对应的是企业)。3 种平台之间相互联系,形成信息数据之间的统一交换和层层传递(见图3-7)。就目前行业发展趋势来看,无论是跨境企业还是个人卖家,都需要对这些平台加以了解。

而"两平台"中的线下产业园区平台,则采取"一区多园"的布局方式,有效承接线上综合信息服务平台功能,优化配套服务,打造完整的产业链和生态圈。

"六体系"中的金融服务体系,是指在风险可控、商业可持续的前提下,鼓励金融机构、非银行支付机构依法合规利用互联网技术为具有真实交易背景的跨境电商交易提供在线支付结算、在线小额融资、在线保险等一站式金融服务,解决中小微企业融资难的问题。

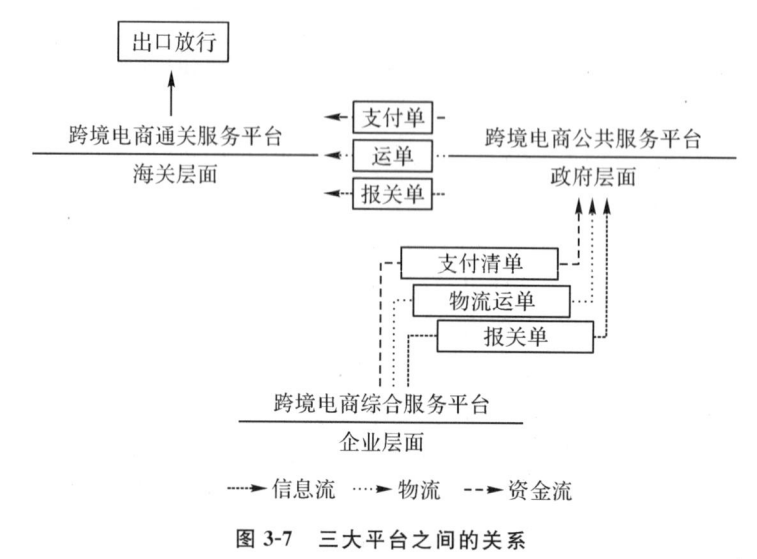

图 3-7 三大平台之间的关系

资料来源:《三大跨境电商通关平台对比》,https://wenku.baidu.com/view/6ccb66940b4e767f5bcfce0c.html。

三、跨境电商相关监管部门

跨境电商的主要监管部门有财政部、海关总署、国家税务总局等几大部门,其制定的政策对跨境电商有着举足轻重的影响,不能不特别重视。对支付而言,则更依赖中国人民银行和国家外汇管理局的管理,其政策导向更要加以仔细解读。当然,由于进出口商品的多样性,跨境电商政策还涉及商务部、发展改革委、市场监督管理总局等部门。熟悉这些监管部门的主要监管思路和特点,对于全面理解跨境电商中的支付模式是至关重要的。

(一)海关

1. 政策文件

海关总署2014年7月23日发布了《海关总署关于跨境贸易电子商务进出境货物、物品有关监管事宜的公告》(2014年第56号公告,以下简称56号文),2014年8月1日开始正式执行。同时,海关总署阐述了56号文发布的背景及原因:按照以往的规定,电商通过快件、邮件方式销往境外的出口商品,不能办理结汇手续,也不能享受出口退税的鼓励政策。通过与海关联网的电子商务平台进行跨境交易,能够有效解决结汇、退税等问题,维护广大消费者权益。此次公告正是为了明确有关监管措施而出台的。

也就是说,56号文的发布,包括跨境贸易电子商务形式的施行,在很大程度上是为了有效解决跨境贸易电子商务出境商品出口退税和结汇的问题。

对于企业出口退税和结汇问题,公告明确:海关对电子商务出口商品采取"清单核放、汇总申报"的方式办理通关手续。电子商务企业可以向海关提交电子版的"中华人民共和国海关跨境贸易电子商务进出境货物申报清单",逐票办理商品通关手续。在此基础上,电子商务企业每月定期将上月结关清单所涉货物的数量、金额、件数等相加,汇总形成"进出口货物报关单"向海关申报,海关据此签发报关单证明联,从而有效解决跨境贸易电子商务出境商品出口退税和结汇的问题。

总结起来,在2014年,海关总署总共发布了3个跨境电商网购保税进口相关的文件。

(1) 网购保税进口的相关通知

2014年3月4日,海关总署发布《海关总署关于跨境贸易电子商务服务试点网购保税进口模式有关问题的通知》,该通知专门针对网购保税模式的进口,限定跨境电商网购保税进口的商品必须为"个人生活消费品",防止一般贸易的"工业品"通过这个途径进行曲线进口,即通过分拆的方式只缴纳行邮税而避开一般贸易的关税。

(2) 56号文

56号文提出了"三单对碰"的监管思路,有效解决了跨境贸易电子商务出境商品出口退税和结汇的问题。

(3) 57号文

2014年7月30日,海关总署发布《关于增列海关监管方式代码的公告》(2014年第57号公告),也被称为57号文,增列海关监管方式代码"1210",全称"保税跨境贸易电子商务",简称"保税电商"。

2. 海关监管代码

作为跨境电商的从业者,非常有必要了解一些海关的业务操作的术语。海关的通关管理系统的监管方式代码采用四位数字结构。其中前两位是按海关监管要求和计算机管理需要划分的分类代码,例如:"96"代表"跨境","12"代表"保税","10"代表"一般贸易";而后两位则为海关统计代码。这里需要强调的是监管方式(监管方式代码)是对"货物"的管理方式,"个人物品"是没有监管方式的,也不需要监管方式代码。

(1) 9610

2014年1月24日,海关总署特别针对跨境电商增设了监管方式代码。《中华人民共和国海关总署公告2014年第12号》增列海关监管方式代码"9610",全称"跨境贸易电子商务",简称"电子商务",适用于境内个人或电子商务企业通过电子商务交易平台实现交易,并采用"清单核放、汇总申报"模式办理通关手续的电子商务零售进出口商品(通过海关特殊监管区域或保税监管场所一线的电子商务零售进出口商品除外)。

以9610海关监管方式开展电子商务零售进出口业务的电子商务企业、监管场所经营企业、支付企业和物流企业应当按照规定向海关备案,并通过电子商务通关服务平台实时向电子商务通关管理平台传送交易、支付、仓储和物流等数据。9610又被称为"直邮出口"或者"集货模式"。

为什么9610不是"直邮进口"呢?因为在2014年跨境电商试点期间以直邮方式进口商品,商品被以"个人物品"对待只征收行邮税,而不征收关税,其实并不需要海关的监管代码,所以在"跨境电商试点期间"海关使用9610只用来监管出口跨境电商业务。

(2) 1210

2014年57号文增列海关监管方式代码"1210",全称"保税跨境贸易电子商务",简称"保税电商"。适用于境内个人或电子商务企业在经海关认可的电子商务平台实现跨境交易,并通过海关特殊监管区域或保税监管场所进出的电子商务零售进出境商品(海关特殊监管区域、保税监管场所与境内区外(场所外)之间通过电子商务平台交易的零售进出口商品不适用该监管方式)。1210又被称为"保税进口"或者"备货模式"。

总结起来,9610适用于"清单核放、汇总申报"模式,所以目前其实只适用于"一般出口"试点模式;1210不适用于"海关特殊监管区域、保税监管场所与境内区外(场所外)之间的零售进出口商品",所以目前其实只适用于"保税进口"一线进区申报。这两种模式中参与企业都必须做试点备案,并且都需要通过"通关服务平台"实现"三单"数据传输。

(3) 1239

2016年12月5日,海关总署发布《中华人民共和国海关总署公告2016年第75号公告》,增列海关监管方式代码"1239",相关规定自2016年12月1日起实施。增列海关监管方式代码"1239",全称"保税跨境贸易电子商务A",简称"保税电商A"。适用于境内电子商务企业通过海关特殊监管区域或保税物流中心(B型)一线进境的跨境电子商务零售进口商品。

同时,天津、上海、杭州、宁波、福州、平潭、郑州、广州、深圳、重庆等10个城市开展跨境电子商务零售进口业务暂不适用"1239"监管方式。

跨境电商新政出台后,国内保税进口分化成两种:一是新政前批复的具备保税进口试点的10个城市,二是新政后开放保税进口业务的其他城市。由于新政后续出现了暂缓延期措施,且暂缓延期措施仅针对此前的10个城市,因此海关在监管时,将二者区分开来:对于免通关单的10个城市,继续使用1210代码;对于需要提供通关单的其他城市,采用新代码1239。

没出公告之前,所有城市如果申报进口涉及进口通关单的商品都用同一代码1210,但试点城市可以通过特殊申报通道,暂缓通关单。公告以后,相当于试点城市继续采用1210,把非试点城市列出来用1239,非试点城市仍需要通关单。

(4) 1039和0139

海关监管方式代码"1039"即"市场采购"贸易方式,由《中华人民共和国海关总署公告2014年第54号》公布。所谓"市场采购"贸易方式,是指由符合条件的经营者在经国家商务主管部门认定的市场集聚区内采购的、单票报关单商品货值15万(含15万)美元以下、并在采购地办理出口商品通关手续的贸易方式。目前,该贸易方式的使用范围仅限于义乌市场集聚区(义乌国际小商品城、义乌市区各专业市场和专业街)内采购的出口商品。市场采购贸易方式单票报关单商品货值最高可达15万美元,1个集装箱内可以有几十种甚至上百种商品,可以在1份报关单内归并简化申报。

海关监管方式代码"0139",即"旅游购物商品"贸易方式,由《中华人民共和国海关总署2001年8号公告》发布。"市场采购"贸易方式与此前一直执行的"旅游购物商品"贸易方式的最大不同是:"旅游购物商品"单票报关单货值不能超过5万美元,而"市场采购"放宽到最高不超过15万美元。同时,税务部门对市场经营户以市场采购贸易方式出口的货物,实行增值税免税;外汇管理部门允许"市场采购"贸易采用人民币结算。

另外,市场采购(1039)监管方式实施后,在实施地区不再使用"旅游购物商品"(0139)监管方式。

此外,2018年11月8日海关总署发布了《关于实时获取跨境电子商务平台企业支付相关原始数据有关事宜的公告》(公告〔2018〕165号)。要求2019年1月1日起参与跨境电子商务零售进口业务的跨境电商平台企业应当向海关开放支付相关原始数据,供海关验核。海关在跨境电商的发展中,其政策导向无论是对支付机构还是对电商而言都有着举足轻重的作用。

3. 报关与报检

2018年国务院机构改革方案将国家质量监督检验检疫总局的出入境检验检疫管理职责和队伍划入海关总署。

(二)国家外汇管理局/中国人民银行

国家外汇管理局/中国人民银行主要是对跨境电商的外汇和支付方面进行监管(见图3-8)。

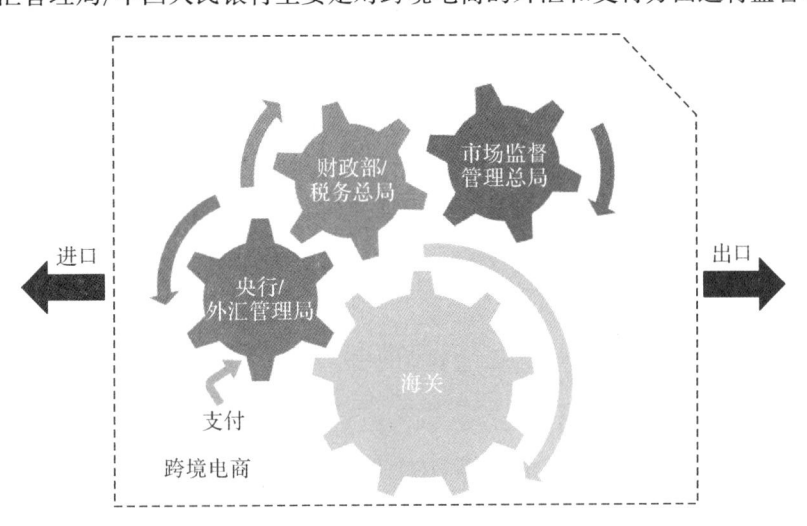

图3-8 跨境电商多部门联合监管

资料来源:《解读六部委发布跨境电商监管新政》,https://www.sohu.com/a/278873667_100014671。

例如,2018年7月24日,国家外汇管理局官网通报了27件外汇违规案例,涉及13家银行及5家支付机构,其中5家支付机构主要存在以下7种违规行为。

(1) 超出核准范围办理跨境外汇支付业务。
(2) 虚假物流信息办理跨境外汇支付业务。
(3) 国际收支申报错误。
(4) 未经备案程序为非居民办理跨境外汇支付业务。
(5) 未按规定报送异常风险报告等资料。
(6) 违规办理跨境付款业务。
(7) 通过系统自动设置办理分拆购付汇。

国家外汇管理局2019年工作会显示,2019年国家外汇管理局对各类外汇违法违规行为保持高压态势并加大查处力度。会议称2018年以来国家外汇管理局针对银行、第三方支付机构、企业转口贸易等重点主体和业务开展专项检查,严厉打击各类外汇违法违规行为,对于外汇违法违规行为采取"零容忍"态度。

(三)财政部/税务总局

财政部/税务总局主要是对跨境电商的关税税收方式和税率方面进行监管。

例如,2018年11月29日财政部、税务总局联合海关总署发布的《关于完善跨境电子商务零售进口税收政策的通知》(财关税〔2018〕49号),规定自2019年1月1日起执行,其中将跨境电子商务零售进口商品的单次交易限值由人民币2000元提高至5000元,年度交易限值由人民币 20000 元提高至 26000 元。我们称之为"2019 新政"。

(1) 关检合一取消通关单

根据海关总署 2018 年第 50 号公告,自 2018 年 6 月 1 日起,正式全面取消通关单。此项规定将覆盖全国所有口岸的出入境法检货物,有利于进一步优化营商环境,促进贸易便利化。因为原质量监督检验检疫部门 2018 年 4 月 20 日划入海关后,不再需要跨部门提供凭证。今后,涉及法定检验检疫要求的进出口商品在申报时,在报关单随附单证栏中不再填写原通关单代码和编号,而应当填写报检电子回执上的检验检疫编号或企业报检电子底账数据号。

(2) 通关单和报关单

注意通关单和报关单是不同的,报关单并没有取消。

进出口货物报关单是指进出口货物收发货人或其代理人,按照海关规定的格式对进出口货物的实际情况做出书面申明,以此要求海关对其货物按适用的海关制度办理通关手续的法律文书。可通过各地海关网站或公众号等渠道进行查询。

四、跨境支付规模与发展

(一)跨境支付规模

1. 跨境外汇支付业务

目前,全国在北京、上海、浙江、深圳等 10 个地区共 30 家试点支付机构开展跨境外汇支付业务。2016 年,全国试点业务跨境收支合计约 133 亿美元,包括跨境支出 99 亿美元和跨境收入 34 亿美元。

2. 跨境人民币支付

为支持上海自贸区建设,2013 年中国人民银行明确了符合条件的支付机构可以办理基于真实跨境电子商务的人民币跨境结算业务。目前全国已有多家支付机构开启了跨境人民币支付业务,包括部分试点机构未经国家外汇管理局备案的创新业务和未获得试点资质的支付机构急于拓展的跨境业务。跨境人民币支付几年来保持较高增速,规模已与外汇支付业务规模相当。

再以跨境电商零售进口(即进口 B2C)为例,近年来,跨境电商零售进口发展是比较快的,根据海关统计,2023 年我国跨境电商零售进口 5483 亿元,同比增长 3.9%;出口 1.83 万亿元,同比增长 19.6%。

(二)跨境支付发展

跨境电商巨大的增长空间,驱动第三方支付机构纷纷布局跨境支付行业。

2019 年 1 月 2 日,国家外汇管理局决定在粤港澳大湾区、上海市和浙江省开展货物贸易外汇收支便利化试点,支持审慎合规的银行在为信用优良企业办理贸易收支时,实施更加便利的措施。试点主要内容包括:①优化贸易外汇收支单证审核。银行按照"了解客户""了解业务""尽职审查"的展业三原则为企业办理货物贸易外汇业务。②贸易外汇收入无须经过待核查账户。试点企业真实、合法的货物贸易项下的外汇收入,可直接进入经常项目外汇结算账户或结汇。③取消特殊退汇业务登记手续。超期限退汇及非原路退汇可直接在银行办理。④简化进口报关核验。银行能确认贸易付汇业务真实合法的,可不办理进口报关电子信息核验手续。

第三节 进口跨境支付(购汇)

从交易主体性质、进出口性质两个角度划分，跨境电商可以分为跨境出口 B2B、跨境出口 B2C、跨境进口 B2B、跨境进口 B2C 等 4 个子领域。本节主要介绍跨境进口 B2C。

跨境进口 B2C 即跨境电商零售进口，主要包括以下参与主体：跨境电商企业、跨境电商平台、境内服务商(如支付企业、物流企业等)和消费者。

其中境内服务商是指在境内办理工商登记，接受跨境电商企业委托为其提供申报、支付、物流、仓储等服务，具有相应运营资质，直接向海关提供有关支付、物流和仓储信息，接受海关、市场监督等部门后续监管，承担相应责任的主体。

境内消费者购买境外商品主要有 3 种途径，即代购、海淘、跨境电商，其差异如表 3-1 所示。

表 3-1 代购、海淘、跨境电商对比

方式	个人代购	海淘(个人)	海淘(跨境电商)
简介	通过境外个人或买手直接购买境外商品	在电商网站直接购买	在电商网站直接购买
交易模式	个人物品	个人物品	跨境 B2C 贸易货物
商品品类	无限制	无限制	受海关正面清单限制
物流方式	海外直邮/个人带回	境外直邮/转运	跨境直邮/保税备货
物流时效	较长	较长	保税模式最短，直邮最长
通关速度	较慢	较慢	全程 EDI[①] 申报，速度最快
报关概率	不报关，抽查	不报关，抽查	需报关
是否交税	抽检到需缴纳行邮税	抽检到需缴纳行邮税	跨境电商综合税
信任模式	对代购者的信任	对网站和转运公司的信任	对跨境电商平台、支付公司和物流公司的信任

注：①EDI：即 electronic data interchange，电子数据交换。

我们经常听到代购一词，实际上代购只是名称，从海关监管制度上来说，并没有为代购制定特殊的监管制度。代购的方法有很多种，商品购买以后，有的通过旅检渠道进来，有的通过快件或者邮递渠道进来。上述渠道，海关分别都有不同的监管政策，并没有针对代购制定单独的监管政策。代购和跨境电商零售进口比起来，跨境电商零售进口优势比代购要大得多。例如，跨境电商零售进口方式可以保证跨境零售进口商品的品质，但代购的商品难以保障质量和安全。

而"海淘"一词则被使用在多个场合，有多种含义。所以今后大家在阅读和使用"海淘"一词的时候需要加以注意。海淘即境外购物，就是通过互联网检索境外商品信息，并通过电子订购单发出购物请求，支付之后，由境外购物网站通过国际快递发货，或是由转运公司代收货物再转寄回境内。分为境内跨境电商代购(跨境 B2C 也走行邮通道，但按货物计)和境外直邮直购(个人物品走行邮通道，按物品计)两类。我们可以看到，其关键点在于通道的选择不同，而不在于是不是境外的购物网站(亚马逊网站也有中国人在上面开店,所以这个不是关键)。

一、跨境电商 2016"四八新政"

(一)2016"四八新政"

2016 年"四八新政"明确规定,自 2016 年 4 月 8 日起,跨境电子商务零售进口商品将不再按邮递物品征收行邮税,而是按货物征收关税和进口环节增值税、消费税,以推动跨境电商健康发展。此次改革明确了跨境电商零售进口商品的贸易属性。

三部门明确,跨境电商零售进口商品的单次交易限值为人民币 2000 元,个人年度交易限值为人民币 2 万元。在限值以内进口的跨境电商零售进口商品,关税税率暂设为 0;进口环节增值税、消费税取消免征税额,暂按法定应纳税额的 70%征收。超过单次限值、累加后超过个人年度限值的单次交易,以及完税价格超过 2000 元限值的单个不可分割商品,均按照一般贸易方式全额征税。

知识卡片 3-5:"行邮税和跨境电商综合税"两种税率的对比

在该税收政策下,购买跨境电商零售进口商品的个人将作为纳税义务人,实际交易价格(包括货物零售价格、运费和保险费)作为完税价格,电子商务企业、电子商务交易平台或物流企业作为代收代缴义务人。

国务院关税税则委员会同时调整了行邮税政策,将原有四档税率10%、20%、30%、50%,整合为15%、30%和60%三档税率。其中,15%的税率对应最惠国税率为零的商品,60%的税率对应征收消费税的高档消费品,其他商品执行30%的税率。

(二)电子商务通关服务平台传递支付信息

"四八新政"带给行业最好的影响,就是让跨境进口电商的模式更清晰分明。2015 年的时候,跨境进口在模式上就有很多种,有保税模式、直邮模式、自营模式、代购模式、转运模式,等等。但"四八新政"之后,整个行业最明确的模式只有两个模式——跨境直购模式和网购保税模式。

从支付企业的角度来说,该新政还明确了跨境电子商务零售进口商品在申报前,支付企业必须通过跨境电子商务通关服务平台如实向海关传输支付信息。

二、海淘购物

(一)海淘限额

2016 年"四八新政"规定跨境电子商务零售进口商品的单次交易限值为人民币 2000 元,个人年度交易限值为人民币 2 万元。也就是说每人每年交易人民币 2 万元,超过之后或将面临海关"退单"。

(二)海淘新政

2018 年 11 月 28 日,商务部、发展改革委、财政部、海关总署、税务总局、市场监督管理总局等 6 部门联合印发《关于完善跨境电子商务零售进口监管有关工作的通知》(商财发[2018]486 号)。几乎与此同时,2018 年 11 月 30 日,财政部官网发布消息公布了《关于调整跨境电商零售进口商品清单的公告》。此外,2018 年 11 月 29 日还公布了财政部、海关总署和税务总局三部委联合下发的《关于完善跨境电子商务零售进口税收政策的通知》(财关税〔2018〕49号),通知中明确指出:我国将自2019年1月1日起,调整跨境电商零售进口税收政策,提高享受税收优惠政策的商品限额上限,扩大清单范围。以上这3个文件一起被称为"2019海淘新政",它有以下几大亮点。

1. 个人自用进境物品监管

对跨境电商零售进口商品按个人自用进境物品监管,不执行有关商品首次进口许可批件、注册或备案要求。

实践证明,"按个人物品监管"的原则,总体符合行业特点,有利于促进行业持续发展。因此,2019年的跨境电商新政延续了"按个人物品监管"的做法,为行业营造了稳定的政策环境,特别是以前的文件中都是"暂按",这次把"暂"字取消了,明确了就是"按个人物品监管"。

2. 提高了跨境电商零售进口商品的单次和年度交易限值

将跨境电子商务零售进口商品的单次交易限值由人民币2000元提高至5000元,年度交易限值由人民币20000元提高至26000元。

此外,完税价格超过5000元单次交易限值但低于26000元年度交易限值,且订单下仅一件商品时,可以自跨境电商零售渠道进口,按照货物税率全额征收关税和进口环节增值税、消费税,交易额计入年度交易总额,但年度交易总额超过年度交易限值的,应按一般贸易管理。

总结如下。

(1) 订单下仅一件商品价格≤5000元,享受优惠。税额计算公式如下

$$税额 = 关税 \times 0 + (增值税 + 消费税) \times 70\%$$

交易额计入年度交易总额。

(2) 5000元<订单下仅一件商品税后价格≤2.6万元,不享受优惠。税额计算公式如下

$$税额 = (关税 + 增值税 + 消费税) \times 100\%$$

交易额计入年度交易总额。

(3) 订单下仅一件商品税后价格>2.6万元,不享受优惠,按一般贸易征税。

3. 不得进入境内市场再次销售

已经购买的电商进口商品属于消费者个人使用的最终商品,不得进入境内市场再次销售;原则上不允许网购保税进口商品在海关特殊监管区域外开展"网购保税+线下自提"模式。

4. 对跨境电商零售进口商品清单进行扩容和调整

首先,将部分近年来消费需求比较旺盛的商品纳入清单商品范围,增加了葡萄汽酒、麦芽酿造的啤酒、健身器材等63个税目商品;其次,根据税则税目调整情况,对前两批清单进行了技术性调整和更新,调整后的清单共1321个税目。

三、进口跨境电商(B2C、B2B2C)

进口跨境电商B2C、B2B2C分别是指消费者通过境外直购或跨境保税备货模式购买的商品(请参考本章9610和1210监管代码的解读)。

B2C,俗称"集货模式"。消费者通过亚马逊、eBay、Zappos等电商渠道网购后,商品是从境外运输入境(一般通过邮政通道或国际商业快递),"四八新政"之后,就不能像之前一样,以个人物品方式向海关申报,缴纳行邮税了,必须参照一般贸易进口的征税形式,缴纳关税、增值税和消费税,然后再发到消费者手中。在监管方面,它依然参照行邮通道的方式核查身份

证、运单和购物小票,即需要订单、运单和支付单的数据一致。

B2B2C(business to business to customer,供应商—电商企业—消费者),俗称"备货模式"。即消费者通过亚马逊、eBay、Zappos 等电商渠道网购后,商品以个人物品方式向海关申报,直接从境内保税区快递到消费者手中。此前,企业已经把商品以货物形式进口清关,存放于境内的保税区。换句话来说,网购保税是跨境电商企业通过境外集中采购的方式,统一将较大批量货物从境外运至境内保税仓库,当消费者网购后,由快递或物流公司直接把商品从保税仓库递送到消费者手中。其中,从境外到境内保税区这段运输一般通过海运、空运等方式,运费低,并以货物方式向海关申报进入保税仓待售。

进口跨境电商通道如图 3-9 所示。

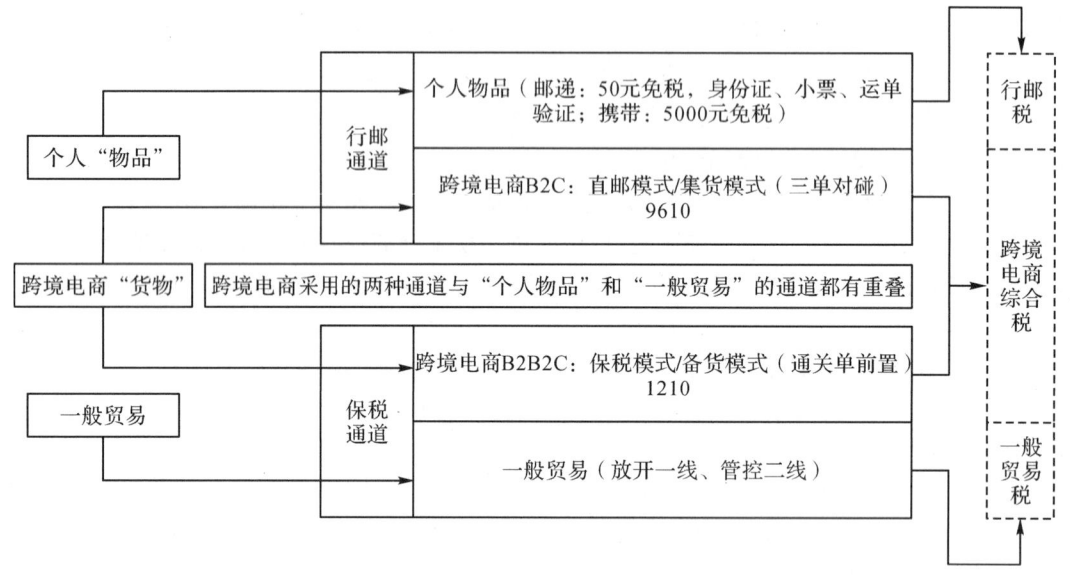

图 3-9 进口跨境电商通道示意

在这两种模式下,海关总署会进行单次交易限值和年度交易限值的校验。例如在网易考拉、洋码头等跨境电商平台上购买的商品均"走"跨境电商通道,理论上消费者在境内跨境电商平台上购买的每一笔订单,都会被计入个人年消费额度。

因为跨境电商通道主要分为跨境直购和网购保税两种模式,因此消费者在网上购买保税区商品和境外直邮商品后,都在"消耗"个人年度消费限额。

四、海关三单对碰

三单对碰是由中国海关率先独创的,是有着很高管理智慧的监管举措。通过对本章前几节的学习,我们就很容易理解三单对碰的含义和使用范围了(见图 3-10 和表 3-2)。

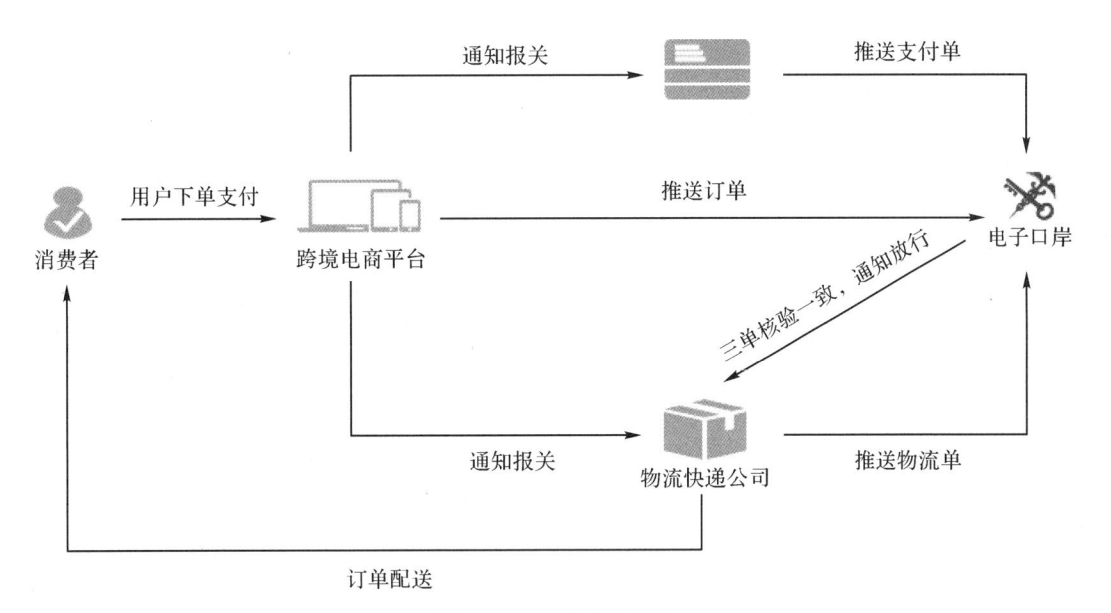

图 3-10 三单对碰示意

资料来源:《跨境电商是怎么清关的?》,https://www.sohu.com/a/273546921_114819。

表 3-2 三单对碰和税额

税种	保税模式		直邮模式	
	能提供三单信息	不能提供三单信息	能提供三单信息	不能提供三单信息
	单次5000元以内且年累计额26000元以内（含26000元）	单次5000元以上或年累计额26000元以上	单次5000元以内且年累计额26000元以内（含26000元）	单次5000元以上或年累计额26000元以上	行邮税没有年度限额,但是有单次限额,为5000元,最高不超过8000元
关税	0	全额	全额	0	全额
增值税+消费税	应税额的70%	全额	全额	应税额的70%	全额
行邮税					三档:15%、30%、60%,50元免征额

所谓三单对碰,是指在 2016 年"四八新政"之后,要求"对于通过跨境电商入境的商品过往海关时需要三单合一,即支付单、订单、物流单三单要一致匹配"。支付单由有支付资质的企业推送给海关,订单和物流单由跨境电商平台或提供保税仓仓储物流服务的第三方公司推送给海关,海关核对三单信息,核验放行后才可进行境内段配送。

跨境电商通道进口的商品"三单对碰"必须符合以下几点。

第一,电商网站与海关联网时,交易发生的电商网站要能够通过网络提供"三单"信息,以供海关对比使用。

第二,电商网站与海关暂时无法联网时(如日本亚马逊),如果物流企业(快递或邮政)能够统一提供"三单"信息并承担法律责任,则也可以认为是跨境电商通道进口的商品实现了三

| 跨境支付 |

单对碰。

注意到行邮税率经历过"四八新政"提高之后,并不一定会比跨境电商综合税更低,这个孰高孰低需要根据具体商品的品类来进行比较判断。而且行邮通道对比跨境电商通道,不仅仅是物流成本最高,而且送货时间最长,实际购买中还是需要考虑这些物流与时间成本的。

在实际政策落地的过程中,三单合一也存在着很多变通的方式,如部分关区仅要求三单(订单、支付单、运单),而有些关区(如成都、郑州)则要求"四单",除了订单、支付单、运单外,还需要由代理清关公司报送"清单";同时订单、运单、支付单等均可由代理清关公司代为报送,但需要先向海关部门进行申请审核。关于税费,代理清关公司在海关设置有保证金账户,订单放行同时会对保证金进行扣减。电子清关业务各关键节点流程如图 3-11 所示。

另外再次强调一下支付单的各个要素。在三单合一监管规则下,电子清关支付单核心报送信息如下:支付企业代码、支付企业名称、支付交易编号、订单编号、电商平台代码、电商平台名称、支付人证件类型、支付人证件号码、支付人姓名、支付人电话、支付金额。海关系统三单对碰的关注点在于订单、支付单需要发生在同一个平台,但支付企业与电商企业是否签订协议系统并无要求。这也就是说在天猫国际、京东全球购这样的 B2C 平台上开店的电商公司即使没有和支付公司签约,也是可以完成支付单对碰的,因为平台自带支付功能。

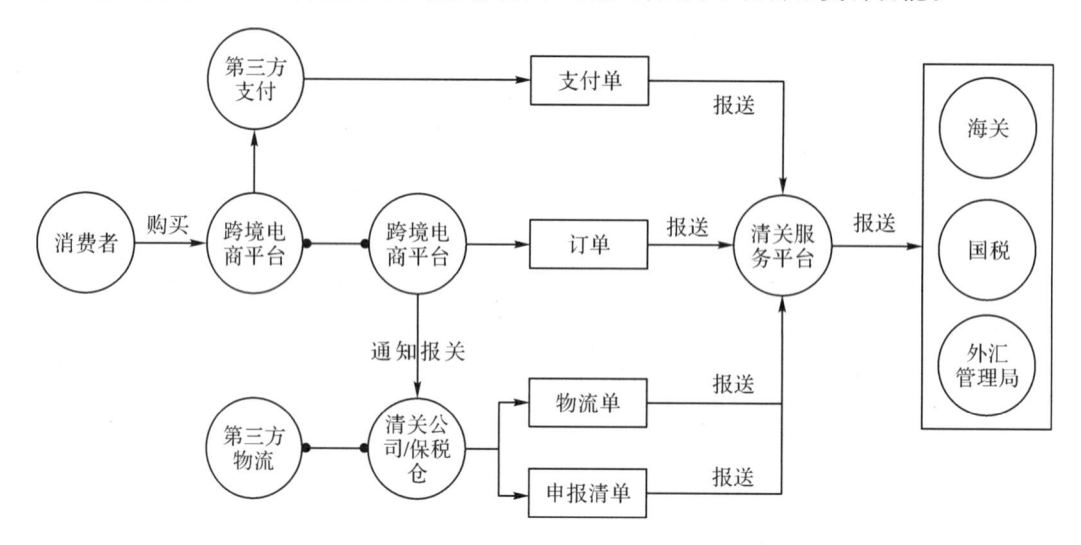

图 3-11 电子清关业务各关键节点流程示意

资料来源:《跨境电商是怎么清关的?》,https://www.sohu.com/a/273546921_114819。

第四节 出口跨境支付(结汇)

知识卡片 3-6:
中东市场的特殊支付方式

在互联网时代,中国跨境电商"走出去"正当其时,出口跨境卖家应将战略眼光投向境外市场。商务部数据显示,跨境电商保持每年 30% 的增速,我国 20 多万家中小企业,在各类跨境电商平台上从事跨境贸易,可见,在互联网重塑的国际贸易格局中,出口跨境电商是大势所趋。

远在南美洲的消费者在中国跨境电商平台购买一双中国卖家的鞋子,无须 1 分钟便可完成下单和支付,这是地球村里再简单不过的事情。但中国卖家如何将南美洲消费者支付的货款收回境内,这就不是一个简单的问题了。

出口跨境电商可以自建网站,也可以基于电商平台进行交易。

基于电商平台交易的跨境零售卖家的业务流程涉及资金流、信息流和物流(见图3-12)。其中,资金流对出口跨境电商来说,主要是如何向境外买家收取外币及进行结算。

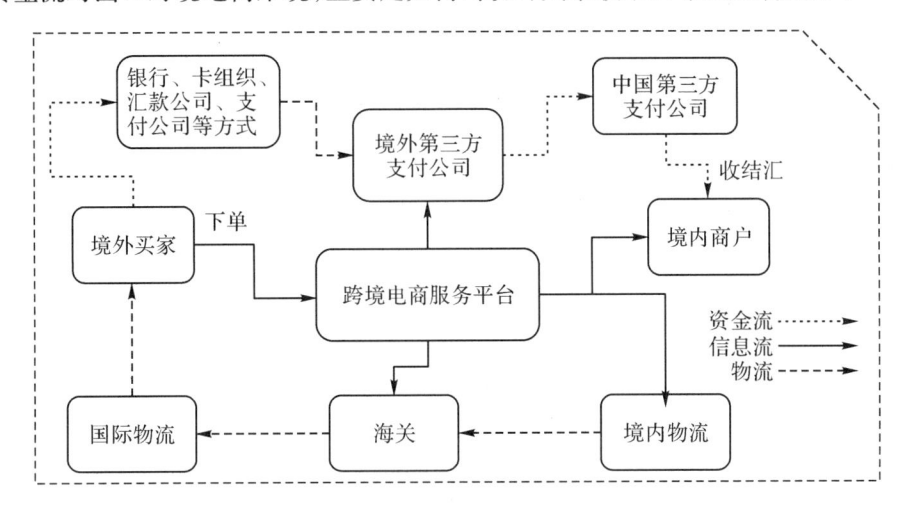

图 3-12 出口跨境电商业务流程

资料来源:《新形势下出口跨境电商支付方式的理性选择》,http://www.sohu.com/a/253303105_468675。

一、出口跨境电商概述

(一)概念

出口跨境电商从海关监管角度可以分为以下两种模式。

1. 9610 出口

采用"清单核放,汇总申报",出口商品以邮递、快件方式分批运送,海关凭清单核放出境,定期为电商把已核放清单数据汇总形成出口报关单,电商凭此办理结汇、退税手续。

2. 1210 出口

电商把整批商品按一般贸易报关进入海关特殊监管区域,企业实现退税;对于已入区退税的商品,境外网购后,海关凭清单核放,由邮递、快件公司分送出区离境,海关定期将已放行清单归并形成出口报关单,电商凭此办理结汇手续。

(二)行业规模及特点

随着外贸行业的不断发展,我国出口跨境电商交易规模不断攀上新台阶。从销售金额和销售量的角度来看,小型卖家仍占市场主流,随着竞争的加剧和资本的进入,行业集中度会逐步提升。

从细项数据角度来看,出口跨境电商目前在广东、浙江、福建等网络、物流比较成熟的沿海区域发展相对活跃,其中广东的出口跨境电商交易额达到56.99%,居全国之首,浙江和福建占比均超过10%,已经率先形成规模。

目前,境外电商市场结构相对分散,伴随跨境电商的发展,行业将会从野蛮生长向逐步规范转变。未来,资金流、信息流和物流将三流合一,形成交易闭环,围绕跨境电商形成一个生态链和服务链,这将会是行业发展的大趋势。

目前,出口跨境电商收款方式大致可归纳为 3 种:①境内卖家银行账户直接收款;②通过第三方支付机构通道收款;③跨境电商平台提供全球收款服务。

二、外汇收款与结汇

(一)出口跨境电商外汇收款

1. 银行收款

银行收款是指跨境电商平台与境内卖家开设账户的网上银行直连,境外买家通过平台对接的境外银行或者支付机构的入口进行支付,货款直接到达卖家的网上银行账户(见图 3-13)。

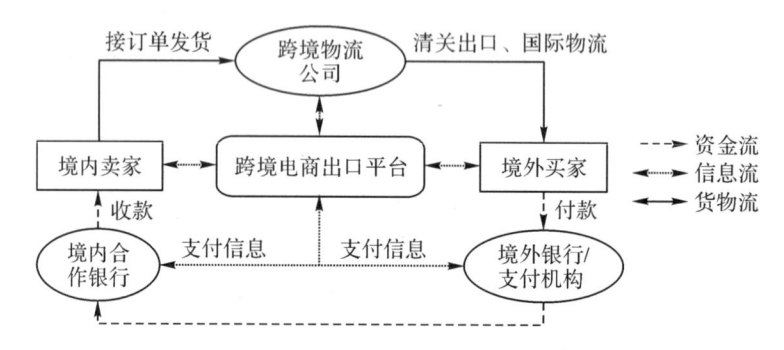

图 3-13　境内卖家银行账户直接收款

资料来源:《电商出口,你所关心的"钱"事(上)——跨境电商出口收款合规要览》,http://www.sohu.com/a/259650853_200178。

视境内卖家绑定的账户不同,货款可能进入卖家在境外银行开立的境外外汇账户、在境内银行开立的经常性外汇账户,或是在获得由中国人民银行批准进行人民币跨境支付业务许可的银行开设的人民币账户。

这种模式与最传统的外贸企业收款模式并无本质区别,电商平台需要分别对接不同的境内银行和境外合作银行并取得其网银系统的授权。

2. 第三方支付收款

第三方支付收款是指境内卖家通过跨境电商平台绑定的第三方支付机构为通道进行跨境收款(见图 3-14)。

这种模式背后的资金流和信息流颇为复杂,简而言之,即第三方支付机构在对应的银行有一个专用的备付金账户,境外买家付款后,货款先到达第三方支付机构的上述专用备付金账户,买家确认收货之后第三方支付机构再从备付金账户里打款给境内卖家的账户,如阿里巴巴开发的速卖通平台上绑定了第三方支付机构——国际支付宝。

第三方支付机构可以在买家和卖家的交易中发挥货款监管的作用,因此,第三方支付机构通道是目前大多数出口跨境电商平台上境内卖家使用的收款模式。

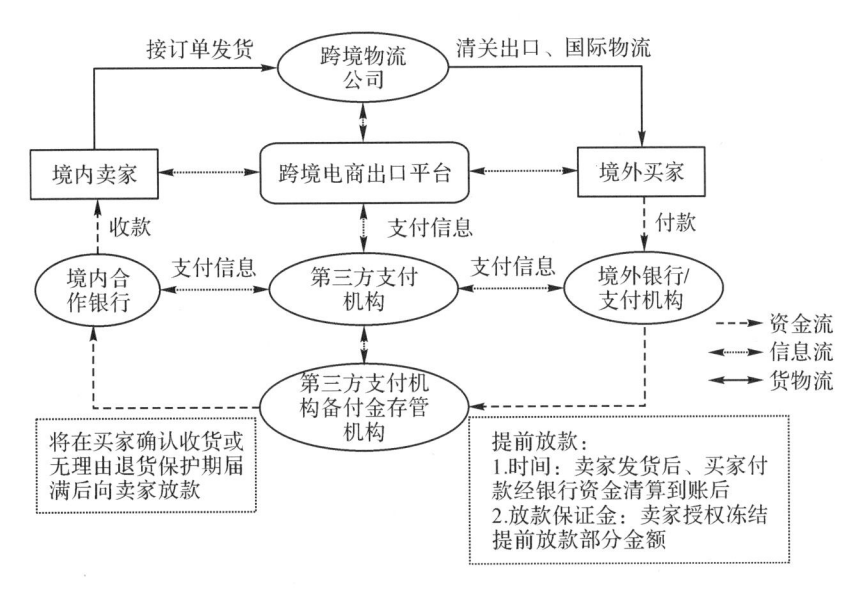

图 3-14 境内卖家第三方支付收款

资料来源：《电商出口，你所关心的"钱"事（上）——跨境电商出口收款合规要览》，http://www.sohu.com/a/259650853_200178。

3. 跨境电商平台全球收款服务

这种模式的典型是跨境电商平台亚马逊 2018 年上线的全球收款服务（Amazon Currency Converter for Sellers），卖家无须开设境外银行账户或第三方支付机构账户，即可"使用您的本地货币接收全球付款，直接存入您的本地银行账户"（receive your global payments in your local currency, directly into your local bank account）。这种模式实际上是跨境电商平台为卖家提供综合的收款和结汇服务。其资金的流转过程不外乎是上述两种之一或者结合。但目前这项服务的平台使用费较高，同时也可能涉及跨境支付业务试点的市场准入资格和平台资金沉淀合规风险的问题，因而尚未得到普遍应用。

(二) 出口跨境电商外汇收款后如何结汇

1. 跨境收款收结汇的基本要求

关于跨境收款收结汇的法律法规除了《中华人民共和国外汇管理条例》（以下简称《外汇管理条例》）之外，最重要的依据是《国家外汇管理局关于印发货物贸易外汇管理法规有关问题的通知》（汇发〔2012〕38 号）、《国家外汇管理局关于开展支付机构跨境外汇支付业务试点的通知》（汇发〔2015〕7 号）、《国家外汇管理局关于规范货物贸易外汇收支电子单证审核的通知》（汇发〔2016〕25 号）、《国家外汇管理局关于便利银行开展贸易单证审核有关工作的通知》（汇发〔2017〕9 号）、《非银行支付机构网络支付业务管理办法》等，确定关于收结汇的核心要求如下。

第一，企业应当按照"谁出口谁收汇"的原则办理贸易外汇收支业务。

第二，外汇部门对企业的贸易外汇管理方式由逐笔核销改为非现场总量核查：通过货物贸易外汇检测系统采集企业货物进出口和贸易外汇收支逐笔数据，定期比对、评估企业货物流与资金流的匹配情况，从而实现非总量核查。

对出口贸易企业进行分类外汇管理的方式详见表 3-3。

表 3-3 出口贸易企业分类外汇管理

分类管理	企业类型		
	A 类企业	B 类企业	C 类企业
管理原则	便利化管理	审慎监管	
审核单证	凭出口报关单、合同或发票等任何一种能够证明交易真实性的单证	审核相应的出口货物报关单和出口合同	
银行审核力度	无须联网核查	由银行实施电子数据核查;超过核准额度的须经外汇局逐笔登记后办理	须经外汇局逐笔登记后办理
可否提交电子单证办理	可以	不可以	
收汇资金是否需要进入待核查账户	不需要,可直接进入经常项目外汇账户或结汇	需要	
出口收入是否可以存放境外	可以	不得存放境外账户,外汇管理局可要求其调回境外账户资金金额	自列入之日起,30 日内关闭境外账户并调回境外账户资金余额

资料来源:《电商出口,你所关心的"钱"事(上)——跨境电商出口收款合规要览》,http://www.sohu.com/a/259650853_200178。

2. 跨境收款收结汇的基本方式

(1) 直接收款、自行或代理办理收结汇

出口跨境电商应当依法取得对外贸易经营权后在外汇管理部门办理"贸易外汇收支企业名录"的登记手续,然后到银行开立经常项目外汇账户(如需通过境外账户或者离岸账户须事先取得外汇管理局的批准)以办理收结汇手续。

例如,出口跨境电商商家在银行开立美元账户,货物出口后收到一笔金额为 15 万美元的跨境汇入资金,则该商家应该按照不同分类的出口贸易企业对应的要求办理收结汇手续;如果该商家委托了某代理方进行收汇,则资金入账后,代理方应向银行提交汇款指令,将美元收汇划转给该商家,或者代理方向银行提交结汇申请,将结汇后的人民币资金划转给该商家。

(2) 第三方支付机构通道收款

如果跨境电商平台合作的第三方支付机构具有跨境外汇支付试点资格,则境外买家的付款在进入银行的外汇备付金账户之后,该第三方支付机构根据真实合法的货物贸易交易背景及货物贸易项下的交易信息逐笔还原交易信息的原则,可以集中为出口跨境电商办理结售汇业务。

(3) 迟延结汇或者将出口外汇收款留存境外

考虑到从事出口贸易企业的经常项目外汇收支频繁,境内机构可根据《关于境内机构自行保留经常项目外汇收入的通知》自行保留其经常项目账户中的外汇收入。目前部分的第三方支付机构,如国际支付宝,也可以支持平台上的出口跨境电商选择"收外汇、不结汇"的方式,直接将相应的外汇汇入境内卖家的银行账户。

在外汇管理部门同意的情况下,出口跨境电商企业可以根据《货物贸易外汇管理指引实施细则》在境外银行开立用于存放出口收入的境外账户,将具有真实、合法交易背景的出口收入存放境外;可根据自身经营需要确定出口收入存放境外的期限,或将存放境外的资金调回境内。境外账户的收入范围包括出口收入、账户资金孳息及经外汇管理局批准的其他收入;支出范围包括贸易项下支出、佣金、运保费项下费用支出及符合外汇管理局规定的其他支出等。

三、人民币跨境支付

为便利跨境贸易并降低汇率的影响,推行跨境人民币结算是近年来中国人民银行为支持外向型企业的资金管理、增加新金融业态的重要举措。从 2009 年中国人民银行等六部委联合发布《跨境贸易人民币结算试点管理办法》(公告 2009 年第 10 号)开始,跨境贸易人民币结算的适用范围从上海、广州、深圳、珠海、东莞 5 个城市逐步扩大到全国范围;参与主体从列入试点名单的企业扩大到境内所有从事货物贸易、服务贸易及其他经常项目的企业。中国人民银行和海关总署等六部委先后下发《关于简化跨境人民币业务流程和完善有关政策的通知》(银发〔2013〕168 号)、《关于简化出口货物贸易人民币结算企业管理有关事项的通知》(银发〔2014〕80 号)、《中国人民银行关于进一步完善人民币跨境业务政策促进贸易投资便利化的通知》(银发〔2018〕3 号)等文件,简化跨境人民币业务流程并明确凡依法可以使用外汇结算的跨境交易,境内银行可在"了解客户、了解业务、尽职审查"展业三原则基础上直接办理跨境人民币结算。

除了商业银行,第三方支付机构也可以在中国人民银行的批准下办理电子商务人民币资金跨境支付业务。中国人民银行上海总部《关于上海市支付机构开展跨境人民币支付业务的实施意见》明确规定,具有必要资质的第三方支付机构经备案可以依托互联网,为境内外收付款人之间,基于非自由贸易账户的真实交易需要转移人民币资金提供支付服务。

根据上述政策,境内卖家在跨境电商平台上可以直接以人民币作为收款的币种之一,类似于境内消费者海淘时直接支付美元,境外买家也可以直接付人民币(注意这里的人民币是离岸人民币)。只要该笔交易符合一般结汇条件,收款后可通过银行或者有资质的第三方支付机构直接办理跨境人民币结算业务,将离岸人民币转为在岸人民币。

需要注意的是,根据《关于简化跨境人民币业务流程和完善有关政策的通知》,对于经常项下跨境人民币结算,境内银行可在满足展业三原则的要求下自行决定是否需要企业提供单据,甚至可以仅凭企业的《跨境人民币结算收/付款说明》直接办理资金的收付,但事实上,在满足了人民银行的要求外,出口跨境电商仍需满足外汇管理部门的要求。贸易项下的跨境收支,根据《国家外汇管理局关于印发货物贸易外汇管理法规有关问题的通知》(汇发〔2012〕38 号)的要求仍应当符合"谁出口谁收汇"的原则,外汇管理局将通过货物贸易外汇监测系统实现非现场总量核查。采用跨境人民币的结算方式同样要符合外汇管理部门对外贸企业的分类管理要求。

四、报关模式对支付的影响

在出口贸易项下,外汇管理部门依据海关对货物贸易的监管和统计确认资金跨境转移是否具有真实合法的货物贸易基础。因此出口电商应当在报关模式中体现真实的贸易关系才能符合"谁出口谁收汇"原则。下面对目前出口跨境电商主要采取的几种报关模式分别分析如下。

（一）一般报关模式

1. 0110"一般贸易"模式

这种模式是最通用的出口报关模式，同样适用于跨境电商，其特点是先清关后出境、每单必报。近年来兴起的由平台统一代理境内卖家提前将货物清关备货到海外仓、待生成具体订单之后直接从海外仓发货的模式，实际上也属于一般贸易模式。在实践中，跨境电商出口的产品具有种类多、价值低、订单零散、发货频次高、单个境内卖家规模较小等特点，采用该种报关模式的做法并不完全符合出口跨境电商的商业特点。

2. 快件出口并报关模式

出口跨境电商委托物流公司以小邮包、快件寄出，并以物流公司名义统一打包报关，这是目前出口跨境电商的主流操作。根据海关总署2018年《关于升级新版快件通关管理系统相关事宜的公告》（公告〔2018〕119号），仅价值在人民币5000元及以下的货物且不涉及许可证件管制的，不需要办理出口退税、出口收汇或者进口付汇，不需要检验检疫的货物才可通过快件报关的方式出口。显然，长期从事出口的情形并不符合该类型的适用范围。另外，出口跨境电商因未在报关中体现为货物出口人，因此无法办理结汇手续及出口退税，其财务处理一般只能登记为内销，会影响对该电商从事外贸出口业务的真实财务记录，同时也影响了海关及外汇部门对货物出口量的统计管理，存在被行政处罚的合规风险。

3. 1039"市场采购"模式

该模式特指从浙江省义乌市等8个试点地区市场内采购出口的商品采用市场采购报关方式。出口跨境电商负责在市场采购商品认定体系中录入代理出口商品信息，并通过认定体系提交商户予以确认。海关通过市场采购贸易综合管理系统实现数据联网共享并对市场采购贸易出口商品实施监管。

严格来说，上述3种模式并不是跨境电商平台特有的出口报关模式，而是出口跨境电商采用了一般的出口报关方式，这些模式并不适合其小额多单的特点。而且除了0110"一般贸易"模式之外，其他几种模式的适用各有限制，甚至还存在明显的不合规风险。

（二）特殊报关模式：9610"电子商务"和1210"保税电商"模式

9610"跨境电商"和1210"保税电商"模式分别适用于境内个人或电商企业通过电子商务平台实现交易及在海关特殊监管区域或保税监管场所进出的电商零售进出境商品。其特点如下。

第一，电商企业、监管场所经营企业、支付企业和物流企业按照规定向海关备案。

第二，跨境电商平台上的交易、支付、仓储和物流等数据通过接口传送到海关设立的电子商务通关管理平台，海关据以核放出口，即"清单核放"。

第三，出口卖家每21天汇总所有交易进行集中报关取得报关单，即"汇总申报"。

9610"跨境电商"和1210"保税电商"与上述几种报关模式的本质区别在于出口信息通过电子商务通关管理平台同步在海关进行备案，海关通过核对该笔出口贸易的交易、支付和物流信息，确定卖家、收发货人和收款人三者统一。这种模式解决了必须先通关后出境、每单必报、报关人与收汇人不一致、海关及外汇统计数据有误差、出口电商本身的贸易财务数据失真等问题。

同时，根据2018年9月28日财政部、税务总局、商务部、海关总署出台的《关于跨境电子商务综合试验区零售出口货物税收政策的通知》,跨境电商综试区内注册的跨境电商在通过所在地海关办理出口申报手续的前提下,未取得有效进货凭证的货物可以享受增值税、消费税免税政策。换言之,如果是通过 9610 报关模式出口电商将无须提交有效进货凭证即可退税,这是对 9610 模式的进一步完善。

我们以 9610 模式在境内收款为例,将跨境出口流程加以整理,如图 3-15 所示。

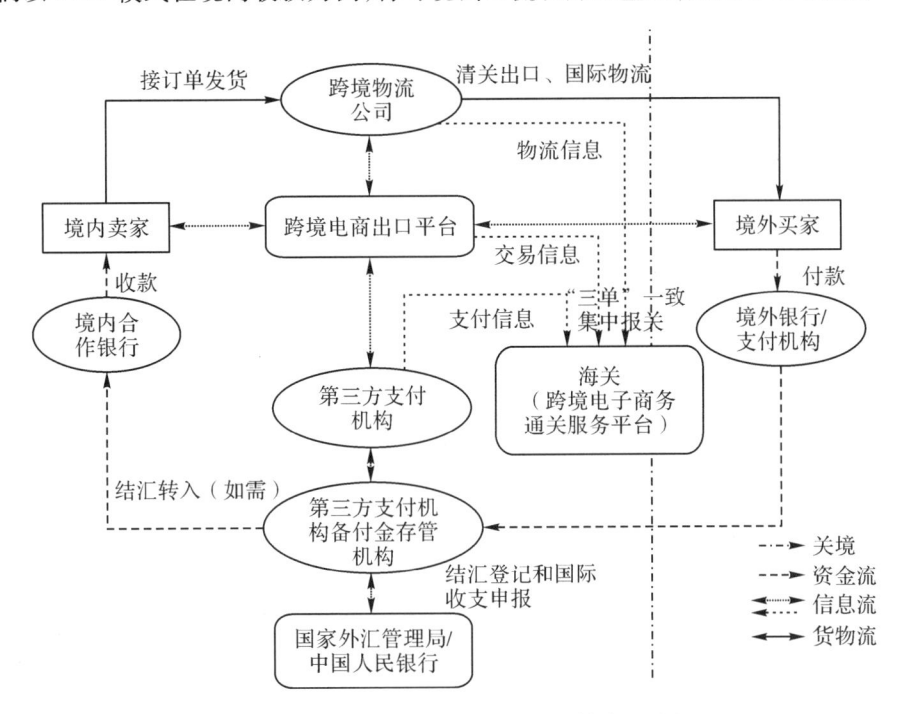

图 3-15　9610 模式在境内收款的跨境出口流程

资料来源:《电商出口,你所关心的"钱"事(上)——跨境电商出口收款合规要览》,http://www.sohu.com/a/259650853_200178。

图 3-16 中的资金流如下。

(1) 境外买家在跨境出口电商平台下单后,通过境外银行或其他支付机构完成付款,款项到达境内平台绑定的第三方支付机构的备付金账户中。

(2) 第三方支付机构向境内卖家发送支付信息,境内卖家按订单发货,货物清关出口后经国际物流运抵境外买家。

(3) 在买家确认收货或无理由退货保护期届满后,第三方支付机构向卖家放款(如需结汇的,由第三方支付机构向境内合作银行提交货币汇兑清单和集中结汇指令)。

(4) 跨境支付合作银行(第三方支付机构备付金存管机构)向外汇管理部门完成结汇登记和国际收支申报。

第三章知识与技能训练

第四章

跨境收付款综述

> **知识目标**

◎ 掌握各种跨境收付款场景。
◎ 了解主流的跨境收付款工具。
◎ 熟悉跨境收付款的主要监管机构及监管目标。
◎ 熟悉跨境收付款行业的未来趋势。

> **能力目标**

◎ 能结合实际案例,分析判断业务所处的跨境收付款场景。
◎ 能针对不同的跨境收付款场景选择最佳的跨境收付款工具。
◎ 基本具备跨境收付款业务的资金安全合规意识。

> **案例导入**

支付宝 2018"中国锦鲤"揭晓 获全球海量商户免单!

2018年9月29日下午,支付宝宣布:"十一出境游的朋友,请留意支付宝付款页面,可能一不小心就会被免单。"支付宝同时还宣布,将会在10月7日抽出1位集全球独宠于一身的中国锦鲤。

2018年10月7日,支付宝官方微博宣布一位微博名叫"信小呆"的女网友获得由200多家支付宝全球合作伙伴组团提供的"中国锦鲤全球免单大礼包"。在得知自己中奖后,"信小呆"发文称:"我下半生是不是不用工作了?"支付宝官方回复称:"我们真不是骗子,你回我一下私信。"

支付宝还称,由于礼包内含礼物太多,怕"锦鲤"头晕眼花,还为她提前做了一版礼物消耗计划表供她参考。支付宝还拉起了百米横幅庆贺,所有免单旅游的国家和商家名称都印在百米横幅上。

该大礼包包括全球众多卖场、在线商城的免单和商家加赠的礼品,据称大礼包的名单长到阅读都需要3分钟以上,其中绝大多数礼品来自支付宝开拓的境外市场的合作伙伴。按当时汇率,礼包总共折算下来价值 50 万元左右。一时间,"中国锦鲤"成为网络热议的话题,也成功将支付宝的国际支付布局展现在公众面前。

(资料来源:根据网络相关资料整理)

第一节 跨境收付款的监管框架

跨境收付款,即跨境支付,是指因贸易、消费、投资及其他目的所发生的涉及两个及以上金融监管区域,借助一定的结算工具和支付系统,实现价值转移的行为(见图4-1)。

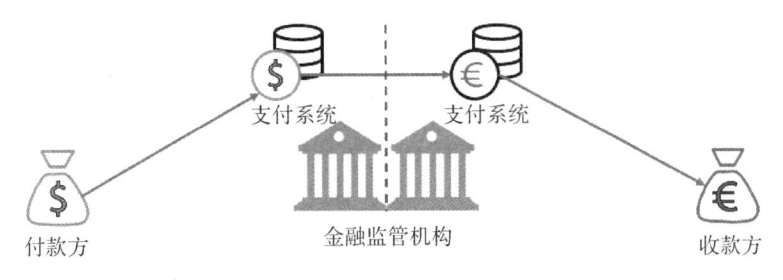

图 4-1 跨境支付示意

跨境收付款会涉及金融监管,那么什么是金融监管?为何要进行金融监管呢?带着这两个问题,我们先看一个案例。

1997年的亚洲金融危机,让许多人至今都记忆深刻,它引发了亚洲国家甚至是全世界的深刻思考。

同处亚太地区,被誉为亚洲新兴经济体"四小龙"的中国香港、中国台湾、新加坡和韩国,从20世纪60年代开始,推行出口导向型战略,重点发展劳动密集型的加工产业,在短时间内实现了经济的腾飞,一跃成为全球发达富裕的地区。然而在这一次的金融危机中,亚洲"四小虎"却受到重创。

业界事例 4-1:亚洲金融危机

新兴国家或地区在发展的时候必然需要借助外部的资金,也需要不断将自身的产业融入全球经济一体化的浪潮中,参与全世界的市场竞争。全球化使得跨境交易的货物、服务等规模越来越大,跨境收付的资金规模也不断扩大。如何才能够在金融风暴的大风大浪中保住发展成果,避免损失呢?

金融危机对亚洲"四小龙"的冲击带给大家一个非常重要的启示就是,在经济高速成长的同时,需要成功建立完备的金融监管体制,拥有并借助大量的外汇储备来缓冲风险,从而将自身在金融危机中的损失降到最低。

一、跨境收付款监管的必要性

外汇监管是指一个国家或地区的金融监管机构运用经济、行政及法律手段对企业或个人的外汇收支、使用、结算、买卖,以及汇率和外债变化等进行监管的行为。按照定义,跨境收付款的过程中存在着跨越金融监管区域的支付和结算行为,因此跨境收付款会受到跨境所涉及的双边或多边的外汇监管机构的监管。

众所周知,国与国之间的经济往来往往需要公认的国际货币作为媒介,例如,目前从中东国家进口石油需要用到美元。只有美元、欧元、人民币、日元等少数货币作为国际支付货币能被认可成为外汇储备。当前世界最主要的国际支付货币是依托国际资金清算系统(Society for Worldwide Interbank Financial Telecommunications,SWIFT)的美元。对于美国以外所有国家而言,美元都是无法通过印钞机印制发行的,只能以国际贸易的方式获得,并且需要常备美元作为国际支付的工具。

外汇监管的核心目的就是在保证国际支付正常进行的前提下,通过对企业和个人的行为进行引导来避免对境内的经济造成影响,维持本国或本地区经济的相对独立性。具体来说,外汇监管的主要目标如下。

(一)促进国际收支平衡或改善国际收支状况

通过外汇监管来影响和控制该国(地区)外汇的收入和支出的数量关系,维持国际收支平衡。例如,政府实行紧缩性财政政策或货币政策可能改善国际收支,但它会影响经济发展速度,并使失业状况恶化。

(二)稳定货币汇率,创造稳定环境

由于对外贸易和国际借贷会参考外汇汇率来确定贸易利润和借贷成本,当外汇汇率大幅度波动时,会造成巨大的外汇风险,严重影响对外贸易和国际借贷活动的正常进行。外汇管制能在短时间内改变外汇市场的汇率预期,创造一个相对稳定的贸易和国际借贷环境。

(三)防止资本外逃或热钱流入,维护金融市场稳定

经济实力较弱的国家(地区)存在着较多的可供投机资本利用的缺陷。例如,在经济高速发展时,商品价格、股票价格、房地产价格往往上升得高于其内在价值。在没有外汇管制的情况下,这会吸引投机性资本流入,而这会显著加剧价格信号的扭曲。一旦泡沫破灭,投机性资本外逃,又会引发一系列连锁反应,造成经济局势迅速恶化。外汇管制是这些国家(地区)维护该国金融市场稳定运行的有效手段。

知识卡片 4-1:热钱

(四)增加外汇储备,应对外汇短缺

外汇管制有助于外汇短缺的政府在短期内实现增加外汇储备的目的。但是从长期来看,外汇管制可能影响外资投资,削弱该国(地区)的综合竞争力,无法从真正意义上实现外汇储备的长期增长。

(五)提供短期的本国(地区)产品的国际竞争力

政府可以借助外汇管制为企业开拓境外市场创造短期内的竞争力。例如,当政府规定官方汇率,直接调低本币汇率,或限制短期资本流入时,该国(地区)产品相对于外币贬值,变相降价从而增加出口。但是该措施只能在价格一个维度帮助企业,较低的汇率也不利于企业引进境外技术、提升产品长久的竞争力。

二、全球监管机构——国际货币基金组织

国际货币基金组织(International Monetary Fund,IMF)是根据1944年7月在布雷顿森林会议签订的《国际货币基金组织协定》,于1945年12月27日在华盛顿成立的。国际货币基金组织与世界银行同时成立,两者并列为世界两大金融机构,其职责是监察货币汇率和各

国贸易情况,提供技术和资金协助,确保全球金融制度运作正常。其总部设在美国华盛顿特区。我们常听到的"特别提款权"就是该组织于1969年创设的。

国际货币基金组织是由190个成员组成的全球性组织,其建立的宗旨在于提升世界经济的稳健性。国际货币基金组织的工作旨在推进全球货币合作、维护金融稳定、促进国际贸易、推动高水平就业和可持续经济增长,并缓解世界各地的贫困问题。同时也负责监督国际货币体系,确保其有效运行,其关键宗旨包括促进汇率稳定和推动国际贸易发展与均衡增长。

2016年10月1日,国际货币基金组织总裁克里斯蒂娜·拉加德宣布人民币正式加入特别提款权(special drawing right,SDR)货币篮子,人民币成为继美元、欧元、日元和英镑之后第五种"入篮"货币,并且是新SDR篮子中唯一的新兴经济体货币。人民币自此成为全球主要的储备货币,中国的跨境结算更加便利。

(一)提款权和SDR

该组织的资金来源于各成员认缴的份额。成员享有提款权,即按所缴份额的一定比例借用外汇。1969年又创设了"特别提款权"的货币(记账)单位,作为国际流通手段的一个补充,以缓解某些成员的国际收入逆差。成员有义务提供经济资料,并在外汇政策和管理方面接受该组织的监督。

特别提款权是国际货币基金组织创设的一种储备资产和记账单位,亦称"纸黄金"(paper gold)。它是基金组织分配给会员的一种使用资金的权利。

会员在发生国际收支逆差时,可用它向基金组织指定的其他会员换取外汇,以偿付国际收支逆差或偿还基金组织的贷款,还可与黄金、自由兑换货币一样充当国际储备。但由于其只是一种记账单位,不是真正的货币,使用时必须先换成其他货币,不能直接用于贸易或非贸易的支付。因为它是国际货币基金组织原有的普通提款权以外的一种补充,所以称为特别提款权。特别提款权不是一种有形的货币,它看不见摸不着,只是一种账面资产。

SDR是IMF成员对可自由使用货币配额的潜在债权。它作为储备资产被各国(地区)持有,也可以用于各国(地区)记账、还款、支付利息等。

形象来说,可以把SDR比作是一张IMF发的可提现的信用卡,IMF成员可以向IMF申请"刷卡",换取一篮子货币,然后由IMF安排外汇富裕的会员予以兑换。人民币入篮后就意味着,那些国际支付中经常用到人民币的国家(地区)就可以方便地在IMF那里直接用SDR兑换到人民币,人民币跻身于国际储备货币的行列,国际化程度将进一步加大。

(二)与世界银行的区别

国际货币基金组织主要的角色集中在数据的统计上,工作是记录各国(地区)之间的贸易数字及各国(地区)间的债务,并主持制定国际货币经济政策。世界银行则主要提供长期贷款。世界银行的工作类似投资银行,向公司、个人或政府发行债券,将所得款项借予受助国(地区)。IMF成立的目的是要稳定各国(地区)的货币并监察外汇市场。IMF不是银行,所以它不会放款。然而,国际货币基金组织有储备金,供国家借用,以在短时间内稳定货币,做法类似于在往来户中透支。所借款项必须在5年内清还。

总之,第二次世界大战后,国际货币基金组织、世界银行和关贸总协定成为支撑世界经贸关系的三大支柱。其中世界货币体系包括国际货币基金组织和世界银行,而世界贸易体系的主要内容是关贸总协定。

三、中国外汇管理

业界事例 4-2：4100 亿地下钱庄案

据国家外汇管理局相关的公开报道，中国外汇监管主要目标是构建并不断完善跨境资本流动宏观审慎管理体系和面向全面开放新格局的外汇市场微观监管机制。

（一）宏观审慎原则

宏观审慎原则在外汇管理领域主要体现在，防范跨境资本流动重大风险和维护外汇市场基本稳定，通过建立和完善跨境资本流动宏观审慎管理的监测、预警和响应机制，丰富跨境资本流动宏观审慎管理的政策工具箱，以市场化方式逆周期调节外汇市场顺周期波动，防范国际经济金融风险跨市场、跨币种、跨国境传染。而微观监管则着眼于依法依规维护外汇市场秩序，强调反洗钱、反恐怖融资、反逃税，保持政策和执法标准跨周期的稳定性、一致性和可预期性。

完善跨境资本流动宏观审慎管理体系，构建防范跨境资本流动冲击的 3 个层次的政策框架：一是以防范系统性金融风险为目标的宏观政策：运用存款准备金、利率、汇率政策、外汇储备平准功能、税率等多方式维护宏观经济金融稳定。二是直接针对跨境资本流动的管理工具：运用风险准备金、类托宾税、全口径跨境融资宏观审慎等政策工具，以市场化方式逆周期调节外汇市场波动。三是强化对短期跨境资本流动的管理：在管理中嵌入宏观审慎调节机制，熨平跨境资本流动的短期波动。抓住银行部门这一关键主体，构建银行部门跨境资本流动宏观审慎和微观合规评估体系。

（二）微观监管机制

完善面向全面开放新格局的外汇市场微观监管机制，需要构建以负面清单为基础的微观市场监管：创新外汇管理方式，注重从事前到事中事后，从正面清单到负面清单，从规则监管到规则与自律相结合。

加强外汇市场微观监管的几项重点工作：一是推动跨部门合作和国际合作，按国际惯例加强反洗钱、反恐怖融资、反逃税审查。二是强化行为监管，维护公平、公正、公开的外汇市场环境。三是坚持真实性、合法性和合规性审核，坚持跨境交易"留痕"原则，加强穿透式监管。四是严厉打击地下钱庄、非法外汇交易平台等外汇违法犯罪活动。

四、用境外支付机构虚拟账户收付款需报外汇管理局核准

一般来说，跨境电商企业泛指通过电子商务手段从事国际贸易的企业，但从货物贸易外汇管理的角度来看，无论是通过跨境电商达成贸易的线下企业，还是提供线上服务的交易平台，乃至提供结算服务的第三方支付机构，按照"谁进口谁付汇、谁出口谁收汇"的原则，均作为企业纳入外汇监管。根据达成交易的电商平台和企业进出口报关主体的不同，在现行法规要求下，企业可通过以下 3 种模式办理贸易外汇收支。

（一）模式一：境内电商平台报关和收付汇（银行）

线下企业通过境内电商平台与境外企业达成贸易协议、境内电商平台负责进出口报关的，应以境内平台企业名义完成收付汇，线下企业不应自行办理收付汇。

境内平台企业应选择银行而不应选择第三方支付机构为其办理跨境结算。该模式下,线下企业与境内交易平台实质是"委托－代理"关系,外汇监管的第一责任对象是平台企业。

(二)模式二:线下企业自行报关和收付汇(银行)

线下企业通过境内或境外电商平台与境外企业达成贸易协议且自行进出口报关的,应由线下企业自行办理收付汇,不应通过境内平台企业代为收付汇。

线下企业应选择银行而不应选择境内第三方支付机构为其办理跨境结算。在该模式下,线下企业与传统外贸企业无异,外汇监管的第一责任对象是线下企业。

(三)模式三:国际邮包直邮模式(支付机构)

线下企业通过境内或境外交易平台与境外企业达成贸易协议,且通过国际邮包直邮模式完成进出口的,由于没有相应的报关信息,因此其收付汇一般申报在"122030—货物贸易—未纳入海关统计的货物贸易—未纳入海关统计的网络购物"项下。

线下企业可以选择境内支付机构为其办理跨境收付汇。在该模式下,相当于该境内支付机构代替线下企业办理了涉外收付款资金集中收付业务,需要由支付机构按照相关规定进行还原申报(国际收支统计申报)。

应特别注意的是,部分线下企业通过在境外支付机构开设虚拟账户等形式暂收或暂付货款,其实质是将境内企业收入存放境外,而现行法规对出口收入存放境外业务实行核准制,因此,线下企业此类操作目前仍需经所属地外汇管理局批准后方可实施。

也就是说线下企业,即境内企业在境外支付机构开设虚拟账户(如P卡、连连等),要依据法规进行核准,如果未经批准实施后,可能会导致违规被罚。

依据《货物贸易出口收入存放境外管理暂行办法》第二十条规定,境内企业存在下列行为的,外汇管理局按《中华人民共和国外汇管理条例》相关规定予以处罚:未经外汇局登记,擅自在境外开户存放资金的。

(四)国际收支统计申报

你有汇款到境外或者收到境外汇款的经历吗？在我国,境内居民(包括个人和机构)通过境内银行从境外收到的款项和对境外支付的款项,需要通过银行进行国际收支统计申报。对金额在等值5000美元以下(含5000美元)的对私涉外收付款,实行限额下免申报。

2008年国际金融危机爆发后,世界主要经济体纷纷通过扩大统计范围、增加统计要素、提高统计时效等方式加强对涉外交易的统计要求,包括国际货币基金组织在内的世界各大经济组织也相继调高了关于涉外交易的统计标准。我国强化国际收支统计申报义务的决定,是我国遵循国际货币基金组织的标准,健全国际收支统计体系的重要举措。

2013年11月9日,国务院公布了《国务院关于修改〈国际收支统计申报办法〉的决定》,自2014年1月1日起施行新版的《国际收支统计申报办法》(以下简称新《办法》)。新《办法》的最大特点是将中国居民的对外金融资产和负债状况囊括到国际收支统计申报范围中。

原则上,中国居民与非中国居民之间的各类经济往来及由此产生的金融资产负债情况,不论是用人民币还是外币计价结算,都要进行国际收支统计申报。其中,"居民"既包括个人,也包括机构;"非中国居民"既包括境外个人,也包括境外机构。当然跨境电商的出口收入也在申报范围之内。跨境电商企业或个人主要是通过由相关中介机构间接申报的方式向国家外汇管理局进行申报的。相关中介机构包括银行、保险公司、证券及基金公司、证券登记结算、资金托管机构、支付公司等。

相关机构和个人如未按照规定进行国际收支统计申报的,由国家外汇管理机关依照《中华人民共和国外汇管理条例》第四十八条给予处罚。处罚内容包括:由外汇管理机关责令改正,给予警告;对机构可以处30万元以下的罚款,对个人可以处5万元以下的罚款。

注意,这里的中国居民与非中国居民之间的各类经济往来收付款不仅指外币交易,也包括人民币交易。这里的非中国居民不仅指在境外居住的,也包含在境内居住的。

(五)跨境电商国际收支申报存在的问题

2015年1月,国家外汇管理局出台《支付机构跨境外汇支付业务试点指导意见》,提出将外汇支付的试点区域进一步扩展,覆盖全国,并对第三方支付机构的试点申请实现开放。2016年4月7日,财政部等部门公布了《跨境电子商务零售进口商品清单》,并于4月8日起实行跨境电商零售进口新税制。2017年3月,经国务院批准,跨境电商的零售进口商品由原来"按照货物征收关税、进口环节增值税和消费税"变更为"暂按照个人物品监管",且实施范围由此前的10个城市扩大至15个城市,自2018年1月1日起实施。2017年的新政措施明确了跨境电商的监管标准按照个人物品进行,不再受制于通关单,这一新措施的实质是从检验检疫方面为跨境电商松绑。对于保税进口模式下的跨境电商货物,海关按货物进行管理;对于B2C直邮进口和个人物品快件进口项下的跨境电商货物,视为物品进行管理,无须获得海关的通关单就可以放行。

从外汇监管的角度来看,如果通过跨境电商实现的每一笔交易(含进出口报关、收支申报、商品订单、物流、税收、交易对手等信息)都能够关联上企业(个人)代码,则通过大数据分析技术不仅能够实现对监管对象货物流与资金流匹配情况的自动识别与预警,还能进一步挖掘企业或个人的主要交易对手、交易商品类别、税收等信息,通过数据可视化技术呈现出以被监管企业(个人)为中心的交易动态网络图,辅助监管,找出异常主体。

从国家外汇管理局申报角度来看资金流,国家外汇管理局的国际收支申报编码仅有122030"未纳入海关统计的网络购物",对于纳入海关统计的网络购物没有对应的交易编码,其资金收付通常申报在121010"一般贸易"项下,外汇管理局无法从资金角度评价跨境电商业务的发展状况。此外,对于从事跨境电商的个人主体,目前通过网络跨境购物或对外销售商品时,只要收付汇金额不超过等值5万美元,可直接通过个人储蓄账户收结汇或售付汇,超过5万美元时也常采用分拆的方式办理,导致外汇管理局无法获取对应的收付汇数据(见图4-2)。

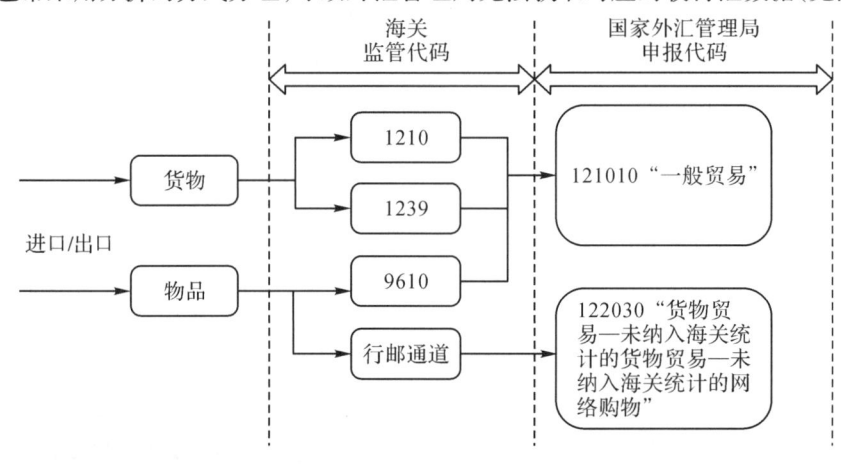

图4-2 海关和国家外汇管理局申报代码之间的联系

从海关角度来看资金流,保税直邮进口、B2C 直邮进口方式报关虽然可以产生贸易方式代码为 1210、9610 的进口报关信息,但国家外汇管理局严重缺失此类数据(其资金收付通常申报在 121010"一般贸易"项下),银行无法通过国家外汇管理局系统核验关单信息,导致银行渠道付汇困难。由于快件邮包方式未纳入海关统计,电商企业无法提供符合外汇管理要求的货物凭证而无法在银行办理进口付汇。

第二节　跨境收付款工具及对比

跨境收付款主要依托第三方收付款工具完成,按照产品的性质,主要分电子钱包和支付平台两大类。支付平台工具按照能够提供服务的客户范围和业务开展范围,分成全球跨境收付款工具和区域跨境收付款工具两类。

一、全球电子钱包

全球电子钱包,是为全球主流市场(如美国、中国和欧洲)的个人或企业用户在全球主要经济体以电子钱包的方式提供跨境收付款服务工具的服务提供商。

相对于支付平台工具,电子钱包能够接受的资金来源更多,可以来自个人,也可以来自电商交易平台的货物、服务或知识产权交易等。支付平台工具的资金来源因反洗钱和反恐怖主义融资的要求,需要提交相关的订单信息,交易必须经过审查才能进行。

(一)PayPal

PayPal 成立于 1998 年 12 月,总部位于美国加利福尼亚州圣何塞市,2002 年在纳斯达克上市并被 eBay 收购。2015 年 4 月 10 日从 eBay 分拆,独立在纳斯达克上市。PayPal 平台遍布全球 200 多个市场,包括 Braintree、Venmo 和 Xoom,使消费者和商家能够以超过 100 种货币获得资金,以 56 种货币提取资金,并以 25 种货币持有其 PayPal 账户的余额;接受来自商家网站、移动设备和应用程序,以及离线零售店的付款。2023 年财报披露活跃用户 1.62 亿人,营业收入 297.71 亿美元,同比增长 8.19%。

(二)Alipay

Alipay(支付宝)即支付宝(中国)网络技术有限公司旗下知名第三方支付工具,成立于 2004 年,总部位于浙江省杭州市。通过收购或入股,形成了 Alipay HK、Paytm、Gcash、BKash 等产品组合,覆盖中国以外的国家有:印度、泰国、韩国、菲律宾、马来西亚、巴基斯坦、孟加拉等。截至 2023 年年底,支付宝的用户数量已经超过 10 亿,日均交易额超过 1.5 万亿元。目前,支付宝已成为中国最大的第三方支付公司,也是全球最大的移动支付平台。

二、全球跨境收付款工具

全球主要跨境收付款工具介绍如下。

(一)Payoneer

Payoneer(派安盈)成立于 2005 年,总部位于美国纽约,是万事达卡组织授权的具有发卡资格的机构,服务全球 400 万客户和 10 万家中国电商卖家,合作平台达 3500 家,服务遍布全球 200 多个国家和地区。

（二）WorldFirst

WorldFirst（万里汇）成立于 2004 年，总部位于英国伦敦，在美国、加拿大、澳大利亚等国家和中国香港地区均持有相应金融牌照，主要向从事国际贸易的用户、小企业和在线商户提供服务。WorldFirst 在全球拥有近 100 万跨境商户，累计交易额超过 1500 亿美元。WorldFirst 的主营业务分为 3 块：国际汇款、外汇期权交易、国际电商平台收款及结汇。2010 年 WorldFirst 进入中国，2019 年加入蚂蚁集团，提供国际电商平台收款及结汇服务，为电商卖家提供美元、欧元、英镑、日元、加元和澳元收款服务。

（三）PingPong

PingPong（呼哱）是服务于全球跨境电商的新一代金融科技公司，成立于 2015 年，总部位于浙江省杭州市，在旧金山、纽约、卢森堡、东京等九大城市建有分支机构。PingPong 以创新智能科技为核心，构建了全球合规支付网络，为中国企业提供包括跨境收款业务、Seller OS（卖方操作系统）、境外税务合规及增值税缴纳、出口电商报关及阳光退税等服务。截至目前，PingPong 覆盖的跨境电商平台达到 64 家，遍布北美、欧洲、日本、东南亚、俄罗斯等 43 个国家和地区，服务卖家数量超过 25 万，日交易峰值超 2 亿美元，覆盖欧美日 1/3 以上的线上消费者，其中使用 PingPong 的年销售过亿美元的企业超过 120 家。PingPong 旗下出口退税产品助力中国出口跨境电商的净利润提升了 3%～6%，时效提高了 80% 以上。

三、区域跨境收付款工具

主要的区域跨境收付款工具介绍如下。

（一）LianLianPay

LianLianPay（连连支付）为连连银通电子支付有限公司旗下第三方支付品牌，成立于 2003 年，总部位于浙江省杭州市，是中国知名的第三方支付公司，业务布局中国境内互联网支付、境内移动支付、跨境支付和金融技术服务，是中国最早开展跨境支付服务的第三方支付机构之一。

（二）Payeco

Payeco（易联支付）为易联支付有限公司旗下第三方支付品牌，成立于 2005 年，总部位于广东省广州市，业务布局中国境内互联网支付、境内移动支付、跨境支付和金融技术服务。

（三）iPayLinks

iPayLinks（艾贝盈）是启赟数字科技（上海）有限公司旗下第三方支付品牌，成立于 2015 年，总部位于上海，为跨境电商、出行航旅、教育留学、游戏娱乐等客户提供全面的综合服务。在独立站收单领域，囊括 Visa、MasterCard、American Express（美国运通卡）、Discover（发现卡）、JCB（日本信用卡株式会社）信用卡等主流国际信用卡，支持全球 200 多家本地化支付公司等；在平台收款领域，支持 Amazon、eBay、Wish 等多平台收款。

（四）Skyee

Skyee（收款易）是广州市高富信息科技有限公司旗下的资金管理平台，2016 年成立，总部位于广东省广州市。Skyee 是服务于中国出口外贸的一站式资金管理平台,为跨境电商卖家、传统外贸企业及跨境物流企业提供境外账户开立、本地收付、汇率管理及全球清分结算服务。

(五)MoneyGram

MoneyGram(速汇金)成立于 1988 年,总部位于美国明尼阿波利斯。前身 Travelers Express 是当时世界上最大的汇票处理商之一,目前业务覆盖 200 多个国家和地区,为大约 350000 个代理商提供服务,其中来自自助服务渠道(如 PC 端、移动端账户存款、ATM)汇款收入占到 15%～20%。

四、信用卡

银行信用卡(credit card)或银行卡通常采用电商平台销售行为发生所在国家或地区银行开设的本地账户,提现仅按笔收取费用或免费。它适用于在当地开设企业或拥有合法身份的个人。若开设企业账户则需要符合该国或该地区企业设立、管理的法规和税收法规等的要求;若开设个人账户则需要通过该银行的 KYC(know your customer,充分了解你的客户)审核流程,往往需要面签和相关的财力证明。

借助在本国(地区)具有外汇收付资质的银行账户与境外目的地国家(地区)具有外汇收付资质的银行账户之间的转账,通常通过 SWIFT 或 JPM coin(摩根大通公司的数字代币)的跨境清算网络实现。信用卡交易流程如图 4-3 所示。

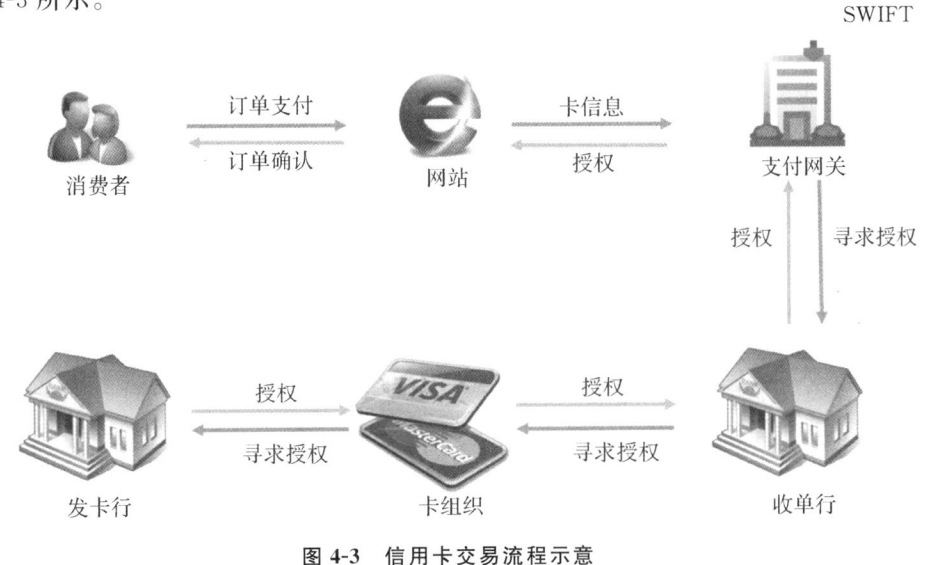

📄 知识卡片 4-2:SWIFT

图 4-3 信用卡交易流程示意

第三节 跨境收付款的交易场景

无论是个人还是企业,在对外经济交流的时候都会或多或少地涉及支付行为,也就是价值转移的行为,但是个人与企业在跨境收付款中又有非常明显的不同,为此我们将跨境收付款的交易场景分成个人跨境收付款和企业跨境收付款两大类。

一、个人跨境收付款

随着经济全球化的不断加深,越来越多的普通个体与境外个体或单位产生跨境收付款的经济关系。早些年主流的跨境支付场景主要是出境留学、出境劳务,现在越来越普遍的是出国旅游、出国医疗、境外置业、跨境捐赠等。

普遍来讲,个人的跨境收付款具有以下特点。

(1)交易频度低,一般数月或数年一次。

(2)交易金额较低,无论是数10美元的跨境捐赠,还是数万美元的留学支出或劳务收入,相对于企业跨境支付来说,规模均偏小。

(3)国际电汇是主流方式,受制于交易频度和交易金额的限制,个人的跨境首付款首选价格较高但相对有保障的银行间的国际电汇。

二、企业跨境收付款

按照交易主体和资金流动的不同,我们将企业跨境收付款分成企业跨境收款和企业跨境付款两类。其中,企业跨境收款主要分为B2C自营电商跨境收款和B2B2C电商平台卖家跨境收款。

(一)企业跨境收款

1. B2C自营电商跨境收款

B2C自营电商跨境收款是指企业作为卖方在自家电商网站上直接出售产品或服务而产生的外卡收单业务,即对境外信用卡、境外支付供应商就具体的订单进行交易信息确认(防欺诈)、资金扣除和资金转移的整套业务过程。

B2C自营电商跨境收款具有以下特点。

(1)交易频度非常高,电商平台受众巨大,较小规模的电商平台亦能实现每日数万笔的交易。

(2)交易金额较低,订单金额取决于订单商品的交易属性,往往低于个人跨境收付款的平均金额,大数区间在数美元到数百美元之间。

(3)第三方外卡收单工具是主流收款方式,对于电商企业而言,与全球各个卡组织合作,与全球不同市场的本地支付供应商合作,难度非常高,除去极少数整合支付行业的巨头,普遍采用的是第三方外卡收单工具进行收款。

2. B2B2C电商平台卖家跨境收款

B2B2C电商平台卖家跨境收款是指企业作为卖方在第三方电商平台上直接出售或委托第三方平台出售产品或服务,从而涉及该第三方电商平台在境外结算货款并收回到境内的业务过程(见图4-4)。

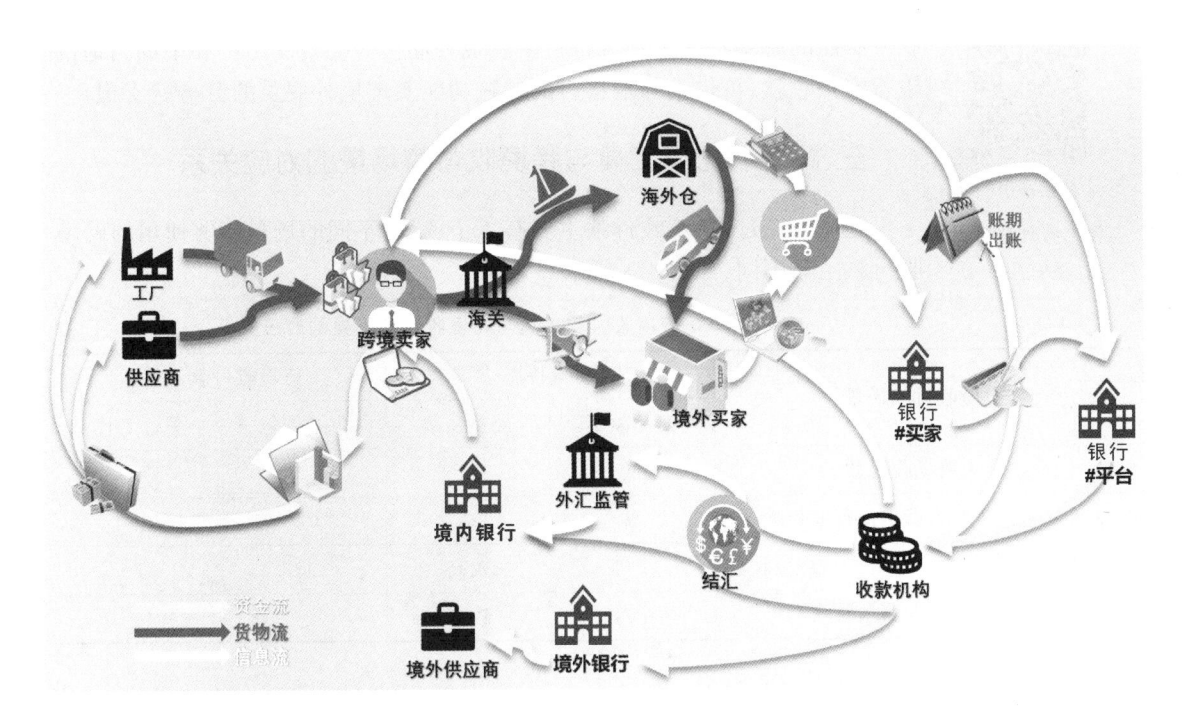

图 4-4 B2B2C 电商平台卖家跨境收款流程示意

B2B2C 电商平台卖家跨境收款具有以下特点。

(1) 交易频度中等,第三方电商平台往往采用"账期"的模式向电商平台卖家支付货款,一方面是作为押金,防范卖家的非法行为(洗钱、侵犯知识产权及欺诈);另一方面,大量资金沉淀有利于平台方获得优势。

(2) 交易金额高,卖家收款的金额往往接近于账期内的订单的累积金额,平台规模以上卖家收款金额普遍在数十万美元到数百万美元之间,交易金额高。

(3) 第三方跨境收款工具是主流方式,对于电商平台卖家而言,在单一地区市场使用更多电商平台或者在单一电商平台开辟更多地区市场是两种主要的发展模式;而电商平台为了管控自身业务的风险,往往不希望单一卖家开设多家平台账户。而不同地区的市场存在着收款管理、汇率管理等诸多问题,因此具备多账户、多币种管理功能的第三方跨境收款工具成为主流。

(二)企业跨境付款

跨境电商企业跨境付款的场景非常多,主要用于支付境外税金(主要是 VAT)、供应商服务费(如境外物流供应商、仓储供应商、广告供应商等)、境外雇员劳务费等。

企业跨境付款具有以下特点。

(1) 交易频度中等,税金、供应商服务费、劳务费等往往是在约定时间定期支付的。

(2) 交易金额较高,作为跨境电商交易的成本,付款的金额往往低于收款的金额,规模以上企业普遍在数千美元到数十万美元之间。

(3) 企业跨境付款主要依托第三方跨境支付企业,往往直接采用具备

知识卡片 4-3:
VAT

相应牌照的跨境收款工具进行付款。境外雇员劳务费支出主要借助当地的银行账户收款,可借助当地银行的转账功能实现境外雇员的劳务费支出。

三、跨境收付款工具与跨境收付款场景的对应关系

之前介绍过,跨境收付款主要有 4 个场景,不同的场景能够使用的跨境收付款工具不同,如表 4-1 所示。

知识卡片 4-4:
跨境收付款工具横向对比

表 4-1 跨境收付款工具与跨境收付款场景的对应关系

跨境收付款场景		场景特点		跨境收付款工具	
		交易频率	交易金额	电子钱包	平台工具
个人跨境收付款		低	低	√	×
企业跨境收付款	B2C 自营电商跨境收款	高	高	√	○
	B2B2C 电商平台卖家跨境收款	中等	较高	√	√
	企业跨境付款	中等	较高	√	○

注:×代表无法使用。
√代表企业使用电子钱包收到本地银行账户价格低廉,若跨境转账到特定账户则较为昂贵。
○代表自营收款需要企业具有收款资质,跨境收款需要符合更高的资金监管要求。

电子钱包的收费类型主要是按笔收费,支付平台(收付款平台)的收费类型主要是按照交易流水及费率(比例)抽成。其中较为特殊的是自营电商的收款,因为涉及每一笔交易的清算结算,因此是按照每笔收费+流水费率佣金的方式。主要跨境支付工具特点对比如表 4-2 所示。

表 4-2 主要跨境支付工具特点对比

跨境支付工具	类型	收费类型	主要服务	适用场景
PayPal	电子钱包	按笔收费	支付/收款/内部转账	个人收付/企业收付
AilPay	电子钱包	按笔收费	支付/收款/内部转账	个人收付/企业收付
Payoneer	支付平台	费率佣金	支付/收款/内部转账	B2C/B2B2C 企业收付
WorldFirst	支付平台	费率佣金	支付/收款/换汇	B2C/B2B2C 企业收付
PingPong	支付平台	费率佣金	支付/收款/换汇	B2C/B2B2C 企业收付
Payeco	收款平台	费率佣金	支付/收款	B2B2C 企业收付
MoneyGram	支付网络	费率佣金	转账	个人收付
Currencies Direct[①]	收款平台	费率佣金	换汇	个人收付
iPayLinks	收款平台	费率佣金	支付/收款	B2C/B2B2C 企业收付
Credit Card	信用卡	按笔收款	支付	个人收付

注:Currencies Direct 为英国货币引领有限公司(Currencies Direct Limited)旗下的跨境支付工具。

第四节　跨境收付款环节及发展趋势

国家政策对金融行业发展有着重要的影响。从融资角度我们注意到 2015 年是关键的一年,融资数量开始起飞,这与当年的国家政策相呼应。2015 年 1 月,国家外汇管理局发布《关于开展支付机构跨境支付业务试点的通知》,跨境支付公司发展进入快车道。

之前我们介绍过银行卡收单机构指的是经各信用卡组织授权办理特约商户签约事宜,并与特约商户清款时先行垫付持卡人交易账款的机构。大多数发卡银行都兼营收单业务,也有一些非金融机构的第三方支付公司经营收单业务。收单机构主要负责特约商户的开拓与管理、授权请求、账单结算等活动,其利益主要来源于特约商户交易手续费的分成和服务费。

以跨境支付在出海电商交易中的流程为例,收单机构通过发卡行、卡组织的清算和结算,将钱打到商户的境外账户;随后收款公司进行相关的账户服务和转账;最后通过银行或者境内持牌机构进行结售汇。完整的交易流程经历了跨境支付产业链上的收单、收款、结售汇三大环节(见图 4-5)。

收单　〉　收款　〉　结售汇

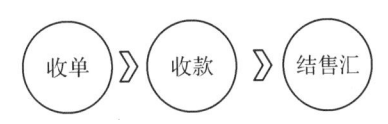

图 4-5　跨境支付产业链

一、跨境支付环节一:收单

跨境收单即帮助一个国家或地区的商户收取另一个国家或地区客户的钱,类型主要分为 3 种:外卡收单、境外收单和国际收单(见图 4-6)。

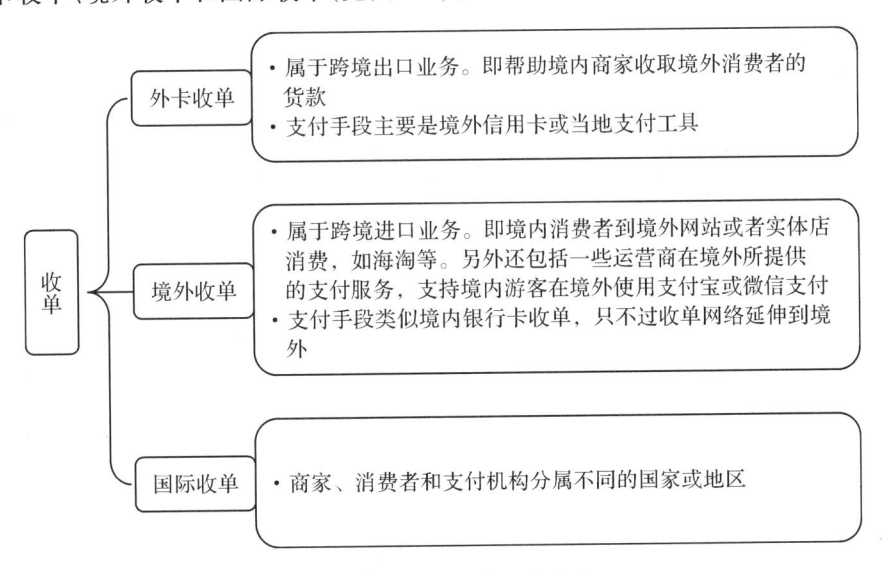

收单
- 外卡收单
  - 属于跨境出口业务。即帮助境内商家收取境外消费者的货款
  - 支付手段主要是境外信用卡或当地支付工具
- 境外收单
  - 属于跨境进口业务。即境内消费者到境外网站或者实体店消费,如海淘等。另外还包括一些运营商在境外所提供的支付服务,支持境内游客在境外使用支付宝或微信支付
  - 支付手段类似境内银行卡收单,只不过收单网络延伸到境外
- 国际收单
  - 商家、消费者和支付机构分属不同的国家或地区

图 4-6　跨境收单的 3 种类型

从消费者的角度来看,在买完商品付款后,支付的环节其实已经结束。实际上,当交易产生时,背后的收单模式已开始严格运行,信息流、资金流也在其中流转。我们可以从图 4-7 中

了解收单两大重要环节:授权流程和清算流程。

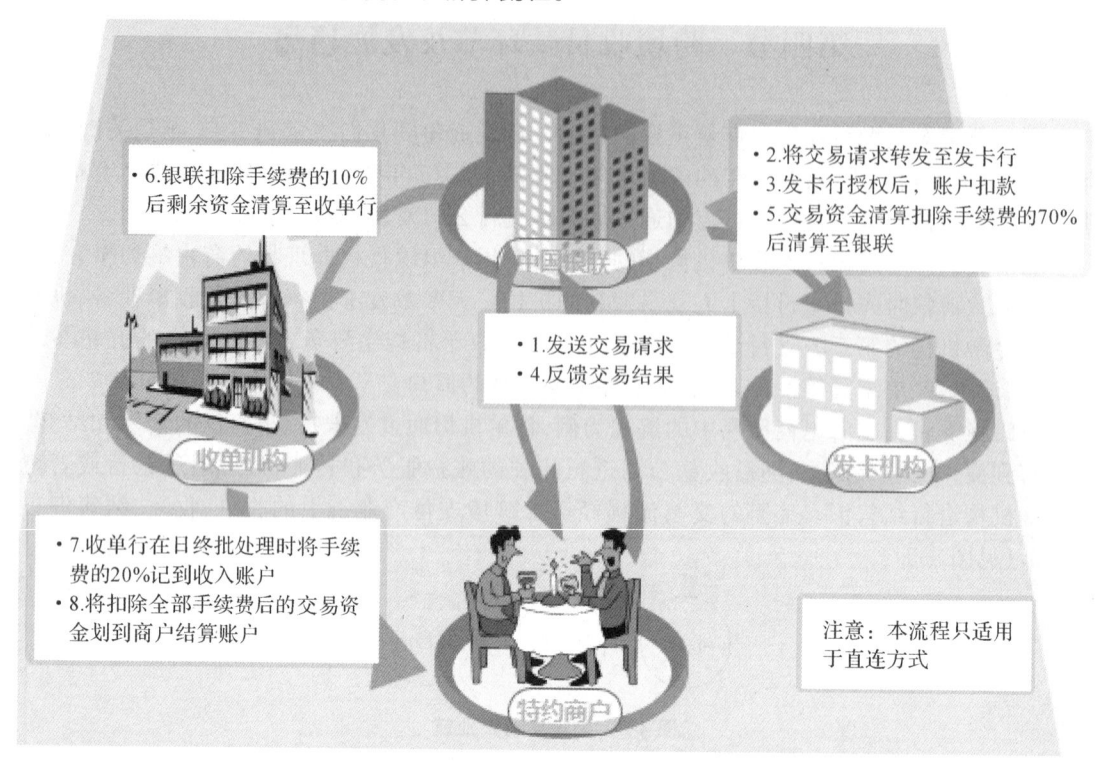

图 4-7　银行卡收单流程(以中国银联为例)

其交易流程包括:①对消费者发起的交易进行安全性与有效性的确认,交易信息将依次通过收单行、卡组织、发卡行和商户进行审核确认。②交易信息确认后,卡组织向发卡行发出扣款指令,在卡组织的清算中心清算后归集到收单行,最终由收单行清分给商户。

(一)外卡收单

外卡收单,出现在出口业务中,主要服务于境内商家收取境外消费者的货款。在外卡收单领域,国际支付公司占主导,且发展相对成熟,其中有 4 家公司已先后在美国、荷兰、英国上市。它们的发展模式主要有两种类型:一类专注于做支付网关收单行,如 Adyen;另一类则以 PayPal 为典型,不仅提供收单服务,还提供多元化的综合服务。目前境内公司也已切入外卡收单业务,抢占市场份额,主要有 Oceanpayment(钱海)、iPayLinks。它们被业内看好主要是因为跨境电商尤其是独立站的爆发式增长,推动了中小企业"小额高频"支付需求的攀升。

1. 牌照

外卡收单是指持卡人通过使用境外银行或境外信用卡公司发行的可在全球范围内通用的信用卡、借记卡进行支付的业务。这跟境内收单业务是不一样的,要从事相关的外卡收单业务需要获得国际信用卡组织 VISA、MasterCard 的资质认证,对于支付机构而言仅有第三方支付牌照和跨境支付牌照,并不能直接受理外卡的交易,还需要有 PCI DSS[①]、VISA QSP[②]

[①] PCI DSS:即 Payment Card Industry Data Security Standard,是由 PCI 安全标准委员会制定的一套关于支付卡数据安全的标准。

[②] VISA QSP:即 VISA Qualified Service Provide,指 VISA 国际卡网上收单服务提供商资质认证项目。

和 MASTER PF[①]等资质认证。

毋庸置疑,从事外卡收单业务,必须有资质与牌照。相关牌照包括:基于金融网关业务的全球卡组织联盟 PCI 认证,有些支付企业已拿到最高级别;如果要在属地做资金的清分,也需要有牌照,如香港的 MSO[②] 等。卡组织的认证则有 VISA、MasterCard 认证服务商、American Express、银联国际、Discover 收单等。另外,如果做收单行业务,还需给卡组织缴纳押金。从利润来看,外卡收单的费率在整个产业链比较高,毛利收益可达 1%～1.5%。

2. 风控

风控是外卡收单的"防火墙",风控也是外卡收单最核心的竞争力。收单公司的风控要求严格,有高额罚单后置风险。风控中有成单率、拒付率两个指标,可供评价风控能力。

风控系统位于交易的最前端,只有通过了风控系统,被认为是安全的订单,才能进入支付系统,并送到银行继续完成交易。

好的风控系统,一方面要能保障用户信息和资金的安全,防止欺诈交易、违规交易,杜绝洗钱和恐怖主义融资等行为;另一方面,还要能促进商户的顺利交易。

(二)境外收单

境外收单的业务,主要涉及境内消费者购买境外商家的商品。目前其业务主要被支付宝、财付通、银联 3 家垄断。

从覆盖的国家与地区的数量来看,支付宝为 55 个国家和地区提供境外线下支付服务;微信支持 49 个境外国家和地区,有近 1000 家合作机构;银联卡覆盖全球 174 个国家和地区的 5200 万家线下商家。

受中国出境游、留学市场推动,为满足中国人在境外的支付习惯,涌现出许多满足中国人在境外支付需求的新型创业公司,这类公司与银联、支付宝、财付通合作,负责拓展当地商户资源及聚合支付服务。

在这个赛道,目前已拥有一定规模的公司约 12 家,集中分布在全球 7 个国家和地区,包括日本、韩国、泰国、美国、英国、澳大利亚和中国香港。

近几年,境外收单的费率呈下行趋势。主要因为其技术壁垒相对比较低,竞争激烈,为锁定线下商户,纷纷压低费率。目前来自费率的收入,其实难以覆盖其运营和地推成本。

为此,各支付公司积极开拓其他盈利模式,借助其流量优势、客户与商户大数据资源推出各类增值服务。主要有 3 类:聚合营销、退税和数字银行。除发展人民币线下收单业务,许多公司都积极向数字银行业务领域拓展。

(三)国际收单

国际收单,即商家、消费者和支付机构分属不同的国家或地区,收单业务主要服务于 B 端商户,支付公司本身不需要建立账户体系,其核心是在商户和收单行之间建立联系,通过网关进行账户信息和支付指令的加密传输。

---

① MasterCard PF:即 MasterCard Payment Facilitator Model,指万事达卡支付服务商模式。
② MSO:即 Money Service Operator,指金钱服务经营者牌照,是由香港海关总署颁发的合规牌照,"经营者"是指在香港经营货币兑换服务或汇款服务的个人或企业机构。

二、跨境支付环节二：收款

收款指资金跨境的转移和流动，主要分为两大类：传统收款模式和新型收款模式（见图 4-8）。

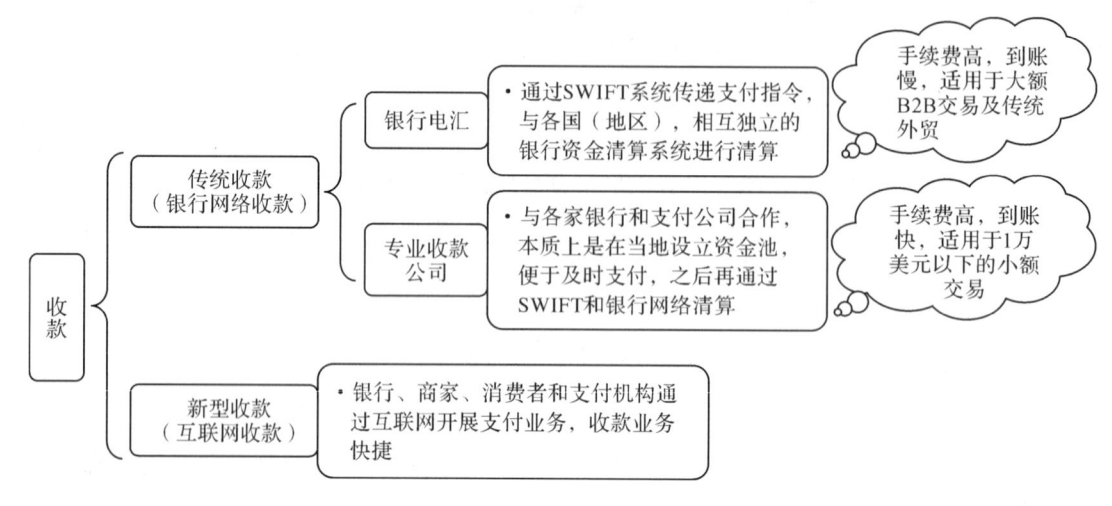

```
        ┌─ 传统收款   ┌─ 银行电汇 ── 通过SWIFT系统传递支付指令，    ── 手续费高，到账
        │ （银行网络收款）│              与各国（地区）、相互独立的         慢，适用于大额
        │            │              银行资金清算系统进行清算          B2B交易及传统
收款 ───┤            │                                              外贸
        │            └─ 专业收款 ── 与各家银行和支付公司合作，    ── 手续费高，到账
        │               公司         本质上是在当地设立资金池，        快，适用于1万
        │                           便于及时支付，之后再通过          美元以下的小额
        │                           SWIFT和银行网络清算              交易
        │
        └─ 新型收款 ── 银行、商家、消费者和支付机构通
          （互联网收款）  过互联网开展支付业务，收款业务
                         快捷
```

图 4-8 收款模式

新型收款模式颠覆了传统收款模式。银行电汇适合大额交易，存在手续费高、时间慢的痛点。专业收款公司适合小额汇款，其优势在于遍布全球的线下网点和拥有各地支付牌照，渠道牢固、汇款速度快，但缺点是费率较高。因此银行电汇与专业收款公司的市场份额在逐渐减少。

新型收款模式备受关注，满足了中小跨境电商"小额高频"的交易需求，其优势是到账时间快、手续费低，市场份额在逐渐上升，主要企业有：Payoneer、WorldFirst、连连支付、PingPong 等。

1. 费率

从收款发展历程来看，2012 年前后，市场上主要以外资收款企业为主，收费高，费率基本在 2.5% 上下浮动。2014 年，本土收款公司开始兴起，以低费率、跨境收款解决方案及中国本土化三大新亮点，强势进入跨境收款领域并分得一杯羹。随后，行业竞争日益加剧。价格混战，费率一路走低。中泰证券报告显示，行业费率先从 2% 下降到 1%，再降至 0.5%，不少平台甚至推出"零费率"来吸引用户。

2. 场景

在收款市场，创业公司主要有两大类型：一类是专为跨境电商企业提供收款服务的公司，如连连支付；另一类是集中在留学场景和旅游场景的支付公司，主要做垂直领域的支付业务。

3. 合规

收款公司最核心的竞争力是合规能力，合规能力的强弱表现在是否搭建起了连接境内、境外的资金链路，整个资金链路是否符合境内境外的法规，以及是否具备技术实力和资源积淀。所以，这种合规化必须是跨区域的合规，如其所拥有的牌照和具备的资质，以及团队、系统、运营管控等核心环节是否合规。

区块链技术已在收款领域应用落地。它的优势在于,解决收款中交易费率高、时间长的痛点,降低了中小商家的成本。互联网巨头试水区块链,2019年6月,Facebook发布Libra项目,通过区块链底层技术渗透跨境支付,目前这种做法尚存在一定争议。

三、跨境支付环节三:结售汇

结售汇是指人民币与外币之间的兑换业务,包括结汇和购汇。结汇是将外汇兑换成人民币,购汇是将人民币兑换成外汇。

目前开展结售汇业务的主体,除传统银行外,还有持牌跨境支付公司,可与银行合作。

在结售汇这个细分赛道,牌照是重要的门槛。2013年3月,国家外汇管理局和中国人民银行开放跨境支付相关资质的牌照申请,持有跨境外汇支付牌照的第三方支付机构达30家。

这30家持牌的跨境支付公司主要分布在北京、上海、浙江、广东,业务主要覆盖4大领域——货物贸易、酒店住宿、留学教育和机票航空,占比约为81%。

结售汇业务收益主要来自批发零售的汇率价差、离岸在岸的汇率价差及汇率浮动收益,费率区间较大。同时为了增加营收,开始提供增值服务,包括金融增值服务、大数据产品、技术、财务等服务。

从宏观视角来看,在跨境支付市场中,跨境电商、出境游、留学人员的支付需求呈上升趋势,跨境支付的交易规模保持高速增长,行业前景呈现出向好的局面。切入产业链细分环节,收单、收款领域境内公司的市场占有率正在快速上升。一些公司往支付链条上下游拓展,综合服务能力得到提升。支付与场景结合,垂直支付场景兴起。在价格战愈演愈烈的当下,公司开始提供多元化的增值服务。

业界事例4-3:全球首个基于区块链的电子钱包跨境汇款服务

基于区块链的跨境汇款,反映了跨境收付款这个行业的发展趋势:从需要几天时间才能到账的传统银行柜台的国际电汇,到1~3个工作日可以到账的电子汇款,再到如今仅需3秒的区块链跨境汇款,这个行业实现了巨大的飞跃。

伴随着手机等移动智能终端在全世界范围内的普及,电子支付逐步成为或已经成为日常支付的主要手段。在全球经济一体化不断加深的当代,跨境支付行业保持着高速增长的态势。

四、跨境支付未来五大发展趋势

(一)趋势一:宏观趋势向好,行业潜力巨大

世界上主流经济体都在大力扶持支付产业,尤其是基于移动互联网的新型数字支付工具,借助支付工具融入行政服务的职能,如签证电子化、社会保障电子化、政务公开等,不断提升各自区域的数字产业经济竞争力。例如日本在东京奥运会前,大力推广无现金支付。根据日本经济产业省数据,在前往日本旅游的观光客中,40%的观光客对日本缺乏无现金支付选项感到不满。因此,日本政府考虑提供补助与税额优惠,鼓励各商家接受电子支付等无现金支付选项。

(二)趋势二:竞争日益多元化

来自硬件厂商、生活支付和平台厂商的互相竞争日益激烈(见图4-9)。

业界事例 4-4：苹果公司的金融服务发布会

如今，绝大多数拥有自主操作系统的智能硬件公司都有自己的支付业务，并伴随着硬件在全球的售卖，布局跨境支付产业，如三星、华为、苹果、小米等。

大部分电商平台也在推广自己的支付手段和硬件产品，如支付宝和天猫精灵、亚马逊支付和亚马逊 Echo 智能音箱，借助语音识别、声纹校验等新兴技术，替代日常的账户密码成为支付手段。而且电商平台的业务触角逐渐伸向所有的地方，包括收款、换汇、物流等。

支付工具也在不断进入新的应用场景，让人们不仅仅在花钱支付的瞬间能想起它们，而且在日常生活的便利店中、在需要保险或理财的时候，以及在需要预订机票酒店，甚至办理签证时都会想起这些支付工具。

硬件→市场
Apple Pay/Huawei Pay/Samsung Pay
Amazon Echo/Google Home
- 凭借智能硬件在全球市场获客
- 丰富支付场景（NFC 支付/指纹支付）

开放平台→平台闭环
AliPay/网易支付/Amazon Pay
- 网易严选＋网易支付，网易考拉＋网易跨境收款
- Amazon 推出跨境支付（Amazon Currency Converter）与收款工具

单一场景→综合场景
AliPay/WeChat Pay
- 提供一站式跨境服务（换汇、翻译、签证功能）
- 强化本地化生活服务

图 4-9　竞争日益多元化

（三）趋势三：价格竞争日益激烈，规模效应凸显

3 年之前跨境支付行业费率普遍为 2%～3%；2016 年，PingPong 提出了 1% 的费率，将整个行业的费率大幅拉低；随后，WorldFirst、PayPal 等跨境支付公司也纷纷下调支付费率，使得跨境支付的费率战一直持续至今日。在跨境电商新生态中，收款和支付依然是基础与核心。只有服务整个跨境电商生态，真正从财税合规、资金周转及规避外汇交易风险上赋能跨境电商企业，不断获得客户认可，扩大市场规模并不断降低业务的边际成本，才能在激烈的行业竞争中形成业务壁垒，发展和壮大起来。

（四）趋势四：新技术产生深远影响

新技术层出不穷，近年来比较热门的有：科技型金融（financial-technology，Fintech）、金融型技术（technology-for-financial，TechFin）、科技型监管（regulatory-technology，RegTech）。其中科技型监管又有两大分支，即运用于监管部门的科技型监控（supervise-technology，SupTech）和运用于被监管的金融机构自身合规部门的科技型合规（compliance-technology，CompTech）。第一个字母代表该项技术的立足基础，例如 Fintech 强调的是 Fin（Financial）金融，使用者往往是借助科技手段满足客户需求的持有相应金融牌照的机构。例如电子钱包 PayPal、手机银行 Rewire 和跨境支付 PingPong。

在目前出现的所有新技术中，区块链技术对于跨境收付款的影响最为深远，目前各国央

行、各大商业银行及科技巨头纷纷投资研究区块链技术在跨境收付款中的应用。

纵观整个跨境支付结算业务,严格来说支付宝并不是首个推出区块链技术跨境汇款的机构。招商银行早在2017年下半年,就已经联手旗下全资附属公司香港永隆银行,上线了基于区块链的跨境人民币汇款业务。在此之前的相当长一段时间内,人民币跨境清算主要通过"清算行""代理行"两种模式进行。但两种模式没有统一的行业规则,包括查询、退汇等操作标准均不一致,跨行清算需要人工进行,使得同业间的沟通成本和交易成本较高。2017年12月18日,招行作为代理清算行,完成从香港永隆银行向永隆银行深圳分行的人民币头寸调拨业务。当年12月20日,三方又完成了以招商海通贸易有限公司为汇款人、前海蛇口自贸片区内海通(深圳)贸易有限公司为收款人的跨境人民币汇款业务。

知识卡片4-5:
区块链的相关数据

从本质上来分析,招商银行和支付宝区块链汇款的模式其实是一样的,不同之处在于:招商银行自己就是清算行,实现的是母行与子行的跨境清算;而在支付宝的AlipayHK和GCash区块链汇款中,支付宝公司则是技术提供方,属于首家推出区块链电子钱包跨境清算的第三方支付机构。

AlipayHK是香港的电子钱包,2017年5月上线,有上百万香港用户,被称为港版支付宝。菲律宾钱包(GCash)则被称为菲律宾支付宝,也是菲律宾最大的电子钱包。

在支付宝实现的AlipayHK和GCash区块链汇款中利用了区块链的分布式账本技术来实现AlipayHK、渣打银行(主要指中国香港、新加坡等地的分支机构)和GCash间的跨机构协同。分布式账本在技术上进行分布式处理的同时,提供给所有参与方一个统一的业务账本和视图。

(五)趋势五:投资并购成为趋势,行业集中度不断增加

据不完全统计,2018年以来,几乎所有的互联网巨头都在跨境收付款行业中进行了战略投资或并购。

2018年有15个项目获得融资,累计发生20起融资事件。其中有5个项目在一年内连续获得两轮融资,2012年至2019年6月,中国已累计出现106家跨境支付创业公司,其中42个项目获得融资,超过116家投资机构参与。跨境支付赛道方兴未艾。

第四章知识与技能训练

第五章

速卖通电商平台和PayPal支付

▶ 知识目标

◎ 了解速卖通电商平台的定位。
◎ 了解速卖通平台全链路服务并熟悉其支付方式。
◎ 掌握国际支付宝的收款步骤及放款规则。
◎ 掌握PayPal支付的各种支付解决方案。

▶ 能力目标

◎ 能分析速卖通电商平台的业务。
◎ 能掌握国际支付宝的收款规则。
◎ 能区分快速支付和付款按钮的本质不同。
◎ 能按不同支付场景选用PayPal支付方案。

▶ 案例导入

中国跨境电商大会上，PayPal和速卖通宣布携手合作

在2017年9月6日举办的PayPal 2017中国跨境电商大会上，PayPal和速卖通宣布携手合作，齐力备战速卖通"双十一"及年终购物季。

据了解，早在2016年11月就有传言，速卖通开始试点支持PayPal支付，当时PayPal官方回复称，该项目仍处于初步试点阶段，只针对部分速卖通卖家及其美国买家开放。但未来，该合作项目将会向速卖通全球卖家进行推广。在大会上，速卖通方面表示，速卖通与PayPal的强强联合，将会给跨境电商旺季和"双十一"大促添柴加火，速卖通卖家可以在后台直接开通PayPal的支付功能。

PayPal方面也表示，在速卖通上启动PayPal具有赢得全球卖家信任、无须支付任何额外费用、享受PayPal卖家保障及无账号关联风险等优势。

除了速卖通外，2016年11月，移动电商平台Wish也已经宣布跟PayPal中国进行合作，PayPal成为Wish中国卖家的跨境电商收款渠道。2015年7月，eBay集团分拆PayPal单独上市,这意味着 PayPal 可以自由地选择合作伙伴,包括亚马逊这样的 B2C 电商平台。

阿里巴巴早在 2010 年 4 月就曾宣布过其旗下速卖通平台接受 eBay 旗下支付工具 PayPal 用户的付款,当时这一事件被外界解读为两家公司开始摒弃长期以来的抗衡状况,通过合作的方式向各自的全球目标扩张。但这一合作关系似乎并没有太长久,仅仅在一年多以后,PayPal 便于 2011 年 8 月 3 日宣布停止这一合作。终止合作的原因很大程度上可能是由于其母公司 eBay 的战略意图,因为 eBay 一直以来都是阿里巴巴的直接竞争对手。

"一个全球性的支付系统归属于一个在线拍卖网站,那么它会被苹果、亚马逊和其他支付初创公司打败,只有剥离出来才有存活的空间。"PayPal 创始人之一埃隆·马斯克曾这样评价 PayPal 的发展前景。eBay 是国际知名的电子商务平台,发展了近 30 年之久。而 PayPal 作为国际支付工具,它的发展空间更大,不一定要局限电子商务企业,与 eBay 拆分之后,PayPal 有了与更多的电子商务公司合作的机会,PayPal 也有了更多的选择权。2015 年 7 月 20 日,PayPal 正式完成与 eBay 的分拆业务,在美国纳斯达克证券交易所独立上市。

在 2017 年 9 月 6 日举办的 PayPal 2017 中国跨境电商大会上,PayPal 和速卖通再度宣布携手合作,无论对于 PayPal 还是对于阿里巴巴的速卖通平台来说,都是一次绝佳的强强联合开拓全球市场的机遇。

(资料来源:根据网络相关资料整理)

第一节　速卖通平台

阿里巴巴集团经营多项业务,同时它将关联公司的业务和服务加以整合,打造出庞大的商业生态系统。其集团业务和关联公司的业务涉及淘宝网、天猫、聚划算、速卖通、阿里巴巴国际交易站、1688、阿里妈妈、饿了么、盒马鲜生、阿里云、蚂蚁金服、菜鸟集团等。

一、速卖通的定位

速卖通(https://www.aliexpress.com)正式上线于 2010 年 4 月,是阿里巴巴旗下唯一面向全球市场打造的在线交易平台,被广大卖家称为"国际版淘宝"。速卖通面向境外买家,可以通过多种支付方式进行支付,并使用国际快递发货。它是全球第三大英文在线购物网站。其支付方式包括阿里巴巴自有支付工具——支付宝国际账户,可以进行担保支付交易。

从功能上来看,速卖通是阿里巴巴帮助中小企业接触终端用户,以小批量多批次快速销售为特点,全面拓展利润空间而全力打造的融合订单、支付、物流于一体的外贸在线交易平台。它是定位于外贸 B2C 交易的平台,主要客户群体为 C 类小宗贸易买家。不同行业有不同的准入门槛,准入后可以作为卖家进行产品推广和线上交易。

而阿里巴巴国际站(https://www.alibaba.com)则定位于外贸 B2B 交易,主要客户群体为 B 类大宗贸易买家。供应商需要成为付费会员后,才能在国际站上作为卖家进行产品的推广和线上交易。国际站有两类服务套餐:出口通和金品诚企。出口通是基于阿里巴巴国际站贸易平台的出口营销推广服务,通过向境外买家展示、推广供应商的企业和产品,进而获得贸易商机和订单。金品诚企是阿里巴巴国际站提供的高端会员服务。商家购买金品会员并由第三方权威机构认证后,即可开启服务,享受外显尊享身份、专属营销会场、多元营销工具、专业服务保障等多项权益。出口通与速卖通不同,出口通主要是针对企业做外贸批发业务,加入会员需要收取年费。而速卖通主要是针对企业或个人做零售外贸业务,可以免费注册开店,抽取成交额 5%～8% 的交易佣金。容易混淆的还有"一达通"服务,它是阿里巴巴旗下的外贸综合服务平台,一达通一直致力于持续地推动传统外贸模式的革新。通过整合各项外贸服务资源和银行资源,一达通目前已成为中国国内进出口额排名第一的外贸综合服务平台,为中小企业提供专业、低成本的通关、外汇、退税及配套的物流和金融服务。

另外,常被提及的全球 E 站(https://onesite.alibaba.com)则是免费的建站工具,基础的免费服务包括站点搭建、旺铺装修、产品发布等,若是需要进一步做网站推广,可购买额外的增值服务。

二、速卖通发展现状

速卖通目前拥有 18 个语种的站点,即 1 个英文站和 17 个小语种站点,在 2022 年 Alexa 全球排名 37 位,境外成交买家数突破 1.5 亿人。覆盖全球 200 多个国家(地区),支持全球 51 个国家(地区)当地的支付方式。

业界事例 5-1:速卖通在欧洲市场开通"延期支付"服务

(一)移动端

速卖通在移动端投入了很多人力、物力、财力,力求保持无线端的优势地位。目前境外 APP 装机量超过 6 亿次。跨境电商的卖家想要抓住跨境电商移动互联的风口,选择速卖通做移动端的运营是很好的机会。

(二)服务地区

整个平台覆盖全球 200 个国家和地区,交易排名前五的国家(即俄罗斯、巴西、西班牙、印尼和美国),占了速卖通 60%～70% 的交易量。因此,新手卖家可重点关注这些地区,优化选品。速卖通平台有 18 个支柱类目,现在的入驻方式大部分是审核制,需要提供入驻基本信息来做审核。这个审核不会特别复杂。但是有个别类目现在已经饱和,比如像珠宝、手表、婚纱礼服,这些就只能是定向邀约。如果商家、厂家有一些特别有优势的产品,则可以找到小二做定向邀约入驻。

三、速卖通全链路服务

对于跨境电商市场,速卖通提供了全方位的服务来帮助新卖家快速成长,也就是所谓的"速卖通全链路服务"。卖家实现快速发展,一般有 3 种模式:一是卖家选择自主开店,搭建一个团队,招聘有经验的运营人员自主经营。二是店铺托管,速卖通现在也有官方的服务市场来帮助卖家代运营。三是供销对接,类似于选品大会,实现核心卖家与供应商双方的对接,促进双方在供货、合资经营等方面的合作。

如果卖家选择自主开店,速卖通对卖家有哪些要求呢?

(一)开店的要求

第一,需要注册公司。公司可以入驻平台,从 2018 年开始,个体工商户也可以入驻,都可以注册速卖通账户。第二,需要注册商标。卖家必须拥有或代理一个品牌经营,根据品牌资质,可以选择经营品牌官方店、专卖店或专营店。第三,卖家须缴纳技术服务年费,各经营大类技术服务年费略有不同(见图 5-1)。

入驻要求与开店步骤

01 企业 个体工商户或公司开店

02 商标 拥有或代理一个品牌经营

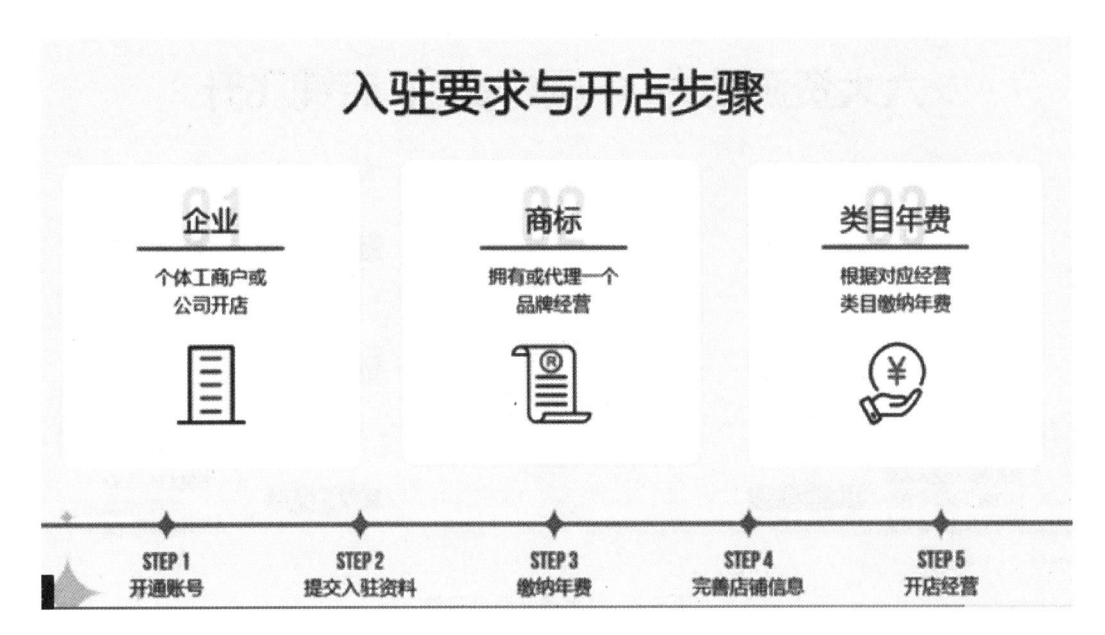

03 类目年费 根据对应经营类目缴纳年费

STEP 1 开通账号 — STEP 2 提交入驻资料 — STEP 3 缴纳年费 — STEP 4 完善店铺信息 — STEP 5 开店经营

图 5-1　速卖通平台入驻要求和开店步骤

资料来源：速卖通官网资料，https://sell.aliexpress.com/。

(二)物流解决方案

跨境电商物流是一个很重要的环节,对很多新卖家来说需要重点关注。速卖通提供的物流解决方案有 3 种:一是无忧物流,这是速卖通和阿里巴巴菜鸟集团联合提供的物流模式,以轻小件、数码类产品为主,这是平台卖家都可以使用的官方物流。二是线上发货,整合了很多第三方服务商的物流模式,都是经过平台认证的,价格和服务商列示出来,供卖家自由选择。三是境外仓,跨境电商经过这些年的发展,境外买家对物流的速度时效和当地售后服务都有了更高的要求。再加上原来境内直邮的模式相对有些饱和,许多卖家,特别是规模较大的企业多已布局海外仓模式了。

(三)好卖家助力计划

优质卖家入驻,平台会给予助力(见图 5-2)。主要体现在以下几个方面:①营销资源。速卖通的营销资源非常多,但平台大促、分会场仅向优质卖家开放,有很多资源是优质卖家专享的。②流量扶持。速卖通会给新店铺优质卖家商品搜索、曝光流量倾斜 90 天,以帮助其快速成长。由于新店铺没有交易额和好评记录,排名可能在 50 页以后,通过搜索流量增长后排名会前移。同时还有搜索权益杠杆和直通车头等舱。③品牌特权。优质卖家进驻会有一个 Top Brand(顶级品牌)专属店铺标识,这是平台认证的优质卖家,买家可以信赖,因此卖家店铺的流量和转化率会很高。④优先体验。品牌有很多新项目、新产品,对于优质卖家来说拥有优先尝试的权利。一个项目最好的红利时间就是在它刚起步的时候,所以,优先尝试的权利对优质卖家来说是一种巨大的赋能。⑤内部交流。有官方的钉钉群,优质卖家有机会进入核心钉钉群,行业小二、客户经理,甚至行业相关的负责人、产品的负责人都会在群里,随时聆听卖家的需求,帮助大家解决问题。⑥专属服务。会有大客户专员、行业小二与卖家做一对一的对接。

图 5-2　六大资源助力店铺

资料来源：速卖通官网资料，https：//sell.aliexpress.com/。

四、速卖通结算放款

速卖通平台主要支持买家通过信用卡（分人民币通道和美元通道）、WebMoney、TT 汇款、西联汇款、Qiwi Wallet 这几种方式进行支付。买家通过多种渠道支付之后，卖家统一通过支付宝国际账户进行收款，支付宝国际账户是支付宝为跨境交易的境内卖家建立的资金账户管理平台。支付宝国际账户仅针对阿里巴巴国际站会员开放，速卖通用户将自动拥有一个支付宝国际账户。

交易成功之后，卖家需要从支付宝国际账户申请速卖通放款，并绑定银行卡，7 天之后就能收到美元了。美元在支付宝国际账户的美元账户里，申请结汇后就能提现人民币了。

速卖通人民币账户提现不收取手续费。卖家在通过美元账户提现时，由于这笔钱是由新加坡花旗银行向卖家的银行卡打款支付的，银行会收取 15 美元/笔的手续费，手续费在提现时扣除。这个提现费是银行收取的，并非速卖通收取。由于提现费是按笔收取的，所以要大额度提现才划算。

速卖通平台收费的模式是收取佣金，当然仅针对最终成交的订单金额收取佣金。佣金费率一般为订单销售额的 5% 或者 8%，取决于不同的类目。没开商城的店铺，每个订单交易额扣除 5% 的手续费；如果参加了营销联盟，则扣 8%，因为包括营销联盟 3% 的佣金。

第二节　国际支付宝

速卖通收款分为人民币收款账户和美元收款账户。平台根据买家不同的支付方式，由不同的收款账户接收交易款项：①买家通过信用卡（人民币通道）进行支付时，支付宝国际账户会按照买家支付当天的汇率将美元转换成人民币支付到卖家的境内支付宝或银行账户中。②买家通过 PayPal、信用卡（美元通道）、西联、Moneybookers、T/T 银行转账等方式进行支付时,支付宝国际账户将支付美元到卖家的美元收款账户。也就是说,买家采用不同的支付方式,其货款将打入卖家不同的收款账户,因此,卖家需要设置人民币和美元两个收款账户。例如,人民币收款账户可选择中国银行,美元收款账户则可以选择用 PayPal 来收款。

一、速卖通收款操作步骤

收款也被称为提现操作,即将平台账户中的款项转移到平台之外的账户中,可以是银行账户也可以是第三方支付账户。速卖通收款操作需要对平台外的账户进行关联,具体步骤如下。

第一,需要设置两个收款账户:人民币收款账户和美元收款账户。

第二,与人民币收款账户绑定。

第一步:登录速卖通,点击"交易"进入"收款账户管理"界面,选择"人民币收款账户"。

第二步:如果您还没有支付宝账户,可以点击"创建支付宝账户";也可以使用已经有的支付宝,点击"登录支付宝账户"进行绑定。

第三步:创建或者登录成功支付宝账户后,即完成收款账户的绑定。

第三,美元收款账户绑定。

第一步:登录速买通,点击"交易"—"银行账户管理",进入"收款账户管理"界面,点击"创建美元收款账户"。

第二步:点击进入新建美元账户之后,卖家可以选择"公司账户""个人账户"两种账户类型。

第三步:选择账户后,依次填写"开户名(中文)""开户名(英文)""开户行""Swift Code""银行账号"等必填项。填写完毕后,点击"保存"按钮即可。

二、买家拒付

根据国际惯例及 VISA、MasterCard 等国际卡组织的规定,在使用银行卡进行交易时,如果出现争议情况(如未得到货物/服务,或货物/服务与描述不符,或盗卡等),持卡人可以在自交易入账日起的一定时间内(国际惯例一般为 180 天,境内某些支付机构可能只有 90 天)向发卡银行提出拒付的请求,发卡银行受理后即展开调查,如争议的情况符合国际卡组织对拒付的相应规定,发卡银行可以通过卡组织向收单行发出退单,这一过程被称为拒付(charge back)。

常见的拒付有以下几种情况,如表 5-1 所示。

表 5-1 常见的拒付的情况

拒付类型	拒付原因	定义
盗卡类	未经授权的信用卡使用	持卡人的信用卡被盗用或受欺使用
货物类	未收到货物	持卡人没有收到货物或者未在约定的时间内收到货物
	货不对版	持卡人收到的物品与卖家的产品描述不符
	未收到退款	持卡人收到的物品与卖家的产品描述不符
其他	重复扣账	持卡人对同一产品付了两次款项
	金额不符	持卡人的付款金额与产品实际金额有出入

(一)当卖家收到盗卡类拒付投诉或纠纷时的处理方法

(1)若卖家未发货,建议卖家不要继续执行该订单,速卖通将对订单做关闭处理。

(2)若卖家已发货且已在订单页面填写发货通知,速卖通会核实,请卖家耐心等待拒付结果。

(3)若卖家已发货但未在订单页面填写发货通知,请卖家在3个工作日内提供物流单号及物流信息至速卖通客服,以便速卖通核实跟进;如卖家逾期未提供,速卖通将默认卖家未发货,该笔订单将做关闭处理。

(4)部分买家会在下单后联系卖家修改地址。

这种下单后修改地址的行为产生银行盗卡的风险极高。如卖家在交易的过程中,发现买家通过站内信、电话或第三方工具要求卖家将订单的收货地址进行修改,速卖通建议卖家务必要在"风险地址查询"工具上进行查询(报备)。若卖家未查询(报备)或者在查询结果为地址不安全的情况下,卖家依然进行发货,后续产生的盗卡拒付由卖家承担责任;若卖家查询并通过了报备审批,盗卡拒付风险由平台承担。卖家遇到此类情形,为平台配合相关卡组织的调查或保障卖家利益,速卖通保留要求卖家配合对发货信息和物流投递信息举证的权利,如卖家收到线下改地址的订单,请积极配合举证,否则平台将根据相应规则进行判责。

(二)当卖家收到货物类及其他类拒付投诉或纠纷时的处理方法

(1)卖家应在收到拒付原因通知的3个工作日之内及时提交申诉资料。

逾期提交或未提交,信用卡公司将默认卖家放弃此笔订单的申诉,拒付款项将会被退回给买家。因此,当有订单产生货物类或其他类原因的拒付后,若该订单信用卡公司需要卖家提供资料来对拒付做出判责时,为尽量降低卖家的损失,卖家应登录"消息中心"—"拒付通知"点击站内信通知中的申诉链接,并按照页面提示提供尽量完整的相关资料(查看拒付申诉材料提交指引),以完成信用卡公司对此笔订单的拒付调查。

(2)当持卡人对该一次拒付结果不认,可发起上诉。

如卖家希望通过信用卡公司继续申诉,则卖家须预先向平台缴付仲裁手续费到平台相应的支付宝账户(支付宝账户:xiaobaotuangou@service.alibaba.com)。卖家授权平台及支付宝代收代扣相关的预仲裁费用,并明确知晓该费用最终由信用卡公司收取(预仲裁费用会根据信用卡公司的规定变化)。预仲裁是由第三方信用卡组织进行的中立裁决,平台仅传递相关信息。如果裁决卖家败诉,则仲裁手续费及订单拒付金额都会被支付宝代为扣除;如果裁决卖家胜诉,支付宝将申请退回卖家预缴的仲裁手续费,订单拒付金额亦不会被扣除。

如果买家通过PayPal方式进行付款,则买家将有权根据与PayPal的用户协议通过PayPal发起拒付请求。如果买家同时通过PayPal和卡组织发起拒付请求,PayPal和平台将依据与买家的协议和规则,独立地开展拒付调查和处理。一旦PayPal和平台其中的一方依据其自身拒付规则对拒付请求进行了判定,另一方将终止己方的调查程序并接受先行就拒付请求进行判定的一方的判定结果。因此,在该种情况下,除了满足速卖通调查程序、遵循速卖通拒付规则外,卖家还需要同时遵守PayPal调查程序和拒付规则。

(三)如何减少拒付

为了避免或减少拒付的情况,速卖通给予卖家(但不构成速卖通对拒付结果的保证)以下建议。

(1) 公平披露信息。尽可能详细、准确地描述所出售的物品,附上照片、规格、预计妥投日期等。

(2) 合理设置产品的发货时效和预计妥投的限时达期限。

(3) 合理发布退货和退款规则。在网站上清楚发布退货及退款规则。速卖通提请卖家注意,某些法律和发卡方政策规定,买家对任何未发货或有缺陷的商品都有提出拒付的权利,即使卖家已事先说明所有交易都不得撤销且不允许退货。

(4) 正确发货。将物品运送到买家下单地址或经过"风险地址查询"工具报备并通过的地址,并保留可以在线跟踪的送货证明。

(5) 加强与买家的沟通,及时做出回复并竭诚解决买家的问题。

(6) 保留沟通记录。请优先使用平台的沟通工具(如站内信或订单留言)与买家沟通,尽可能多地保留与交易和客户相关的信息。

(7) 使用线上退款方式进行退款。为了保障买卖双方的资金安全,维护速卖通平台安全,维护有序的交易环境,建议卖家使用线上退款方式进行退款,不要通过其他线下退款方式(PayPal、西联汇款等)退款给买家。

三、速卖通放款规则

(一)原有放款条件

卖家要注意,客户同意放款不等于可以安全收到款,收款最后还要通过速卖通的审查。凡是在速卖通上做生意的卖家,大多会选择中国邮政或是中国香港邮政发货,提供免运费服务,但有时无法及时跟踪到物流信息。而速卖通原有的放款条件是:买家确认收到货和有物流公司的妥投信息,这两个条件必须同时存在。因此就算有买家确认收货,但没有妥投信息并通知速卖通,速卖通也不会放款。

(二)现有放款条件

为了有效缓解平台卖家的资金压力,保障买家的交易安全,速卖通平台对以上的放款政策进行了调整。平台不再将"订单完成+物流妥投"作为对卖家的放款条件,而是会根据其综合经营情况做出评估来确定订单的放款时间。

只要卖家的综合经营情况符合条件,订单就会在发货后放款。而放款时间根据账号状态一共分为3种情况:"发货3个自然日后"、"交易结束后"及"发货后180天"。

放款规则如表5-2所示。

表5-2 速卖通放款规则

账号状态	放款规则		
	放款时间	放款比例	备注
账号正常	发货3个自然日后	70%~97%	1.比例根据账号经营表现有所不同 2.3%~30%的金额被冻结作为保证金(释放时间见表5-3)
	交易结束后	100%	交易结束:买家确认收货/买家确认收货超时
账号关闭	发货后180天	100%	无

对于获得速卖通批准加入"特别放款计划"的用户,速卖通可依据用户和速卖通达成的协议,根据用户的资质、交易情况、信用记录及买家投诉记录等,对用户的账户资金余额设定保证金额度,用于保障交易安全。

所谓"特别放款计划",是指经过审核的速卖通卖家在商品发货后,缴纳一定比例保证金即可立即提取大部分的货款的政策。按照速卖通此前的规则,这些保证金将在卖家发货后的第60天自动释放给卖家。

保证金释放时间如表5-3所示。

表5-3 保证金释放时间

条件		释放时间	备注
物流	交易结束时间距发货时间		
商业快递+物流妥投	无需求	交易结束当天	物流妥投:以平台系统核实到物流妥投为准
1.商业快递+物流为妥投 2.非商业快递	≤30天	发货后第30天	
	30～60天(含60天)	交易结束当天	
	>60天	发货后第60天	

速卖通针对卖家的不同订单,对其缴纳的保证金设立了不同的释放时间点。具体调整如下。

订单交易结束时间(买家确认收货/超时)小于等于30天,保证金释放时间在卖家发货后第30天;订单交易结束时间(买家确认收货/超时)大于30小于等于60天,保证金在订单交易结束时间点释放;发货超过60天订单未结束,在卖家发货第60天释放保证金。

也就是说依据买家"确认收货/超时"时间点的不同,卖家在发货后最短30天、最长60天可拿到保证金。"特别放款计划"极大地提升了卖家的资金流转速度。

(三)确认收货

凡是发了货后,买家有30天的时间来确认收货,如果买家在这时间段里没有确认收货。速卖通会为买家把货款保留90天。如果在这90天内,卖家所发的货出现了售后问题,买家可以提出拒付(参考上文关于拒付的介绍)。

(四)放款规则

1. 一般放款规则

在买家确认收到货物或买家确认收货超时的情况下,系统会自动核实订单中所填写货运跟踪号(以下简称运单号)。系统将会核对运单号状态是否正常、妥投地址是否与订单中的收货地址一致等信息。

如运单号通过系统审核,系统会自动将款项支付到卖家的相应收款账户中。

如运单号未通过系统审核,订单将会进入服务部的人工审核流程。

2. 人工审核规则

所有进入服务部人工审核流程的订单,服务人员都会根据运单号的查询情况进行判断。目前主要有以下几种情况。

(1) 地址不一致(运单号妥投地址与买家提供的收货地址不一致)

服务人员会联系卖家,请卖家提供发货底单。

(2）未妥投（订单中部分或全部运单号的查询结果未正常显示妥投）

服务人员会联系买家，核实买家是否已经收到货物，如买家表示收到货物，正常放款；如未收到，请卖家配合向快递公司进行查询。

(3）运单号无效（运单号无法查询到任何信息）

服务人员会联系卖家提供发货底单。

(4）货物被退回（运单号显示货物已经被退回）

联系卖家核实是否收到货物，并做退款处理。

为了保证卖家能够及时收到货款，要注意以下几点。

一是请尽量使用平台支持的货运方式，并在发货期内填写真实有效的运单号。

二是请及时更新运单号。如运单号在货运途中发生变更，请及时更新。

三是请卖家配合服务人员提供相应的证明。

四是在买家确认收货或者确认收货超时，且货运信息正常的情况下，卖家将会在3～5个工作日内收到相应的订单款项。

通过以上的介绍，我们对速卖通放款时间有了一定的了解，也需要牢记速卖通提前放款规则，这样才不会耽误了放款时间。

四、提现与结汇

使用支付宝国际账户的用户应为18周岁以上持有中国居民身份证的自然人，并经过支付宝的实名认证。用户可以在支付宝国际账户中添加美元提现银行账户，国际支付宝支持同时绑定3个美元提现银行账户。这里要注意以下几点。

（一）英文填写

除开户名（中文）外的其他信息请不要使用中文填写，否则将引起放款失败，从而产生重复放款的手续费损失。

（二）公司银行账户

公司的美元账户的设置要求：首先，公司可接受新加坡花旗银行账户的美元打款。其次，在中国大陆地区开设的公司账户必须有进出口权才能接收美元并结汇，且必须办理正式报关手续，并在银行端完成相关出口收汇核查、国际收支统计申报之后，才能顺利收汇、结汇。

（三）个人银行账户

若卖家的公司有进出口权，并能办理报关手续等，建议设置公司的美元收款账户；若没有，则建议设置个人的美元收款账户。

个人的美元收款账户是借记卡账户而不能是信用卡，而且必须能接收境外银行（新加坡花旗银行）的汇款并且能接收的是公司对个人美元的打款，开设个人的美元账户的具体信息请咨询相关银行。由于来款行是新加坡花旗银行，而且来款账户是支付宝公司的名义，所以需要确认是否可以接收支付宝开头的新加坡花旗银行的公对私的美元打款，因为一部分境内的银行不接受公对私形式的打款。

支付宝国际账户里的美元结汇方法（对应图5-3中"美元收款"部分）：支付宝国际账户会直接将钱汇到境内支付宝账户或绑定的银行账户中，卖家可以选择美元和人民币两种提现方式。

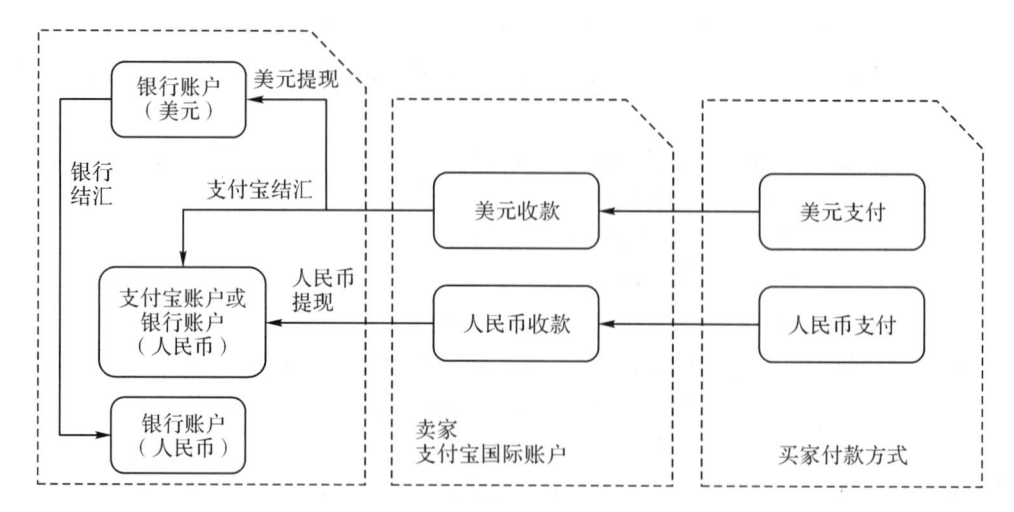

图 5-3　支付宝国际账户提现与结汇示意

资料依据：速卖通官网资料，https://sell.aliexpress.com/。

(四)人民币提现(支付宝结汇)

买家通过信用卡支付时,支付宝国际账户会按照买家支付当天的汇率将美元转换成人民币支付到卖家的境内支付宝或银行账户中。在人民币账户可提现金额额度范围内,用户可向支付宝发出提现指令,并提供一个与用户名称相符的有效的支付宝中国账户,支付宝将按照用户的指令确定的金额,将相应的款项以人民币汇入用户的支付宝中国账户。

申请美元结汇的,用户必须按照支付宝的要求完成实名认证程序。认证程序未通过的,支付宝有权拒绝向用户提供美元结汇功能。用户的支付宝国际账户认证身份应与支付宝中国账户认证身份一致。

结汇汇率由支付宝合作银行提供,汇率以支付宝当时公布的汇率为准。申请美元结汇的,用户同意支付宝在申请结汇金额中先行扣除手续费,余款将结汇成人民币并汇入用户的支付宝中国账户。

速卖通卖家,可以选择将自己的美元通过支付宝国际账户后台直接结汇,一般到账时间是 3~7 天,汇率会比银行低一些,一般低 200~300 个 BP(基点)左右,考虑到汇损、到账时间及便利性的问题,结汇金额较小的卖家可以直接选用支付宝国际账户结汇。

(五)美元提现(银行结汇)

只有设置了美元收款账户才能直接收取美元。在美元账户可提现金额额度范围内,用户可向支付宝发出提现指令,并提供一个与用户名称相符的有效的银行账户,支付宝将按照用户的指令确定的金额,将相应的款项以美元汇入用户的银行账户。

企业用户使用支付宝服务从其美元账户把指定的金额结汇成人民币,再转到以私人名义注册的支付宝中国账户时,用户同意并承诺该支付宝中国账户必须是企业用户的法定代表人所注册的支付宝中国账户。

美元提现的到账时间是 7 个工作日内,周末节假日不算在工作日内。不管提现金额大小,美元提现每一笔都将收取 15 美元的手续费。美元提现到银行卡之后,根据银行汇率进行结汇。

卖家选择将美元提到自己的境内银行卡,再自己到银行用个人 5 万美元的额度结汇。这样卖家只需要支付 15 美元的提现费就可以了,不用承担额外的汇损。

(六)提现失败如何处理

提现失败怎么办?提现失败请先确认属于以下哪种情况,再根据具体情况进行操作。

(1)联系了银行,银行表示没有收到打款,此时应联系速卖通客服,由速卖通客服向新加坡花旗银行索要打款电文,将电文提供给收款行进行查询,此操作需要 1 周左右的时间。

(2)联系过银行,但是银行已将款项退回,此时应关注操作后台,出现提现失败的提醒后进行重新提款(如果因为账户或银行原因不能入账的,需要更换收款银行),此操作需要两周左右的时间。

(3)联系银行后,银行表示收款人信息有误,需要出具修正函,此时可在操作后台更新账户信息后联系速卖通客服,由速卖通出具修正函给新加坡花旗银行,此操作需要两周左右的时间。

第三节 PayPal 支付

2002 年,PayPal 首次于美国纳斯达克证券交易所上市时,该公司当时已拥有 1300 万注册用户,不到一年后,这家在线支付公司就被 eBay 斥资 15 亿美元收购。PayPal 短暂的上市公司生涯就这么结束了,自此成为 eBay 旗下的支付工具。

2014 年,PayPal 已成长为一家拥有超过 1.69 亿活跃用户的支付工具,营收增长率是 eBay 的两倍,且越来越多的支付业务和用户来自 eBay 之外的平台,eBay 再也无力推动 PayPal 发展了。2015 年 7 月 21 日,PayPal 从 eBay 拆分出来后登陆美国纳斯达克证券交易所,PayPal 将与其他电子商务平台合作,力争从 Stripe 和 Square 等初创企业,以及推出了移动支付服务的苹果公司手中抢占市场份额。移动支付和跨境电商成为 PayPal 布局未来、选择合作伙伴的关键词。

一、PayPal 的产品矩阵

(一)支付市场和电子钱包

在中国,支付宝和微信支付几乎平分了境内的电子钱包市场。与电子钱包在中国无现金支付市场中一枝独秀的景象相比,以 PayPal 为首的电子钱包在美国只能屈居第二:根据 Statista 的统计,2017 年,美国人最常用的支付方式仍然是个人信用卡,占比将近 30%,而 PayPal 的份额为 15%。总体而言,银行卡支付(信用卡、借记卡)仍然是美国社会的主流支付方式,两者合计的市场份额超过 40%,远远把以 PayPal 为首的电子钱包支付甩在身后。不过,与境内支付宝和微信支付两家平分天下、相互竞争的局面不同,PayPal 在美国的电子钱包市场中可谓一家独大,让 Amazon Pay、Google Wallet 及 Android Pay 等其他选手望尘莫及。

2013 年,PayPal 以 8 亿美元收购了 Braintree,将其旗下产品电子支付系统 Braintree 和移动支付软件 Venmo 收入囊中。

2015 年,PayPal 以 2.8 亿美元收购了移动支付公司 Paydiant,在与 Apple Pay 和 Google Wallet 等对手的线下零售渠道支付方式的争夺赛中添上了一枚颇具实力的棋子。

同年，PayPal 还以 8.9 亿美元收购了国际汇款公司 Xoom，借此布局跨境转账服务。

2015 年 7 月，这些收购来的业务全部随 PayPal 一起打包从 eBay 中分拆出来，组成新公司 PayPal Holdings Inc. 在纳斯达克证券交易所上市。

对于社交产品来说，获取"流量"的能力是第一位的，因为这是实现资本化的前提。而社交产品的"流量"可以用月活跃用户数量（monthly active user，MAU）或者日活跃用户数量（daily active user，DAU）来衡量。像 PayPal Holdings Inc. 这种以向客户提供支付服务并从中收取服务费作为收入的公司，"流量"同样是重中之重。而支付总额（total payment volume，TPV）正是用来衡量公司一定时期所获得的"流量"的指标，定义为其间通过公司的支付平台（payment platforms）所完成的支付的总金额。

作为公司 TPV 来源的支付平台，即公司的产品矩阵，目前包括 PayPal、PayPal Credit、Venmo、Braintree、Xoom、iZettle 和 Hyperwallet。

PayPal 既是电子钱包，也是第三方支付平台，它同时提供个人服务和商家服务，进行线上支付或收款、用户间转账、跨境汇款等，基本功能和我们熟悉的支付宝类似。PayPal 对于个人账户的线上支付是免费的，转账则收取 1% 的手续费；但对于商家，PayPal 对每笔支付收取手续费（具体可参见其官方网站）。

PayPal Credit 是 PayPal 公司 2016 年推出的一项消费信贷产品，前身是 eBay 的分期付款服务"Bill Me Later"。我们可以简单地理解为 PayPal 的"蚂蚁花呗"。

Venmo 是 PayPal 公司 2013 年收购的一款个人对个人（person to person，P2P）的移动支付产品，其最大特色在于"支付＋社交"。用户可以通过 Venmo 向他人进行转账，或者聊天通信。此外，Venmo 打造了一个类似"朋友圈"的功能：用户可以在 Venmo 自带的社交平台上，分享自己的转账记录，而其他用户看到之后可以点赞和评论。

Braintree 是 PayPal 公司于 2013 年收购的一款国际领先的支付系统产品，主要为商家提供支付服务。Braintree 的客户包括许多全球知名公司，如 Stubhub（著名购票网站）等。

Xoom 是 PayPal 公司 2015 年收购的全球领先的国际汇款公司，其跨境汇款服务覆盖了全球多个主要国家和地区。

iZettle 是 PayPal 公司于 2018 年以 22 亿美元收购的瑞典移动支付公司。iZettle 主要是为中小商家提供移动设备的支付读卡器，也就是商家放在收款柜台上用来读二维码的小机器。

加入这个庞大的产品矩阵中来的还有 2018 年以 4 亿美元被收购的 Hyperwallet。Hyperwallet 主要是为全球的商家提供支付服务，满足他们的远程支付需求。

至此我们可以看出，公司已经形成了一个全球范围的、涉及线上和线下、覆盖 B 端和 C 端的庞大的电子支付产业链。除了公司最初的产品 PayPal 及在此基础上的衍生服务 PayPal Credit 之外，PayPal 公司所组成的强大产品矩阵基本是通过收购而来的，其中 Venmo、Braintree 和 Xoom 的收购都在独立上市之前已完成，而 iZettle 和 Hyperwallet 则都是 2018 年完成的。这充分反映了 PayPal 构建全球支付帝国的愿景。

（二）PayPal 的业务发展

中国跨境电商增长势头迅猛，因此，PayPal 以更加开放的姿态在华寻求多方合作。将支付接口与更多第三方电商平台打通，借助后者在中国积累的用户群来拓展 PayPal 的在华覆盖范围。

PayPal 中国业务主要是帮助中国商户实现贯通全球的交易,开拓国际市场。针对外贸商户,PayPal 推出的服务升级方案包括简化外汇兑换流程以提升商户资金周转率,将现有的美元对人民币提现业务拓展至欧元、英镑、澳元等多币种,并将线下商户服务团队铺设到跨境电商综试区城市。

但 PayPal 在跨境交易上面临的竞争者也不少。除了传统的 Visa 和 MasterCard 信用卡、西联国际汇款等,MoneyGram、CashPay、Moneybooker、Escrow、WebMoney 等都非常有竞争力。分散的跨境支付市场尚未形成一家独大的局面,PayPal 品牌效应背后的风控能力及交易便捷性是其参与竞争的优势因素。

二、PayPal 买家支付

对于买家来说,使用 PayPal 在线付款不必支付任何手续费,同时符合条件的订单还将受到买家保障和退货运费赔付服务的保护。也就是说,使用 PayPal 购物,无论是通过信用卡、借记卡或 PayPal 余额付款,均无须支付任何手续费。手续费将由卖家承担。但是买家如使用不同于卖家所要求的其他货币付款,则须支付货币兑换费用。

购物前无须向 PayPal 账户进行充值,只需关联银行卡即可。具体的支付设置步骤为:银行卡信息—扣款 1.95 美元并在 10 分钟内退回—核实正确—完成关联和认证银行卡(见图5-4)。

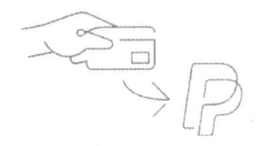

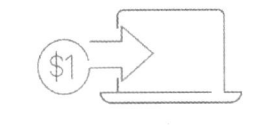

① 输入您的信用卡或借记卡信息 ② 为了核实银行卡的真实性,PayPal 将授权划扣相应银行卡内的1.95美元进行测试。扣款将于10分钟内退回到用户的银行卡 ③ 核实正确,完成关联和认证

图 5-4　PayPal 买家支付账户设置

资料来源:PayPal 官网资料,https://www.paypal.com。

使用关联信用卡的相应 PayPal 账户直接付款的优势有:购物时可获赠银行卡奖励积分;使用 PayPal 进行结算时,在线卖家无法获得有关买家银行卡或个人隐私的信息,因此可放心购物;此外,还可享受 PayPal 的其他多项优势,如买家保障、退货运费赔付服务及全天候的安全保障等。

(一)180 天内买家保障

如果购买的货物没有送达,或收到后发现"货不对版"时该怎么办? 不用担心,只要符合买家保障的条件,PayPal 将赔偿损失。补偿金额包括补偿物品的全部货款和原始运费,但不包括退货运费。

1. 保障范围

如果买家订购的物品没有送达或与卖家的描述不符,买家可以在 180 天内向 PayPal 提出补偿申请。以下是属于保障范围的一些情形(更多情形及无法进行补偿的情形请参考 PayPal 官网中的"PayPal 服务用户协议")。

(1) 收到了一件完全不同的物品。
(2) 购买的是两件物品,但只收到一件。
(3) 物品有瑕疵,但不是很明显。
(4) 购买的是正品,但收到的是仿冒品。

2. 获得买家保障的条件

(1) 使用 PayPal 支付购物款。
(2) 一次性支付全额款项。
(3) 账户信誉良好。
(4) 在付款后的 180 天内提出申请。

(二)退货 30 天内运费赔付服务

海淘的物品不合适、与预期有出入,或者仅仅只是改变主意了该怎么办?不用担心,尽管退货,退货运费由 PayPal 承担!

除了卖家保障外,如果买家临时改变了主意,或者对购买物品不满意,可以无理由向卖家退回所购商品,通过 PayPal 的退货运费赔付服务可获得最多 3 次、每次 20 美元的退货运费。

PayPal 退货运费赔付服务是专项服务,无须额外付费,只需要激活即可使用。每次退货运费赔付申请的上限金额为 20 美元。每个 PayPal 交易号只能申请 3 次退货运费赔付。

1. 退货赔付服务的条件

(1) 买家必须在退货期内按照卖家(通过交易平台销售商品的个人或实体,如 eBay 卖家)或商家(在交易平台外销售商品的其他个人或实体,如在线店铺)授权的退货条件开始退货。

(2) 必须已使用自己的 PayPal 账户对要退回的物品全额付款,而且在邮寄退回物品的 30 天内提交与该退货相关的运费的赔付申请。

(3) 必须通过指定的物流方式将物品寄还给卖家或商家。

2. 不在赔付范围的情形

以下购物不在 PayPal 退货运费赔付服务的赔付范围之内。

(1) 非物质或无形物品。
(2) 退货期限已过,或者未按照卖家或商家的退货条件退货。
(3) 仅支付了部分款项的物品。
(4) 通过普通邮递、快递或其他任何常规运送方式退货,并且运费已由卖家或商家支付。

PayPal 退货运费赔付服务仅在所购买物品的卖家或商家不提供免费退货或退货运费赔付服务时适用。如果所购买物品的卖家或商家通过普通邮递、快递或其他任何货运方式或服务提供免费退货或退货运费赔付服务,则买家必须使用他们提供的服务。

(三)PayPal 一键支付功能——One Touch

PayPal 推出的一键支付功能 One Touch 使用户在购物时可以从一个网站切换到另一个网站而无须重复登录 PayPal 账户或填写结算信息。在符合条件的网站上可跳过 PayPal 登录,因为 PayPal 将在此浏览器上记住密码,这样购物时无须记住密码,登录于不同的购物网站也无须每次重新输入密码,符合条件的订单同样可以享受 PayPal 的买家保障。当然如果买家是与他人共用设备的,为安全起见可以在用户信息设置中禁用 One Touch 功能。

三、PayPal 卖家费用

买家使用 PayPal 购物时购物无须支付任何手续费(但可能有货币兑换费),但当卖方使用 PayPal 收款时将可能会被收取 3 种费用:收款费、汇兑费和提现费。

对于卖方来说,PayPal 无月费,无开户费,只有订单成交时才需支付 PayPal 交易费,大客户还可享优惠。此外,满足一定条件后,商家的月销售额越高,所需支付的费率就越低。

(一)收款费:标准及优惠费率比较

收款费分为固定部分和浮动部分。使用美元收款时,固定费用为 0.30 美元;使用其他币种收款时,固定费用有所不同,其他币种具体费用可以查询官网或者使用 PayPal 费用计算器(https://salecalc.com/paypal)。

浮动部分则根据收款金额的不同而不同。如果商家的月度销售额达到 3000 美元及以上,并且保持良好的账户记录,可以申请优惠商家的费率,只需申请一次,日后便会根据收款额每月自动调整,并于次月生效。

(二)汇兑费:货币兑换费

当卖方在收款、提现或进行余额转换时涉及货币兑换,PayPal 会收取货币兑换费,此费用包含在货币兑换汇率中而不再另外收取,PayPal 会在货币兑换前向客户显示该汇率。

(三)提现费:提现手续费

卖方可以方便地提现人民币到中国的银行账户或选择其他提现选项。PayPal 可能会从提现金额中扣除一笔手续费,具体可扫描二维码查看。

📄 知识卡片 5-1:
PayPal 提现手续费

(四)退款政策

2019 年 5 月 7 日,PayPal 将不再收取处理退货或其他原因造成的退款的费用。即如果卖方向买方部分或全部退还交易费用或赠予他人的款项,退款不收取任何费用,但作为卖方最初支付给 PayPal 的费用不会归还给卖方。也就是说如果买家退款,则卖家必须承担之前的支付费用,或者说 PayPal 将 100% 保留之前卖家付给它的支付费用。

举例来说,如果买家以 100 美元购买并通过 PayPal 付款,PayPal 收取 0.3 美元的固定交易费和 2.9 美元(即 100×2.9% = 2.9 美元)的浮动费用,一共 3.2 美元,卖家最终获得了 96.80 美元的净付款。无论出于何种原因,如果卖家同意退款,PayPal 会将 100 美元全部退还给买家,但对于卖家 PayPal 将保留全部手续费,即 3.2 美元。

此外,PayPal 也一直在对用户协议进行修改,根据行业发展和市场趋势调整费率,同时也在更好地处理退款等事宜。

四、PayPal 增值服务

(一)外贸建站

PayPal 可以用于外贸建站中的支付系统,例如购物车系统,电商网站定制开发,虚拟主机、服务器托管等服务。

下面我们以 Shopify 为例来看一下它与 PayPal 的集成。Shopify 是一个 SaaS(software

as a service,软件即服务)领域的购物车系统,适合建立跨境电商独立站。用户支付一定费用即可在线利用各种主题、模板、APP 建立自己的网上商店。

Shopify 安装好后,只有基础的购物功能。如果要批量管理产品、订单,开通高级的邮件营销等功能,那就需要安装各种插件,比较烦琐,因此在支付方面,Shopify 选择 PayPal 作为全球战略合作伙伴,完美地整合了 PayPal 的支付功能,有效促进了自身业务的发展。

(二)营销推广

PayPal 支持电商平台推广、搜索引擎营销、电子直邮、社交媒体营销等服务。如谷歌出口易计划、Facebook 企业展示和营销主页、Bing 营销等。

(三)物流仓储

PayPal 还能支持速递物流、邮政小包、境外仓等服务。中国邮政为 PayPal 中国区的商户提供符合 PayPal 卖家保护政策且运费适中的航空平邮、挂号小包及邮政特快专递(express mail service,EMS)等服务,以满足用户对成本、时效性的不同需求。

第四节 PayPal 收款方案

PayPal 提供了多种收款方案供不同情境的商家选择使用,主要有以下几种:①电子邮件付款:适合没有网站的卖家,通过电子邮件为客户开具账单,并迅速获得付款。②网站付款:买家在商户网站下单后,商户网站通过 PayPal 支付标准按钮表单来实现收款,可将付款信息传输到 PayPal,完成结算。③PayPal Checkout 快速结账:通过应用接口调用 PayPal 存储的买家信息、精简结账流程。④移动解决方案:使用移动设备进行支付收款。

下面我们将分别对无网店的卖家或者个人,以及有网店的卖家(包括 B2C 和 B2B 商家)的收款方式进行介绍。

一、PayPal 无网站收款方案

对 PayPal 用户来说,只要知道对方的邮箱地址就可以发送收款请求。对方可以使用 PayPal 账户(如果有)付款,也可以使用银行账户、信用卡或借记卡付款。

(一)电子邮件付款

PayPal 电子邮件付款(email payments)是一种快捷安全的向客户收款的方式,可在线接收信用卡、银行和 PayPal 付款。卖家甚至不需要网站——只要用电子邮件给客户发送一个收款请求,他们即可点击并付款(见图 5-5)。

图 5-5 电子邮件付款

资料来源:PayPal 官网资料,https://www.paypal.com。

电子邮件付款的本质是发送付款链接给收款方,类似于我们线下经常使用的二维码扫码方式,都是要求付款人点击付款链接来支付,只不过是传递付款链接的途径不同而已,电子邮件付款通过电子邮件形式传递,而二维码则通过摄像头扫描图像转换为文本进行传递。

电子邮件付款的特点是快捷,客户只需点击一次即可完成支付。使用电子邮件付款也更高效,通过 PayPal 网站用电子邮件立刻便可发送收款请求。

使用电子邮件付款的收款成本也较低。接收付款无须支付商家账户费、开户费或月费。接收付款时只需支付较低的交易费。

(二)个性化链接收款

使用个性化链接 PayPal.Me 收款的好处是不必费心创建网店或设置付款方式。只需创建一个个性化付款链接并与客户分享,即可轻松收款。这个付款链接本质上与我们前面提到的电子邮件中发送的付款链接相似,当然还带有一些附加的信息用来展示个人或者公司的个性化信息。

首先登录 PayPal 创建 PayPal.Me 链接,然后就可以通过各种途径发送或者共享给潜在的客户并进行收款了。发送或共享的途径有电子邮件、社交网络等,即通过聊天应用或即时消息与客户分享 PayPal.Me 链接,无须透露银行账户信息,客户只需点击附带收款金额的 PayPal.Me 链接即可付款。款项即刻到账,可以将其用于购物或提现到银行账户,方便灵活(见图 5-6)。

① 创建自定义链接
选择您喜欢的用户名创建个性化的PayPal.Me链接。
例如:PayPal.Me/DeniTan

② 分享链接
与客户分享您附带金额的链接,请求客户付款。
例如,使用PayPal.Me/Businessname/25向客户收款25美元

③ 快速收款
客户点击链接,登录PayPal并完成付款。对方付款后,款项很快就会显示在您的PayPal账户中。

图 5-6 PayPal.Me 收款

资料依据:PayPal 官网资料,https://www.paypal.com。

(三)账单收款

无论是提供服务还是销售商品,也无论是否拥有网站,都可以使用 PayPal 的账单功能(invoice payments),更轻松地向世界各地的客户即时或定时发送专业账单。使用账单收款可以让卖家管理自己的收款,同时也实现了部分的客户管理功能。如接受部分付款(如订金和分期付款),跟踪和管理所有已付和未付账单等。另外,还能实现定时收款功能:可以预定账单发送日期,在指定的日期和时间重复发送账单。这一切都大大降低了收款的复杂性,增加了收款的灵活性(见图 5-7)。

图 5-7　账单收款示意

资料依据：PayPal 官网资料，https://www.paypal.com。

二、PayPal 网站收款方案：独立网站和电商平台

PayPal 为有网店的卖家提供了多种收款方案，包括开通了独立站的卖家和在电商平台中开设网店的卖家。除了上面提到的电子邮件、PayPal.Me 收款方式之外，还可以有以下几种收款方式。

（一）付款按钮

PayPal 按钮也称"网站付款标准版"（website payment standard），商家无须具备专业的编程技能，即可将付款按钮添加到网站中，比较适合库存量较小的而上线时间又比较紧急的商家，是一种既快速又简单的方式。PayPal 付款按钮设置简单，是绝佳的收款工具。只需在网站的网页中粘贴按钮 HTML 代码即可轻松收款。

支付按钮可以接受 PayPal、Visa、MasterCard 和 American Express 卡付款，支持超过 100 个币种的交易。PayPal 将处理整个结账流程，并将客户返回到商家的网站。另外，使用智能手机的客户在结账时无须缩放页面，便可以享受轻松便利的购物体验。

从技术角度来说，网站付款标准版是一种简单、安全、基于 HTML 的收款接口。买家在客户网站生成订单，再跳转到 PayPal 结账。商家网站通过 HTML Form（表单）向 PayPal 传输数据。付款完成后，可返回商家网站，同时 PayPal 可返回付款结果（见图 5-8）。

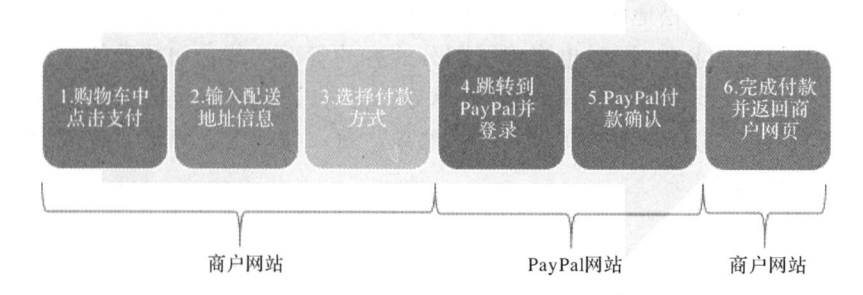

图 5-8　网站付款标准版支付流程

资料依据：PayPal 官网资料，https://www.paypal.com。

商家可以创建不同的 PayPal 按钮,添加到自己的网页上。用户通过点击按钮进入 PayPal 支付界面快速完成支付。通常使用的 PayPal 按钮有:立即购(Buy Now)、订阅(Subscribe)、添加到购物车(Add to Cart)。添加"付款按钮"的步骤如下。

(1) 登录 PayPal 商家账户,点击右上角的"用户信息与设置"。

(2) 点击销售工具,管理"我的付款"按钮并更新。

(3) 选择按钮类型,并输入产品详细信息,至此已经为产品创建了付款按钮的 HTML 代码(见图 5-9)。

图 5-9 添加"付款按钮"的操作界面示意

资料来源:PayPal 官网资料,https://www.paypal.com。

(4) 将这段代码复制并粘贴到商家自己的网站中即可。

客户在购买时会看到"Buy Now"和"Add to Cart"按钮,点击之后可以登录并使用他们的 PayPal 账户,或信用卡、借记卡,也可以用预付卡进行支付,可用的付款方式在各个国家(地区)有所不同。客户核对并确认付款之后会返回到商家网站。如果商家不希望客户付款时离开自己的网站,则可以考虑下面将介绍的"快速结账方案"。

(二)快速结账方案

PayPal Checkout 是"PayPal 快速结账"升级后的新名称,其中增加了一些新功能。首先,PayPal Checkout 采用了不同的集成方法,可以根据 PayPal 对买家的了解,智能地显示与买家所在市场相符的付款方式。其次,PayPal 可以自动在后端更新按钮、付款方式和结账体验,商家无须进行后续操作。

如果商家想提高网站的订单转化率,或需要一款可在多个平台上扩展的方案,则建议使用 PayPal Checkout 而不是"网站付款标准版"。

PayPal Checkout 是专为 PayPal 企业账户打造的收款产品,让客户可以直接从产品页面或购物车结账,从而更快地完成交易。这有助于降低购物车放弃率,提高成交率(见图 5-10)。

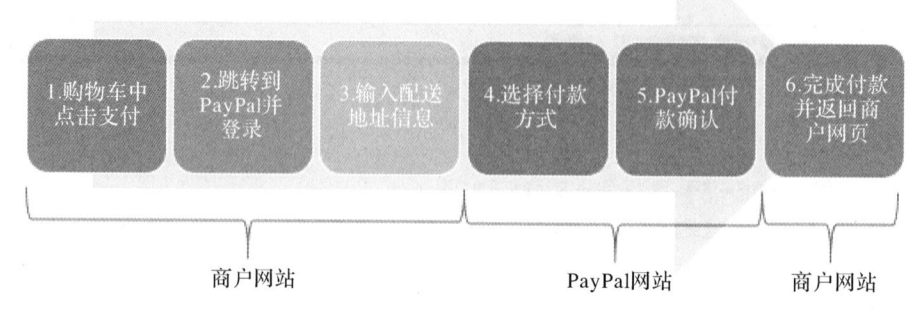

图 5-10　PayPal Checkout 支付流程

资料来源:PayPal 官网资料,https://www.paypal.com。

PayPal Checkout 仅支持企业账户。如持有中国大陆公司营业执照,则可将现有个人账户升级成企业账户之后再开通 PayPal Checkout。注册 PayPal 企业账户后,访问 PayPal 的付款设置页面,根据需要选择如何将 PayPal Checkout 集成到网站。

集成 PayPal Checkout 需要具备开发技能。公司的开发人员可以使用 PayPal 的集成指南文档来进行集成。注意到很多大型电子商务解决方案都内置了 PayPal Checkout,而且 PayPal Checkout 可与大多数购物车软件集成。

可以使用 PayPal Checkout 接受信用卡和借记卡付款。也就是说客户启动结账流程后,即使他们没有 PayPal 账户,也可以使用借记卡或信用卡付款。

总之,PayPal Checkout 针对移动设备的优化方案,能为客户带来更快速顺畅的结账体验,适用于许多常用的电子商务网店解决方案(见图 5-11)。

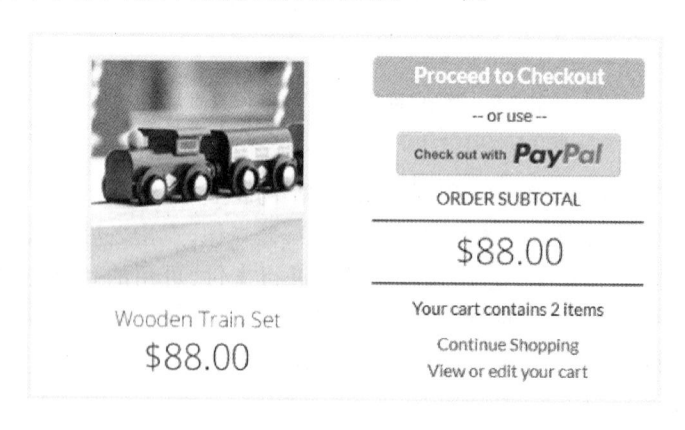

图 5-11　PayPal Checkout 的效果示意

资料依据:PayPal 官网资料,https://www.paypal.com。

PayPal Checkout 与网站付款标准版的区别在哪里呢?首先网站付款标准版的客户需要

在卖家网站注册之后才可以完成购买流程,否则就不会在购物车中显示出 PayPal 的支付按钮。这一点就无法让访客直接购买商品,限制了客源。而 PayPal Checkout 快速结账在购物车页面显示,无论是否访客都可以直接看到 PayPal 支付的按钮,可直接进入 PayPal 页面付款,即使不注册成网店会员也可完成购买,提高了网站的订单转化率。这是因为网站付款标准版的用户信息存储在网站会员信息中(不注册当然没有该会员信息),而快速结账的用户信息(包括所选商品信息和快递地址)都存储在 PayPal 账户中,而无须注册卖家的会员也可付款完成购物。

当然从付款步骤上来说,PayPal Checkout 付款页面跳转比网站付款标准版少两次,也就是说 PayPal Checkout 的步骤比网站付款标准版更加简单。但这并非 PayPal Checkout 方案更快的主要原因,主要原因在于网站付款付款标准版中对于不同的购物网站至少第一次都必须重新输入配送地址,而 PayPal Checkout Checkout 方案则将配送地址信息和支付工具绑定在一起,对于任何新的购物网站都不再需要重新输入配送地址。

知识卡片 5-2:
PayPal Checkout 和"网站付款标准版"的对比

总之,PayPal Checkout 快速结账方案是通过应用接口与 PayPal 深度集成来精简结账步骤从而实现高转化率的收款接口。买家或访客从购物车页面直接跳转到 PayPal,买家登录 PayPal 之后再生成订单。卖家网站通过应用接口与 PayPal 进行通信,PayPal 应用接口实时返回付款结果。

(三)PCI 合规

支付卡产业(payment card industry,PCI)安全标准是对客户支付卡信息保护的基本要求。Visa、MasterCard、American Express、Discover Card 和 JCB 均采用 PCI 标准,而存储、传输或处理支付卡信息的所有卖家也必须遵守该标准。

过去,这给想要在网上销售商品的卖家带来了大量的工作,但有了网站付款标准版之后,卖家就再也不用为此担心了。网站付款标准版会将客户转到 PayPal 代管的结账页面,由于 PayPal 遵守 PCI 标准,从而为商家分担了保护客户财务数据的责任,卖家尽可放心使用。当然 PayPal Checkout 也支持 PCI 合规收款。

(四)移动支付方案

1. 移动快速结账

移动快速结账(mobile express checkout)是针对移动产品所设计的快速结账方式,和基于 PC 版的快速结账的流程及原理类似。

2. 移动支付类库

PayPal 移动支付类库(mobile payment library)被用于嵌入 Android/iPhone 应用程序中来接收付款。

(五)卖家保障方案

基于"诚信的卖家值得保护"这一理念,PayPal 为卖家提供卖家保障方案。

该方案针对未经授权的付款、因欺诈发生的付款撤销及物品未收到买家提出的补偿申请,不论是服装、玩具还是电子产品,卖家保障都可为符合条件的交易提供全额补偿。从而使符合条件的交易受到保护,不会受到欺诈性补偿申请的影响。卖家保障服务流程分为 3 个步骤。

1. 买家提出申诉

如果买家提出补偿申请、退单或付款撤销,PayPal将对相关资金实施临时冻结。

2. 卖家提供证明

PayPal会要求卖家提供发货证明或送达证明,并彻底调查事件。

3. 卖家保障生效

PayPal确认卖家的交易符合卖家保障的条件后,PayPal会解除资金冻结,卖家将收到相关款项。

注意:虽然买家保障范围扩大到购买无形物品的买家,但卖家保障并不适用于无形物品。另外,作为卖家,在收到货款后,建议48小时之后再发货,因为在这个过程中,PayPal的风控团队会对付款账户做审核,看买家的账户是否存在风险。如果买家账户不可靠,PayPal会发提醒邮件,以便卖方判断交易的风险。

当交易出问题的时候,买方是可以要求PayPal去进行调查交易的。由于不少买家都是用信用卡链接PayPal账户的,只要买家不满意自己的产品,他们就可以通过信用卡系统来拒付(charge back),这就意味着如果买家采用了拒付手段,PayPal大概率会把存放在卖家账户里的钱退回到买家账户。所以,购买产品后使用PayPal进行的支付和用PayPal转账的支付是不同的。因此,为了尽可能避免交易风险,卖家即使有了卖家保障服务,也要对自己的营销负责。

三、PayPal商户收款步骤

具体来说,PayPal商户的收款步骤可以分为注册账户、账户认证、开始收款及资金提现这四大步骤。

(一)注册账户

请选择注册"商家账户",分以下步骤填写。

(1)填写邮箱地址。
(2)填写基本账户信息。
(3)提供公司详细信息。
(4)提供法定代表人信息及身份证明。
(5)提供营业执照扫描件。

(二)账户认证

为保证账户安全,PayPal会要求所有用户先认证银行账户或卡信息,才能从PayPal账户提现。用户可以选择以下两种方式中的一种进行认证(见表5-4)。

表5-4　PayPal用户认证银行账户

认证方式	流程	周期	银行卡
银联卡	用户在添加银联卡后,会收到银联发送的短信验证码,请根据页面提示输入验证码,即可完成认证	即时	银联借记卡或单币种信用卡

续　表

认证方式	流程	周期	银行卡
国际信用卡	用户在添加国际信用卡后,PayPal会从卡上暂时扣除1.95美元,并在信用卡对账单上生成一个4位数代码。用户可登录PayPal账户输入此代码,完成认证。1.95美元将在24小时内退回客户的PayPal账户	2~3个工作日	带有Visa、MasterCard或American Express标识的双币种信用卡

(三)开始收款

PayPal提供适合不同卖家的收款方案,可选择以下方案进行收款(见表5-5)。

表5-5　PayPal收款方案

商务类型	适合的收款方案
B2B小批发或制造商 B2C零售 电商平台销售	电子邮件付款、PayPal.Me、专业账单、PayPal Checkout、PayPal支付按钮
个人卖家 自由职业者	电子邮件付款、PayPal.Me、专业账单

(四)资金提现

当卖家收到客户的PayPal付款后,款项将会保留在其PayPal余额中。此时,卖家可以通过PayPal提现功能将款项转至自己的银行账户。

PayPal支持以下提现方式(见表5-6)。

表5-6　PayPal提现方式

提现方式	周期	手续费
电汇至中国内地的银行账户(美元)	3~7个工作日	每笔35美元
提现至中国香港的银行账户(港币)	3~6个工作日	提现港币1000元及以上,免费 提现港币1000以下,每笔港币3.50元
提现至美国的银行账户(美元)	1个工作日	每笔35美元
通过支票提现(美元)	4~6周	每笔5美元

当有人用PayPal给你付款的时候,你会收到PayPal发来的提醒邮件,标题是"你收到钱了"(You've Got Cash)。对于中国用户来说,你需要到PayPal网站上进行手工确认接收,以便将款项记入你的PayPal账户。具体步骤如下。

(1)以自己的用户身份登录PayPal官网。

(2)登录后自动进入"我的账户"(My Account)中的"概览"(Overview)页面。凡是标注"未认领"(Unclaimed)状态的来款,都是需要手工接收的。

(3)在每一条"未认领"付款的最右面,有两个按键:"接收"(Accept)或"拒收"(Deny)。

如果要接收付款，就点击"接收"。

（4）然后 PayPal 会弹出一个页面，提醒你加入信用卡或银行账户。这个页面对于中国用户没用，可以直接点击"继续"（Continue）按钮。因为中国用户不能加入银行账户，但在注册时都加入了自己的国际信用卡信息。

（5）这时会弹出一个加入银行账户的信息选择窗口。因为中国用户不能加入银行账户，所以只能选择"接收付款但不加入银行账户"（Accept Payment But Not to Add A Bank Account）这一条。然后点击"确认"（Confirm）。至此，该笔付款就算完成了接收，已经记入了你的 PayPal 账户。

（6）最后可以回到"我的账户"页面，查看账户余额的变化，或者接收下一笔付款。

四、PayPal 提现方式

业界事例 5-2：2018 年 7 月 1 日起连连支付与 PayPal 终止提现业务合作

目前 PayPal 有 5 种提现方式。

（一）PayPal 绑定第三方支付账户

如可以绑定 Payoneer 账户，以前从 PayPal 提美元到 Payoneer 账户是免费的，2019 年开始 PayPal 会收取 35 美元的手续费。提到 Payoneer 账户之后再换汇成人民币。再比如从 PayPal 提现到 WorldFirst 的美国银行账户，可以快速提现而且无手续费，2~3 个工作日即可到账。而从 WorldFirst 提现到中国银行账户，则会收取 1% 的手续费。

（二）PayPal 电汇到中国本地的银行

此种提现方式的到账时间为 3~7 个工作，受人均 5 万美元的结汇限制，该提现方式 150 美元起步，10 万美元封顶。

（三）PayPal 提现到中国香港银行账户

采取此种提现方式时，PayPal 账户持有人和中国香港银行账户持有人须是同一人。

（四）向 PayPal 申请支票提现

需要 4~6 周，不建议大家用这种方式，时间太长，而且容易被冒领。

（五）美国银行账户提现

该提现方式需要 3~4 个工作日，需要有美国银行账户。

目前大部分的卖家使用的提现方式是第 2 种，即电汇到境内的银行卡，具体操作流程如下。

如果还未添加电汇银行账户，在选择此选项时，会先添加一个用于电汇的银行账户。在添加银行账户时，如有部分信息不确定，一定要和发卡银行联系以确认信息的正确性，否则可能导致提现不成功并产生一笔退回费。另外，部分银行可能会收取额外费用，因此，一定要提前和发卡银行确认其是否会收取费用。

添加银行卡，填写 SWIFT 码和中转行 SWIFT 码，不确定的话，请与发卡行联系。添加完账户后，填写您需要提现的币种和金额，点击"继续"，会跳转至确认页面，仔细核对金额及相关信息，确认无误后点击"确认"。

注意一定要确保银行账户可以接收美元,一般 62 开头的银行卡都可以接收,如果不确定的话,可以问下发卡行。现在大部分银行都提供网上结汇功能,可以先和银行确认好,提前到银行网点开通此功能,后期就可以直接在网上操作兑换成人民币而不必再去银行柜台办理。

第五章知识与技能训练

第六章 亚马逊和Wish平台支付操作实务

> **知识目标**

◎ 了解亚马逊电商平台全球开店服务及其账户体系。
◎ 掌握亚马逊电商平台的各类支付方式和提现规则。
◎ 掌握Wish移动电商平台的收款步骤及放款规则。

> **能力目标**

◎ 能申请亚马逊电商平台的账户和销售计划。
◎ 能掌握并配置亚马逊电商平台主流的支付方式。
◎ 能掌握并配置Wish移动电商平台的支付方式。

> **案例导入**

亚马逊：停运亚马逊中文官方网站

美国电商巨头亚马逊突然宣布，自2023年7月17日起，停运亚马逊中文官方网站（http://www.amazon.cn），与此同时，亚马逊中国将不再提供应用商店服务。报道称，亚马逊发言人表示，亚马逊中文官方网站停运前，公司会与卖家密切合作，确保顺利过渡并继续为客户提供最佳的服务。同时，亚马逊旗下的Kindle电子书店也在2023年6月30日停止了Kindle电子书店在中国的运营。在此之后，将不能在Kindle购买新的电子书。对于已经购买的电子书，可以在2024年6月30日之前下载，并且可以在此后继续阅读。

亚马逊同时强调："我们宣布了Kindle相关业务在中国的调整，但是亚马逊在中国长期的发展承诺不会改变。"其在中国的业务包括亚马逊海外购、亚马逊全球开店、亚马逊广告、亚马逊全球物流在内的跨境电商业务，以及亚马逊云科技和亚马逊智能硬件与服务等。亚马逊中国已拥有超过一万名员工，在北京、上海、杭州和深圳等12个城市设立了办公室。

（资料来源：《亚马逊进一步收缩在华业务，7月17日起停运亚马逊中国官网》，https://baijiahao.baidu.com/s?id=1766737190735052320&wfr=spider&for=pc）

第一节 亚马逊平台

一、亚马逊平台简介

亚马逊公司成立于1994年,是美国最大的一家网络电子商务公司,位于华盛顿州的西雅图。它一开始只经营网络的书籍销售业务,现在则扩及了范围相当广的其他产品,已成为全球商品品种最多的网上零售商和全球第二大互联网企业。

2017年美国电子商务持续加速增长,占美国零售总额的13%。而亚马逊电商市场份额持续增长,2017年亚马逊占据美国电商销售总额的28%。亚马逊在美国最受欢迎的Top10网站中排名第一。由于市场竞争、运营成本等诸多因素影响,亚马逊的业绩从2021年便开始出现放缓趋势,线上店营收同比增速从2020年的40%跌至13%、第三方卖家服务营收同比增速从2020年的50%跌至28%,企业整体净利润同比增速也从2020年的84.08%跌至56.41%。为此,亚马逊2023年开启了一系列缩减成本的动作,略显成效。2023年营收为5748亿美元,同比增长12%,净利润为304亿美元,成功扭转了2022年净亏损27亿美元的颓势。

近年来,亚马逊也通过并购策略,加速在人工智能领域的拓展,如收购生成式AI工具Fig.io及从事音频内容发现的Snackable AI,或能对AWS(Amazon Website Services,亚马逊云平台)产生强大赋能。

二、亚马逊海外购

2004年,亚马逊收购卓越。2007年卓越改名为"卓越亚马逊"。2011年,再次更名为"亚马逊中国"。2014年,亚马逊中国正式上线亚马逊海外购商店,商品经由亚马逊全球物流体系从海外运营中心直送中国消费者。

亚马逊海外购是亚马逊平台上的一个重要组成部分,它为消费者提供了一个方便的途径来购买其他国家(地区)的商品。亚马逊海外购主要有两种类型:自营海外购和第三方海外购。

亚马逊自营海外购是指亚马逊自己采购的海外商品,并在平台上进行销售。这些商品通常由亚马逊自己的物流系统进行配送,并且有较好的品质保证。第三方海外购是指由第三方卖家在亚马逊平台上销售的海外商品。这些卖家通常有自己的采购渠道和物流系统,能够提供多种品牌和种类的商品。

三、亚马逊

亚马逊全球开店(Amazon Global Selling)面向中国卖家已经全面开放北美、欧洲、拉丁美洲、日本、澳大利亚、中东、印度等19大海外站点,这些站点拥有数亿活跃用户及500多家企业机构买家,再加上遍布全球的跨境电子商务运营中心,凭借其全球显著的跨境电商流量优势及对中国卖家的跨境电商战略的支持,是中国企业走向世界的一个重要途径。亚马逊平台也会对入驻卖家进行一系列的审核,这也是亚马逊为了筛选出优质商家而设置的准入门槛。

1. 联合账户和关联账户

目前亚马逊全球开店可以开通的站点有：美国、加拿大、墨西哥、巴西、英国、法国、德国、意大利、西班牙、荷兰、瑞典、波兰、比利时、日本、澳大利亚、新加坡、阿联酋、沙特、印度。其中美国、加拿大为北美联合账户；墨西哥、巴西为拉丁美洲联合账户；英国、法国、德国、意大利、西班牙为欧洲联合账户；阿联酋、沙特为中东联合账户。联合账户（unified account）是指卖家开通其中任意一个站点，就可以不需要再提供其他资料便可连带开通联合账户内的其他站点。但是需要注意的是，注册为亚马逊的卖家时，禁止在同一站点操作和持有多个卖家账户，我们一般把这种违规的多账户行为称为关联账户，亚马逊会通过自己独特的算法来扫描检查商家是否存在关联账户的行为，一经发现将会导致封号等严重后果。

2. 亚马逊全球开店卖家注册具体流程

个人或者公司均可注册成为卖家。注册前需要确认有可以支付美元的双币信用卡（如 Visa 等）。下面以在北美站开店注册为例来说明注册流程。

（1）点击登录亚马逊官方网站 http://gs.amazon.cn（gs 表示 global selling）。
（2）填写姓名、邮箱地址、密码，创建新用户。
（3）填写地址、卖家名称、联系方式，进行电话或短信认证验证。
（4）填写信用卡卡号、有效期、持卡人姓名、账单地址，设置扣款方式。
（5）填写境内银行账户名称、地址、持有人姓名、账号等，设置存款方式。
（6）进行美国税务审核。
（7）勾选卖家的商品信息和分类（可跳过）。
（8）进行卖家身份验证并完成验证。
（9）审核完成后上架卖家的第一个产品。

3. 销售计划

注册成功之后，亚马逊向卖家提供两种销售计划：专业销售计划（professional）和个人销售计划（individual）。无论是公司还是个体工商户，都可以通过亚马逊自注册通道完成账户注册并开始销售。以公司名义与以个人名义开设的账户在流量、商品上架数量、商品审核要求等方面没有任何区别。这两种计划的主要区别在于费用结构和功能的使用权限上。以北美站为例，我们从表 6-1 中可以清晰地看到，个人销售计划不收取月租金，但会按件收取费用，而专业销售计划账户则需要支付月租金。

表 6-1　两种销售计划对比（北美站）

账号类型	个人销售计划	专业销售计划
注册主体	个人/公司	个人/公司
月租金	月租金免费，但销出一件商品需向平台支付 0.99 美元	39.99 美元/月
销售佣金	根据不同品类，不同站点亚马逊收取不同比例的佣金	
功能区别	单一上传，无数据报告	单一上传/批量上传，可下载数据报告

以上两种销售计划之间是可以相互转化的。如果注册时注册的是个人销售计划，之后也可以在后台自助升级为专业销售计划；如果注册时是专业销售计划，后续也可以降级为个人销售计划。所以，若想在亚马逊平台销售，即使没有公司资质，也可在亚马逊上申请专业销售计划。

4. 销售费率

亚马逊北美站专业销售计划支持多品类的销售,可提供卖家平台工具及销售指导等。专业销售计划的费用包括3个方面:月租金39.99美元、销售佣金及交易手续费(见图6-1)。

5. 设置扣款方式

注册过程中需要填写信用卡卡号、有效期、持卡人姓名、账单地址,设置收款方式(见图6-2)。在账户结算时,如果卖家账户结余不足以抵扣相关款项,系统会从信用卡中扣除每月月费或其他销售费用,如FBA(Fulfillment by Amazon,亚马逊物流)费用。

图 6-1 专业销售计划费用的3个部分

图 6-2 注册时设置收款方式

设置时需注意的要点如下。

(1) 请使用可以支付美元的中国境内银行双币信用卡(Visa、MasterCard 均可)。

(2) 确认默认地址信息是否与信用卡账单地址相同。如不同,以账单地址为准,请使用英文或者拼音填写信用卡账单地址。

(3) 信用卡持卡人与账户注册人无须为同一人,公司账户亦可使用个人信用卡。

(4) 若填写信息正确,系统会尝试对该信用卡进行预授权以验证该信用卡尚有信用额度,持卡人可能会收到发卡行的预授权提醒。

(5)在注册完成和账户运营过程中,可随时更换信用卡信息,但频繁更改可能会触发账户审核,建议更换前咨询平台。

(6)如果选择的是专业销售计划,创建账户时,将向卖家收取第一笔月租金(39.99美元)。亚马逊将执行付款验证。

(7)如果收到通知,告知在卖家账户中注册的信用卡信息无效,请检查以下信息。

① 账单地址。该地址必须与信用卡对账单中的账单地址完全相同。

② 与开户银行核实,确认信用卡尚未过期,具有充足的信用额度,且对被拒金额的网上扣款无任何限制。

6. 设置存款方式

存款方式即我们通常所说的商家的收款方式。一共有3种方式完成北美站点存款方式的设置。

方法一:若使用美国或中国香港的有效银行账户,用美元或港币接收亚马逊付款,可选择银行地址为"美国"或"中国香港"并填写银行账户信息(见图6-3)。

图6-3 使用美国/中国香港的银行账户收款

方法二:若使用人民币接收全球付款并直接存入境内银行账户,可选择银行地址为"中国内地"并填写银行账号或借记卡号信息。

方法三:若使用亚马逊接受第三方存款账户,可选择银行地址为"美国",并填入第三方机构提供的银行账户信息。

7. 纳税审核

美国纳税审核是一个自助的审核过程,大部分身份信息会从之前填写的信息中提取出来填入,为了验证卖家的 W-9 或 W-8BEN 并尽可能高效地满足美国税务部门的要求,应在审核过程中确保回答所有问题并输入所需的所有信息(注意:中国卖家也必须完成此审核流程才可完成注册流程)。

W-9 的全称是 Request for Taxpayer Identification Number and Certification,即纳税人个人身份识别及声明书。如果是一名美国纳税人(一名美国公民或在美国居住的外国人),当从一个公司或地产交易、股票交易投资等得到收入时,会被要求提交一份 W-9 表格。而 W-8BEN 全名为 Certificate of Foreign Status of Beneficial Owner for US Tax Withholding,即非美国身份受益人美国所得税扣缴暨申报证明文件。是由开户人填报的声明其本人并非美国公民,要求免除美国的相关税项的表单。申报后有效期 3 年。3 年到期前,需要重新填表,再次申报。

8. 二次审核

亚马逊平台上的账户审核机制,主要分为一次审核和二次审核。亚马逊一审是指注册的时候审核法人身份证和执照信息等。但一般等经营一段时间后,亚马逊就会再发一封邮件要卖家提交新的资料,也就是二审。

二审一般是审核经营时间、发票、库存等情况。如今,越来越多的卖家涌入亚马逊,有些卖家使用虚假资料去注册账户,也有些卖家利用平台诈骗或恶意跟卖破坏平台规则等。于是亚马逊便不得不通过二审来进行排查,从而控制平台卖家的质量。

很多新卖家尤其是北美站卖家会收到亚马逊的审查邮件,要求卖家提供经营时间、库存来源、过去 6 个月的发票、库存存放位置、零售地址、链接的网站、其他销售网站、最近发货订单及税号等信息。这就是亚马逊的二次审核环节。尤其需要重视的是,卖家在遇到信用卡有问题的时候,千万不要随意去更换,极有可能触发二审,导致账户被冻结。

四、亚马逊账户体系

目前亚马逊平台存在以下 5 种账户体系。

1. Seller 和 Business 账户

Amazon Seller Central 账户(亚马逊第三方卖家账户,以下简称 Seller 账户),是指由第三方卖家自营的账户。现在基本上所有中国卖家运营的主要账户都是 Seller 账户,从事 B2C 业务。

知识卡片 6-1:
亚马逊账户等级

Business Seller 账户(亚马逊企业卖家账户,以下简称 Business 账户)是针对商业采购开设的卖家账户。Business 账户依然由卖家自己运营,但针对的买家都是亚马逊企业买家,订单以小规模批量采购为多,即 B2B 业务。

2. VE 账户

亚马逊在最初只设有 Seller 账户和 Amazon Vendor Central(亚马逊供应商账户,以下简称 VC 账户)两种账户。VC 账户被亚马逊视为重量级的账户,2015 年为了缩小 VC 账户和 Seller 账户之间的差距,亚马逊提供了更为灵活的第三种选择——Amazon Vendor Express(亚马逊供应商快速入驻账户,主要面向美国本土的企业供应商入驻,以下简称 VE 账户)。

VE 账户是亚马逊公司 2018 年推出的新的供应商平台,商家通过这个平台可以把产品卖给亚马逊公司,然后产品在亚马逊平台上是以"sold by and ship from Amazon"销售的,也就是亚马逊自营产品。VE 账户允许将其产品销售给亚马逊,而不是直接面向消费者,账户申请也无须邀请。

但是由于种种原因,该项服务在 2019 年 1 月被完全关闭了。

3. Amazon Launchpad 账户

Amazon Launchpad(亚马逊发明家计划)于 2015 年推出,是亚马逊推出的一个为初创公司推广新颖创意产品的项目。亚马逊通过与众筹网站、孵化器和风险投资公司合作,向初创公司提供资源、专业知识和基础设施,帮助他们将产品推向市场,并且配送到客户手中。另外,亚马逊还创立了"Amazon Launchpad"页面,展示初创者的新产品,为其提供销售市场和分销渠道。

客户通过"Amazon Launchpad"页面能够获取各种新品牌的创新产品,对初创公司来说,亚马逊帮他们处理了库存管理、订单、客户服务等业务,使初创者能够专注于研发更好的创新产品。

Amazon Launchpad 欢迎现有的亚马逊卖家申请并参与其中,如果卖家有意向,可以通过卖家中心申请注册。但如果想在 Amazon Launchpad 展示,需满足以下条件:一是至少有 10 个评价且评价至少 3 星;二是已经参与了亚马逊广告活动,如 AMS(Amazon Marketing Services,亚马逊营销服务)或 Sponsored Products(关键字广告)。

另外,所有的初创公司都可以向亚马逊申请,如果不是由亚马逊的合作方(众筹网站、孵化器、风险投资公司)投资的,亚马逊会根据具体情况进行评估。

4. VC 账户

业界事例 6-1:亚马逊的 One Vendor 系统

VC 账户比 VE 账户早,也比 VE 账户成熟。相比 VE 账户来说,VC 账户具有更大的权限,可以在后台获取亚马逊平台上更多的销售数据。和 VE 账户不同的是,VC 账户是邀请制的,即只有亚马逊看中了商家的产品,商家才有可能被邀请注册,在很大程度上意味着这是一个需要在有了产品和品牌沉淀之后才可能获得的账户。

VC 账户是亚马逊公司重量级的供应商系统,其功能之齐全可与沃尔玛的供应商系统(Retail link,零售链系统)媲美。亚马逊上面所有的自营(实物)商品,几乎全部来自这个平台的供应商。该系统整合了 EDI 的功能,用户也可以直接在系统里面自助配置并和自己企业的 EDI 对接。

Seller 账户的账期是 14 天,而 VC 和 VE 账户的回款账期则要长很多,可长达 90 天,但是 VC 账户可以与亚马逊平台协商,也可能缩至 30 多天,但是如果是 VE 账户的话,就是固定的 60 天。

第二节 亚马逊收付款工具

一、亚马逊支付工具

亚马逊支付(Amazon Pay)是亚马逊旗下的一项在线支付处理服务工具,于 2015 年推出,旨在为用户在网站上使用亚马逊账户支付提供支持。2016 年,亚马逊将旗下支付业务独立出来,并成立了子公司 Amazon Pay。同时,Amazon Pay 还推出了第三方支付业务,用户可用其直接支付电影票和账单、充值移动电话卡、预订旅游机票,以及在线下单叫外卖等。作为全球最大的电商平台,亚马逊的支付业务与其主营业务十分接近,为用户在网上购物支付提供了便利,能够有效增加平台用户的黏性,同时减少交易摩擦。

业界事例 6-2:亚马逊支付再迈一步 已接入 Worldpay API

从其支付业务的发展来看,无论是线上的电商还是线下的实体店,亚马逊的支付业务最初承担的是其商业模式中的"基础设施"功能,即服务于主营业务,后来再拓展至自有业务链条之外。Amazon Pay 可以存储用户的银行卡信息,允许用户在支付时省去输入账户信息的麻烦,从而方便用户支付。

二、亚马逊自有支付工具

(一) ACCS 服务

亚马逊官方推出的全球收款服务又称亚马逊货币转换服务(Amazon Currency Convertor Service, ACCS),这是一项可选服务,使亚马逊卖家能够在其账户与销售商品所在商城位于不同国家或地区的情况下,将收益收入存入其本地银行账户。即卖家可以使用本地货币接收全球付款,并直接存入卖家的境内银行账户(见图6-9)。在收到账户转账时,卖家看到的"付款一览"页面上有"查看汇率"按钮,点击该按钮便可查看汇率)。北美、欧洲和日本3个站点支持中国卖家使用,直接在网页中添加境内银行账户即可。收款后,银行对账单将把付款显示为以下名称之一:亚马逊、汇丰银行,或亚马逊和汇丰银行。

业界事例6-3:亚马逊官方推出"全球收款"服务(ACCS)电商平台加入支付战局

ACCS由亚马逊之前的付款功能和第三方转账功能整合而成,方便卖家从一个后台管理全球所有站点的收款。卖家开通此项服务后,便无须再绑定境外银行卡或者第三方账户作为收款账户,可以直接使用本地货币接收全球付款,且最快在两个工作日内就能存入卖家的境内银行账户。

注意:亚马逊的ACCS服务和Hyperwallet不是同一种服务,后者是PayPal的子公司向亚马逊用户提供的一种支付服务。

业界事例6-4:PayPal以4亿美元完成收购Hyperwallet

(二) 与第三方集成

第三方卖家可以通过Amazon Payments SDK(一款支付网关)将亚马逊支付按钮添加到结账页面。也可以通过购买Shopify、BigCommerce、Magento或Zuora等亚马逊主要合作伙伴的产品来获得Amazon Pay,也可以自行在网站添加该支付方式。

卖家将Amazon Pay添加到自己的付款选项后,用户结账流程如下。

(1) 用户结账时可以直接单击Amazon Pay的标志或按钮。
(2) 跳转到亚马逊登录页面登录账户。
(3) 用户登录完成后,会返回到之前的网站完成结账。
(4) 用户可以选择其登记在亚马逊账户里的信用卡或借记卡进行支付。
(5) 支付完成后,用户将收到亚马逊的支付收据。

(三) 交易佣金费率

亚马逊通过电子转账的方式将销售收益支付给卖家。卖家账户中必须指定一个银行账号或者借记卡账号来收款,以便亚马逊将款项存入其中。亚马逊无法向信用卡或在线付款系统(如PayPal)转账。

用户支付后,亚马逊将自动减去交易佣金,并将剩余金额转到卖家的账户中。亚马逊支付收费与大多数电商支付平台相似,对于美国国内的购买交易,亚马逊每笔交易收取2.9%的佣金外加0.3美元的交易处理费。对于跨境交易,亚马逊的佣金则为3.9%外加0.3美元的交易处理费。

卖家收款的计算方式如下。

1. 文化传媒类商品

文化传媒类商品卖家收益的计算方式为

存入卖家账户的总金额＝商品的售价＋运费－销售佣金（商品售价的适用百分比）－
非固定交易手续费－每件商品 0.99 美元的费用（仅面向"个人"卖家）

2. 非文化传媒类商品

非文化传媒类商品卖家收益计算方式为

存入卖家账户的总金额＝商品的售价＋运费＋礼品包装费－
销售佣金（含所有运费或礼品包装费在内的总售价的适用百分比，
其中不含通过亚马逊计税服务征收的任何税费）－
每件商品 0.99 美元的费用（仅面向"个人"卖家）

(四)亚马逊的信用卡

2017 年 1 月,亚马逊推出了升级版的亚马逊奖赏 Visa 信用卡(Amazon Prime Rewards Visa Signature Card),Prime 会员持卡人在亚马逊平台上购物可以获得 5% 的回赠,同时在指定餐馆、加油站、杂货店消费同样可以获得 2% 的回赠,其他地方购物则可获得 1% 的回赠;而非 Prime 会员的持卡人在亚马逊平台上消费则只能得到 3% 的回赠,其他相同。

三、银行收款和第三方跨境支付收款

除了亚马逊自带的 ACCS 收款工具外,亚马逊主要还有以下两种收款方式,即银行收款和第三方跨境支付收款。需要注意的是,亚马逊后台的收款方式必须是当地银行账户,如美国站必须绑定美国银行账户,英国站必须绑定英国银行账户。

(一)银行收款

银行收款账户又可以分为美国账户和中国香港账户。因为账户开户过于麻烦,加上汇损较高,现在除了一些大卖家外,普通卖家使用银行收款方式的不多。

(二)第三方跨境支付收款

随着跨境电商行业发展越来越快,更多的跨境卖家开始使用新兴的专为跨境电商量身打造的第三方跨境支付机构。其特点是注册方式简单,使用起来也很方便,没有银行账户那么麻烦,费用也较银行账户要低。目前市场上主流的是 WorldFirst 和 Payoneer,也就是人们经常所说的 WF 卡和 P 卡,以及 PingPong 支付。

(三)开户方式对比

1. 美国银行账户

需要本人或找中介公司代理注册美国公司,然后才可以开通美国银行账户。时长一个月以上,费用 1.5 万~3 万元。

2. 中国香港银行账户

需要先在中国香港注册公司后才能开通中国香港银行账户,时长一个月以上,开户费用各银行略有不同,一般在几百到几千港币之间。

3. WorldFirst

WorldFirst 开户简单,个人持身份证及地址证明即可开通,公司账户则需提交公司营业执照,时长 5 天左右。WorldFirst 支持全球 11 大主流币种和 30 多种小币种货币的结算。开户过程全免费。

4. Payoneer

Payoneer 开户简单,可开个人账户和企业账户,会同时为用户开通一张 MasterCard 的实体卡(可选),拿到这张实体卡正常需要 1~2 周的时间。P 卡支持美元和欧元两个币种。开户过程全免费。

5. PingPong

PingPong 开户简单,只需公司法人身份证和营业执照就能直接在 PingPong 官网后台申请,时长 1~2 个工作日。PingPong 目前支持美元、日元、新加坡元等 20 多个币种的交易,提供日本、阿联酋、墨西哥等 10 个本地账户收款。

(四)费率对比

1. 美国银行账户

美国银行接收美国站的款项时,不产生任何费用。但是接收英国、加拿大等其他站点的款项时,亚马逊会先将本地货币转换为美元入账,这个过程将产生一定的汇损。

2. 中国香港银行账户

中国香港银行账户接收任何站点的款项都会有 2.5% 左右的汇损,因为亚马逊会先将货币转换为港币。虽然费用较高但是境内有很多公司使用,原因主要有两点:一是境内公司希望申请出口退税,因此需要香港银行向内地银行转账的流水记录;二是部分商家要给自己境外的子公司支付货款,需要平账,也会使用香港银行卡。

3. WorldFirst

使用 WorldFirst 会产生 1%~2.5% 的汇损,具体的汇损比例是根据账户月交易流水来核定的。如果账户月流水超过 50 万美元的话,可获得最低汇损率 1%~1.5%。

4. Payoneer

Payoneer 分为有卡账户和无卡账户两种。有卡账户管理费每年 29.95 美元,无卡账户不需要年费。Payoneer 美元入账会收取 1% 的手续费,累积入账 20 万美元则入账免费。欧元和英镑入账无须手续费。人民币结汇和外币电汇收取 1%~2% 的手续费,1~2 天到账。新用户提现费为 2%,随着累计入账的金额增加而减少,最低可降到 1%(累计入账 300 万美元)。月入账超过 10 万美元的卖家可以联系大客户经理申请 VIP 手续费减免。

5. PingPong

PingPong 针对中小企业跨境交易小额、高频的需求特征,不仅专门定制了一套适配中小企业的风控机制和产品体系,还先后打出"T+0 提现""跨境支付手续费 1% 封顶"两张王牌,抓住了跨境出口行业的痛点——资金周转效率低和费率高,对许多中小卖家来说,相当于是增加了利润。

(五)安全性对比

1. 从平台账户安全角度来看

(1)美国银行账户和中国香港银行账户功能比较单一,只能放到单一店铺上收款。如果同一银行账户添加到多个亚马逊店铺,则会导致店铺关联而被关闭。

(2)第三方跨境支付机构,如 Payoneer、WorldFirst、PingPong 等都支持多个亚马逊店铺,不会产生关联收款。

2. 从收款账户安全角度来看

(1)银行账户:银行账户安全性较高,但其对个人银行账户监管十分严格,如果账户长期有大金额入账,银行有可能会认为账户风险过高而关闭该账户。

(2)第三方跨境支付机构账户:Payoneer、WorldFirst、PingPong 都属于第三方跨境支付机构。这几家公司在产品模型上基本一致,都是持有境外的支付金融牌照,并与境内的持有跨境金融牌照的支付公司合作进行结汇,可以以人民币直接到账而不占用个人外汇额度(即使使用个人账户提现)。以第三方跨境支付机构收款的资金,国家外汇管理局会对资金的来源进行验证以避免洗钱的风险。

四、美国进口税费和 MWS 授权

(一)美国进口税费

2016 年 2 月 24 日,时任美国总统奥巴马签署了《2015 年贸易便捷与贸易促进法》(*Trade Facilitation and Trade Enforcement Act of 2015*),其中将进口免征税金额从 200 美元增至 800 美元,该法案由美国海关和边境保护局于 2016 年 3 月 10 日起实施。免征税金额是指符合条件的货件其申报美元金额小于规定金额,即可免于海关正式报关,也无须缴纳关税或税款。

此举不仅激励了美国消费者,也激励了不少的电商卖家更多地考虑用快递发货。

该条款比较适合于 B2C 卖家,免税的注意事项有:①货物必须是由同一个人在同一天进口(以公司名义进口的不适用);②送达同一个最终收货人的合并货物将会被视为一笔进口货物(即同一人在同一天内进口几笔货物加起来总额超过 800 美元也不能适用);③酒精饮料、含有酒精的香水(除非装运所有商品的装运国的总体公平零售价值不超过 5 美元),以及雪茄或香烟不能被豁免征税;④属关税配额中的品类的商品不能免税(如农产品属于关税配额的产品,不能豁免征税);⑤如果一个或多个合作政府机构需要信息才能实现监管的货物不能豁免征税[如涉及美国 FDA(Food and Drug Administration,食品药品监督管理局)部门监管的货物不能豁免征税];⑥若申报的货物低于 800 美元,但美国海关怀疑故意低报,而对货物重新估价,若最终估价高过 800 美元,那么还是要征税的。

2019 年美国海关开始加强对进口商品的查验,特别是在价值低于 800 美元的货物的进口申报上。违规申报主要包括 4 种情况。

一是为避免关税,将一批货物拆分为多个低于 800 美元的货物出货。

二是货物价值明显低申报。

三是货物为侵权、仿冒、伪造产品。

四是实物与申报不符。

建议同一批出口货物中相同品名的货物申报价值要保持一致,否则美国海关会根据其中最高的申报价值作为整批货物的申报价值,低于最高申报价值的货物会被要求重新申报。重新申报超过 800 美元就会被要求支付关税。

(二) MWS 授权

亚马逊商城网络服务(Amazon Marketplace Web Service,MWS)是一个集成式网络服务 API(Application Programming Interface,应用程序编程接口),能够帮助亚马逊卖家通过编程方式交换有关商品、订单、付款、报告等的数据,具体功能包括添加商品、库存批量上传、下载订单信息、获取付款数据、请求生成各种报告、查询报告状态和下载等。

亚马逊 MWS API 开放接口为卖家在亚马逊上销售的各个阶段提供了更方便的管理服务,专业卖家账户的开发者可以免费使用,并通过使用 MWS 授权服务享有开发者调用权。卖家第一次访问亚马逊 MWS 权限管理器时,可以选择"注册为开发人员",即授权自己的账户使用亚马逊 MWS,用以对接自行开发的应用软件,或"授权某个开发人员",即授权第三方开发者代表自己使用亚马逊 MWS 访问卖家的数据,该第三方开发者可查看或编辑卖家的有关商品信息、订单管理、配送、定价的信息和财务信息。

亚马逊官方推荐的收款方式都要求 MWS 授权,所以一般的收款方式都需要提供 MWS 授权。不授权的话收款公司拿不到卖家的结算单数据,后端无法结算。对于平台来说,只有美国账户的单边账单,也不利于对账。而且信用账户的开启也需要用 MWS 数据作依据。支付公司需要卖家的亚马逊店铺信息以确保贸易背景的真实性,所有不提供交易数据的跨境资金转移都是存在监管安全隐患的。应注意到,卖家的亚马逊 MWS 信息受到隐私协议保护,未经卖家的授权,支付公司不应该也不能将此信息透露给任何第三方。

1. 自己作为开发者:使用开发者凭证

当卖家自己注册为开发者时,会收到亚马逊 MWS 开发者凭证,即 Secret Key/Access Key,使用亚马逊工具时会需要此凭证,同时也会收到一组开发者 ID,可用来授权其他卖家。Marketplace Web Service Terms(MWS 条款)规定,卖家不得将亚马逊 MWS 开发者凭证提供给第三方服务商。将此凭证给予第三方服务商,卖家将会无法得知与管控第三方服务商在卖家账户里获取了哪些数据,无法监测第三方服务商在什么时候、进行什么操作,更无法防范 API 信息会不会被复制给更多服务商。分享开发者凭证给第三方服务商的行为是违反 MWS 条款的,可能会导致被封号。

2. 授权第三方:使用授权令牌

卖家有可能会收到各类第三方服务商要求授权的请求,当需要授权第三方服务商时,如支付服务商要求绑定店铺,正确的方式是选择"授权某个开发人员",将第三方服务商开发者的开发者 ID 和名称提供给亚马逊并获取 MWS 授权(Token,令牌),让第三方服务商的开发者使用 MWS 授权令牌在其软件和卖家的账户之间建立连接。每个令牌仅能让一个应用程序或开发者使用,若有需要授权更多第三方服务商,可重复同样的步骤申请。

下面我们以授权"网易跨境支付"访问卖家的支付信息为例,来逐步说明如何获得和查询授权令牌。

(1) 登录亚马逊卖家中心:https://sellercentral.amazon.com,点击右上角"设置"中的"账户信息",如图 6-4 所示。

| 跨境支付 |

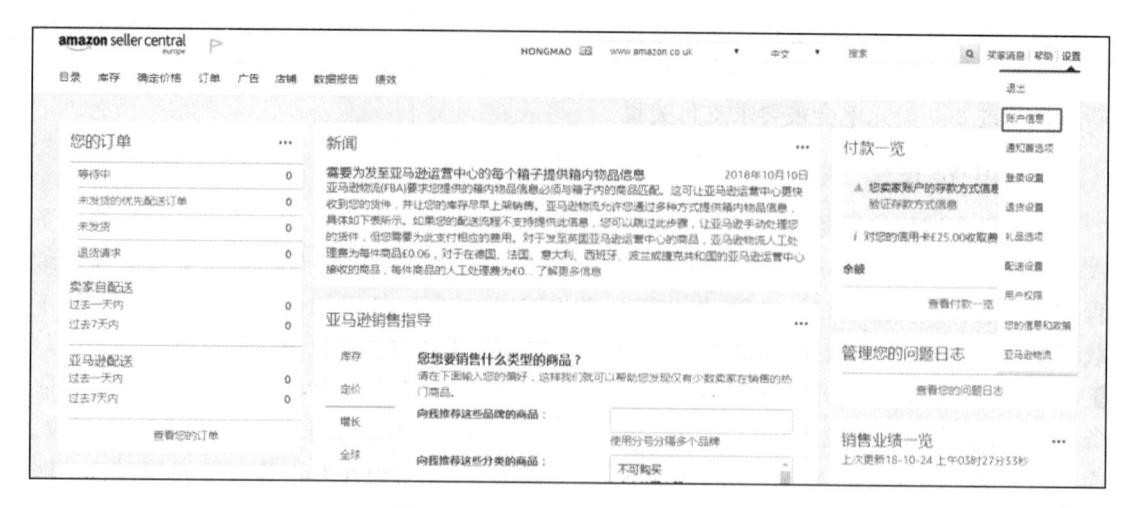

图 6-4　亚马逊卖家中心登录页面

（2）点击"访问'管理您的应用程序'"，如图 6-5 所示。

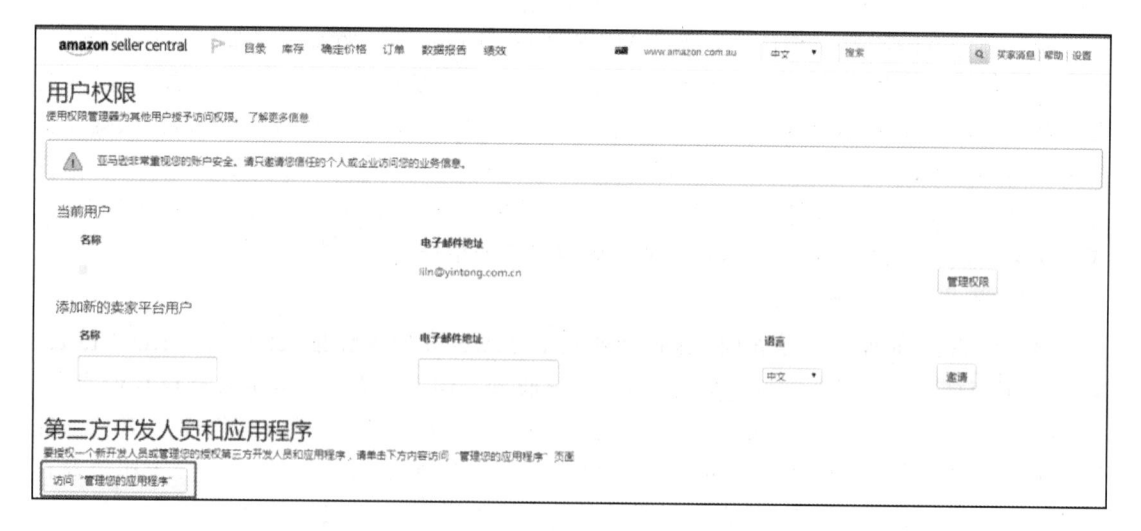

图 6-5　点击"访问'管理您的应用程序'"

（3）点击"授权新的开发者"，进入获取授权的页面。我们以网易跨境支付为例，填写网易跨境支付的开发商名称及开发者 ID，如图 6-6 所示。

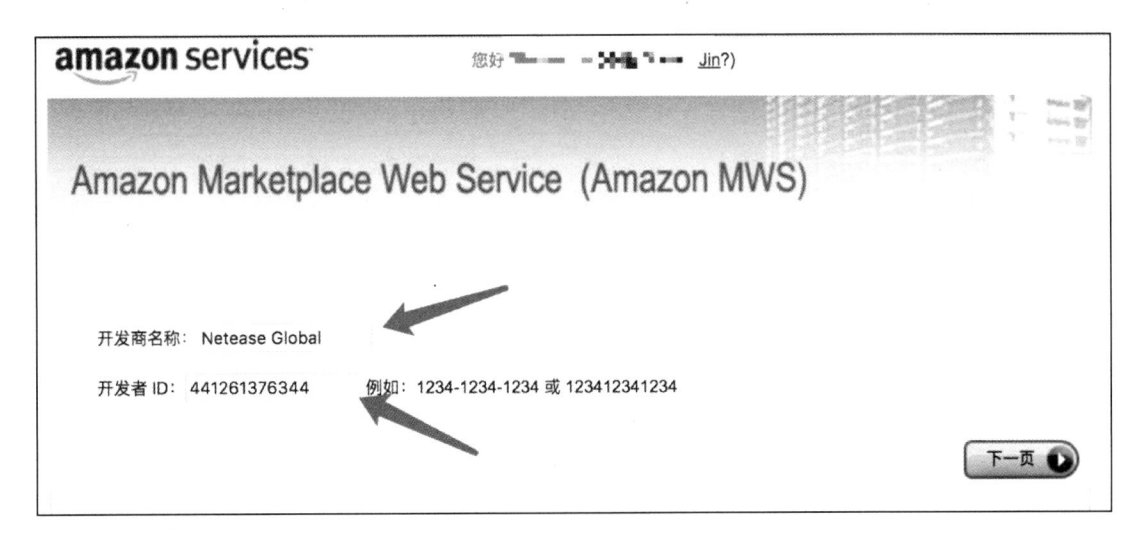

图 6-6　获取授权页面

（4）点击"下一页"，进入授权成功页面，如图 6-7 所示。

图 6-7　授权成功页面

（5）将授权成功页面的卖家编号及 MWS 授权令牌，复制填写至网易跨境支付后台就可以使用网易跨境支付收款了，如图 6-8 所示。

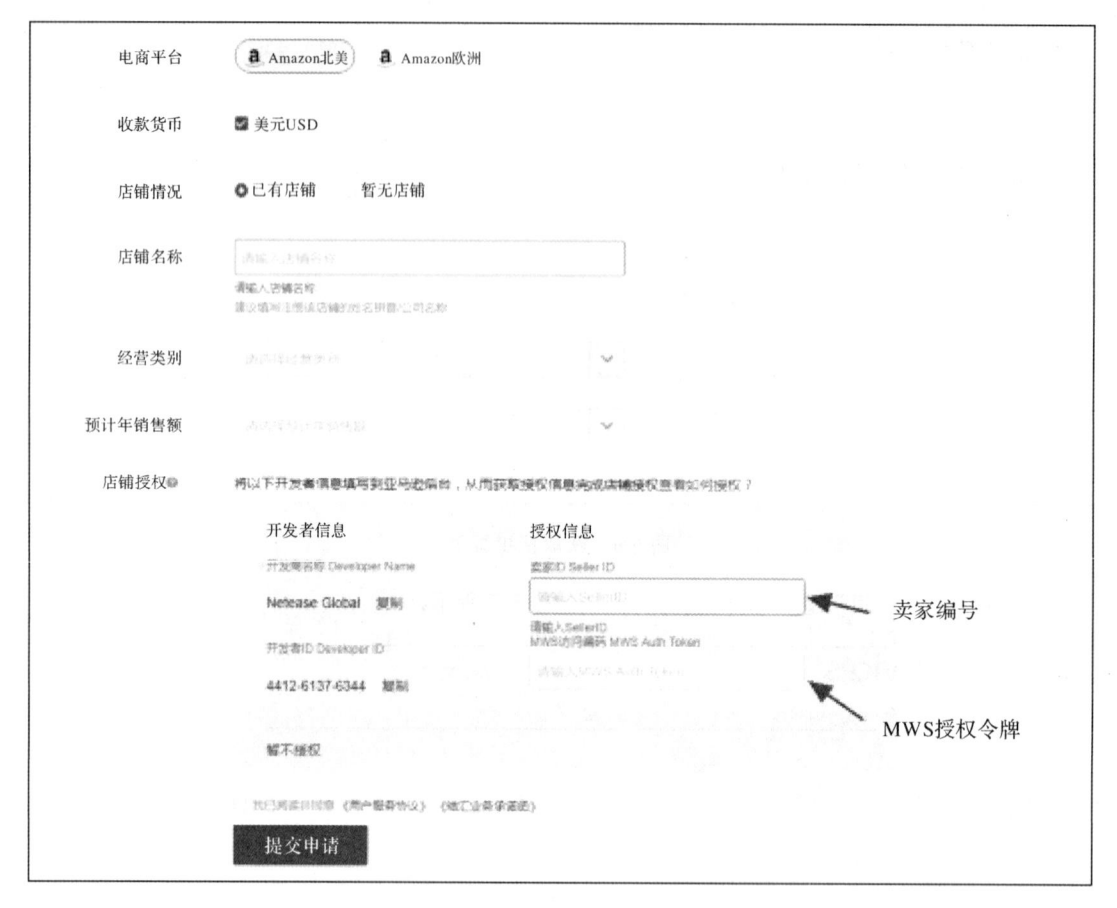

图 6-8 复制填入卖家编号及 MWS 授权令牌

（6）若授权成功页面已关闭，则可以通过以下步骤打开。

① 查询卖家编号：鼠标移至右上角"设置"，选择下拉框中的"账户信息"选项，如图 6-9 所示。

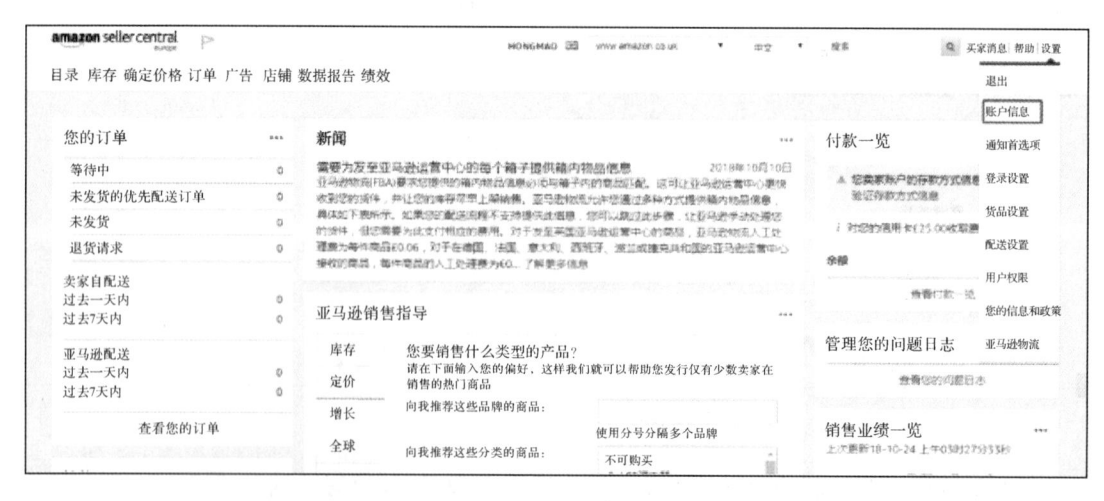

图 6-9 选择"账户信息"

② 点击业务信息中的"您的卖家记号"，如图 6-10 所示。

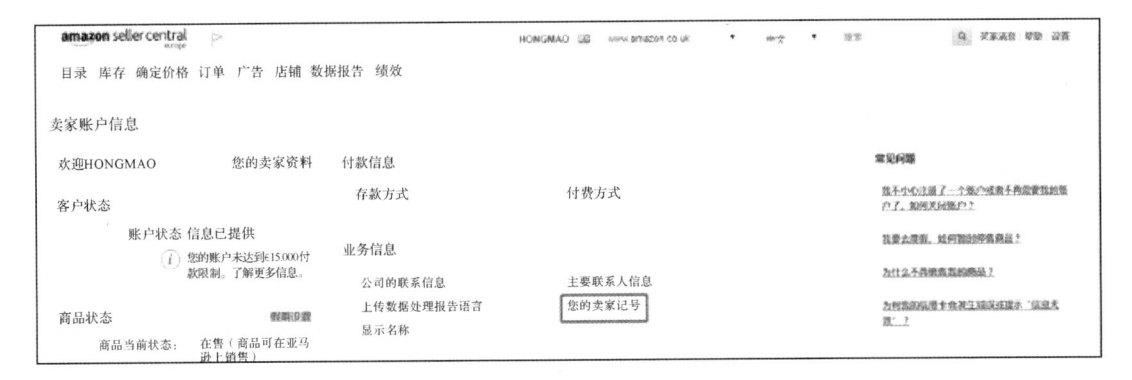

图 6-10　点击"您的卖家记号"

③ 卖家标志即为卖家编号,如图 6-11 所示。

图 6-11　查看卖家编号

④ 再获取 MWS 授权令牌:鼠标移至右上角"设置",选择"用户权限"选项,如图 6-12 所示。

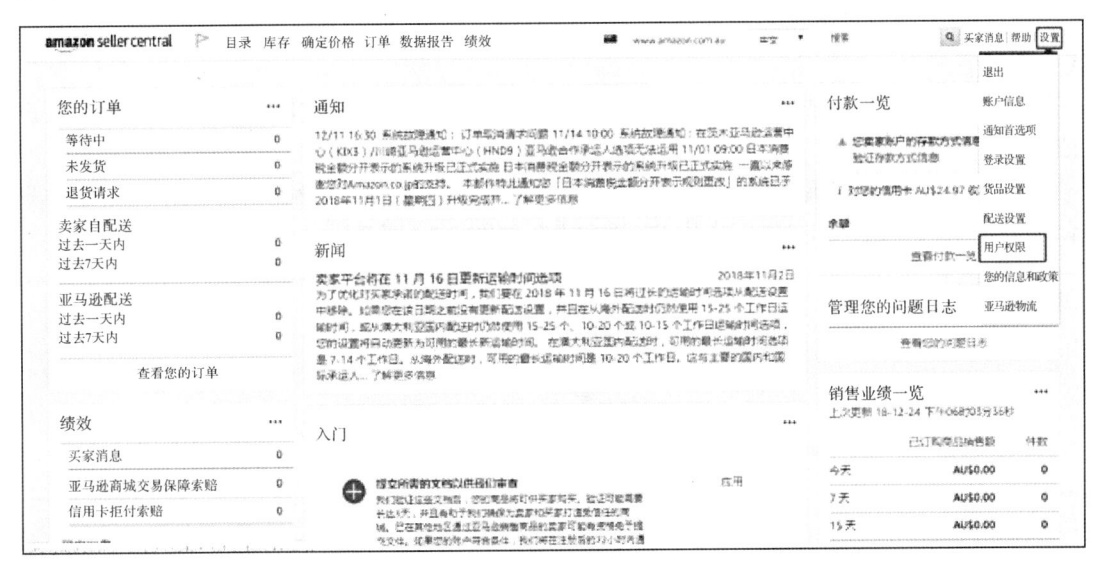

图 6-12　选择"用户权限"

⑤ 点击"访问'管理您的应用程序'",如图 6-13 所示。

| 跨境支付 |

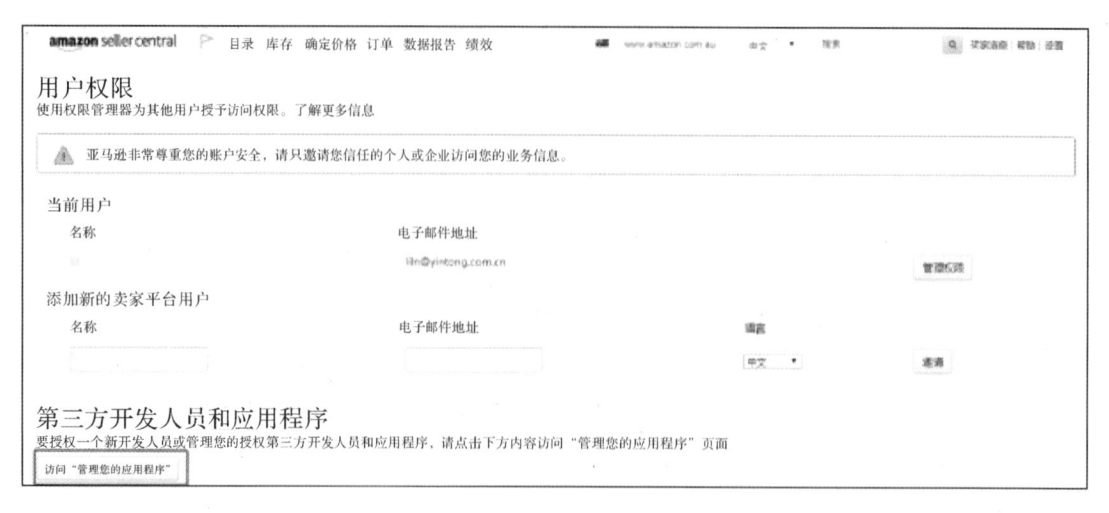

图 6-13 点击"访问'管理您的应用程序'"

⑥ 点击"查看",即可查看该店铺的 MWS 授权令牌信息。

五、亚马逊第三方支付工具操作方法示例

(一)网易跨境支付

网易跨境支付为网易集团旗下的第三方支付平台,于 2009 年 2 月正式开始运营,依托网易体系在娱乐、传媒、电商、教育等领域构建了具有网易特色的综合性支付平台。2012 年获得中国人民银行"支付业务许可证",2014 年获得中国人民银行"跨境人民币业务资质",2015 年获得国家外汇管理局"跨境外币支付牌照",2018 年获得香港"金钱服务经营者牌照"。网易跨境支付早在 2015 年就开始和亚马逊合作,开发跨境人民币、外汇系统。其在亚马逊的具体设置方法如下。

(1) 登录网易跨境支付系统,在"店铺详情"页面查看美国站或欧洲站下发的银行收款账户。

(2) 卖家登录亚马逊卖家平台,登录之后在页面右上方点击"设置",并在下拉菜单中选择"账户信息",在账户信息界面点击"存款方式",如图 6-14 所示。

图 6-14 选择"账户信息"和"存款方式"

(3) 在存款方式页面,找到有销售活动的站点(如 http://amazon.com,即亚马逊美国站)。在相应站点点击"替换存款方法",如图 6-15 所示。

图 6-15 "替换存款方法"页面

（4）将网易跨境支付提供的账号信息复制输入即可。填写时，"账户持有人姓名"与卖家注册亚马逊店铺的"法定公司名称"需要保持一致。另外，欧洲站如需银行开户证明，可在"店铺详情"页面申请下载（见图 6-16）。上传时请选择"银行证明文件"。

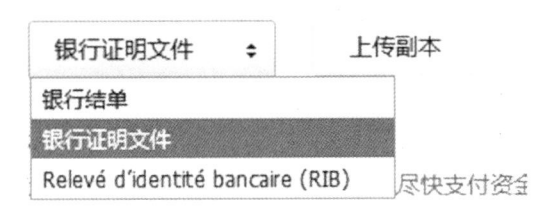

图 6-16 银行证明文件下载页面

（二）连连支付

连连支付虽然暂停了个人业务的 PayPal 人民币快捷提现业务，但是连连支付的亚马逊收款、eBay 平台的 PayPal 账户收款服务还是继续提供的，而且费率还是比较有竞争力的。下面介绍如何绑定连连支付到亚马逊平台。基本流程比较类似网易跨境支付，即先在连连支付官网申请一个连连支付的银行账户。再登录亚马逊卖家中心，将该银行账户绑定到卖家的店铺中即可（也称为更新亚马逊收款账户）。

1. 更新亚马逊收款账户步骤

（1）登录亚马逊卖家后台，点击右上角的"Account Info"（账户信息），再点击中间的"Deposit Methods"（存入方法）。

（2）点击右侧的"Edit"（编辑）。

（3）在跳出页面后找到对应站点，点击"Edit"（编辑）。

（4）通过确认卖家知晓原来的收款方式，对卖家进行安全认证。即先输入原卡号的 9 位收款路线号码（9-Digit Routing Number）及完整的卡号信息。认证通过，再将连连银行账号 9 位收款路线号码、银行账户（Bank Account Number）、账户持有人姓名（Account Holder Name）填入即可。

2. 亚马逊客服报备（此步骤非必要步骤）流程

为了防止用户在更换账户的过程中，被亚马逊的风控系统误判为黑客盗取账户，影响店铺的正常经营，用户可以在亚马逊商家后台告知客服近期准备更换后台账户。

（1）用户可进入亚马逊商家后台，点击页面下方的"Get Support"（获取支持）。

（2）选择左侧"Your Account"（你的账户）—"Make Changes to Your Account"（更改你的账户）—"Update Bank Account Information"（更新银行账号信息）—点击"Update Bank

Account"(更新银行账号),在Email处描述你的情况:"因公司运营变动,需要更新后台银行账户,希望确认是否会对店铺有影响。"等到亚马逊客服回复确认之后,再更新账户。亚马逊客服一般会在1~2天内回复确认,他们会在系统里对卖家的店铺做相关备案,避免发生亚马逊风控系统误判的情况。建议商家可以把客服的回复截图留存,一旦发生店铺误判,可以直接把报备截图发给亚马逊客服,便于申诉。

(三)PingPong支付

PingPong支付绑定到亚马逊也是类似的流程。

(1)首先我们需要到PingPong官网注册账户。

(2)注册完之后,在PingPong网站中需要获得卖家亚马逊店铺的授权,如图6-17所示。

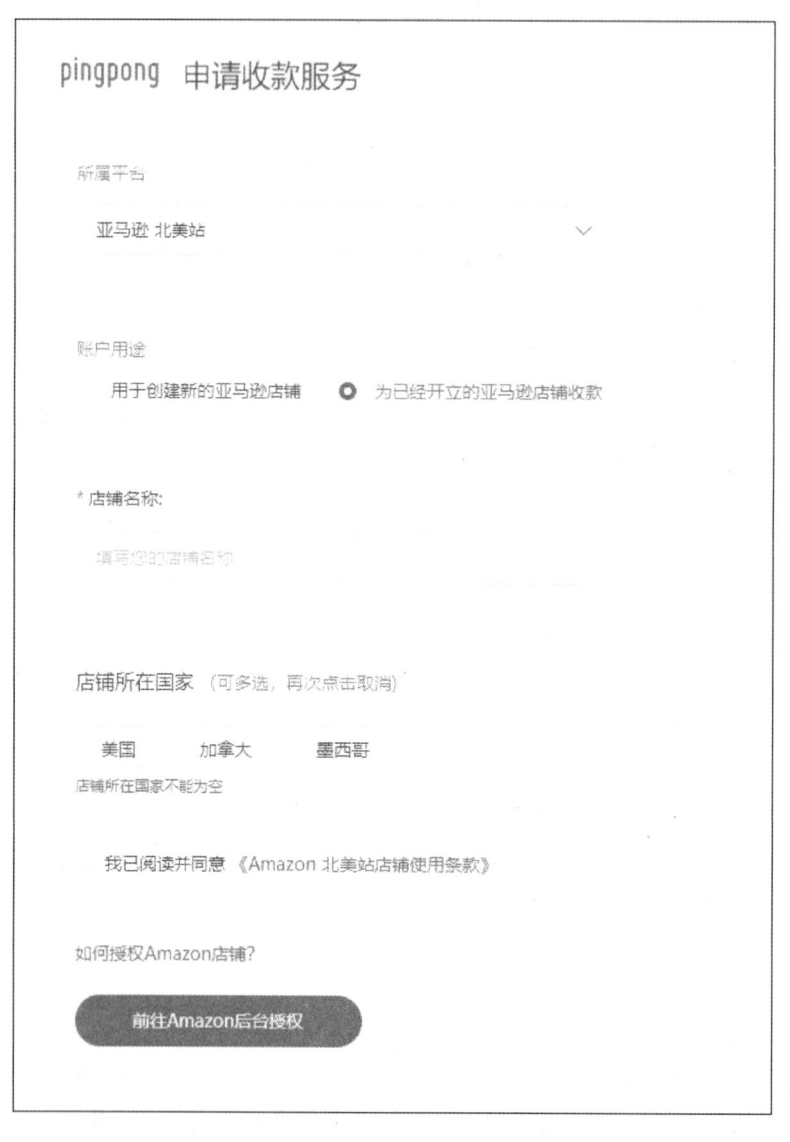

图 6-17 PingPong亚马逊店铺授权页面

(3)授权之后,就需要获得PingPong的收款银行账号。具体步骤是进入PingPong后台获取账号信息:"店铺管理"—"店铺名称"—"账号基本信息",如图6-18所示。

图 6-18　获取账号信息

（4）然后，我们前往亚马逊主页。登录亚马逊后台，点击右上角"设置"，点击"账户信息"，点击"存款方式"，如图 6-19 所示。

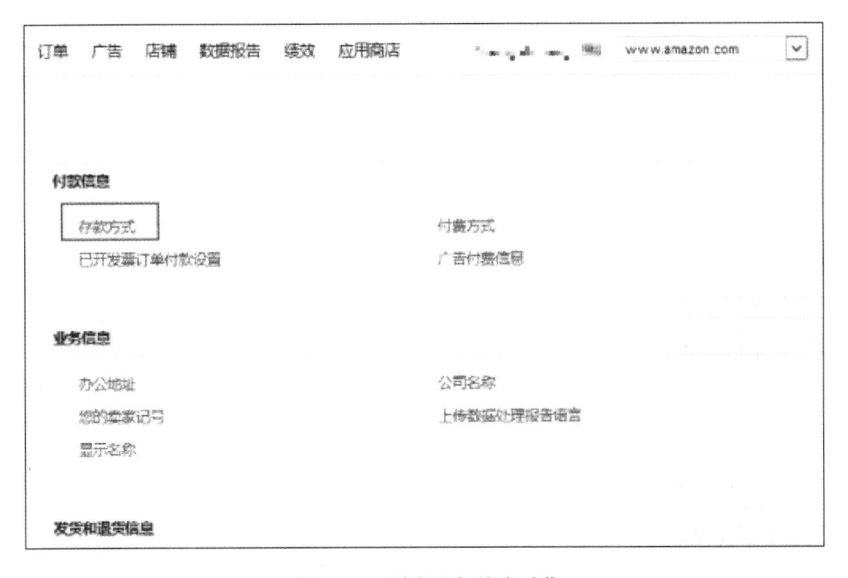

图 6-19　选择"存款方式"

（5）在页面中选择"Amazon.com"，点击编辑/添加对应 PingPong 账号，添加输入即可。

（四）Airwallex 支付

Airwallex（空中云汇）2015 年创建于澳大利亚，总部位于中国香港，是一家全球布局的金融科技公司。其产品支持全球 50 种支付货币并覆盖全球 130 多个国家和地区。Airwallex 专注于跨境支付领域,运用独有的颠覆性创新技术,满足新兴交易场景跨境支付小额、高频、快速等要求。结合先进的大数据、人工智能及算法技术,Airwallex 为机构和商户提供"智能点对点"的外汇及跨境支付解决方案。Airwallex 关联亚马逊店铺的步骤如下。

(1) 登录 Airwallex,打开账户详情页("全球收款账户"—"账户管理"—"账户详情"),点击"关联新的平台",将 Airwallex 账户和亚马逊平台上的店铺关联,如图 6-20 所示。

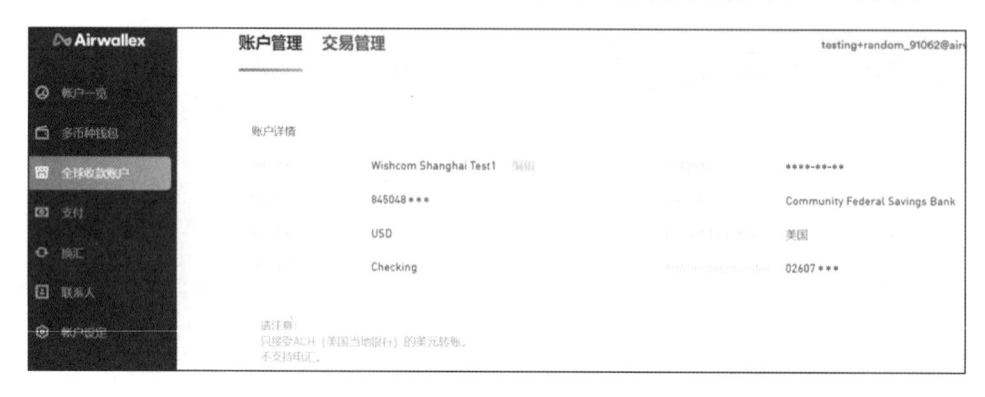

图 6-20　账户详情页

(2) 卖家可以在关联平台界面填写如下信息后点击"关联平台"按钮,关联卖家的亚马逊店铺,如图 6-21 所示。

① 平台:包括亚马逊北美站(美国、加拿大)和亚马逊欧洲站(英国、德国、法国、西班牙、意大利、荷兰、瑞典、波兰、比利时)。

② 店铺名称:建议和卖家的亚马逊店铺名称保持一致。

③ 卖家编号:卖家在亚马逊的卖家编号(Seller ID)。

④ MWS 授权令牌:卖家授权 Airwallex 关联卖家的店铺以获取订单信息。

注意:如果需要将资金提现至中国内地的银行账户,请务必填写卖家编号和 MWS 授权令牌。

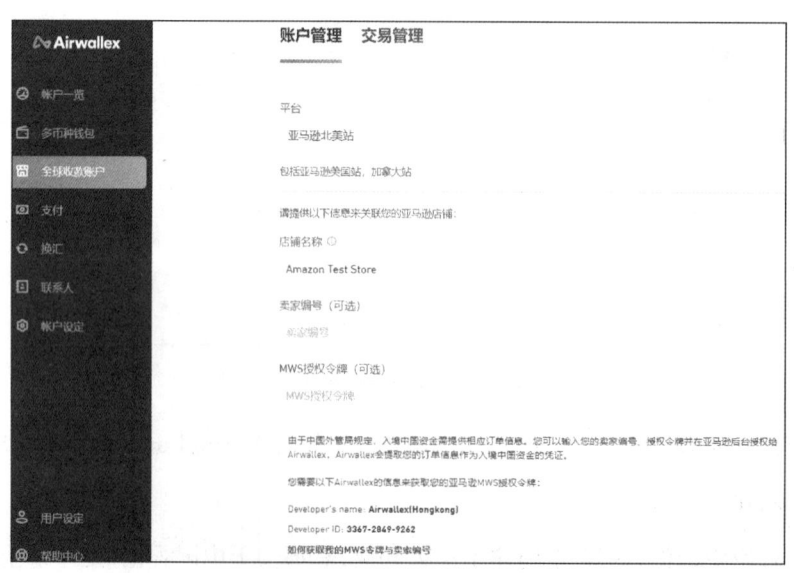

图 6-21　关联店铺

第三节　Wish 移动电商平台支付

一、北美移动电商平台 Wish

(一)移动端 Wish 电商平台

Wish 是基于移动端的跨境电商平台,其平台商品价廉物美,在美国市场有非常高的人气,核心品类包括服装、饰品、手机、礼品等,大部分都是从中国发货。Wish 平台致力于以亲民的价格提供给消费者优质的产品,让消费者能在移动端便捷购物的同时享受购物的乐趣。

Wish 是一家 2011 年在美国硅谷成立的高科技独角兽公司,它通过优化算法大规模获取数据,分析用户行为,判断用户偏好,单个产品采用标签 Tags 匹配推送,独创瀑布流的展示方法,淡化用户通过店铺按键访问店铺的习惯。

Wish 最早抓住跨境电商移动端的机遇,于 2013 年正式进军外贸电商领域。为用户提供超值产品的分享、购买服务。基于业务的快速发展,Wish 于 2014 年在中国上海静安 CBD (central business distric,中央商务区)成立了全资子公司,这也是 Wish 的中国总部。

经过十多年的发展,Wish 已成为北美最大的移动电商平台和全球第六大电商平台。Wish 有 95% 的用户来自移动端。作为北美和欧洲最大的移动电商平台,Wish 平台主打低价策略,面向欧美市场中低端消费者,月活跃用户 1000 万以上。平台入驻商家 60%~70% 来自中国,并占据了总交易额的 80%~90%。

Wish 旗下共拥有 6 个垂直的 App:Wish,提供多种的产品类别;Geek,主要提供高科技设备;Mama,主要提供孕妇和婴幼儿用品;Cute,专注于美容产品、化妆品、配饰和衣服;Home,提供各种家居配件;Wish for Merchants,专门为卖方设计的移动 App。Wish 的收款方式有很多种,例如连连支付、易联支付、PingPong、Payoneer、Bill.com、联动优势等。

(二)平台佣金

在 Wish 上免费创建账户、开设店铺和上传商品信息,Wish 将根据每笔交易(售价+邮费)的一定百分比或一定金额收取佣金,具体费率可查询 Wish 官网。

(三)Wish 平台特点

1. 规则简单直接

在 Wish 店铺上传产品不需要分类,更不会限制产品的数量和总金额;Wish 坚持个性化瀑布流式推送,同时倾斜流量给新产品,所以商家只要提供清晰有吸引力的图片和做好产品优化就能提高转化率。

2. 准入门槛低

Wish 平台对入驻的卖家有一定的资质要求。一般来说,卖家需要具备合法的企业资质,包括公司营业执照、税务登记证等必要证件。同时,卖家需要确保所售商品符合相关法律法规和 Wish 平台的规定,保证商品质量和安全性。鼓励商家精心化、个性化经营产品;在技术上对同类型产品进行区分,避免在同一个页面或同一个推送下出现重复和高相似度的产品,保证用户体验。

3. 重销量轻评价

Wish 平台主要将产品销量而不是用户评价作为考量店铺的重要标准，相对于亚马逊严苛的差评率考核标准，Wish 平台自由很多。

4. 推送算法

Wish 平台力求给消费者带来便捷的购物体验，利用自己独特的算法规则将商户的商品精准地推送到客户面前，而不被动地依赖消费者搜索。从某种意义上来说，商品具有了一定的主动性，而不再被动等待被选择。推送的依据主要有违规率、迟发率、取消率、有效的跟踪率、签收率、订单缺陷率、退货率、反馈及时率和推送转化率，优秀的店铺将优先被推送。

以上各项是 Wish 平台推送商品依据的核心维度，满足的维度越多，系统就会越多地进行推送，这就是很多商户反映某天会看到店铺流量暴增的原因。但如果商品推送转化率不达标，那系统就不会在不受欢迎的商品上浪费太多的时间，并会把推送的机会转给下一个符合该条件的商品，所以就会出现流量图似坐过山车一般改变的景象。出现这种情况的时候要引起警惕了，需要重新定位产品，调研并开发上架受欢迎的商品或优化已有的商品。

5. 低价策略和刷单无效

由于 Wish 平台市场定位的是欧美发达地区，低价引流在 Wish 平台是无效的，以"90 后"为主力的客群更希望得到优质的服务。为了长久地经营，要提倡高质量的产品、优质的服务，打造出自己的品牌，这才是王道。另外，刷单是等同于造假的，以虚假的加大收藏、点击和购买等数据来影响真实购买的行为，这些手法用到移动平台上就会水土不服。由于 Wish 平台是用 10 个核心维度来判断商品与店铺的，一时间的刷单也无法逆转大的趋势，损失信誉反而得不偿失。

二、Wish 电商平台支付

与 Wish 电商平台合作的主要有以下第三方支付机构。

（一）PingPong

登录 Wish 商户门户，在"支付设置"下的提供商选项下选择"PingPong Finance"，然后点击"注册"。如果卖家已经拥有 PingPong 账户，可以点击"PingPong 已注册，立即登录"链接以完成绑定。在线注册或绑定完成后，就可以在 Wish 定期转账日期后的 5~7 个工作日内向卖家的 PingPong 账户转入销售款。

个人和公司身份都可以申请 PingPong。

（二）Payoneer

登录到 Wish 商户门户，在"支付设置"下的提供商选项下选择"Payoneer"并完成注册。如果已经拥有 Payoneer 账户，可以点击"如果您有 Payoneer 账户，请点击此处"按钮，将卖家的 Wish 账户绑定到现有的 Payoneer 账户。一旦与 Payoneer 账户的绑定被 Wish 平台批准，Wish 平台将在每个月的定期支付日直接向卖家的 Payoneer 账户支付。卖家同时会收到一封电子邮件通知。

个人和公司身份均可申请 Payoneer 账户。

（三）PayPal

Wish 平台创立后，其移动式购物体验开创了跨境电商业务新模式，成为跨境电商行业的一匹黑马。PayPal是最早对接Wish平台的收款通道之一。然而,2014年的仿牌假货风波,让这一全球最大的第三方收款工具PayPal不得不做出了一个痛苦的决定——关闭Wish平台的卖家收款通道!这是新平台成长过程中的一次挫折,同时也是Wish平台下决心治理仿牌假货非诚信卖家的一次机遇。经过2年多的努力,Wish不断改革制度、完善政策、优化架构,在Wish平台尝试购物体验的买家增多,优质卖家也加紧入驻,这些改变也吸引了PayPal方面的关注,双方于2016年11月再次合作。

如果要将PayPal与Wish绑定来收款,首先需要拥有一张有效的信用卡或借记卡,并且在PayPal上注册一个账户。然后在Wish的官方网站上进行注册并登录你的账户。登录Wish商户门户,在"支付设置"下的提供商选项下选择"PalPal",并点击进入。输入你的信用卡或借记卡的相关信息,包括卡号、有效期及安全码等。如果你选择使用PayPal作为收款方式,你需要输入你的PayPal账户的邮箱地址和密码。完成以上步骤后,PayPal已经成功绑定到了Wish账户上。从现在开始,当你在Wish上购物时,系统将会自动从你绑定的付款方式中扣除相应的款项。

(四)UMPay

联动优势科技有限公司(以下简称联动优势)是中国互联网金融协会理事单位、中国支付清算协会常务理事单位,UMPay是它旗下的第三方支付工具。联动优势拥有联动电商、安派国际和万通金达3家全资子公司,在美国和加拿大也分别设有子公司。作为一家中国第三方支付企业,联动优势获得了跨境外币、跨境人民币、支付业务许可证3张支付牌照。接受国家外汇管理局、中国人民银行的双重监管。

商户在"支付设置"下登录Wish商家平台,在提供商选项下选择"UMPAY"。填写收款相关信息:银行名称、收款人姓名、收款人银行账号、电话号码和身份证号码,点击更新付款信息即可。

Wish在每个月的定期支付日支付。没有中间账户,也不需要商家再次操作,资金将直接转移到商家的银行账户。

(五)易联支付

易联支付有限公司(以下简称易联支付)成立于2005年,是国内大型非金融支付服务机构,公司总部设在广州,在北京、上海、深圳、成都、宁波、香港都设有分公司。2009年,拿到了PCI-DSS的国际认证;2011年,获中国人民银行颁发的"支付业务许可证";2013年,获中国人民银行许可开展跨境人民币支付结算业务,并完成首笔支付机构跨境人民币支付交易;2014年,获基金销售支付结算业务许可,新增"互联网支付"业务。

公司通过与境内各大银行、银联等金融机构合作,构建具创新技术的"易联支付"(PayEco)金融支付服务平台,从事移动支付、互联网支付、预付卡及跨境支付业务。

易联支付自2014年发布旗下收款产品"易联支付(PayEco)—直达中国账户"以来,作为Wish平台的官方收款产品,一直受到卖家的好评。2019年2月,经过易联支付核心技术团队的潜心开发,跨境收款"随时付"平台系统正式在Wish平台上线。而原有收款产品于2019年4月1日正式下架。

易联对于内地企业账户或个人账户,支持以人民币直接入账可以大大减少交易费用;对于香港公司账户,可以选择美元或人民币入账。登录易联支付官网注册"随时付(PayEco)"账号,添加店铺。然后登录Wish商户门户,在"支付设置"下的提供商选项下选择"随时付(PayEco)",并点击进入。最后点击"注册",绑定成功。

(六) Bill.com

卖家如果选择使用 Bill.com,就必须输入姓名、企业名称、邮政地址、邮件、手机号码等信息。当 Wish 平台收到款项时 Bill.com 将会发邮件提醒。Bill.com 既可以提供电子转账也可以提供支票。不过要注意的是,Bill 的电子转账服务对象仅限于美国境内的个人。一般处理时间是 3~5 个工作日,每笔收取费用 0.49 美元;美国或国际纸质支票则需 5~21 个工作日不等,每笔收取费用 1.49 美元。

Bill.com 仅支持美国境内的个人,这是 Bill.com 最大的缺点,但优点是费用较低。

三、Wish 的退款政策

拒付指持卡人单笔交易成功且在收到货的 180 天内,可以向银行申请拒付账单上的某笔交易并撤回交易。如果这个平台拒付交易的行为过多的话,对平台来说也是存在一定风险的。Wish 平台可接受的拒付率小于 0.5%。这里的拒付率其实就是退单率。

(一) Wish 平台常见的拒付原因

(1) 盗卡交易:持卡人的信用卡信息被人盗取,盗卡人以持卡人的名义刷卡消费。

(2) 货不对版:持卡人收到的产品与之前所购买的产品不相符,如款式、大小、颜色等出入太大。

(3) 卖家不发货:客户已经下单付款,但卖家却不发货导致客户拒付的。

(4) 恶意拒付:客户收到产品,而且也不存在货不对版,但持卡人仍然坚持拒付的。碰到恶意拒付的情况,如果卖家可以判别这种恶意行为,可以到 Wish 平台申请,通过风控来避免这样的问题。

事实上,Wish 平台发生拒付的概率是很低的,不到 3‰。退单率查看路径为:后台点击"业绩"—"用户服务表现"—"退单率"。

(二) Wish 判定退款责任

在交易过程中,顾客会因为一些情况发起退款,平台每一笔退款的订单都会标明退款的原因。

退款原因查看路径:"订单"—"相应的退款订单"—"支付状态",然后在弹出的对话框里就可以看到退款原因。如果卖家决定要申诉这个退款订单,也是在这个对话框里操作。

Wish 对于退款责任的判定通常有以下 3 种。

(1) 买家责任:订单已经交易发货,是买家责任问题的话,商户不用承担这笔退款订单的费用,货款由买家承担。

(2) 平台责任:如果判定是平台责任,货款会结算给商户,退款费用由平台承担。

(3) 商户责任:这是根据退款率来判定的,如果该商户的退款率很高,则相应责任由商户承担;如果退款率控制得很好,是在一定的比例范围之内,则由买家承担。Wish 订单政策规定,所有订单必须在 5 天内履行完成,若订单未在 5 天内履行,那么肯定是商户的责任,则该订单将被退款并且相关的产品将被下架。此类被退款的订单,每单将被罚款 50 美元。

退款责任查看路径为:点击"支付状态",然后在打开后的对话框里查看。

(三) Wish 的两级退款率

若某种商品达到极高退款率,之后相关产品下架,这类情况则由商户承担 100% 的退款责任。若某种商品有着高退款率但仍可售,商户自行决定是否将产品下架。这类情况商户要承担100%的退款责任,而且这个产品的退款率可以进入第二次评估。评估标准分两个时间段:第一个时间段是过去30天内有妥投信息的订单,所有订单进入评估的前提是有订单已经显示妥投;第二个时间段是过去63~93天内有妥投信息的订单。没有妥投信息的订单90天后算默认妥投。Wish查看产品退款表现的路径为:"产品"—"查看所有产品"—"措施"—"查看产品表现"。这样就可以看到30天和93天以内的退款数据。

(四)Wish罚款

Wish平台对于卖家管理较为严格。以延时发货罚款为例,根据Wish规则,延时发货的订单将受到处罚。如果自订单生成起至物流服务商确认发货的时长超过168小时(7个自然日),那么该订单将被判定为延时发货,商户将被处以订单金额的20%或1美元的罚款,取两者中金额较高者。

另外,由于质量原因产生的退款,如商品质量不符合要求、商品不合适、商品不符合描述、商品损坏、订单不完整、收到错误商品、商品是假冒商品,商家将被处以订单金额30%的罚款,最高达5美元。如果订单违反多项政策,可能会收到多项罚款。这被称为"质量退款优良政策"。

如果产品广告不符合实际描述,商家将被处以订单金额100%的罚款,至少罚款100美元。此政策适用于一个月内的订单,这被称为"虚假广告政策"。若产品被发现存在误导性,对于其在过去30个自然日内的相关订单,商户将被处以订单金额100%的罚款,外加单个订单100美元的罚款,总罚款金额最低为100美元。

当然,刷好评也是要被罚款的。一旦发现受操控的评论或评级,商户将被处以订单金额100%的罚款,外加单个订单100美元的罚款。

卖家该如何查看账户上的罚款呢?可以通过访问罚款页面查看账户的所有罚款的订单,登录http://merchant.wish.com后选择"订单"—"罚款"。然后可以根据罚款政策选择罚款类型和申诉状态,如图6-22所示。

图 6-22 选择罚款类型和申诉状态

另外，罚款也可在账户余额页面查看，如图6-23所示。

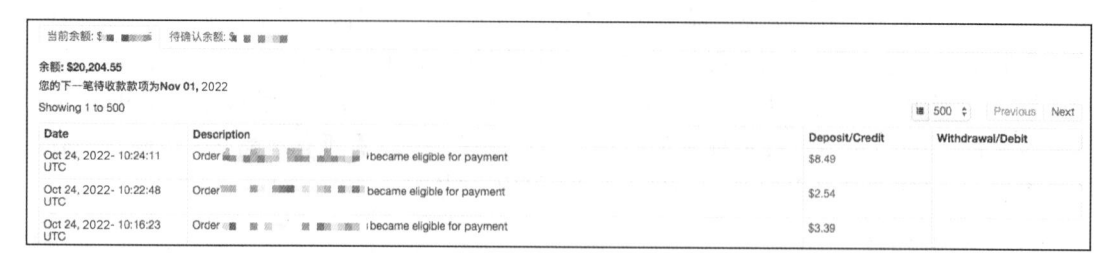

图 6-23　账户余额页面查看罚款金额

此外，在Wish商户后台的"订单"—"历史记录"页面，商户可点击"货款状态"，在弹窗页面也可查看每个订单的罚款情况，如图6-24所示。

图 6-24　查看订单的罚款情况

第六章知识与技能训练

第七章

东南亚及中东电商平台和独立站支付

知识目标

- 了解东南亚电商平台 Shopee 及其支付方案。
- 了解东南亚电商平台 Lazada 及平台店铺与 WorldFirst 绑定的步骤。
- 了解印度电商平台 Paytm Mall 与 Flipkart 及其支付方案。
- 掌握自建站 Shopify 中 PayPal 与 2Checkout 的收款设置。
- 了解 Ueeshop 自建站及其支付接口。

能力目标

- 能掌握并配置 Shopee、Lazada 的支付方式。
- 能掌握并配置 Paytm Mall、Flipkart 的支付方式。
- 能掌握并配置 Shopify、Ueeshop 的支付方式。

案例导入

Shopee 全年 GMV 排名第一,再续东南亚电商神话

作为东南亚当之无愧的电商巨头,Shopee 的成绩从未让人失望过。

新加坡研究公司 Momentum Works 发布了一份名为《2024 年东南亚电子商务》的研究报告,报告显示,2023 年全年,东南亚电商交易总额突破千亿美元大关,达到 1146 亿美元,而 Shopee 也凭借强大的电商实力,成功蝉联东南亚电商 GMV 第一。

根据墨腾企服(东南亚)管理咨询有限公司的统计数据,2023 年,Shopee 平台在东南亚各市场的电商交易总额为 551 亿美元,占据 48% 的市场份额;紧随其后的是 Shopee 的老对手 Lazada,该平台的全年 GMV 达到 188 亿美元;而东南亚社交电商新星 TikTok Shop 及印度尼西亚电商巨头 Tokopedia 则凭借 163 亿美元的交易额并列第三。值得一提的是,2023 年成功卫冕东南亚电商第一之后,Shopee 并没有松懈半分。

如果只着眼于眼下,Shopee 在东南亚电商领域自是无可匹敌的,然而,市场总是瞬息万变的,随着竞争对手的茁壮成长,这片电商热土的竞争版图正悄然酝酿变局,并且这一可能发生的格局变化目前已经露出了端倪,有一个玩家也在以惊人的速度悄然崛起,那就是 TikTok Shop。

可以预见的是,TikTok 在东南亚的电商业务还将继续保持高速增长,如果一切顺利,在未来的某一天,这位年轻的电商选手说不定能与 Shopee 顶峰相见。而 Shopee 若想守住现有的市场蛋糕,就必须时刻保持警惕,做到居安思危,不断探索新的发展方向,以此维持自身在市场中的稳固地位。

知识卡片 7-1:网站成交总额 GMV

(资料来源:《Shopee 全年 GMV 排名第一,再续东南亚电商神话》,https://baijiahao.baidu.com/s?id=1804727523439118318&wfr=spider&for=pc)

第一节 东南亚电商平台 Shopee 和 Lazada

一、Shopee

Shopee 是东南亚领航的跨境电商平台。于 2015 年成立于新加坡,目前覆盖 10 多个国家和地区,包括印度尼西亚、越南、泰国、菲律宾、马来西亚、新加坡等国和中国台湾地区,同时在中国深圳、上海和香港设立办公室。2023 年,Shopee 营收达 90 亿美元,同比增长 23.5%,是东南亚发展最迅猛的电商平台。

Shopee 为卖家提供自建物流 SLS(Shopee Logistics Service)、小语种客服和支付保障等解决方案,卖家可通过一个平台触达新加坡、马来西亚、印度尼西亚、泰国等市场。Shopee 为买家打造一站式的社交购物平台,营造轻松愉快、高效便捷的购物环境,提供性价比高的海量商品,方便买家随时随地浏览、购买商品并进行即时分享。

(一)Shopee 平台佣金收取政策

Shopee 收取的佣金是根据商品销售价格的百分比来计算的。不同商品所对应的佣金比例也是不同的,通常情况下佣金比例在 1%~5%之间。那么,如何计算具体的佣金金额呢?

以电子产品类别为例,假设销售价格为 1000 元,佣金比例为 3%,那么该商品的佣金即为 1000×3%=30 元。如果卖家购买了 Shopee 的 VIP 服务,则可以获得更低的佣金比例。具体而言,VIP2 级以下卖家佣金比例为 3%,而 VIP2 级及以上卖家的佣金比例可降至 2%或以下。

Shopee 平台的交易佣金是指卖家在成功售出商品后,需要支付给平台一定比例的费用。这些费用是为了维持平台的运营和提供各种服务,例如物流、支付、营销等。

不同的国家和地区,Shopee 平台的交易佣金有所不同。以下是一些常见的国家和地区的交易佣金情况。

(1)新加坡:Shopee 平台的交易佣金为 1.5%。

(2)马来西亚:Shopee 平台的交易佣金为 2%。

(3)泰国:Shopee 平台的交易佣金为 2.5%。

(4)印度尼西亚:Shopee 平台的交易佣金为 3%。

(5)菲律宾:Shopee 平台的交易佣金为 3.5%。

(6)中国台湾:Shopee 平台的交易佣金为 5%。

(7) 越南：Shopee 平台的交易佣金为 6%。

除了交易佣金外，卖家还需要注意其他可能产生的费用，如运费、包装费、税费等。这些费用会根据商品的重量、尺寸、目的地等因素而有所差异。卖家可以在 Shopee 平台上使用运费计算器来估算这些费用。

另外，Shopee 向首次入驻平台的新卖家提供 3 个月的免佣期，新卖家各站点免佣时间以卖家在相应平台开设店铺的日期开始计算。

(二)Shopee 平台交易手续费

除了佣金，Shopee 还会收取一定的手续费。不同于其他电商平台，Shopee 的手续费是按照订单总额来计算的，具体比率为 1%~2%，并且手续费会随着订单金额的变化而动态调整。此外，Shopee 还提供了免费配送服务，但卖家需要支付一定的运营成本和手续费。

不过，值得注意的是，Shopee 还提供了多种优惠活动，让卖家可以享受更低的佣金和手续费。例如，Shopee 会不定期地举办满就送活动，只要销售额达到一定的金额，就可以享受佣金返还或手续费减免等优惠。此外，Shopee 还会针对不同产品类别推出不同的促销活动，如限时购、满减等，以吸引更多的买家。

(三)Shopee 绑定 Payoneer 收款

1. 注册 Payoneer 账号

注册 Payoneer 账户时需要选择并决定账户类型，如选择公司账户还是个人账户。因为有些平台只允许卖家以企业身份入驻，如 Newegg、Lazada、京东海外站等，需要对应注册公司类型的 Payoneer 账户。Payoneer 公司账户只能提现到境内公司对公账户或公司法人个人银行账户中。

如果选择的是个人账户（默认无卡账户），那么在账户注册完成后，个人用户如果需要实体卡，可随时申请自助添加相应币种的 Payoneer 预付万事达实体卡。但实体卡每年需要收取 29.95 美元的年费，而通过 Payoneer 从全球平台和客户收款并提现到境内银行账户，并不需要万事达实体卡片，所以免费无卡账户就够用了。

注册 Payoneer 账户完全免费，免账户管理费和入账费用。所有的 Payoneer 账户之间互转是不收取任何手续费的。Payoneer 入账收款也是免费的，即通过全球收款服务功能面向全球客户免费收取美元、欧元、英镑、日元、加拿大元及澳元等 6 种货币直接入账到 Payoneer 账户余额，其原理是在 Payoneer 账户后台给客户提供了 6 家不同国家(地区)的合作银行的银行账户，这样就相当于客户本人在境外有当地银行账户一样。

Payoneer 只收取提现费用。新用户默认提现费率为 1.2%，随着 Payoneer 账户收款量的增加，可以将提现费率从 1.2% 调整到 1%，甚至更低。还有就是可能发生的通道费用，但这一般不会向卖家收取，例如作为卖家，你的客户的 Payoneer 账户没有余额来支付货款，就可以选择通过信用卡支付账单，则手续费为 3%（所有币种），也可以选择通过电子支票 eCheck 支付，则手续费为 1%（仅限美元），手续费经协商后可由买家来付。

从 Payoneer 提现外币到境内银行卡需 1~3 个工作日，卖家会收到一封"您的提款请求已收到"的邮件，邮件里的汇率是不准确的(没有扣 1.2% 的提现费)。从 Payoneer 提现的汇率会按照收到邮件时的中国银行官网"现汇买入价"来算。几点收到邮件就按几点的汇率。汇率换算方法是：先扣1.2%的提现费，即提现金额×(1−1.2%)＝A，然后再把邮件里的人民币数除以 A,会得到准确的汇率。

2. 绑定 Payoneer 收款

登录 Shopee 卖家后台,点击"My Wallet"(我的钱包),依次进行下列操作:"Bank Account/Card"(银行账户/卡)—"My Payment Services"(我的支付服务),点击"Register"(注册)。

刚绑定的时候显示"Pending Activation"(暂时未激活),1~2 天后若通过审核,Payoneer 账户即可呈现"Active"正常使用状态,绑定完成。

Shopee 打款周期为两周一次,分别为月初和月中,打款金额为打款日期前两周内妥投的订单。新加坡站点用新加坡币结算,其他站点使用美元结算。买家支付的时候依然使用当地货币。

二、Lazada

(一)Lazada

Lazada 是东南亚领先的一站式经营及购物平台,于 2012 年 3 月正式运营,在印度尼西亚、马来西亚、菲律宾、新加坡、泰国及越南设有分支机构,同时在韩国、英国、俄罗斯和中国香港设有办事处。顾客在 Lazada 平台上能够轻松购物。顾客可以通过移动装置或电脑网站访问该平台,该平台同时也提供了包括货到付款在内的多种付款方式,提供全面顾客服务和免费退货服务,而且零售商通过一个零售渠道可以简单、直接接触到约 1.3 亿的用户。Lazada 平台上拥有大量的产品,产品种类涵盖消费者电子产品、家庭用品及时装。

(二)WorldFirst 绑定 Lazada 店铺步骤

进入 Lazada 卖家中心,在"My Account"(我的账户)中点击"Profile"(文件),点击"Payments"(支付)—在"WorldFirst"下点击"Register"(注册),如图 7-1 所示。

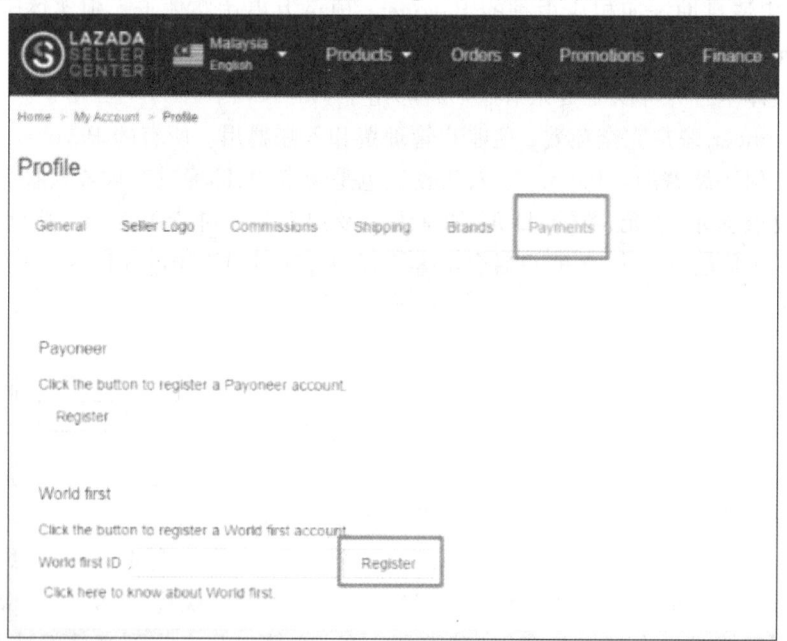

图 7-1 在 Lazada 注册

当 WorldFirst 账户与 Lazada 成功绑定之后,卖家中心将会显示注册 ID(Email ID 或者特定 WorldFirst ID),并显示"Connected"已对接状态,如图 7-2 所示。

图 7-2 绑定成功

第二节 印度电商平台 Paytm Mall 和 Flipkart

一、Paytm Mall

(一)简介

目前,印度已成为全球人口最多的国家,印度电商市场拥有相当大的发展潜力,但竞争也很激烈,除了亚马逊和印度本土电商巨头 Flipkart,有着"印度支付宝"之称的印度最大移动支付和商务平台 Paytm 旗下公司 Paytm E-Commerce 的电商平台 Paytm Mall 也悄然加入竞争者当中。Paytm 是印度最大的移动支付初创企业,用户数以亿计,而且取得了沃伦·巴菲特公司的出资。

在当前的印度电商市场中,基本形成了以 Flipkart、亚马逊和 Paytm Mall 为首的三足鼎立的局面。与 Flipkart 和亚马逊印度相比,Paytm Mall 是对中国卖家最友好的一个平台,有着两个明显优势:一是入驻门槛低,二是佣金相对较低。选择 Paytm Mall 是进入印度市场的较好机会,Paytm 在印度拥有 3 亿注册用户,1000 万以上的线下商家支持 Paytm 支付,2023年营收超 10 亿美元。

(二)Paytm Mall 平台费用和支付方案

Paytm Mall 不仅接受中国公司注册使用,还接受中国公司在 Paytm Mall 开店注册,需注意的是要求是企业申请,不能个人申请。而且开店注册时需要用印度手机号码注册。

Paytm Mall 不分品类统一收取 15% 的费用,涉及平台佣金、网关费用及印度税收 3 个方面,具体如表 7-1 所示。

表 7-1 Paytm Mall 收费情况

项目	收费
平台佣金	10.3%
网关费用	2.7%
平台上缴印度政府税收	2.0%

注:在退货或者已支付但取消订单的情况下,Paytm Mall 平台依然收取 2.7% 的网关费用,0.405%(即 2.7%×15%)的代扣服务税。

Paytm Mall 通过其"批量发布产品"软件,可以将阿里巴巴、速卖通、淘宝天猫、京东、敦煌网、亚马逊、Wish、Shopee、Lazada、iOffer、eBay 等其他平台店铺的产品数据一键采集下来,批量上传到 Paytm Mall 店铺。

Paytm Mall 可以用银行或者连连支付、易联支付等第三方支付工具来收款。可以绑定香港银行账户或者境内银行账户,但是只能用对公银行账号来收款。平台会结款到 Paytm 钱包,然后卖家绑定对公银行账户提现。对中国卖家来说,Paytm Mall 当前以美元结算,用香港公司和香港的对公银行账户会更方便一些,如果没有的话,就得看境内公司能不能以对公账户收美元了。

二、Flipkart

Flipkart 是由亚马逊的两名前员工于 2007 年创建的,是印度最大的电子商务零售商,总部位于班加罗尔。2018 年 5 月,沃尔玛以 160 亿美元收购了 Flipkart77% 的股权。截至 2023 年,Flipkart 拥有 5 亿注册用户,在 80 多个品类中提供超过 1.5 亿种产品。包括大量的时尚类产品、电子产品、书籍、手机和其他商品。

在开店佣金方面,Flipkart 以 300 卢比为界,把佣金率细化为四个区间:300 卢比以下、301~500 卢比、501~1000 卢比和 1000 卢比以上,具体取决于商品的类目和子类目。在收款费方面,根据订单商品价值和客户付款方式(预付/货到付款),将收取一笔固定费用。此外,还有消费税 GST(goods & services tax,类似于我国的增值税),GST 一般为上述所有费用的 18%。Flipkart 收款是通过印度储备银行(Reserve Bank of India,RBI)的实时支付系统 NEFT(国家电子资金转账系统)直接将款项打给卖家银行账户,平台按照卖家的等级不同会在 7~15 个工作日内结算卖家金额。金牌卖家为 7 个工作日,银牌卖家为 10 个工作日,铜牌卖家为 15 个工作日。因此卖家必须自己或者通过第三方收款机构来使用印度当地的银行账户进行收款。Flipkart 旗下也有一款移动支付应用 PhonePe,截至 2023 年,下载量超过 1 亿次。一般用户使用它进行手机充值、支付公用事业费用、购买黄金、线上和线下购物等。

第三节 中东电商平台 Souq

被称为"中东亚马逊"的 Souq 平台成立于 2006 年,经过十多年积淀,培养了中东用户的购物习惯。2017 年被亚马逊全资收购,打开了面向中国商家的大门。亚马逊保留了 Souq 品牌的独立经营权,商家在操作 Souq 后台时也无须担心像亚马逊平台那样有 IP 限制。Souq 拥有 600 万用户和每月 1000 万次的独立访问量,在产品品类上,Souq 提供从电子产品到时尚、养生、美容、母婴和家居用品,共 31 大类 840 多万种产品。

目前 Souq 在整个海湾地区共设有 4 个站点,分别是阿联酋站(推荐)、沙特站、埃及站、科威特站。不能一号多站使用。

一、收费

在 Souq 上开店是免费的,售出产品需要交订单服务费和佣金,还有增值税。每个订单收取 7.5 迪拉姆,折合人民币约 13 元。值得注意的是,订单金额低于 50 迪拉姆时(折合人民币约 87 元),将免收服务费。这一灵活的政策为低额订单提供了更加友好的入驻环境。Souq 平台的佣金制度根据不同站点有所不同。在阿联酋站点,平台佣金涵盖了 5%~20% 的范围,而在沙特站点,佣金则由 3% 的转账费、2% 的 ESG[environmental(环境)、social(社会)和 governance(治理)]服务费及 5% 的增值税组成。商家应该仔细评估各自产品的定价策略,以确保在 Souq 平台取得合理的利润。

当订单金额超过 100 迪拉姆(折合人民币约 175 元)时,Souq 平台将免收从海外仓到买家的配送费。这一优惠政策有助于提高购物车金额,为商家节省一部分运营成本。

在增值税方面,因为 Souq 上的价格都是含税价,Souq 在收取的佣金上会产生 5% 的增值税。

二、Souq 收款

Souq 平台提供了灵活多样的收款方式。商家可以绑定合联电商物流 WINLINK 在阿联酋本地公司的银行账户。若商家需要提款,首先通过合联电商物流 WINLINK 的本地银行卡提现,然后再将资金转账到商家指定的银行账户。这种收款方式既简单又安全,方便商家管理资金。Souq 可用美元收款账户收款,香港公司可用香港银行账户,内地公司可以注册 Payoneer 的 Wire Payment Service(WirePS,离岸账户收款业务)账户的 P 卡。

知识卡片 7-2: 电汇美元

卖家收到订单后,是无法立刻将钱取出的,因为 Souq 会将资金预留 3 天,确保客户不会产生退货的情况下才解封。3 天之后,这笔钱会出现在账户"Available"(可使用)中,卖家才可以提取出来。通过后台的"Financials"(金融)跳转到"Request Withdrawal"(请求提现),即可提取指定的金额到银行账户。预计需要 7 个工作日到账。如果用的是非中东当地的银行账户,手续费会从提取的金额中扣除。提款请求的时间间隔是有限制的,不同站点的要求具体如下:阿联酋站,至多 1 天/次;沙特站,至多 15 天 1 次;埃及站,至多 15 天 1 次;科威特站,至多 15 天/次。

第四节 自建站

跨境电商领域,除了亚马逊、eBay、速卖通等电商平台可以将产品从网络上销售出去以外,卖家们也可以通过打造自己的电商网站(独立站)来出售商品。其实很多卖家都知道电商网站的好处:①不需要受到平台的限制;②能够及时地收款;③不需要担心自己的广告推广流量被平台吞噬;④可以放心地做站外的广告推广及社交媒体的推广。正因为如此,Shopify 等多种可以帮助构建自己电商网站的平台十分受欢迎。

一、Shopify

(一)注册 Shopify 和 Oberlo

首先我们要去 Shopify 上注册一个账号开店。选择 Shopify 除了之前提到的自建站的好处之外,还有一个优势就是其插件很多,可以帮助卖家实现多种运营模式,例如借助 Oblero 插件,实现 Shopify 和速卖通链接在一起的直接代发货业务模式。简单地说就是不需要在 Shopify 后台一个一个地上传产品,只需要使用 Oberlo 插件,然后打开速卖通,轻点几下鼠标,就可以从速卖通或者直接从 Oberlo 认证的优质供应商产品库 Oberlo Supply 中为你的 Shopify 网站导入成千上万支持一件代发的产品。

(二)Shopify 收款方式

在 Shopify 后台基本设置中,有一个非常重要的设置——收款设置。产生订单后,客户通过什么渠道进行付款,而商家又通过什么渠道进行收款,什么样的收款方式成本最低,这些问题必须明确。

比较适合中国卖家常用的几种收款结汇方式有 PayPal、2Checkout、Stripe、Payssion、iPayLinks 和 MoneyGram 等。下面主要介绍 PayPal 和 2Checkout 收款。

1. PayPal

(1)收费规则

使用 PayPal 进行 Shopify 收款,要求 PayPal 账户必须要升级为企业账户,才能完成收款操作。这限制了一大批 PayPal 是个人账户的卖家。另外还需要注意其提现收费规则,如表 7-2 所示。

表 7-2 使用 PayPal 进行 Shopify 收款的规则

提现类型	收款币种	时限	提现方式
电汇到中国内地的银行账户	美元	3~7 个工作日	每笔 35 美元
提现到中国香港的银行账户	港币	3~6 个工作日	提现港币 1000 元及以上,免费 提现港币 1000 元以下,每笔港币 3.50 元
提现到美国的银行账户	美元	3~4 个工作日	每笔 35 美元
申请支票	美元	4~6 周	每笔 5 美元

虽然之前有卖家一直通过 PayPal 提现到 Payoneer 或者 WorldFirst 等第三方收款工具，再通过美国银行账户提现到境内，但自 2018 年 12 月 14 日开始，PayPal 提现到美国银行账户也开始正式收取每笔 35 美元提现费了。所以，较好的策略是积累到一定金额再提现，尽量减少提现次数。

（2）设置步骤

① 登录到 Shopify 面板后，点击左侧菜单中的"Settings"（设置），如图 7-3 所示。

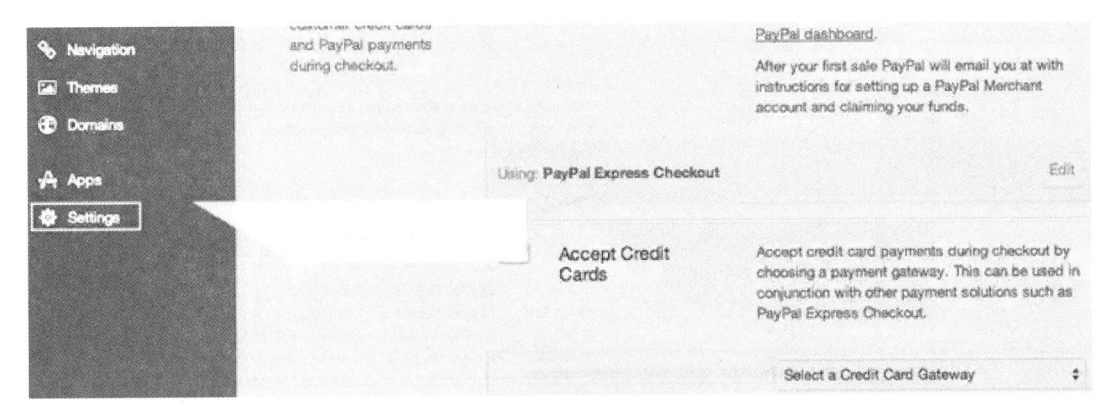

图 7-3　点击"设置"

② 点击"Payments"（付款），如图 7-4 所示。

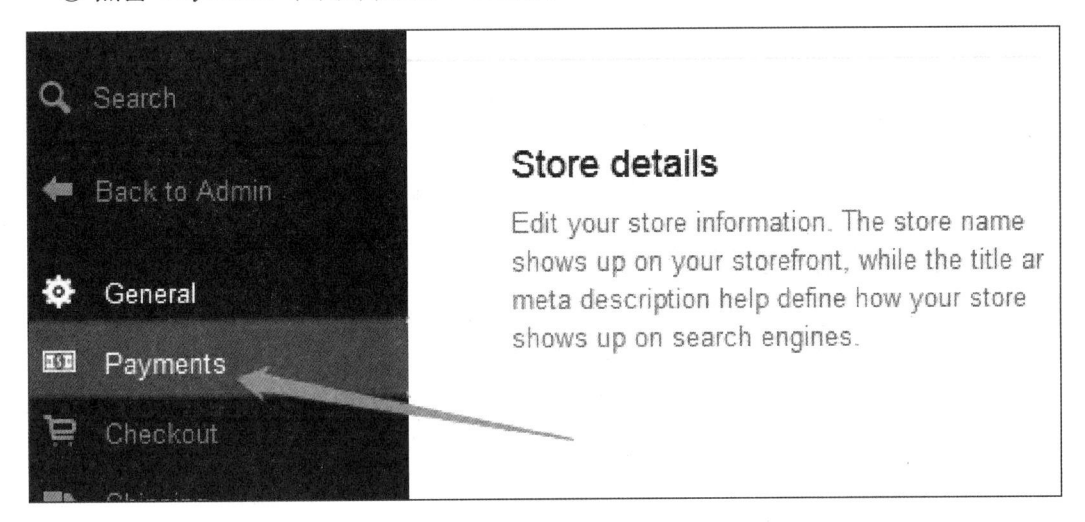

图 7-4　点击"付款"

③ 在 PayPal 部分中，从下拉菜单中选择 PayPal"Express Checkout"（快速结账），如图 7-5 所示。

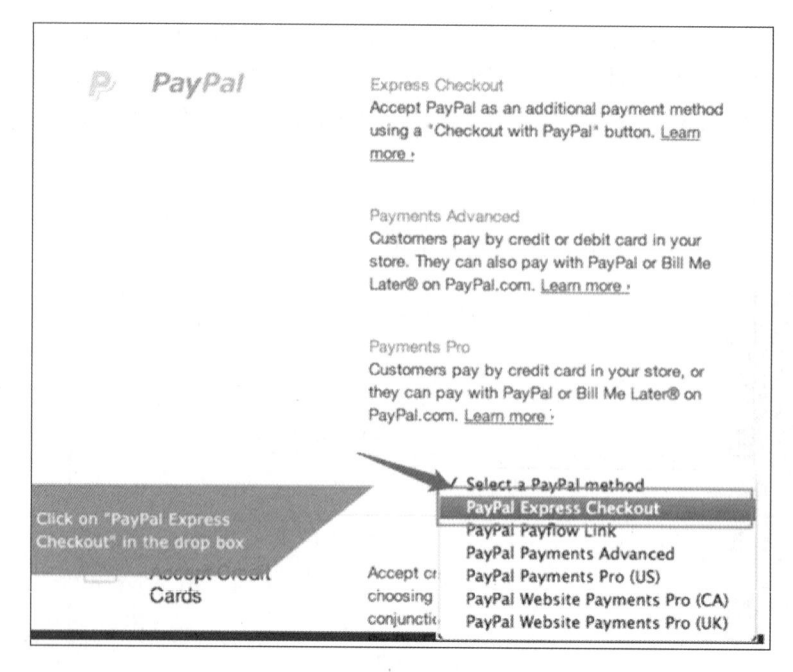

图 7-5　选择"快速结账"

④ 点击"Activate"(激活)将跳转到 PayPal 页面。使用邮箱地址和密码登录,再点击"Grant Permission"(授予权限)。

⑤ 再次跳转到 Shopify Admin 工具,点击"Save"(保存)完成全部设置。

2. 2Checkout

(1) 概况

2Checkout 成立于 1999 年,总部设于美国,企业客户遍布全球,支持 87 种货币,业务范围覆盖 200 多个国家和地区,并且向客户提供国际电汇、邮寄支票、借记卡等一系列服务。2Checkout 合作的信用卡包括 Visa、MasterCard、Discover、American Express、Diners、JCB等。2Checkout 相当于境内的网银、首信易支付、IPAY 等。2Checkout 直接和银行对接,无须注册。

2Checkout 提供与 PayPal 和 Stripe 类似的服务,但是 2Checkout 并不会要求商家的客户注册 2Checkout 账户,而只是让客户使用信用卡或借记卡付款,相当于境内的网银。据统计,安装 2Checkout 收款渠道的 Shopify 商城购物车放弃率要低于其他支付方式。另外,这里的提现方式使用了 Payoneer,当然也有其他的提现方式可以选择(见图 7-6)。

Shopify → 2Checkout → Payoneer → 境内银行卡

资金流向:买家Shopify上购物,信用卡付款,款到2Checkout,然后转到Payoneer,最后提现人民币到境内银行

图 7-6　2Checkout 在 Shopify 中的支付路径

(2) 设置步骤

① 在 Shopify 自建站绑定 2Checkout 账户。申请成功 2Checkout 后,登录 Shopify 后台绑定账号。点击"Settings"(设置)—"Payments"(支付)—"Credit Cards"(信用卡)下拉框,从

中选择 2Checkout,出现页面如图 7-7 所示。其中"Account Number"(账号)和"Secret Word"(密码)需要在 2Checkout 后台复制粘贴。

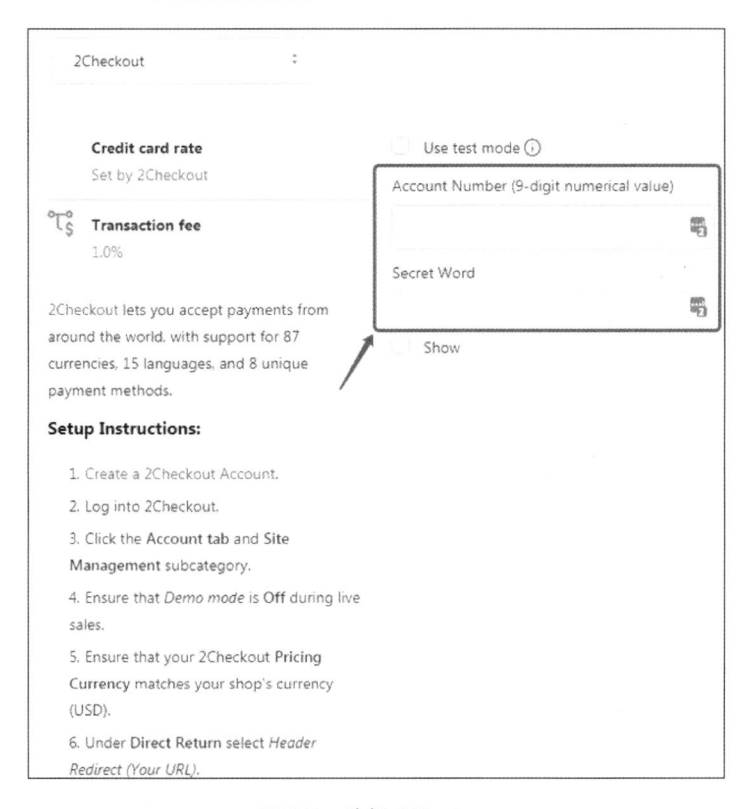

图 7-7　选择 2Checkout

然后点击"Active"(激活),在 Shopify 后台激活后再回到 2Checkout 后台。点击"Webhooks"(网购)—"Setting"(设置)—"Disable All Notifications"(禁用所有通知)—"Save Setting"(保存设置),如图 7-8 所示。

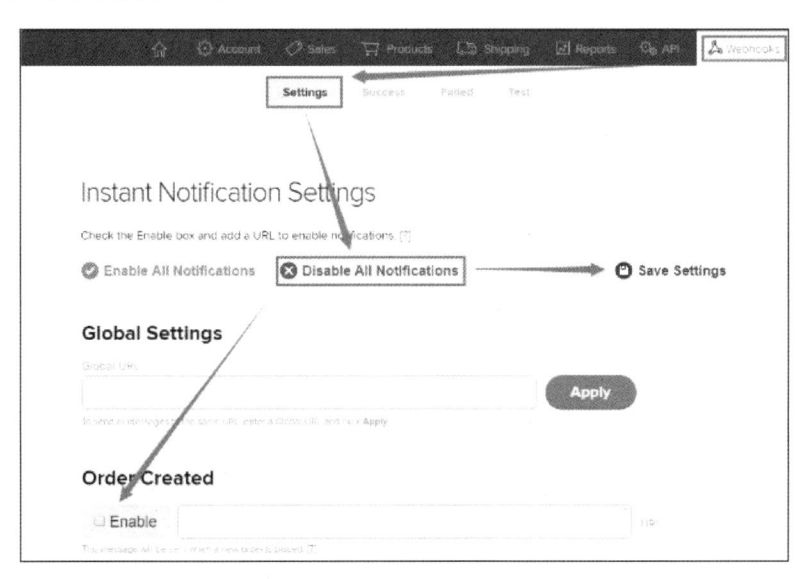

图 7-8　保存设置

至此在 Shopify 自建站绑定 2Checkout 账户完成。

② 2Checkout 绑定 Payoneer 账户设置提现方式。

登录 2Checkout 账户,按点击"Account"(账户)—"Bank Account"(银行账号)—"Payment Profiles"(支付情况),然后点击"Banking Wizard"(银行向导),连接到 Payoneer 账户,如图 7-9 所示。

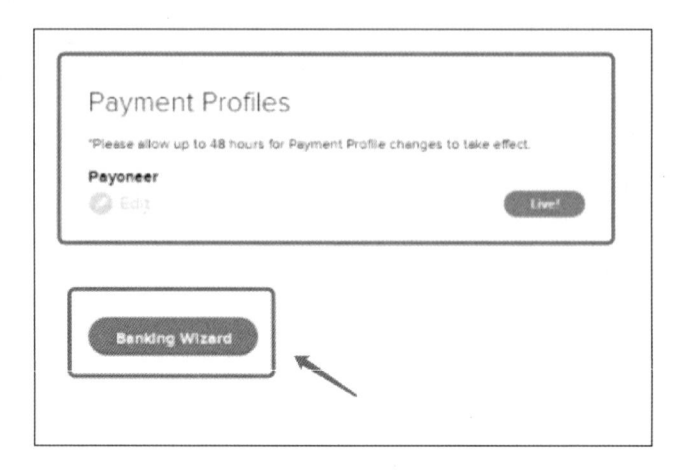

图 7-9 连接 Payoneer 账户

之后,在 Bank Country(银行所在国家)选择 International(国际),在弹出的单选框中选择第一项:2Checkout Re-loadable Debit MasterCard Powered by Payoneer(Payoneer 授权 2Checkout 可复载的万事达借记卡),选择完毕点击"Continue"(继续),如图 7-10 所示。

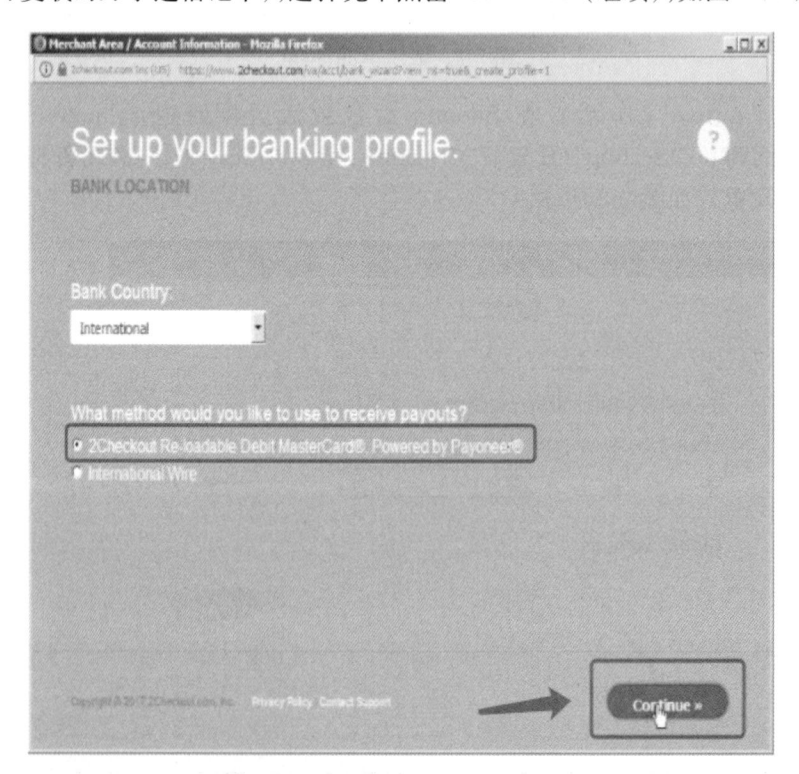

图 7-10 选择 Payoneer 万事达借记卡

填写 Payoneer 账户信息和下发资金金额。在下拉框中选择银行账户持有人姓名，并设置最低释放资金的金额（默认是 20 美元，可以根据自己的情况进行设置），如图 7-11 所示。

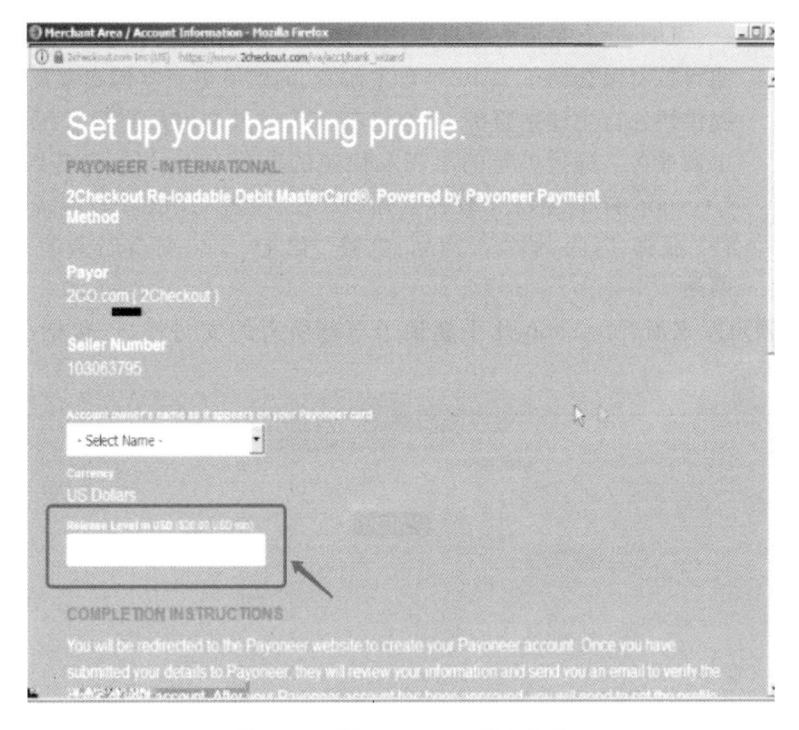

图 7-11 填写 Payoneer 账户信息

最后同意并确认 Payoneer 授权给 2Checkout，就完成整个步骤了。

等资金到 Payoneer 后，就可以提现人民币到境内了，而且没有个人结汇 5 万美元的限制。例如图 7-12 所示，显示资金准备入账 Payoneer 账户。

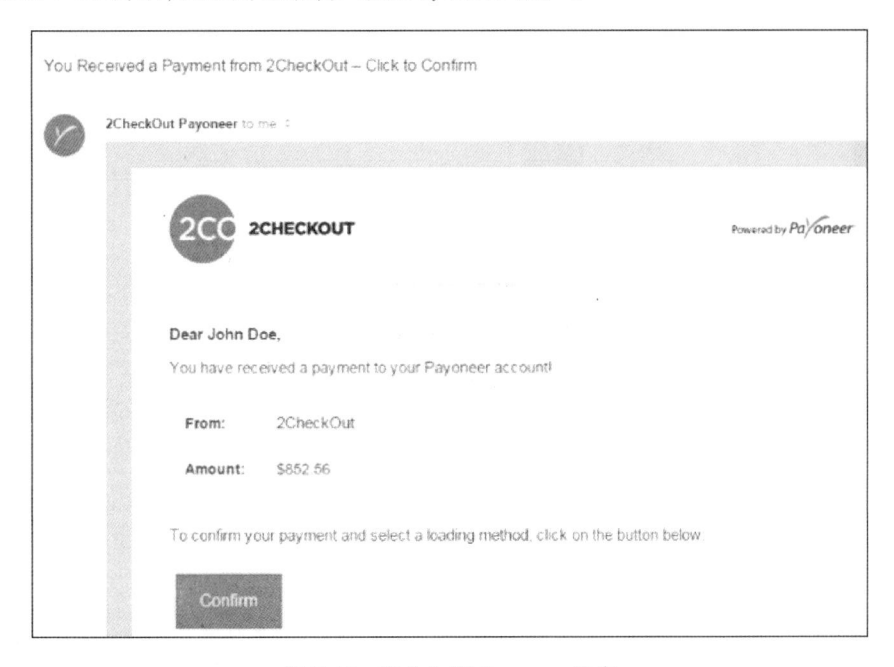

图 7-12 资金入账 Payoneer 账户

二、Ueeshop

> 知识卡片 7-3：
> GBPP 与支付
> 通道的选择

Ueeshop 是境内最早专注于跨境电商的自建站的平台，由广州联雅网络科技有限公司于 2010 年自主研发，为跨境电商零售卖家及外贸出口企业提供快速自主建站服务，至今已有 20000 多位用户使用 Ueeshop 从事跨境电商业务。通过多年的累积及快速的迭代，Ueeshop 已升级至 5.0 版本。Ueeshop 有超过 12 个软件类知识产权，覆盖 120 多个行业，已成功为 3C 配件、服饰、时尚、假发、饰品、机械、化工、Led 灯等行业的外贸企业创建网站。

从支付收款角度来看，Ueeshop 几乎囊括了全球所有的支付接口，包括 PayPal、Stripe 等，如图 7-13 所示。

图 7-13　Ueeshop 支付接口

第七章知识与技能训练

第八章

跨境支付与客户融资业务

> 知识目标

◎ 熟悉跨境电商的融资需求和方式。
◎ 掌握供应链金融的定义、发展和主要模式。
◎ 熟悉供应链金融的创新途径。
◎ 了解供应链金融的风险控制方式。

> 能力目标

◎ 能分析跨境电商融资的主要需求和困难。
◎ 能分析不同跨境电商融资方式的选择。
◎ 能比较供应链融资不同业务模式的适用范围。
◎ 能识别和防范跨境电商融资的风险。

> 案例导入

网盛生意宝携手交行浙江分行　创新在线供应链融资模式

2019年网盛生意宝与交通银行浙江省分行举行战略合作签约仪式。双方加大合作力度，加快产业互联网与供应链金融的融合，探索解决包括企业间三角债、中小微企业融资难、融资贵及金融脱实向虚等问题。网盛生意宝表示，此次与交通银行的战略合作，主要是双方都看好通过在线供应链金融的创新模式，认为其能够有效缓解中小微企业融资难、融资贵的问题。与一般的供应链金融业务不同，生意宝在线供应链金融是互联网与供应链金融的结合，它基于网盛大宗交易平台、网盛融资担保平台、网盛交易征信平台、网盛风控平台和网盛大数据平台的"闭环"系统，以大数据作为支撑，实现了贷款申请、授信审批、贷款发放、贷后监控、贷款使用和借款归还的全程在线化，为产业链上下游的企业提供授信额度及银行贷款。

交通银行则表示，交通银行和网盛生意宝的合作，通过创新小微企业服务模式，利用平台海量的核心企业与下游采购企业信息，解决小微企业融资中最严峻的信息不对称问题。

网盛生意宝是境内产业互联网与供应链金融解决方案提供商，当前基本完成了电商、数据、交易、金融、物流战略生态建设,旨在打造基于供应链的在线交易、物流、金融产业互联网大生态。近年来,交通银行浙江省分行也加大了普惠金融服务和产品的创新力度,借助大数据和外部增信工具,创新推出了POS贷、税融通、优贷通、守重贷等信用贷款产品,同时加强与互联网平台的合作,创新小微企业在线供应链融资模式。网盛生意宝交易平台与交通银行合作的项目作为探索解决小微企业融资难、融资贵的浙江模式,得到了社会各界的肯定。

(资料来源:根据网络相关资料整理)

第一节 跨境电商融资需求

一、中国小微企业融资需求和困境

(一)中国小微企业融资现状

小微企业是中国国民经济和社会发展中不可或缺的重要力量,在增加就业岗位、提高居民收入、保持社会和谐稳定等方面发挥着举足轻重的作用,但是小微企业日益增长的信贷需求没有完全被满足,同时由于缺乏稳健的信用状况、可靠的财务信息及合格的抵押品,小微企业普遍面临着融资难、融资贵的问题。

世界银行《中小微企业融资缺口:对新兴市场微型、小型和中型企业融资不足与机遇的评估》报告研究指出,中国中小微企业潜在融资需求达4.4万亿美元,而融资供给仅2.5万亿美元,缺口比重高达43.18%。

在宏观经济增速放缓、流动性趋于短缺的大环境下,小微企业融资难问题更为突出。针对这一现状,中国人民银行、财政部等部委、监管机构出台了多项举措支持小微企业融资。根据艾瑞咨询《2021年中国中小微企业融资发展报告》,在多方共同的努力下,中国小微企业贷款余额规模自2016年的27.7万亿元增长到了2020年的43.2万亿元,年复合增长率达12.2%,预计未来5年将继续保持高速增长。

(二)中国社会融资环境

2018年2月1日,中国社会融资成本指数在北京公布,该指数由清华大学经管学院中国金融研究中心、财经头条新媒体、企商在线(北京)网络股份有限公司等机构联合发起,经济学者高连奎担任项目负责人。

报告显示,2018年,中国社会融资(企业)平均融资成本占比为7.60%,其具体分项数据,如图8-1所示。

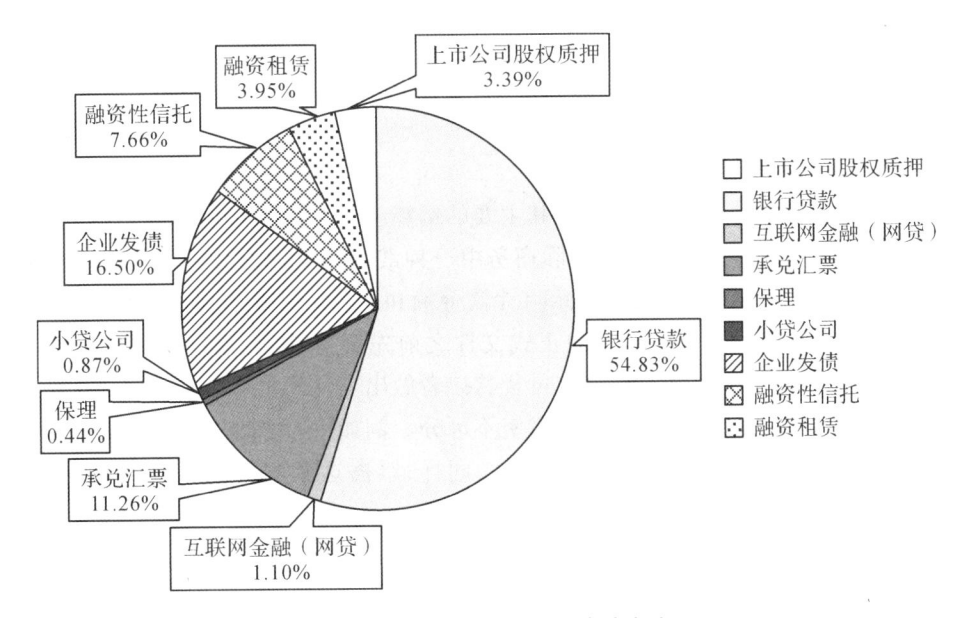

图 8-1 中国社会融资不同方式占比

资料来源：根据 2018 年《中国社会融资环境报告》整理。

但这平均融资成本 7.60% 仅是利率成本，若加上各种手续费、评估费、招待费等，平均融资成本将超过 8%，对企业来说是很重的负担。中国银保监会的数据显示，2022 年末，银行业金融机构用于小微企业的贷款余额为 59.7 万亿元，其中单户授信总额 1000 万元及以下的普惠型小微企业贷款余额为 23.6 万亿元，同比增速 23.6%。

银保监会的统计数据显示，截至 2022 年 4 季度末，中国银行业普惠小微贷款规模达到 23.57 万亿元。其中，国有大行规模最高，达到 8.54 万亿元，在银行业之中的占比为 36.23%。其余 3 类金融机构的小微贷款占比，分别为：农村金融机构占比 31.15%，股份制商业银行占比 17.94%，城市商业银行占比 14.68%。

小微企业的融资困境体现为"不可能三角"，即获客难、风控难与盈利难，这些痛点已成为世界性难题。党的二十大报告指出，要"着力推进高质量发展，推动构建新发展格局"。鉴于此，普惠小微金融业务也将加速推进高质量转型，在现代化产业体系、科技金融、绿色转型，以及产业链、供应链韧性提升等领域进一步加大金融扶持力度。

二、债权融资与股权融资

跨境电商融资需求主要有两大类：一是短期融资，即筹集企业生产经营过程中短期内所需要的资金，用于旺季备货和短期资金周转等；二是中长期融资，如股权融资，引入战略投资者的服务。相应地，常见的融资方式包括债权融资和股权融资。

所谓债权融资是指企业通过借贷的方式进行融资，企业需要承担借贷的利息，并在合约到期后向债权人偿还本金。债权融资包括从商业银行贷款或者公开发行企业债券等。股权融资是指企业的股东愿意出让部分企业所有权，通过企业增资方式引进新的股东，同时使总股本增加的融资方式。股权融资主要包括在证券市场发行股票和私募股权融资。债权

业界事例 8-1：消费金融公司 Affirm 获 3 亿美元 F 轮融资，Groupon、PayPal 核心人物加盟

融资的特点决定了其用途主要是解决企业营运资金短缺的问题,而股权融资的特点则是增加企业的总资本,扩大企业资产。

三、贸易融资:特殊的债权融资

国际贸易结算基本上是非现金结算,其主要的结算工具是以支付金钱为目的并且可以流通转让的债权凭证——票据。汇票是国际商务中一种常用的支付工具。在境内贸易中,卖方通常在没有结清账款的情况下先发货,标明货款金额和支付方式的商业发票随后跟到,买方通常可以在不签署任何承认自己义务的正式文件之前先获得货物。相反,在国际贸易中,由于缺乏信任,买方在获得货物之前必须支付货款或者做出支付的承诺。

贸易离不开支付,有时支付和融资方式密不可分。例如,信用卡支付是一种支付方式,但信用卡这个支付工具本身也承载了融资功能。同样,票据这个支付工具也可以被用作融资工具。

(一)汇款方式

汇款是一种常见的支付方式,它是指将某单位(人)的钱通过第三方机构(邮局、银行)转到另一个单位(人)。

1. 汇款的方式

汇款的方式一般有电汇、信汇和票汇3种。

(1) 电汇(telegraphic transfer, T/T):汇出行应汇款人的申请,以加押电报、电传或SWIFT形式委托汇入行解付汇款的一种方式。它的特点是交款迅速、安全方便,但汇款人须支付电报费。一般是在收款人急需用款时或在大额汇款业务中采用。电汇是通过电报或电传方式汇款,一般3个工作日即可到账。

(2) 信汇(mail transfer, MT):汇出行应汇款人的申请,以信函形式委托汇入行解付汇款的一种方式。它的交款时间迟于电汇,汇款人须支付邮费。信汇是通过信件汇款,一般是款随信到。

(3) 票汇(demand draft,D/D):汇出行按汇款人的申请,开立以其分行或代理行为付款行的银行票据(汇票、本票、支票)给汇款人,由汇款人自己把汇票寄给收款人或自己携带,凭票到付款行领取汇款的一种方式。它的特点是汇入行无须通知收款人前来取款,而由收款人凭票领取汇款。同时收款人在必要时,可按汇票的规定手续背书转让,有流通之便利。票汇是通过汇票、本票、支票等票据汇款,一般是票到款到(须托收的本票、支票除外)。

2. 各种汇款方式的区别与联系

电汇与票汇的主要区别在于,电汇速度较快,但收费较票汇高,如汇款金额较大或急于用款时,可采用电汇;而在汇款金额较小、短期出境或不急于用款时,可采用票汇。有时,境外收款方可能要求采取特定的汇款方式,比如申请国外学校、缴纳各种报名费时经常要求使用汇票。

票汇中使用的支付工具是汇票。汇票分为银行汇票和商业汇票:银行汇票是银行签发的,在汇入行见票时按照实际结算金额无条件支付给收款人或者持票人的票据。商业汇票是出票人签发的,委托付款人在指定日期无条件支付确定金额给收款人或者持票人的票据。按照不同的承兑人可以分为商业承兑汇票和银行承兑汇票。由银行承兑的汇票为银行承兑汇票,由银行以外的企事业单位承兑的汇票为商业承兑汇票。

银行汇票一般具有银行信用,商业汇票具有商业信用,但有时银行汇票也可仅具有商业信用,如票汇结算的信用基础是汇款人与收款人之间的商业信用,办理中使用的是银行即期汇票。因此,票汇就是典型的使用银行汇票,却具有商业信用的支付方式。总体来看,汇款主要是以商业信用为基础的结算方式,虽然涉及银行的资金转换,但是银行并不承担交易的风险,主要还是基于汇款人和收款人双方商业信用再加上办理汇付手续的双方的银行信用。

当资金的流动方向与支付工具的传递方向相同时,我们称之为顺汇,而逆汇刚好相反。电汇、信汇和票汇是顺汇,而信用证(letter of credit,L/C)、托收[包括付款交单(documents against payment,D/P)和承兑交单(documents against acceptance,D/A)]、信用证是逆汇。汇付中的电汇、信汇都使用了商业汇票,属于商业信用。而票汇虽然使用的是银行汇票,有银行参与,但银行只提供服务不提供信用,所以票汇也属于商业信用。因此,汇款的3种方式中均使用的是商业信用。

通常信用证及托收会用到商业汇票。信用证下的汇票有:即期汇票、远期汇票和远期承兑汇票。信用证下的汇票的付款期限与信用证期限完全一致。信用证中的银行汇票(即期汇票)或者是商业汇票中的银行承兑汇票(远期承兑汇票),都属于银行信用。而托收采用的是商业汇票中的商业承兑汇票,不属于银行信用,属于商业信用(见图8-2)。

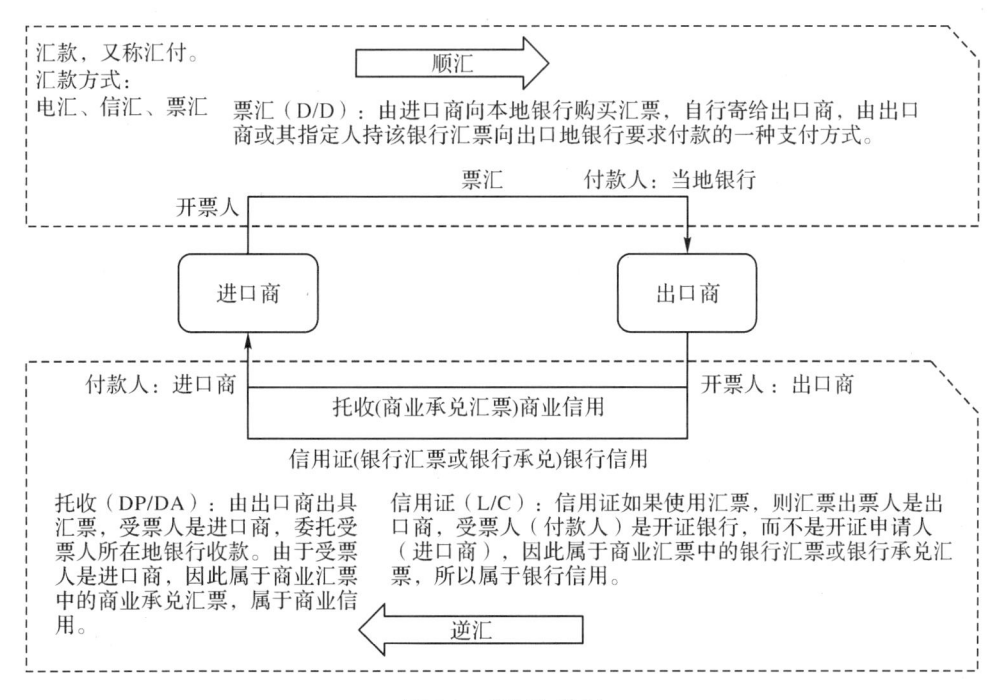

图 8-2 顺汇与逆汇

(二)信用证

信用证与电汇、托收等都是国际贸易中常用的结算方式。信用证本质上是由买家通过银行担保给卖家的一种付款承诺,因此该信用也可以作为一种融资方式来使用。信用证支付流程如图 8-3 所示。

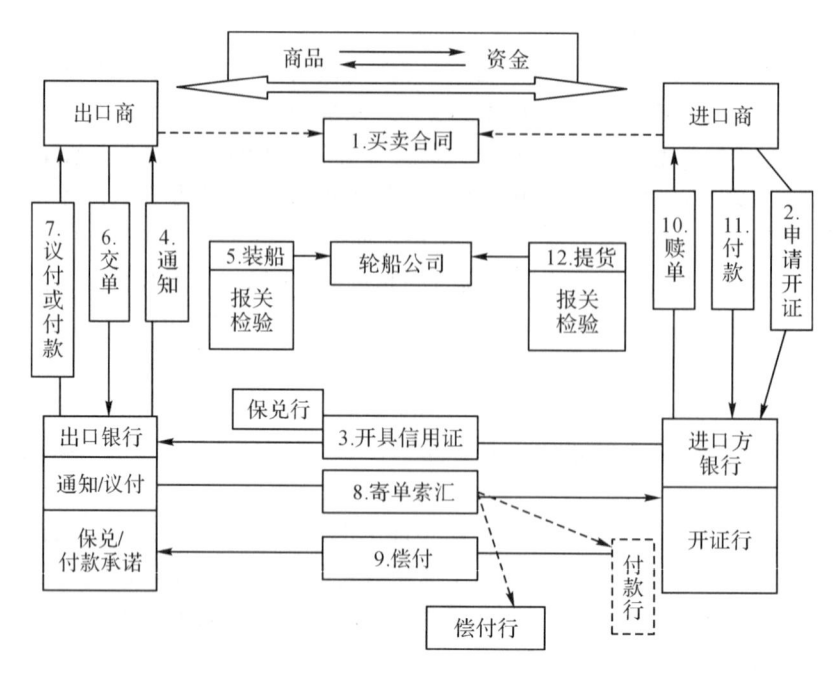

图 8-3 信用证支付流程

由于信用证是银行对出口商保证付款的承诺,只要出口商按照信用证的指示提交相应的出口相关文件,就可以获得银行付款,而不管到时进口商是否付款。它是一种银行信用,而不是商业信用,因此可以被用作信用融资。同样地,押汇、保理、福费廷都是一种出口融资方式。

(三)押汇

押汇(documentary bills)可以分为出口押汇和进口押汇。出口押汇,又称买单结汇,是指在出口商发运货物之后,将单据提交银行,银行在审核单证相符后,在开证行对未付单据付款之前,先向出口商付款,再凭全部单据向进口商收回货款本息的融资行为。那么这里的单据具体有哪些呢?

1. 跟单汇票

我们先来介绍一下跟单汇票的概念。跟单汇票又称信用汇票、押汇汇票,是需要附带提单、仓单、保险单、装箱单、商业发票等单据,才能进行付款的汇票,商业汇票多为跟单汇票,在国际贸易中经常使用。

知识卡片8-1:汇票票样

跟单汇票有的用于跟单信用证项下的交易,也有的用于跟单托收项下的交易。信用证是一种支付方式,而汇票是一种支付工具。信用证支付方式下可以用汇票也可以不用。信用证需不需要汇票只要检查一下信用证有没有42A 与 42C、42C 与 42D 这两项,如果有,就要开汇票。可以企业自己开,也可以由银行代开。银行代开时,需要企业提供盖公章的空白汇票给银行。汇票是付款的命令,因为开证行开来的信用证承诺有条件地付款,卖家满足了条件,就要开出汇票命令买家付款,汇票起到的就是这个作用。

2. 跟单信用证项下

跟单信用证项下的交易一般规定:受益人开出的汇票须随附商业发票、提货单、保险单、装箱单等单据,在汇票与单据所载与信用证条款相符的条件下,若是即期信用证,即由开证银行偿付票款给议付银行;若是银行承兑信用证,则由开证银行承兑后将汇票交给议付银行的代理行。汇票一经承兑,就与单据脱离,成为独立的银行承兑汇票,由承兑人承担票据责任。

信用证为付款方式时,交单资料中要有汇票,这是根据信用证的规定或性质而定的——即期信用证可以要汇票,也可以不要汇票,这个要看信用证的具体规定而定;延期付款信用证,因为开证行已经明确了具体的付款日期,故无须汇票;远期承兑信用证则必须有汇票,即受益人议付远期承兑信用证,必须提交一份远期汇票,开证行在受益人交单相符的情况下,要对汇票进行承兑。

即期信用证包括付款信用证和议付信用证,根据 UCP 600 惯例,付款信用证没有贴现行为,无须汇票,而议付信用证需要汇票,可以提前融资。如果信用证中出现"available with by…"(即议付方式,不管是限制性议付还是自由议付,它就需要汇票)。

在远期信用证下,开证人需要向银行承兑远期付款,这个时候在信用证上承兑就不好操作了,所以更加需要使用汇票。

因此,即期信用证要不要汇票,需依信用证的具体规定而定。延期付款信用证无须汇票,而远期承兑信用证则必须有汇票。

至于承兑汇票的付款期是 30 天、60 天、90 天、180 天,或是其他天数,这是买卖双方商定的。由于我国实行外汇管理,超过 180 天的远期收汇要做登记,并要经过审批;而进口付汇超过 90 天,算作对外举债,都必须严格执行国家的外汇管理和利用外资政策,并具有真实的商品交易背景。

因此,开具 360 天的进口信用证是比较困难的。如果接收 360 天的出口信用证,那么出口企业等于是放账或融资给进口商,自己须有足够的实力,即自己要垫得起这笔钱才行——也就是货出了,但要等 360 天后收款,而在此期间自己能够有足够的资金来维持企业的运转。

也可以从融资角度来进行解释。银行所开出的信用证分为议付信用证和非议付信用证,只有议付信用证需要提交汇票,而非议付信用证不需要提交汇票。非议付信用证包括延期付款和见单即付信用证。

议付信用证提交汇票除了用于向受票人收款之外,主要用于为受益人融资,或者为开证申请人融资,有些国家也用来征收印花税。

3. 跟单托收项下

跟单托收项下所附的交易单据有两种交单方式:①付款交单。代收银行在进口商付款后,将汇票及附属单据交进口商,进口商凭单可以提货。②承兑交单。代收银行在进口商承兑汇票后将附属单据交进口商,已承兑的汇票留待到期时向进口商收款。

4. 出口押汇

出口押汇操作过程是:议付行在审单无误的情况下,按信用证条款买入出口受益人(外贸出口公司)的汇票和单据(跟单汇票),从票面金额中扣除从议付日到估计收到票款之日的利息,将余款按议付日外汇牌价折成人民币,先行垫付货款拨给外贸公司。议付行向外贸公司垫付资金买入跟单汇票后,即成为汇票持有人,可凭票向付款行索取票款。银行做出口押汇,是为了对外贸公司提供资金融通,利于外贸公司的资金周转。

5. 进口押汇

进口押汇是指进口地银行接受包括货运单据在内的全套进口单据作为抵押,为进口商垫付货款的融资行为。进口商必须在规定的时间内付款赎单,或出具信托收据(trust receipt,

T/R),借出货运单提货,出售后以所得货款归还银行垫款本息。

(四)保理

保理(factoring)又称托收保付,是出口商将其现在或将来的基于其与买方订立的货物销售/服务合同所产生的应收账款转让给保理商(提供保理服务的金融机构),由保理商向其提供资金融通、进口商资信评估、销售账户管理、信用风险担保、账款催收等一系列服务的综合金融服务方式。它是国际贸易中以托收、赊账方式结算货款时,出口方为了避免收汇风险而采用的一种请求第三者(保理商)承担风险责任的做法。

(五)福费廷

福费廷(forfaiting)是改善出口商现金流和财务报表的无追索权融资方式,包买商从出口商那里无追索地购买已经承兑的、并通常由进口商所在地银行担保的远期汇票或本票的业务就叫作包买票据,音译为福费廷。

四、跨境电商融资

(一)大型卖家融资渠道

不同等级的卖家在融资上的渠道也是不同的。大型卖家比中小型卖家融资渠道更加广泛,一般会使用银行贷款、股权质押等形式来募集资金。挂牌新三板的企业以股权质押融资为主,且多集中在9、10月份。根据过去几年一些跨境电商发布的公告来看,确实大多数挂牌新三板的跨境电商会选择股权质押的方式集资度过旺季,且时间主要集中在9、10月份,因为9、10月份正是临近旺季时期,不少跨境电商企业在旺季来临之际都会出现资金短缺的现象,通过股权质押贷款能够在一定程度上缓解跨境电商的旺季资金压力,维持正常运营。对于这些大卖家而言,融资备战旺季似乎比中小卖家更加容易和有保障一些。

不同于新三板公司,主板上市公司则一般不需要在旺季融资,尤其是有自己的工厂、研发团队和专利产品的主板上市公司。除了在旺季备货上占有先天优势,这类公司在旺季资金的流动上也不需要担忧,但是贸易战和汇率的变动会对其影响相对较大。其在国际贸易中存在以下两大风险。

第一,国际贸易摩擦风险加大。当前国际贸易环境多变,存在因贸易纠纷、摩擦引起的被加增关税的风险。

第二,汇率波动风险。如果公司营业收入的大部分来自出口销售,且人民币对美元汇率宽幅波动,将对公司的经营业绩的稳定性产生一定的影响。

销售旺季对跨境电商企业而言是一个机遇,但从融资角度来讲,也是不容忽视的挑战。挂牌新三板的跨境电商企业基本都面临着旺季资金短缺的问题,更别说体量更小且融资更困难的中小卖家。

(二)中小卖家融资渠道

大部分小卖家的融资渠道都比较狭窄,会使用支付宝、信用卡等。中型的卖家一般会在银行贷款,但是往往都需要用自己或者相关股东的房产做抵押,还有一些会采用同行拆借的方式。无论以哪种方式融资备战旺季,对一般的跨境电商卖家而言,或多或少都存在两个问题:融资难和利息高。而且平台方给卖家的帮助和支持也很少。

一般而言,中小卖家的融资渠道主要有5个。

第一,通过自身的积累,在淡季储备资金用于旺季周转。

第二,使用循环贷。和一般贷款相比,循环贷比较灵活,卖家可以随借随还,但是利率相对较高,现在很多银行也推出了循环贷相关业务。

第三,和工厂申请延长账期,但是需要和工厂的合作根基牢固。

第四,向亲戚朋友调用资金。

第五,减少海运量,增加空运量。海运时间较长,资金积压在货物上的时间相对就长了,卖家需要牺牲一定的利润,通过增加空运和快递来缓解资金和回款压力。

第二节　供应链金融概述

随着中国的进一步开放,国际贸易往来日益频繁,进出口总额大幅提高,这为发展外汇业务尤其是贸易融资业务提供了极大的市场空间。贸易融资有很多优势:首先,准入门槛较低,这有效解决了中小企业因财务指标达不到银行标准而无法融资的问题。其次,贸易融资审批流程相对简单,企业可以较为快速地获取所需资金。再次,贸易融资比一般贷款风险低,能有效降低银行风险。最后,贸易融资业务可以扩大银行收入来源,调整收入结构。

入世以来,中国对外贸易的数量及范围迅速扩大,对外贸易的主体向多层次扩展,国际贸易结算工具多样化且新业务不断推出,与之相应的国际贸易融资方式亦呈现出前所未有的多样化、复杂性和专业化。

一、贸易融资发展趋势

(一)单证业务向赊销业务转移

随着买方市场的形成,赊销(open account)逐渐成为最主要的交易方式。据统计,我国国际贸易中约70%采用赊销方式结算,而在内贸中,赊销的比例更高。基于此,信用证及托收等传统单证业务持续下降,而基于赊销的汇款业务快速上升。围绕赊销结算方式的贸易融资业务迅速上升。

(二)标准化单一产品向结构化产品转移

随着客户需求的多样化,标准化的单一产品很难满足客户全方位的需求。贸易融资服务必须根据客户的需求特点,为客户设计量身定制的结构化(structured)产品解决方案。

(三)业务范围逐渐扩大,产品不断丰富

从提供资金结算和融资服务,到防范各种风险、美化财务报表、保险、仓储、报关和财务顾问咨询服务;从国际贸易融资服务到境内贸易融资服务;从传统的信用证、托收、汇款等国际结算产品带来的进出口押汇和贴现业务,到覆盖客户采购、生产、销售整个产业链条各个环节的服务,如供应链金融方式,融资的产品不断丰富。

供应链金融的出现为银行迎来了一大批的中小企业客户,成为商业银行全新的金融业务。供应链金融缓解了征信度低、生产经营规模小、贷款抵押的不动产少的中小企业获得金融机构资金支持的难题,为供应链管理起到了协同的作用。供应链金融实现了金融机构服务于实体经济的要求,迎合了供给侧结构性改革的政策发展方向。

二、供应链金融：发源于贸易融资

供应链金融(supply chain finance, SCF)是指将供应链上的核心企业看作一个整体，以核心企业为依托，以真实贸易为前提，运用自偿性贸易融资的方式，通过零售账款质押、货权质押等手段封闭资金流或者控制物权，对供应链上下游企业提供综合性的金融产品和服务。供应链金融模式整合了商流、物流、信息流和资金流，在很大程度上缓解了中小微企业融资过程中的困境。同时基于对供应链的管理和优化，提升中小微企业的管理水平和盈利能力，并最终形成中小微企业商业信用的沉淀。供应链金融生态圈如图8-4所示。

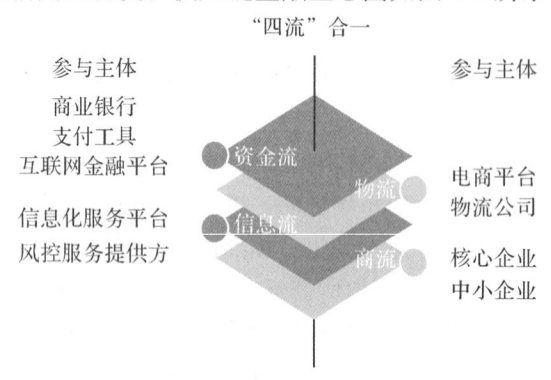

图 8-4 供应链金融生态圈

资料来源：《供应链金融及商业模式案例研究报告》，http://www.chresearch.cn/?p=1186。

三、传统供应链金融的主要模式

在传统供应链金融业务模式下，业务主体包括供应商(上游企业)、经销商(下游企业)、核心企业、银行、仓储机构及物流公司等。业务模式主要包括应收类(基于应收账款的融资)、预付类(基于预付账款的融资)、存货类(基于库存现货的融资，或者说是动产质押融资)三大类产品。

(一)应收账款融资模式

该模式是指基于产业链中的上游企业对核心企业享有的应收账款，银行等金融机构为上游企业提供的融资服务，其业务流程如图8-5所示。

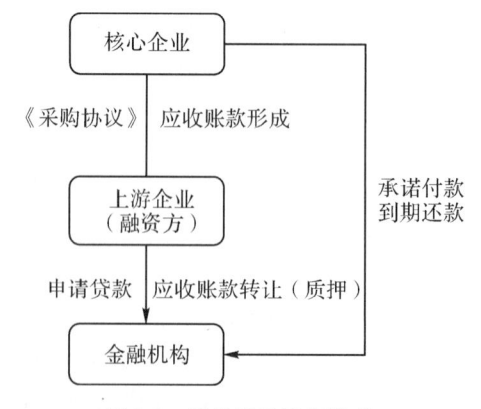

图 8-5 应收账款融资模式

资料来源：《传统供应链金融业务模式：应收账款融资、保兑仓融资、融通仓融资》，https://www.sohu.com/a/166385655_99983891。

(1)产业链中的上游企业与核心企业之间签订《采购协议》,约定由上游企业向核心企业提供货物,核心企业在收到货物后在一定时间(账期)内付款。因此形成一笔上游企业对核心企业的应收账款。

(2)上游企业作为融资方向银行等金融机构申请融资,并将其对核心企业的应收账款转让或者质押给金融机构,作为其还款保障、担保。

(3)核心企业将应收账款相关的单据等证明材料交付金融机构,并做出还款/回购承诺。

(4)银行等金融机构基于其对上游企业和核心企业之间交易背景真实性的判断向上游企业发放融资款。

业界事例 8-2：七部门联合发布《小微企业应收账款融资专项行动工作方案（2017—2019 年）》

(二)预付账款融资模式

预付款融资模式也称保兑仓融资模式,是指银行等金融机构为产业链中的下游企业提供的融资服务,其业务流程如图 8-6 所示。

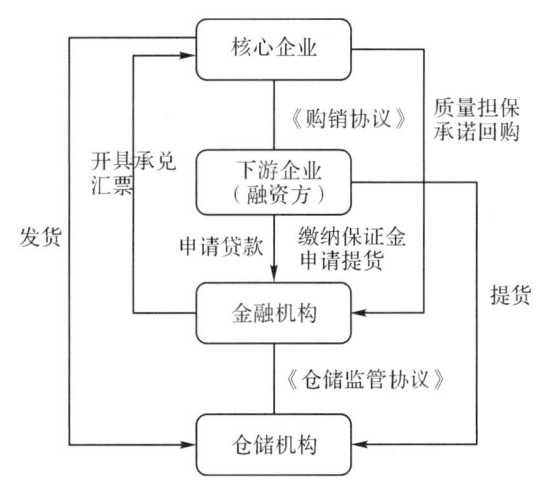

图 8-6　保兑仓融资模式

资料来源:《传统供应链金融业务模式:应收账款融资、保兑仓融资、融通仓融资》,https://www.sohu.com/a/166385655_99983891。

(1)核心企业与下游企业签订《购销协议》,约定由核心企业向下游企业出售货物,并约定由下游企业向金融机构申请贷款用于预先支付货款。

(2)下游企业根据其与核心企业签订的《购销协议》向银行等金融机构申请贷款。

(3)金融机构经过审核同意下游企业的贷款申请后,向核心企业开具货款对应金额的承兑汇票。

(4)金融机构与仓储机构签订《仓储监管协议》,核心企业向金融机构指定的仓储机构发货,并将仓单等单据交给金融机构。

(5)下游企业向金融机构缴纳一定金额的保证金后,向金融机构申请提取相应价值的货物,金融机构收到保证金后向下游企业签发提货单,指示仓储机构释放相应货物给下游企业,下游企业向仓储机构提货。该流程不断循环,直至下游企业缴纳完毕相当于承兑汇票金额的保证金并提取完全部货物为止。

(6)核心企业对于货物质量向金融机构做出保证,并承诺在下游企业不按约定支付保证金提取货物时,按金融机构要求对货物进行回购。

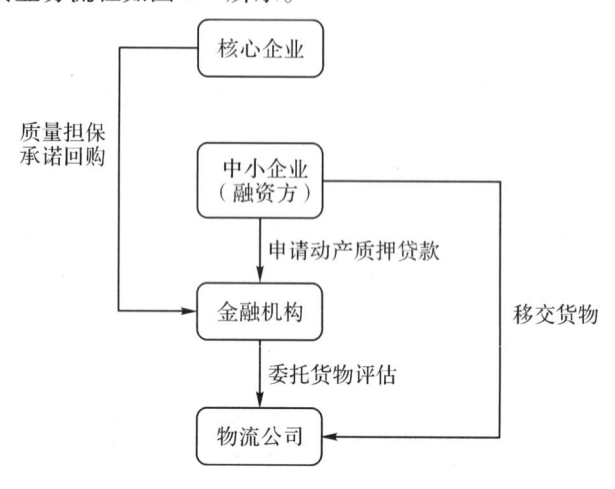

(三)库存现货融资模式

库存现货融资模式也称融通仓融资模式或动产质押融资模式,是指银行等金融机构接受中小企业提供的动产作为质押物,结合核心企业的担保及物流公司的监管,为中小企业提供的融资服务。其主要业务流程如图 8-7 所示。

图 8-7 库存现货融资模式

资料来源:《传统供应链金融业务模式:应收账款融资、保兑仓融资、融通仓融资》,https://www.sohu.com/a/166385655_99983891。

(1)中小企业以其自有货物向银行等金融机构申请动产质押贷款。

(2)金融机构委托第三方物流公司对中小企业提供的动产价值进行评估,物流公司向金融机构出具评估报告。金融机构根据物流公司的评估结果,决定是否向中小企业提供贷款。

(3)中小企业将动产移交物流公司,物流公司收到货物后通知金融机构,金融机构向中小企业发放贷款。

业界事例 8-3:资产证券化业务领域统一监管标准

(4)核心企业为中小企业的还款义务向金融机构提供担保,承诺在中小企业不按时归还贷款时,承担担保责任或者对动产进行回购。

目前,应收账款融资是我国传统供应链金融的主要方式。一般而言,应收账款融资的额度是应收账款本身的 70%～80%。艾瑞咨询《2018 年中国供应链金融行业研究报告》显示,在一个具备能力的优秀的供应链金融提供者的供应链体系内,30% 的供应商被供应链金融产品覆盖。

四、云时代的供应链金融模式

供应链金融是指以核心客户为依托,以真实贸易背景为前提,运用自偿性贸易融资的方式,通过应收账款质押、货权质押等手段封闭资金流或者控制物权,对供应链上下游企业提供的综合性金融产品和服务。

供应链金融的本质是信用融资,在产业链条中发现信用。在传统方式下,金融机构通过第三方物流、仓储企业提供的数据印证核心企业的信用、监管融资群体的存货、应收账款信息。而在云时代,大型互联网公司凭借其手中的大数据成为供应链融资新贵,蚂蚁金融、京东、苏宁等都是典型代表。

互联网云时代下的供应链金融有多种模式。

(一)基于 B2B 电商平台的供应链金融

境内电商门户网站,如焦点科技、网盛生意宝、慧聪网、敦煌网等,或 B2B 电商交易平台,如上海钢联、找钢网等,都在瞄准供应链金融,往金融化方向挺进。

如找钢网在 2015 年上线胖猫物流及以"胖猫白条"打头的金融服务。"胖猫白条"针对优质采购商提供"先提货,后付款"的合作模式,意味着找钢网在供应链金融方面迈出了实质性的一步。找钢网积累了多年的客户交易数据,垂直的数据风控能力是找钢网做供应链金融的优势。

(二)基于 B2C 电商平台的供应链金融

B2C 电商平台,如淘宝、天猫、京东、苏宁、唯品会等都沉淀了商家的基本信息和历史信息等优质精准数据,可依据这些大数据向信用良好的商家提供供应链金融服务。

以京东为例,近年来,京东频频加码互联网金融,供应链金融是其金融业务的根基。京东通过差异化定位及自建物流体系等战略,并通过多年的积累和沉淀,已形成一套以大数据为驱动的京东供应链体系,涉及销量预测、产品预测、库存健康、供应商列表、智慧选品、智慧定价等各个环节。

京东供应链金融利用大数据体系和供应链优势在交易各个环节为供应商提供贷款服务,具体可以分为 6 种类型:采购订单融资、入库环节的入库单融资、结算前的应收账款融资、委托贷款模式、京保贝模式、京小贷模式。京东有非常优质的上游的供应商、下游的个人消费者、精准的大数据,京东的供应链金融业务水到渠成。

(三)基于支付的供应链金融

只想做支付的支付公司不是好公司。支付宝、快钱、财付通、易宝支付、东方支付等均通过支付切入供应链金融领域。不同于支付宝和财付通 C 端的账户战略,快钱等支付公司深耕 B 端市场。

以快钱为例,2009 年开始,快钱开始探索供应链融资。2011 年,快钱正式将公司定位为"支付+金融"的业务扩展模式,全面推广供应链金融服务。如快钱与联想签署的合作协议,帮助联想整合其上游上万家经销商的电子收付款、应收应付账款等相应信息,将供应链上下游真实的贸易背景作为融资的基本条件,形成一套流动资金管理解决方案,打包销售给银行,然后银行根据应收账款等信息批量为上下游的中小企业提供授信。

(四)基于 ERP 系统的供应链金融

传统的 ERP 管理软件等数据 IT 服务商,如用友、畅捷通平台、金蝶、鼎捷软件、久恒星资金管理平台、南北软件、富通天下、管家婆等,通过多年积累沉淀了商家信息、商品信息、会员信息和交易信息等数据,基于这些数据构建起一个供应链生态圈。

如老牌财务管理 ERP 系统开发企业浙江用友软件有限公司(以下简称用友软件),互联网金融是其公司三大战略之一。数千家使用其 ERP 系统的中小微企业,都是其供应链金融业务平台上的一员。上海汉得信息技术股份有限公司(以下简称汉得信息)与用友软件的模式略有不同,汉得信息的客户均是大型企业,而其提供供应链金融服务的对象,是其核心客户的上下游。

(五)基于一站式供应链管理平台的供应链金融

一些综合性第三方平台集合了商务、物流、结算、资金等一站式供应链管理环节,如境内上市企业怡亚通、苏州的一号链、南京的汇通达、外贸综合服务平台阿里巴巴一达通等,这些平台对供应链全过程的信息有充分的掌握,包括物流掌握、存货控制等,已集成为一个强大的数据平台。

例如怡亚通,创立于1997年,是一家一站式供应链管理服务平台,其推出两天两地一平台战略:"两天网"是指两大互联网平台(宇商网+和乐网),而"两地网",即怡亚通打造的两大渠道下沉供应链平台("380"深度分销平台与和乐生活连锁加盟超市),而"一平台"即怡亚通打造的物流主干网(B2B+B2C物流平台)。怡亚通纵向整合供应链管理各个环节,形成一站式供应链管理服务平台,并通过采购与分销职能,为物流客户提供类似于银行存货融资的资金代付服务,赚取"息差"收入;同时,针对需要外汇结算的业务开展金融衍生交易,在人民币升值背景下获得了一定的收入。在一站式供应链管理服务的产业基础上开展金融业务的模式,是其盈利的重要来源之一。

(六)基于SaaS模式的行业解决方案的供应链金融

细分行业的信息管理系统服务提供商,通过SaaS(software as a service,软件运营)平台的数据信息来开展供应链金融业务,如境内零售行业的富基标商、合力中税,进销存管理的金蝶智慧记、平安银行橙e网生意管家,物流行业的宁波大掌柜、深圳的易流e-TMS等。

以平安银行橙e网生意管家为例,它是境内首个免费的SaaS模式供应链协同云平台,是平安橙e网的核心产品。橙e网平台将平安银行供应链金融传统优势推向更纵深的全链条、在线融资服务。"更纵深的全链条"是指把主要服务于大型核心企业的上下游紧密合作层的供应链融资,纵深贯通到上游供应商的上游、下游分销商的下游。"在线融资"是指橙e平台为供应链融资的各相关方提供一个电子化作业平台,使客户的融资、保险、物流监管等作业全程在线。

(七)基于大型商贸交易园区与物流园区的供应链金融

大型商贸园区依托其海量的商户,并以他们的交易数据、物流数据作为基础数据,这样的贸易园区有很多,如深圳华强北电子交易市场、义乌小商品交易城、临沂商贸物流城、海宁皮革城等。

以浙江的银货通为例,浙江的"块状经济"历来发达,"永康五金之都""海宁皮革城""绍兴纺织品市场""嘉善木材市场"等都是知名的块状产业聚集区。而这些产业集群的特征是,其上下游小微企业普遍缺乏抵押物,但却具有完整的上下游供应链。在这样的背景下,银货通在"存货"中发现了信用,首创存货质押金融,是境内首家基于智能物流、供应链管理的存货金融网络服务平台。同时,其相继推出了"货易融""融易管""信义仓"三大服务系统。截至目前,银货通通过动产质押,实际实现融资超10亿元,管理仓储面积超10万平方米,监管质押动产价值25亿元。

(八)基于大型物流企业的供应链金融

物流占据了整个商品交易过程中重要的交付环节,连接了供应链的上下游。它们基于物流服务环节及物流生产环节在供应链上进行金融服务。国内大型快递公司如顺丰、申通、圆通、中通、百世汇通等,物流公司如德邦、华宇、安能等,均通过海量客户收发物流信息进行供应链金融服务。目前顺丰、德邦已经开始通过物流数据渗透货主采购、仓储物流费用等方面以进入供应链金融领域。

以顺丰为例,2015年3月底,顺丰全面开放全国上百个仓库为电商商家提供分仓备货服务,同时推出顺丰仓储融资服务。优质电商商家如果提前备货至顺丰仓库,不仅可以实现就近发货,还可凭入库的货品拿到贷款。顺丰具备庞大的物流配送网络、密集的仓储服务网点及新兴的金融贷款业务,三点联结形成完整的物流服务闭环。除仓储融资外,顺丰金融供应链产品还有基于应收账款的保理融资、基于客户经营条件与合约的订单融资和基于客户信用的顺小贷等。

第三节 供应链金融发展特点与风险监管

一、供应链金融的发展

在传统供应链金融模式下,信息不对称依然是最大的难题。对于该链条上的核心企业而言,上游企业融资贵将推升其采购成本,下游企业融资难则影响其回款速度,整个供应链效率较低;对于中小企业而言,核心企业的信用难以向二级以上的供应商传导,贷款困难;对于中小银行而言,由于信用难穿透导致下游经销商的风控难题无法解决,陷入"不敢贷"的窘境。随着金融科技的发展,特别是大数据、区块链、物联网和人工智能等新技术在供应链金融领域的逐渐应用,传统供应链金融模式存在的缺陷得到了极大的弥补,风险防控能力大幅提高,构建起一个智能化供应链金融生态。供应链金融模式在提供中小微企业融资服务方面的适用性得到了进一步的提升。《2023年中国供应链金融研究报告》显示,截至2022年,中国供应链金融市场的资产余额已经达到了32.3万亿元,年复合增长率为12.5%,预计到2027年将达到51.6万亿元。

目前供应链金融参与主体众多,实现了去中心化,技术取得了阶段性突破,如图8-8所示。

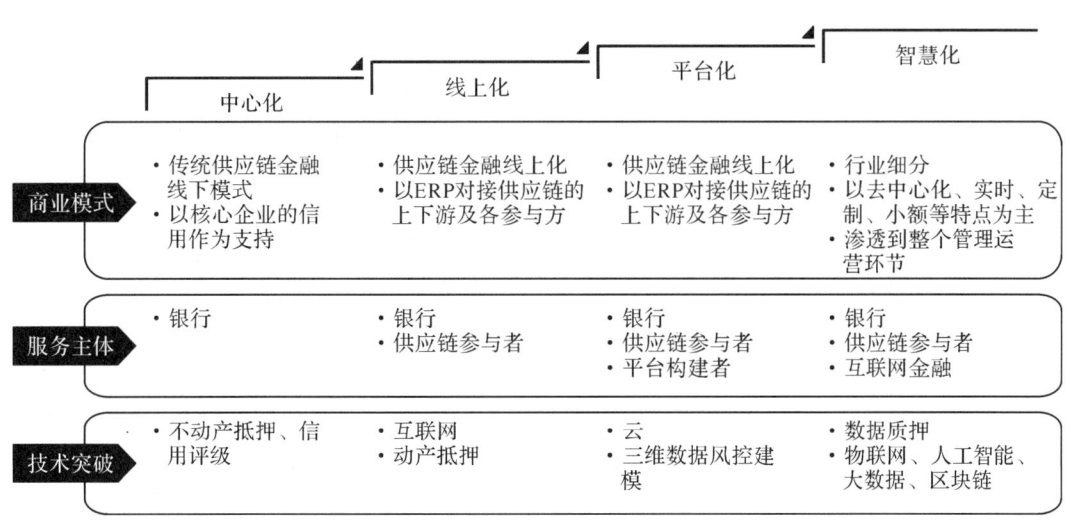

	中心化	线上化	平台化	智慧化
商业模式	·传统供应链金融线下模式 ·以核心企业的信用作为支持	·供应链金融线上化 ·以ERP对接供应链的上下游及各参与方	·供应链金融线上化 ·以ERP对接供应链的上下游及各参与方	·行业细分 ·以去中心化、实时、定制、小额等特点为主 ·渗透到整个管理运营环节
服务主体	·银行	·银行 ·供应链参与者	·银行 ·供应链参与者 ·平台构建者	·银行 ·供应链参与者 ·互联网金融
技术突破	·不动产抵押、信用评级	·互联网 ·动产抵押	·云 ·三维数据风控建模	·数据质押 ·物联网、人工智能、大数据、区块链

图8-8 供应链金融发展过程

资料来源:《供应链金融及商业模式案例研究报告》,http://www.chresearch.cn/?p=1186。

以金融科技驱动的智能供应链金融平台,具有智能在线连接多方打破信息孤岛、智能互信交叉多维验证确保链上企业资质与数据真实可信、智能穿透实现核心企业"信用流＋资金流"多级分享和可控、智能生态实现不同企业供应链的跨链共享防范风险的特点。依托这四大特点,构建起全新的智能供应链金融生态圈(见图8-9)。

- 中小及核心企业
- 金融机构
- 监管机构

连接

- 区块链信用多层穿透
- 电子凭证便捷拆分
- 重新定义核心企业

穿透

智能供应链金融生态圈

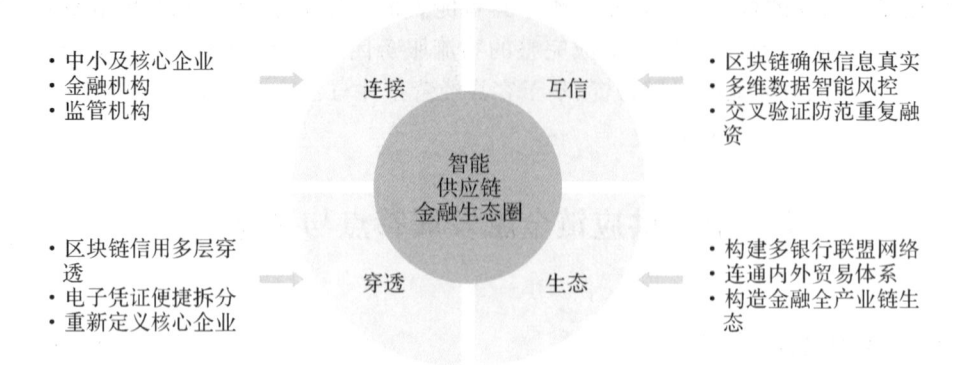

互信

- 区块链确保信息真实
- 多维数据智能风控
- 交叉验证防范重复融资

生态

- 构建多银行联盟网络
- 连通内外贸易体系
- 构造金融全产业链生态

图8-9 智能供应链金融生态圈

资料来源:《金融科技＋供应链金融 开启服务中小企业融资的"第二曲线"》,https://www.weiyangx.com/325664.html。

二、电商供应链金融的特点

在互联网、大数据、云计算等现代科技的驱动下,线下供应链金融逐渐转向线上,电商平台也开始融入供应链金融的大潮之中,为中小微企业融资提供了新的渠道。与传统的线下供应链金融相比较,电商供应链金融具有以下特点。

(一)电商供应链金融实现"重数据轻资产":交易信用增、授信难度低

为避免传统供应链金融模式中存在的银企"隔阂"现象,部分电商平台运用大数据、云计算等现代科技,打通供应链中企业与金融机构之间信息流、资金流、物流相分割的藩篱,凭借线上交易数据即可让中小微企业获得融资支持,使得中小微企业"重数据轻资产"实现应有的价值。电商供应链金融的核心特点是将中小微企业在电商平台中产生的原材料数据、生产数据、订单数据、交易流水数据、资金流数据等各类信息,作为商业银行审核、受理中小微企业信贷申请的依据。随着传统企业的存货、固定资产等实体性资产转变为互联网时代的"数据资产",商业银行的公司金融业务进入了交易信用轻资产时代。

(二)电商供应链金融注重运用"数据资产":运作效率高、时间成本低

在传统供应链金融模式下,商业银行为降低违约风险,对中小微企业信用实施严格把控,不仅要求核心企业提供信用担保及对中小微企业财务数据进行评估,而且还会对中小微企业进行实地考察。中小微企业从申请授信到最终获得融资、偿还贷款的周期较长,贷款申请、发放、管理、回收的过程运作效率偏低。在电商平台供应链金融模式下,商业银行与电商平台合作,运用互联网、大数据等技术手段,可以快速地获得中小微企业的各类信息,将互联网数据作为依据进行信用评估。商业银行主要根据已建立的数据评估模型对申请贷款的中小微企业进行信用等级评判,以决定是否对中小微企业进行授信及授信额度有多少。以电商平台数据作为依托,可使商业银行审核中小微企业信贷申请的时间缩短至数小时甚至数分钟。

（三）电商供应链金融实现多方共赢：参与主体多、协同多方赢

在电商供应链金融模式下，主要参与主体包括供应链中的核心企业、中小微企业、商业银行、电商平台，以及物流企业、信息服务企业等第三方服务公司。对中小微企业而言，依托电商平台沉淀的大数据作为信息支持，能够以较低成本获得商业银行提供的融资。对商业银行而言，依托电商平台的信用数据支持，能够使商业银行为大部分供应链中上下游的中小微企业提供贷款等金融服务。电商平台可以帮助平台所服务的供应链上下游企业缓解融资难，助推整个供应链提升竞争力，降低由于一部分企业资金缺乏而导致的整个资金链断裂的风险。同时，电商供应链金融还使得更多物流与信息供应商实现收益增值。在电商供应链金融模式下，各个参与主体之间形成密切联动的商业生态圈，从而实现各个参与主体互惠互利、协同共赢的效果。

依据参与主体的不同，供应链金融主要可分为以下六类模式（见图8-10）。

图 8-10　互联网供应链金融主要模式

资料来源：《供应链金融及商业模式案例研究报告》，http://www.chresearch.cn/? p=1186。

电商打通了资金流、物流和信息流，在供应链上具有天然优势（见图8-11）。

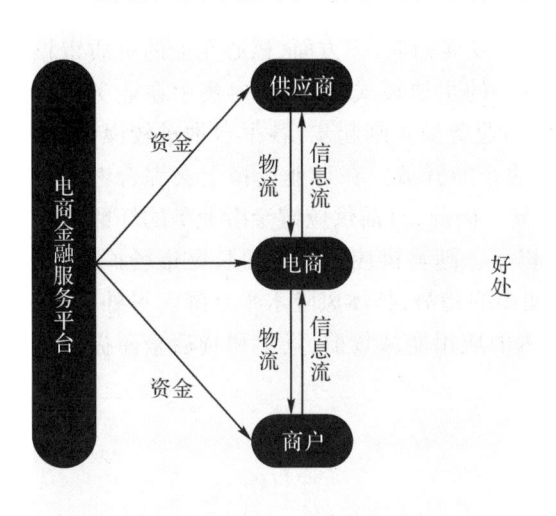

图 8-11　电商主导的供应链金融

资料来源：《供应链金融及商业模式案例研究报告》，http://www.chresearch.cn/? p=1186。

三、供应链金融风险控制

供应链金融的风险因素包括外生因素、内生因素和主体因素(见图8-12)。根据这些因素的综合评定进行决策,确定贷款的额度、周期和费率。外生风险也可称为系统性风险,主要包括外部经济、金融环境或产业条件的变化。内生风险主要是供应链内在结构、流程或要素出现问题而导致的潜在金融风险。主体风险是指核心企业或融资需求方本身的潜在风险,因某一方采取机会主义行为而导致另一方蒙受损失。

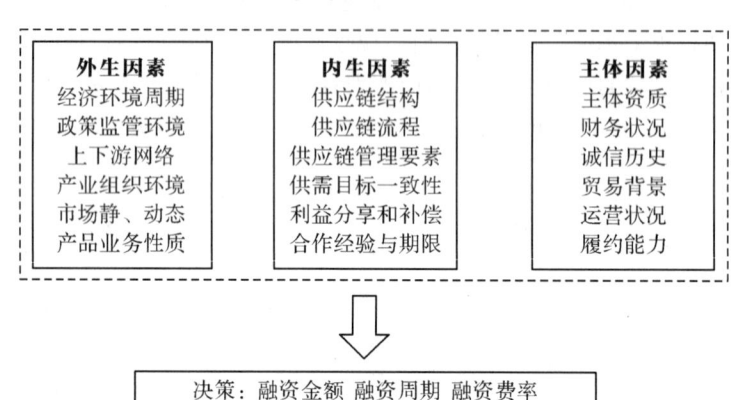

外生因素	内生因素	主体因素
经济环境周期	供应链结构	主体资质
政策监管环境	供应链流程	财务状况
上下游网络	供应链管理要素	诚信历史
产业组织环境	供需目标一致性	贸易背景
市场静、动态	利益分享和补偿	运营状况
产品业务性质	合作经验与期限	履约能力

⇩

决策:融资金额 融资周期 融资费率

图 8-12 供应链金融的风险因素

资料来源:《供应链金融产业创新模式深度剖析》,http://www.100ec.cn/detail--6486695.html。

供应链金融的风险管理要点:①行业理解。对垂直行业的影响因素有比较全面的认识,包括产业政策、行业格局、风险因素等。②数据为王。将大数据征信应用到小微企业贷款领域,注重历史交易数据、外部数据积累和挖掘,动态数据的监控。③线上、线下相结合。核心企业的尽职调查和交易真实性审核,包括质押物的监控。④增信手段的应用。综合运用担保、无限连带责任、风险保证金、承诺回购、购买保险等手段进行风险控制。供应链金融的风险管理原则如图8-13所示。

知识卡片8-2:
电商互联网金融风险控制建议

现阶段互联网供应链金融处于发展初期,一方面,核心企业的资质审核及授信仍是大部分供应链金融业务的主要模式,创新主要集中在业务流程的线上化。另一方面,基于数据的业务模式刚起步,各平台推进较谨慎,可以先对交易历史较长、资质较好的企业开放。在行业选择上会综合考虑行业情况和自身能力,不会盲目扩展。因此,目前供应链金融业务的坏账率水平整体较低,基本都控制在1%以下。随着供应链金融向长尾市场扩张,业务会呈现客户分散、金额小、周期短的趋势,整体风险水平下降。另外,大数据风控的应用会更加成熟,物联网、区块链等新技术的应用能从贷前、贷中和贷后全面提升风控能力,降低欺诈风险和道德风险。

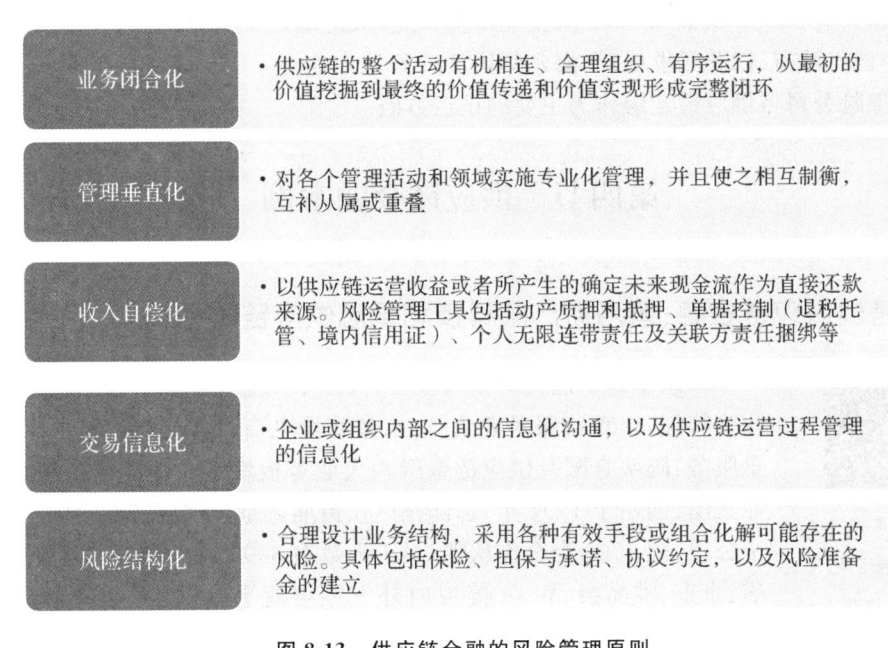

业务闭合化	• 供应链的整个活动有机相连、合理组织、有序运行，从最初的价值挖掘到最终的价值传递和价值实现形成完整闭环
管理垂直化	• 对各个管理活动和领域实施专业化管理，并且使之相互制衡，互补从属或重叠
收入自偿化	• 以供应链运营收益或者所产生的确定未来现金流作为直接还款来源。风险管理工具包括动产质押和抵押、单据控制（退税托管、境内信用证）、个人无限连带责任及关联方责任捆绑等
交易信息化	• 企业或组织内部之间的信息化沟通，以及供应链运营过程管理的信息化
风险结构化	• 合理设计业务结构，采用各种有效手段或组合化解可能存在的风险。具体包括保险、担保与承诺、协议约定，以及风险准备金的建立

图8-13 供应链金融的风险管理原则

资料来源：《供应链金融产业创新模式深度剖析》，http://www.100ec.cn/detail--6486695.html。

四、供应链金融政策环境

2017年10月13日，国务院办公厅发布《关于积极推进供应链创新与应用的指导意见》，提出积极稳妥发展供应链金融。一方面，推动供应链金融服务实体经济。推动全国和地方信用信息共享平台、商业银行、供应链核心企业等开放共享信息。鼓励商业银行、供应链核心企业等建立供应链金融服务平台，为供应链上下游中小微企业提供高效便捷的融资渠道。鼓励供应链核心企业、金融机构与人民银行征信中心建设的应收账款融资服务平台对接，发展线上应收账款融资等供应链金融模式。另一方面，有效防范供应链金融风险。推动金融机构、供应链核心企业建立债项评级和主体评级相结合的风险控制体系，加强供应链大数据分析和应用，确保借贷资金基于真实交易。加强对供应链金融的风险监控，提高金融机构事中事后风险管理水平，确保资金流向实体经济。健全供应链金融担保、抵押、质押机制，鼓励依托人民银行征信中心建设的动产融资统一登记系统开展应收账款及其他动产融资质押和转让登记，防止重复质押和空单质押，推动供应链金融健康稳定发展。

各地、各部门都在积极贯彻落实供应链的政策。国务院各个部门现都将供应链作为重要的工作部署。例如，国家统计局已经将供应链管理服务在新的国民经济行业分类中单列；工信部在推进绿色制造体系过程中也在开展绿色供应链管理的示范工作；教育部也已经批准，现在开设新的供应链专业；银保监会在各个银行开展跨省票据承兑和贴现业务的时候也明确规定，给予供应链相关的业务一些绿色通道。

在国务院各部门的共同推动之下，全社会发展现代供应链的良好氛围已初步形成。2018年4月18日，商务部、工信部等8部门联合发布了《关于开展供应链创新与应用试点的通知》，提出在全国范围内开展供应链创新与应用试点。9月21日，《关于全国供应链创新与应用试点城市和企业评审结果的公示》发布，标志着我国推进供应链创新与应用的工作进入新阶段。全国共有 114 个城市和 1359 家企业申报试点，最终确定了北京、上海、南京、杭州和宁波等 55 个试点城市，以及阿里巴巴、海尔集团 266 家试点企业。266 家试点企业中有 4 家银行和 1 家保险公司将供应链金融作为主要的试点方向。

第四节　供应链金融案例

一、跨境供应链金融：普洛斯产融科技和卓志供应链的合作

业界事例 8-4：普洛斯金融 2 亿元投资卓志跨境供应链

广东卓志供应链科技有限公司（以下简称卓志供应链）是一家以信息化为特征，以现代服务业为核心，集跨境电商、物流供应链、国际贸易、信息服务、码头仓配及供应链金融六大业务板块于一体的外贸综合服务企业集团，创始于 1997 年，总部在广州黄埔。卓志供应链在全球有 70 多家子公司，逾 6000 个合作伙伴，员工人数逾 3000 人。卓志供应链连接了天猫、京东、唯品会、Wish 等境内外一线电商平台，服务电商企业近 1000 家。卓志供应链的行业技术研发处于领先地位，实现了跨境电商供应链线上线下＋供应链金融的服务模式。

普洛斯产融科技是普洛斯投资（上海）有限公司旗下链接产业端与金融机构的科技服务平台，致力于为产业链降本增效、金融市场效能升级提供数字化的解决方案。深入产业场景，凭借创新的场景验真、数字运营、资产监管等方面的供应链金融数字化综合服务，联合金融机构为产业链上的核心企业及上下游中小企业提供优质、高效的融资体验。

目前跨境进口行业供应链金融模式主要分为三大类：预付类、应收类和存货类。在实际操作中，这三大类因供应链金融服务方、业务主体不同也会设计出不同的解决方案，比如很有特色的跨境进口税收保证金保理、海外仓仓单质押等。下面我们以预付类供应链金融模式为例来进行解读。

（一）代理采购

预付类主要应用于跨境进口电商货物的采购上，也称为代采，可应用于国际物流费用等其他需要先行垫付的企业行为中。在实际业务中，有些平台账期很长，很多资金实力弱的商家给这类平台供货时也会选择代理采购。跨境进口供应链金融预付类代理采购，有效地解决了中间服务商和中小平台短时间和促销活动季的资金短缺及融资困难的局面，以小资金撬动了大销售的杠杆。

例如，普洛斯金融收取中小企业最低 20% 的保证金，向上游供应商支付全款，货物运至普洛斯合作的境外仓或境内保税仓。客户根据自身销售情况还款赎货或补充质押库存换货。

其特点是额度高（保证金比例最低 20%）、资金占用少（从供应商付款到销售端收款全程资金无忧）、赎货形式灵活（补货式还款）。

适用于有长期采购需求和稳定销售渠道的中小企业。

普洛斯产融科技和卓志供应链合作的跨境供应链代理采购金融方案如图 8-14 所示。

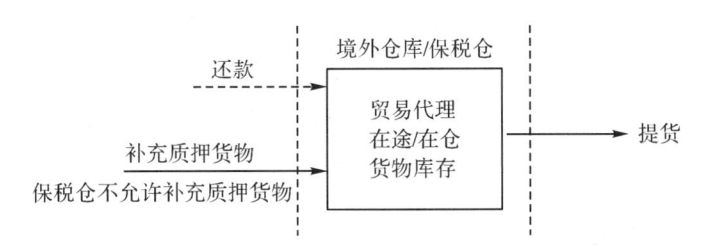

图 8-14　普洛斯产融科技和卓志供应链合作的跨境供应链代理采购金融方案

(二)出口快速退税

快速退税指卓志供应链为解决出口企业因出口退税未能及时到账而出现的短期资金问题,在卓志代理客户执行出口订单的前提下,对符合国家退税标准的商品提前支付退税款的一种服务。其服务优势有:①便利。客户不必自行进行烦琐出口、退税申报及收汇等工作。②快捷。单据齐全后 3 天即可获得退税款,提升资金周转率。③100％融资。比例最高可达应退未退税额的 100％。

(三)出口信保押汇

信保押汇是由卓志供应链联合中国出口信用保险公司(以下简称中信保)联合推出的,垫付一定比例(最高 80％)的应收货款,为降低出口企业收款风险而提前"放款"的服务。如果出口企业希望规避买方信用风险、国家风险,并已投保信用保险,而且企业流动资金有限,需通过融资加快应收账款周转速度,则可以考虑出口信保押汇服务。其服务优势体现在:①风险更低。中信保权威、专业保障,接以前不敢接的订单。②快速回款。最高可买断 80％的应收货款,出货即收款,发货交付全套单据后 3 个工作日可收到融资款。③方便快捷。同时享受通关、物流、退税、外汇等全流程一站式服务。

二、跨境进口快消行业供应链金融:行云全球汇

随着跨境电商模式在中国消费者和电商企业的普及,曾经以大型中心化平台主导的跨境电商行业开始进入分散式流量时代。流量的分散是电商的大趋势,这个趋势最明显的特征是逐渐产生了网红、MCN(multichannel network,多频道网站)、社交电商和社群电商等各种各样的流量玩法。流量越分散,意味着跨境电商商户对跨境供应链服务的需求就越大。

如果流量极度集中在少数平台上,跨境供应链服务的需求会逐渐收窄。对于体量大的寡头平台来说,可以自己做整体供应链。但当流量变得分散,整合型供应链公司的契机就来了,因为小型的 B2C 商户是不太可能自己去建立一个跨境供应链体系的,而这样一个跨境供应链体系是可以同时服务于各种各样流量平台的。

跨境电商供应链体系涵盖"四流",分别为信息流、商流、物流和资金流。而不同的跨境电商供应链服务企业从"四流"中的不同方向切入孵化出不同的商业模式。

第一,信息流。信息流切入的企业主要以服务中小 B 端的工具形态出现。比如上游采购工具、库存管理、OMS(order management system,订单管理系统)等服务供应商。信息流是企业切入跨境电商供应链行业最容易的方式,但这种供应链企业最大的难点在于如何去建立后续的盈利模式。

第二,商流。商流切入的企业主要有一般贸易商、品牌代理商和代运营商等。对于贸易商来说利润低但量大;而对于代运营企业来说,则有较高的利润,但其代理的品牌较少。

第三,物流。现在很多企业在做跨境电商物流,里面涉及的环节也很多,比如国际物流、境内物流、境外仓、境内仓等。物流方向切入重点是如何把服务标准化做好,把品质做好。

第四,资金流。从资金流方向切入的企业往往需要匹配前三流一起推进,重点关注供应链金融体系的安全、快速和规模。

针对这"四流",不同的供应链企业有不同的选择,而行云全球汇最终瞄准的则是"物流＋资金流"的切入方式。

行云全球汇隶属深圳市天行云供应链有限公司,是一个聚集境外知名品牌的全球供应链服务平台,为境内卖家提供包括境外正品货源采购、仓储管理、订单处理、配货包装、物流配送的一站式服务。

行云全球汇的商业模式将为海淘行业从业者(如淘宝全球购、京东全球购、天猫国际上做海淘产品的企业和店主、海淘体验店的O2O实体店主、微商店家及想要大规模采货的企业等)提供整套供应链服务。行云全球汇将为这些从业者提供整个后端供应链的一系列服务,包括采购、境外至境内物流、打包分拣、海关报关、退换货等。

从物流和资金流切入的供应链抓住了跨境电商B端用户的刚需。这是由跨境电商后端商品供应链特性决定的。一是供应链的复杂性。商品从境外工厂到消费者这一整套体系的链条非常长,需要经历境外贸易商、供应链公司、境内贸易商、电商平台等中间环节。二是资金的流转模式。目前跨境电商境外采购涉及大量境外付款(包括预付款和先款后货方式)。当整个跨境电商供应链周期过长的时候,资金流转的压力就会变大。

目前,跨境进口电商行业主要交易的产品为快消品,但对快消品供应链金融的风险把控并不是一件易事。主要有以下几个方面:第一,评估难。快消品的SKU非常多,单品还有不同规格、型号等,导致快消品的价格评估体系非常难做。第二,保质期短。一般保质期12~36个月,保质期变化将引起价格下跌,拉高滞销风险,质押期超过90天就非常麻烦。第三,处置渠道,一旦产生违约,需要处置质押商品,传统金融机构没有处置渠道风险会非常大。针对跨境电商供应链金融行业这种现状,行云全球汇的做法是直接介入交易,帮助那些有能力卖货的商户解决交易过程中的资金问题。行云全球汇的供应链金融模式只需要对货物进行评估,控制货物的收益权,借此即可完成整个融资贷款,商户需要做的只是卖货而已。行云全球汇现在单月放款额度差不多10亿元,能做到这个资金规模的企业并不多。正因为行云全球汇切入交易,所以有评估货物的能力,这也意味着当出现弃货情况时,行云全球汇可以处置货物,供应链金融的风险才可控。

三、阿里巴巴—达通外贸综合服务平台

深圳市一达通企业服务有限公司(以下简称一达通)成立于2001年,是我国第一家面向中小企业的外贸综合服务平台,并于2014年加入阿里巴巴,成为阿里巴巴的全资子公司。一达通开创了将国际贸易与流通服务分离的外贸服务新业态,采用标准化、专业化、网络化的手段为中小微企业提供通关、物流、退税、外汇、融资等一站式外贸综合服务。通过高效整合中小企业外贸流通服务资源来降低中小外贸企业的运行成本,改善交易服务条件,特别是金融服务条件,有效地扩展了中小企业生存发展的空间,让小企业享受大服务。已经有超过50000家中国中小企业在使用阿里巴巴—达通的外贸综合服务。

一达通依托电子商务平台,利用自身开发的进出口交易系统为客户提供一站式进出口服务解决方案和融资服务。由于中小企业面临较大的成本控制压力和资金缺口,因此有着相对强烈的进出口服务外包需求,这也就成为一达通公司选择市场和业务定位的直接原因;同时,由于要利用信息化专业化手段提供全程外包服务,一达通相比传统的供应链企业有着更强的资源整合能力,形成相对较高的经营优势和服务能级。

一达通的盈利模式也具有自身特色,有别于其他传统供应链和贸易公司,不以服务费、佣金为主要盈利来源,也不赚取商品差价,盈利主要来自集约各类外贸流通服务规模后赚取"服务产品"的差价。就如同沃尔玛,靠集约商品采购规模再零售商品获益,一达通外贸综合服务平台则是依靠集约服务产品采购规模再零售给中小商户获益,犹如一个"综合服务批发超市"。

一达通贸易融资服务内容如图 8-15 所示。

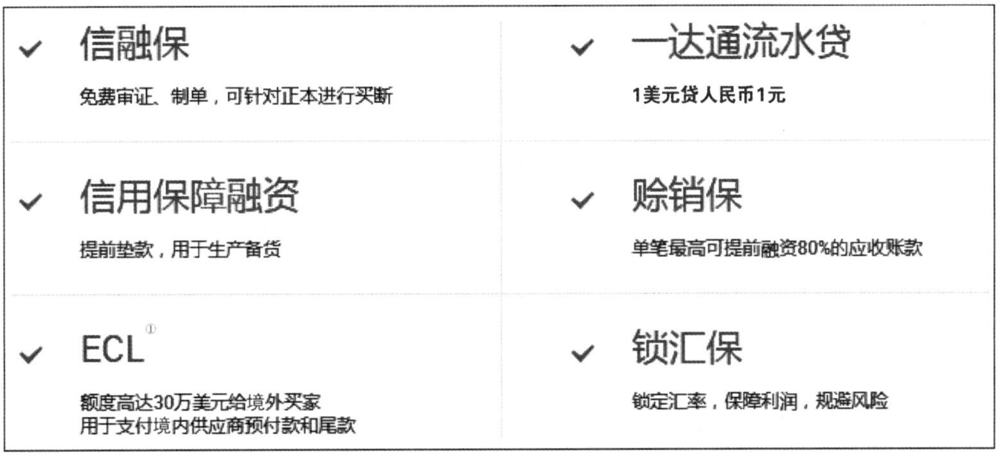

✓ 信融保 免费审证、制单,可针对正本进行买断	✓ 一达通流水贷 1美元贷人民币1元
✓ 信用保障融资 提前垫款,用于生产备货	✓ 赊销保 单笔最高可提前融资80%的应收账款
✓ ECL[①] 额度高达30万美元给境外买家 用于支付境内供应商预付款和尾款	✓ 锁汇保 锁定汇率,保障利润,规避风险

注:①ECL,即expected credit loss,指预期信用损失。

图 8-15　一达通贸易融资服务

资料来源:一达通官网,https://onetouch.alibaba.com/newHome/newbie.htm? spm = a274u.misc-pc-lsd-landing.a3734.10.41344aaf4GrSlf。

企业在进行国际贸易时,往往会产生各种资金需求,而传统银行贷款面临三大痛点:①门槛高。传统银行贷款门槛高,中小企业难以获得贷款,经常由于企业规模较小或财务报表不规范而被拒之门外。②时效慢。传统银行贷款一般需要抵押品,资料多,流程复杂,审核及放款周期一般要一至两个月。③场景少。企业想要获得更多国际站服务,但银行暂时不能全部支持。网商流水贷则可为企业法定代表人提供纯信用融资服务,解决企业国际站交易场景的资金需求及流动性资金需求。

(一)一达通网商流水贷

流水贷产品具有以下特点。

(1) 纯信用:无抵押无担保。
(2) 速度快:最快 3 分钟到账。
(3) 额度高:最高可贷 200 万。
(4) 利率低:最低日息 0.03%(最低年化约 11%)。
(5) 场景贷:支持多场景使用。

所以符合条件的企业可以申请一达通流水贷,但是要注意该贷款和央行征信记录挂钩。还款逾期的话需要支付罚息,记入人民银行征信系统,影响其他经济活动。严重欠贷不还者会追究法律责任,并进行会员清退、网络曝光,同时进入阿里巴巴及银行企业信用数据库黑名单。

如果出现以下几种情况,会被要求提前还款:①借款人在贷款后在一达通连续2个月出口额为零;②贷款方发现客户存在重大经营问题;③客户提供虚假资料。

(二)超级信用证

超级信用证升级自之前的一款产品"信融保",那么两者之间有何不同呢?主要有以下几个方面的不同。

1.超级信用证让卖家只需聚焦订单,无须分心去审核信用证

信用证是一种有着100多年历史的结算方式,因为银行信用介入,受到很多商人的青睐。商人可以回归主业,做好自己的产品,提供好相应的单据,最终银行在单据相符的条件下,承担付款责任,解决了信用不对称的问题。但是,在实际的操作中,信用证是一种让专业人士也很头疼的结算方式。

因为承信用证业务里有非常多的专业名词、欺诈条款、软条款,让很多企业望而却步,使其往往最后还是选择了先款后货的结算方式。甚至专业人士对一些国家、银行的风险也无法完全识别,即使单证都符合要求,还是会有一部分买家或银行会拒付,货出去了,单证也交了,钱还是收不回来,被拖入国际纠纷的深渊。而且,中小企业根本没办法去解决这些问题,银行也不会主动出来帮忙去解决,还是得靠企业自己。因此,阿里巴巴的超级信用证正是基于这个前提而设计的,就是要让商家回归业务本源:订单价值!阿里巴巴依靠专家审证、制单、交单,规避信用证软条款、不符点。同时对开证国家(地区)和银行,做风险资质专业评估,全面把控风险,从而将高高在上的信用证业务,真真正正地落到实地,帮助客户承接好信用证订单。这款之前被称为"信融保"的产品也正式改名为超级信用证。

中国银行的单证中心直接入驻阿里巴巴进行联合办公,嵌入式互联网单证中心实现全线上系统对接,已累计处理信用证金额超过50亿元,订单20000多单。

卖家出货后,还可申请100%信用证买断服务,将风险转让给阿里巴巴,提前收汇,从而在融资服务方面,全面提升中小企业市场竞争力。例如远期信用证,资金周转压力较大,超级信用证可以在发货后单据收齐两个工作日内,实现最高500万元限额内的100%提前收款,并可买断收汇风险,融资费率最低0.019%/天。

2.超级信用证融资让买家减轻资金压力,从而卖家可以多接单

众所周知,境内绝大部分企业均是采取先款后货的模式来进行交易的,即先收境外客户30%的交易订金,生产后,提单收70%的尾款。不得不说,这种交易方式的确是对境内的供应商有利,资金风险最小,但是,这也带来了一个很负面的效果,即买家承接了风险,承担了资金压力。在买方市场的大背景下,买家就会选择到一些第三世界国家,比如菲律宾、印度、越南等去下订单,因为对买家来说都是先付30%的订金,买家承接了风险,而这些地区的人力及环境成本比中国低很多,就会导致订单外流。那么,有没有一种交易方式可以打消买家的顾虑呢?答案就是超级信用证。其原理就是:买家只要能开出信用证,则买家无须付30%的订金。阿里巴巴基于信用证正本,给予卖家70%的打包贷款,即让卖家在收到正本的时候,就可以进行融资,融到的款进行生产,然后出货后,马上通过买断的方式,收回30%的尾款。这样,买

家、卖家都解决了双方资金压力和风险问题,是一种双赢的交易方式。从原来买家付30%订金、70%尾款,通过金融方式变成70%先收、30%后收,对于买卖双方而言变化的确很大。金融融资起到了保证收款、促进接单的巨大作用。

3. 超级信用证通过金融方式整合供应链融资渠道

当然,很多卖家担心超级信用证的融资利息贵,但是我们可以从供应链链条进行整体的思考。第一,卖家可以提高商品价格。因为卖家由原来不接信用证到可以接信用证,买家得到了账期(不用立即付款),并且双方有银行这个主体作为风险控制参与者,卖家提出增加一些交易利润,是完全合情合理的。卖家可以根据时间的不同,根据利息的支出情况做一个测算报价,既满足了买家账期需求,又能通过金融快速变现。第二,更重要的是,卖家获得打包贷款后,跟上游供应商既可以按照原来的账期(贷款)方式付款,也可以采取现金交易方式,这可以获得一个折扣(各行业均不同),往往会让卖家实现利润的提升。所以从上下游链条来整合,是可以降低单纯的超级信用证融资成本的。第三,超级信用证的价值,还包括了一些隐性的附加价值。例如卖家可以跟一些有信用的买家交易,改善自身的客户结构,控制回款风险,增加资金的周转率。比如由原来周转几次,变成周转十几次,周转率的提升,意味着利润的大幅提升,工人可以持续地开工,增加收入。第四,如果这个卖家可以接信用证,而同业竞争者不可以接,那么此卖家可能更受买家欢迎,那么差异化价值就会显现,订单也会增加。

四、连连支付在线支付产品企付通

2015年以来,中国B2B电子商务在垂直领域快速崛起,企业间的线上支付逐渐渗入多个产业链的上下游,在传统模式向线上转型的过程中,产生包括发票回单无法对应、对接银行少、线上线下不对应、企业融资难、交易缺乏保障等六大痛点。

例如,在企业进行订单付款时,银行难以同时掌握资金流和信息流。因为资金通过网银转账,所以银行会看到资金信息,但无法将这笔流水与线上订单联系起来。而正因为银行掌握的数据有限,使得银行无法判断企业的信用状况,从而会进一步加剧中小企业从银行融资的难度。

在B2B电商领域中,企业首次进行陌生交易,大多存在相互不信任的情况,交易双方往往需要花费大量人力和时间成本去考察对方,导致交易效率低下。还存在大量线上谈判、线下交易、银行汇款等传统业务模式,并未实现完全的交易在线化。此外,在行业上下游供应链中,还存在着买家强势或者卖家强势的状况,电商平台迫切需要提供可实现担保交易的支付方式。

2018年9月14日,在连连支付开放日"在线支付助力产业供应链金融"分论坛上,连连支付推出了创新在线支付产品——企付通。连连支付与银行合作,通过担保支付解决企业在电商平台上首次交易的顾虑,又凭借在线交易还原真实贸易背景,助力银行为中小企业提供优质的供应链金融服务。

企付通致力于打通B2B电商平台的交易信息与银行资金信息之间的整合通道,通过银行网银转账,实现企业对公实体账户点对点直接支付。相比传统线下交易,企付通为企业节省了财务人员认账、拆账、核账的人力成本,提高了企业的资金运转效率。在企业支付中,企付通首次实现了小额交易免U盾支付的方式,客户只需要提供手机短信验证码,即可享受安全快捷的支付服务。

企付通在革新B2B行业传统支付方式的同时,还以在线支付为切入点,通过在线交易打造闭环在线供应链金融生态圈,化解中小企业融资难题。以数据保真为例,连连支付通过区块链加密技术,将企业交易数据及时准确地传递给合作银行,便于银行利用交易数据开展风险评估和动态授信,从而为企业提供更加快速且精确的供应链金融服务,实现了产融结合。

B2B平台上留存有企业的真实贸易背景,但缺少资金流水;而银行有资金流水,但缺少真实贸易背景。连连支付通过大数据、人工智能、区块链、物联网等新兴技术,将资金流、信息流、物流打通,实现产业供应链向平台在线交易+金融服务聚合的产业新生态转型升级。以连连支付合作的一家物流汽车运输服务平台为例。物流行业的车队油品使用量大,资金链易出现短时紧张,但民间拆借资金成本过高,急需专业金融团队提供服务。企付通可以通过账户管理、数据采集、应收账款等信息,使电商平台获取车队的交易信息,并同步给资金方,以便对方授予授信额度。但要强调的是,连连支付并不涉及资金流等内容,在整体流程中,仅通过支付解决方案为银行和其他机构做好金融科技方面的准备工作。

第八章知识与技能训练

第九章

外汇业务与跨境支付

> **知识目标**

◎ 掌握外汇汇率风险来源和种类。
◎ 熟悉外汇汇率风险的防范措施。
◎ 了解各国(地区)对于外汇支付的监管规则。
◎ 了解跨境支付中的监管风险类型。

> **能力目标**

◎ 能分析外汇的汇率风险种类和防范方法。
◎ 能提供应对外汇汇率风险的管理措施。
◎ 能分析跨境支付中各国(地区)的监管规则。
◎ 能规避跨境收结汇过程中的各类违规风险。

> **案例导入**

伦敦金属交易所镍期货事件

镍作为常见的基本金属之一,主要用于不锈钢、电镀等传统领域,近年来随着电动汽车产销规模的快速扩大,动力电池成为金属镍主要需求增量的来源。青山控股集团有限公司(以下简称青山集团)是目前全球最大的不锈钢公司,而不锈钢是金属镍的主要下游产业之一。根据中金公司的报告,青山集团最高时持有20万吨左右的空仓合约,占到了伦敦金属交易所镍单边总持仓的1/6左右,其中不少为近月交割合约。青山集团作为年产镍金属超过60万吨的实业公司,除了套期保值的需求外,让其如此坚定地对未来镍价看空的主要原因还在于,它已经打通了从红土镍矿到高冰镍再到硫酸镍用于动力电池生产的路径,可以极大地缓解业界对于动力电池镍材料短缺的担忧,直接影响未来镍市场的定价。正是基于对高冰镍产能稳定后可使镍价长期保持低位的信心,青山集团在期货市场买入大量看跌头寸用于套期保值。但是在北京时间2022年3月7日21时,伦敦金属交易所镍期货主力合约突然飙升,在4个小时内涨幅超过73%,最高时达到5.5万美元/吨;到次日亚洲交易时段(即伦敦金属交易所夜盘),不到两个小时伦敦金属交易所镍价格已飙至10万美元/吨。在短短两个交易日内,伦敦金属交易所镍最高涨幅达到了惊人的250%。针对镍价失控状态,为防止伦敦金属交易所交易系统的系统性风险,3月8日盘中,伦敦金属交易所紧急停止交易。随后有市场传闻称,此次国际镍期货价格出现极端暴涨的情况,可能是因为国际资本正在利用俄乌冲突引发的国际镍供应短缺恐慌,在伦敦金属交易所对持有大量镍空头头寸的青山集团展开资本狙击。青山集团的20万吨镍空单可能交不出现货,浮亏将超过60亿美元。3月9日,青山集团对外宣称已取得建行和摩根大通的信贷承诺以支付追加保证金,并用存有的高冰镍置换国内的精炼镍,调配到充足现货进行交割。

(资料来源:根据网络相关资料整理)

此次国际镍期货交易过程中采用的卖空期货套期保值是生产企业利用金融工具防止原材料价格大幅上涨而采取的必要手段,交易的出发点是采用一系列的金融工具,去转移市场的价格波动风险。风险的来源除了来自价格(汇率)的波动之外,还会来自对监管政策的不了解。在本章的前半部分我们将着重解析外汇支付的汇率风险,在后半部分我们将重点讲解外汇支付的监管风险。

第一节 国际贸易中的汇率风险

随着我国对外开放程度的日益提高,在市场经济体制改革不断深入的背景下,我国外汇制度也在逐步发生变化。目前,人民币汇率制度是以市场供求为基础、参考一篮子货币进行调节、有管理的浮动汇率制度。由于汇率的变化会给外贸企业所带来一定的风险,因此,在竞争激烈的国际贸易竞争中,外贸企业的长远发展离不开风险防范,尤其是汇率风险的防范。

一、汇率表示法及其波动原因

(一)波动原因

汇率是两国(地区)纸币所代表的价值量,纸币所代表的购买力是汇率形成的基础。当前影响汇率的因素有很多。汇率变动的因素基本上可分为长期因素和短期因素两大类。

长期因素主要是指通货膨胀率(inflation rate)。当一国(地区)物价水平上涨过快时,该国(地区)出口商品在国际市场中的竞争能力也会被削弱。在出口减少、进口增加的背景下,该国(地区)货币将会出现贬值现象。此外,通货膨胀率的增长实际上会使得实际利率下降,导致资本出现外逃迹象,这种情形会加剧货币贬值。

短期因素主要指的是利率因素(interest rate),也包括市场投机因素、中央银行的干预及其他因素。利率因素对市场的影响较大,利率一旦发生变动就会对汇率产生重大影响,通常情况下,当一国(地区)的利率上升之后,汇率也就会上升。不同国家(地区)的利率差是导致短期资金流动的重要原因,是利率对汇率影响的主要形式;市场中的投机行为对汇率短期变动也会造成重要影响,市场中的短期行为会使得货币不断流动,出于利益目的,投机者会根据汇率的差异来进行投资,从而实现自身利益,进而给汇率造成影响;中央银行对外汇市场普遍存在干预行为,央行对外汇市场的干预也会对汇率产生重要影响。

外汇风险产生的主要原因就在于汇率的可变性,由于汇率难以预测,往往容易导致一国

(地区)的各类经济主体产生损失。狭义上的汇率风险主要指的是企业在国际贸易、国际投资、外汇买卖中所面临的外汇风险。

(二)汇率表示

1. 标价货币和基准货币

汇率是随着国际市场的变化而实时变化的,外汇报价就是对这种变化的度量,是两种货币的兑换比率。我们以即期外汇汇率的报价来介绍其标价方法。在确定不同货币之间汇率的时候,我们首先要确立一种货币作为标准,被确立为标准或者说参照物的货币被称为基准货币(base currency),它在标价中数量固定不变,把数量变化的货币叫作标价货币(pricing currency或quoted currency),一般写为 标价货币/基准货币,表示一个单位的基准货币等于可变个单位的标价货币,例如1.40美元/欧元表示1.0欧元等于1.40美元。按照书写习惯,我们把标价货币写在斜杠上(左)边,而基准货币写在斜杠下(右)边。

2. 直接标价法、间接标价法和美元标价法

目前市场上主要有3种标价方法:直接标价法(direct quotation)、间接标价法(indirect quotation)和美元标价法(in-US-dollar quotation),前面两种标价方法以本国(地区)货币和外国(地区)货币作为比较标准,而最后一种则是以一定单位的美元作为比较标准的。

(1)直接标价法

直接标价法又称为应付标价法,是以本国货币来表示一定单位的外国货币的汇率方法。一般来说是多少本国货币折合1个单位或者100个单位的外币。相当于购买一定单位的外币应付多少本币,所以又叫应付标价法。

世界上目前大多数的国家都采用的是直接标价法,比如,人民币、日元、瑞士法郎、加元等货币。例如,1美元=6.8097元人民币,这就属于人民币的直接标记法,或者写为6.8097元人民币/美元。

(2)间接标价法

与直接标价法相反,间接标价法是以多少单位的外国货币来表示一定单位的本国货币的汇率方法。通常是以1个单位或100单位的本币作为标准,来计算应收若干单位的外国货币,所以这又称为应收标价法。

凡是直接、间接标价法,要分清楚本币和外币。比如,1美元=6.8097元人民币,对于人民币来说,这是直接标价法;而对于美元来说,这是间接标价法,只是角度不同。

直接标价法:1 外币=_____本币。
间接标价法:1 本币=_____外币。

(3)美元标价法

显然,在直接标价法下,基准货币为外币,标价货币为本币;在间接标价法下,基准货币为本币,标价货币为外币;在美元标价法下,基准货币为美元,标价货币是其他各国(地区)货币。

二、汇率风险的来源

(一)跨境电商时效产生外汇风险

跨境电商交易过程各阶段的完成时效是产生外汇风险的重要因素。以跨境B2C收款为例,从用户下单到商家将货款结汇到境内账户,要经历4个阶段:一是用户下单、商家发货到

用户收货的物流时间,因国家(地区)和物流方式的不同而不同,需要 3~15 天不等;二是用户收到产品后确认收货的时间因用户操作习惯而异,平台自动确认收货通常为 5~7 天;三是商家发起提款,平台将货款划转到对应的收款账户,各个平台从境外买家确认收货到将货款划转到对应的收款账户期限不等,一般在 7~14 天;四是商家通过收款服务商,从境外账户转到境内账户并完成结汇,这个因收款服务商不同时间也不同,一般在 3~5 天。不同平台受时效影响存在一定差异,如速卖通受 4 个阶段时效的影响,而亚马逊、eBay 则不需要买家确认收货,因此不受第一、二阶段时效影响。

(二)利润率下降放大汇率风险的影响

我国是制造业大国,加工贸易是中国出口的主力之一。但受到国际经济下行、贸易保护主义抬头等外部因素,以及供给侧结构性改革、劳动成本上升等内部因素的影响,劳动及资源密集型的加工贸易产业利润率不断下滑。同样地,上游供应端成本上升和全球市场需求增速放缓等因素也影响了一般贸易出口及跨境电商 B2B 出口,很多企业利润率通常不及 5%。跨境电商零售出口利润率水平普遍不低,但在充分竞争的市场,利润率是不断下行的,同时,境内电商流量成本激增,大量品牌开始瞄准境外市场,行业利润被摊薄。目前,我国跨境电商零售出口企业中利润率低于 10% 的超过三成,40% 以上的企业利润率在 11%~25%。我国外贸出口各模式利润率情况如图 9-1 所示。

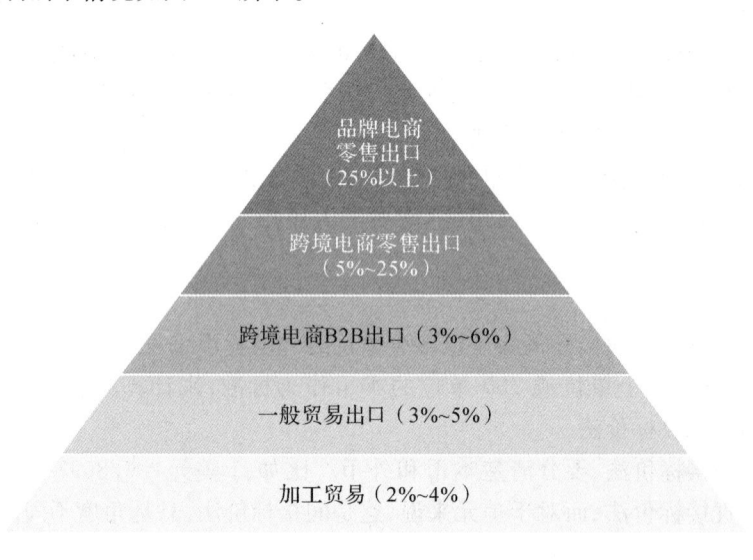

图 9-1　我国外贸出口各模式利润率情况

资料来源:《剖析跨境外汇风险管理万亿市场》,http://www.pashu.org/hq/2019/0222/hq013042215.html。

在利润率下行的背景下,外汇风险尤其明显。对于毛利率约 30% 的出口企业,10% 的汇率波动可能蒸发企业 40% 的毛利;而对于毛利率普遍低于 10% 的跨境电商 B2B 企业,即使是 1% 的人民币升值幅度,都有面临亏损的风险。

(三)国际市场环境不稳定直接影响汇率

主要贸易国家政策变动,极易引起汇率突发波动。2018 年上半年,受美国税改法案、美联储两次加息等一系列政治经济事件的影响,人民币汇率先升后贬,双向波动增大,汇率从 6.25 升至 6.94 仅用了 100 天,贬值幅度达 11%,超过一般企业的正常利润率。

自 2013 年俄罗斯跨境电商市场红利爆发以来,巴西、中东欧、东南亚、中东乃至非洲地区,都成为跨境电商出口的热点市场。而其中俄罗斯和土耳其这两个单体市场规模过百亿元的国家,也成为汇率风险的重灾区。土耳其里拉在 2018 年 8 月经历了崩盘式暴跌,单日跌幅超 16%;俄罗斯卢布则在 2018 年 4 月和 8 月遭遇两次暴跌。

(四)跨境电商中小企业缺乏汇率风险规避手段

虽然外汇风险管理需求不断增长,但市场上少有适合跨境电商企业的汇率风险管理产品。

银行的外汇风险管理服务门槛高,申请流程复杂,涉及文件繁多,受理周期较长,审批结果有很强的不确定性,且银行以服务金融机构及大型企业的标准化产品为主,无法满足跨境电商企业的交易场景和碎片化需求。

第三方金融服务商提供的服务主要集中在即期汇率风险管理方面,通过提供锁定汇率的方式来降低汇损,如空中云汇提供实时交易型外汇产品,锁定实时汇率;连连支付采用中国银行实时现汇买入价,提现界面锁定实时汇率 3 分钟。在此类服务模式下,需要用户自己判断汇率变动,而在不具备专业知识的情况下,很难通过判断中短期汇率波动来降低汇兑成本。

三、案例:支付企业提供的外汇风险管理服务

一直以来,中国都是贸易大国,从事外贸相关业务的企业,因为汇率的变化而导致大规模亏损的情况,时有发生。对于大中型企业而言,一般会通过专业机构的管理,对冲潜在的风险,但大部分的小微企业,基本没有外汇管理的意识和能力,处于听天由命的状态。

外汇管理需要非常专业的能力,需要对国际资本市场、货币市场有极其深刻的理解,又需要对各种金融工具十分熟练地掌握和运用,市场上亟须能有为大量的小微企业提供此类专业服务能力的机构。

海云汇是海尔集团(青岛)金融控股有限公司旗下企业,是一家在香港注册成立的跨境金融服务平台,与汤森路透(Thomson Reuters Corporation)有战略合作关系,汤森路透为海云汇提供包括汤森路透全球实时不间断市场数据源(ERT)、汤森路透企业级数据平台(TREP)、汤森路透 FX All 及 FX Trading 等在内的全方位外汇交易系统解决方案。在汤森路透外汇解决方案的大力支持下,海云汇将成为第一家启动 24 小时实时人民币外汇交易服务的非银中资公司,这将更好地满足产业客户的利润率和汇率避险需求,推动其境外业务的快速发展。

海云汇依托家电产业链,为 4000 多家供应商、30000 多家经销商客户提供汇率管理、风险控制和外汇交易方面的服务。同时,海云汇也在跨境电商领域布局,为卖家提供货币兑换、跨境支付、外汇风险管理、外币理财、外币融资等服务。

(一)两种模式让中小企业参与外汇交易

跨境电商企业和个人用户主要通过银行进行外汇交易。银行的实盘外汇交易是境内用户的主要交易方式,但银行点差较高,意味着更高的买入价和更低的卖出价,且银行并非随时营业,一些时间段的交易需求无法被满足。

海云汇则主要为中小企业提供外汇交易服务。为满足企业的不同需求,海云汇提供两种交易模式:团购模式和撮合模式。

1. 团购模式：快捷高效

金融产品是虚拟产品，客户往往有"随时买，随时卖"的需求。海云汇主要服务跨境电商企业、跨境投资者、出境旅游者及留学生四大类企业和人群，这让海云汇拥有大量客盘交易需求，使得团购模式持续运行。客盘交易还会为海云汇带来市场信息，使其对市场的把握更加准确，在获得更优的买入价和更多的客户的同时，也有了向客户提供风险管理咨询服务的机会，增加了用户黏性，形成了循环效应（见图9-2）。

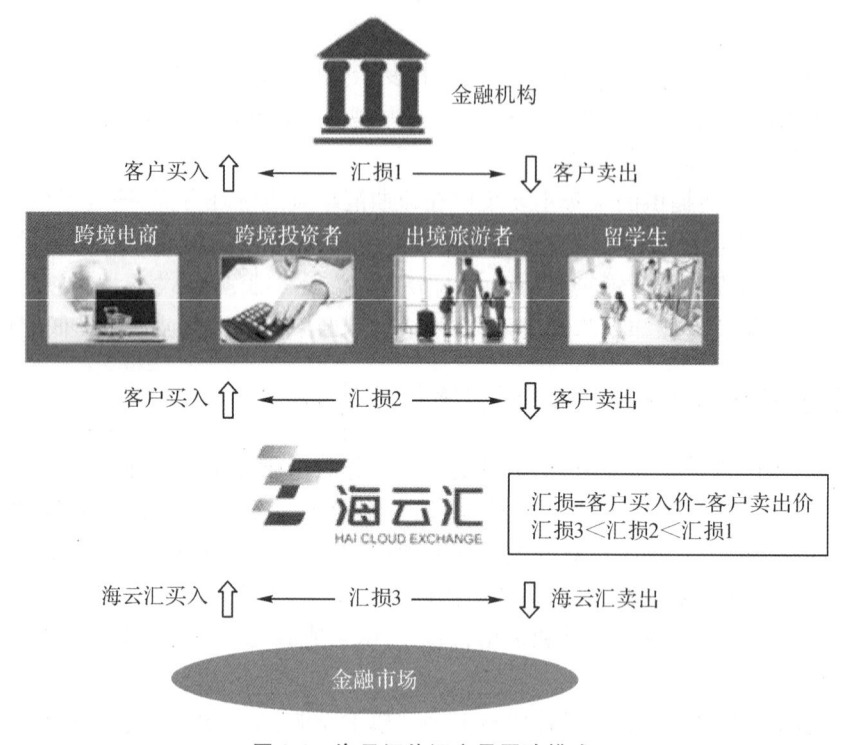

图9-2　海云汇外汇交易团购模式

2. 撮合模式：消除价差

对于即时性不强的外汇交易需求，海云汇同时提供撮合模式。通过汇聚金融市场中的交易需求，提供一个可以自由进行外汇交易的平台，实现买卖双方的自动撮合。由于不收取交易佣金，撮合模式在满足交易双方非即时性外汇交易需求的同时，也为团购模式拉拢了大批潜在客户，壮大了海云汇的客盘交易规模。

（二）定制化交易控制外汇风险

传统外贸企业及跨境电商出口企业因其大量的进出口业务，需要频繁进行美元购汇和结汇。部分企业使用留存的美元收入进行对外支付，以此自然对冲外汇风险。但受到进出口业务竞争加剧、现金流紧张、利润下滑等因素影响，此类企业亟须创新性的汇率管理产品，既能及时结汇进行资金周转，又能降低外汇风险，避免损失。

目前，银行提供了大部分的外汇风险控制产品。但传统银行的交易类业务以盈利为中心，为客户提供完全标准化的产品，基本不会根据客户的实际需求进行调整。与之不同的是，海云汇针对不同企业的经营模式、交易规模、外汇风险类型，提供定制化的外汇风险管理服务。首先，识别和计量企业的外汇风险，确定其最大损失承受能力；随后建立相应的风险管理体系,确定资金风控目标,并明确交易操作模式;根据服务周期内金融市场现状进行走势研判和交易敏感性分析,制定合理的套期保值策略;最后与交易对手询价成交,并随时监控交易市值风险。

以海云汇为泰国家电生产企业定制的方案为例:C公司因业务拓展从欧洲引进大规模生产线,公司每年都有大量的欧元购买需求。2015年以来,由于欧元兑美元波动很大,公司的采购成本受到很大的影响。2016年初,C公司认为未来6个月欧元对美元即期汇率会从底部反弹,开始小幅升值,但由于美联储加息预期的影响,欧元难以大幅度上涨,其在1.05~1.15波动的可能性较大。2016年初,欧元对美元即期汇率在1.09,该公司2016年上半年需以欧元支付几笔到期款项。该企业预判2016上半年欧元对美元即期汇率在1.05~1.15之间波动,希望能把部分成本锁定在1.05以下。

海云汇为其定制了欧元对美元即期目标双敲出买入远期的外汇交易组合方案,当时即期汇率为1.09,该产品期限一年,每月定价,每月交割。如果定价日欧元对美元即期汇率高于1.04,客户以1.04买入1000万欧元,并累计盈利点数(即定价日价格——执行价1.04)。如果定价日欧元对美元即期汇率低于1.04,客户以1.04买入2000万欧元,不累计盈利点数。如果在任意定价日,累计盈利点数超过2000点,或者欧元对美元即期汇率高于或等于1.15,该产品提前结束。

该结构的优点是:采用此方案,可以让该公司以低于当时6个月远期汇率(1.093)530点的价格买入欧元。风险是若产品提前结束,客户要重新锁定风险。另外,假如欧元大幅度贬值,公司该交易会出现损失。但是,该公司还是以预期内的价格购入了欧元,从公司整体经济效果看,实际不存在经济损失。

实际上,该客户在2016年2月底达成交易。正如该企业所预计,在2016年2月至5月,欧元对美元小幅升值,很快实现了交易盈利。其间该公司每月以1.04的执行价买入1000万欧元,最终在5月底累计盈利点数达到2000点,交易提前终止,累计获利200万美元,该交易使得公司大幅降低了自身的财务成本。

(三)全场景嵌入降低跨境融资门槛

跨境电商交易周期较长,平台上的卖家往往有快速回收资金的需求。海云汇在外汇风险可控、资金成本合理的情况下,满足客户跨境融资与资金风险管理方面的需求。

目前,海云汇已与骆驼金服科技(广州)有限公司开展合作,在跨境保理业务上,通过系统对接、数据共享,全自动化处理跨境电商平台上的中小商户快速回笼货款的需求。跨境出口企业或卖家发布的商品在电商平台生成交易订单后发货,卖家即可申请融资,从商户发起贷款申请到融资款项拨付在30秒内即可完成,并有效规避了由于交易周期较长引起的外汇风险。海云汇的跨境融资产品业务流程如图9-3所示。

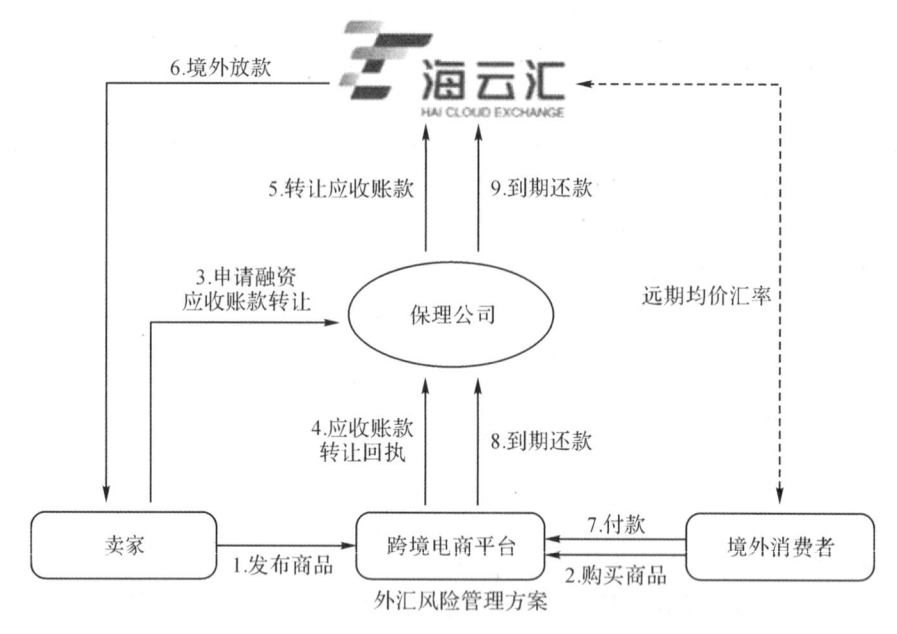

图 9-3　海云汇跨境融资产品业务流程

未来,通过为跨境电商平台和企业提供外汇风险管理服务积累的资源、案例与知识储备,海云汇将逐步推出低门槛、定制化的外汇风险管理业务,尝试开发流动资金管理产品,打造一站式跨境金融服务平台。

四、外汇汇率风险分析

在国际贸易中 3 种外汇风险最为典型:交易风险、折算风险和经济风险。

以上 3 种风险是企业在生产经营过程中遇到的主要风险,这 3 种风险各有特点:经济风险是动态的,具有动态性和主观性,无法具体衡量;而交易风险和折算风险是可以根据工具计算出来的,是有具体数字。3 种风险发生的阶段也是不同的,交易风险主要产生于企业的经营活动中,折算风险产生于企业经营活动的结果中,经济风险是企业经营收益的外汇风险。交易风险和折算风险主要是在过去某一时点发生的风险,经营风险则是公司将来某一时段内可能出现的风险。3 种风险造成的影响也各不相同,交易风险所造成的影响主要从企业交易中来评估,同时也可以从企业经营的角度来判断它的损益结果;而折算风险通常只会影响到企业的资产负债表,对企业的损益的影响只是反映在账面上;经济风险则是实实在在的风险,它会对企业的真实收益产生影响。汇率变化对不同类型企业会产生不同的影响,具体分析如下。

1. 跨国企业

跨国企业是国际贸易中的重要形式,跨国企业面临的外汇风险具体体现在 3 个方面:一是财务管理风险。汇率变动将使跨国企业的财务预算变得十分困难,企业的经营成本也将明显增加。同时我们也要看到企业持有的所在国的证券资产遇到的汇率风险,这种风险对跨国企业也会产生重要影响。汇率变动会产生折算风险和折算损益,这需要我们充分考虑。二是多种货币经营所带来的风险。跨国企业内部经常采用多种货币来经营,国际上货币比价的波动非常频繁,这会给跨国企业会计年度结算产生重要影响。三是企业策略选择的风险。汇率变动会对企业经营战略及策略造成一定的影响,增加企业的生产成本,企业生产流程工艺及技术都有可能受到影响,严重的情况下甚至会影响到企业产品在境外市场的销量。

2. 进出口企业

规模小、抵御风险的能力较弱是我国进出口企业的典型特征,使得外汇风险对我国进出口企业的影响非常大。在实际生产经营中,进出口企业面临的风险主要是经营风险和交易风险。价格优势是当前我国进出口企业的主要优势,但是进出口商品价格受汇率影响较大,汇率一旦发生变动,如本币升值之后会导致出口商品价格上升,而涨价之后企业就会丧失很大一部分的市场。这是当前我国进出口企业普遍存在的问题,在实际工作过程中应该采取专业措施来予以应对。

3. 境内企业

境内企业也是国际贸易中的重要角色。境内企业面临的问题主要是经营风险。汇率变动会对企业的生产经营产生一定的影响,有的甚至会影响到整个产业结构。

第二节 外汇业务汇率风险控制

一、外汇风险来源

企业在经营活动中以外币计价结算,且存在时间间隔,就会产生外汇风险。一般说来,未清偿的外币债权债务金额越大,间隔的时间越长,外汇风险也就越大。由于外汇风险的来源主要包括两个要素:外币和时间,所以防范外汇风险的基本思路主要是对这两个风险生成路径进行防范。

(一)外币因素

防范由外币因素所引发的风险,其思路有:不以外币计价结算,彻底消除外汇风险;使同一种外币所表示的流向相反的资金数额相等,或通过选择计价结算的外币种类,以消除或减少外汇风险。

(二)时间因素

防范由时间因素所引发的风险,其思路有:把将来外币与另一货币之间的兑换提前到现在进行,彻底消除外汇风险;或根据对汇率走势的预测,适当调整将来外币收付的时间,以减少外汇风险。

二、汇率风险类型

前面我们提到,在国际贸易中,我们常要面对外汇汇率的交易风险、折算风险和经济风险,如图9-4所示。

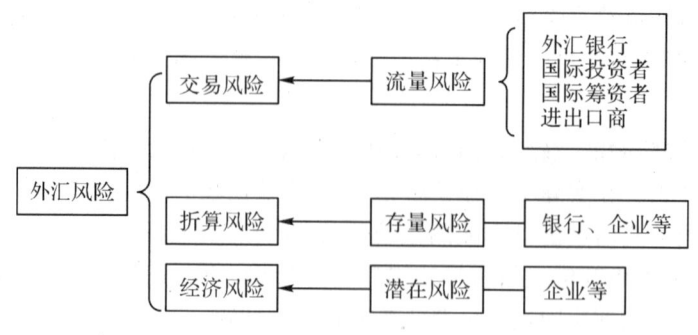

```
                              ┌─ 交易风险 ←── 流量风险 ── 外汇银行
                              │                          国际投资者
                              │                          国际筹资者
                              │                          进出口商
                外汇风险 ─────┤
                              ├─ 折算风险 ←── 存量风险 ── 银行、企业等
                              │
                              └─ 经济风险 ←── 潜在风险 ── 企业等
```

图 9-4 外汇的风险类型

资料来源:《外汇风险及其管理案例》,https://wenku.baidu.com/view/95d1af60c4da50e2524de518964bcf84b8d52d57.html。

(一)交易风险

交易风险(transaction risk)是指在以外币计价的交易中,由于外币和本币之间汇率的波动使交易者蒙受损失的可能性。交易风险又可分为外汇买卖风险和交易结算风险。

1. 外汇买卖风险(金融性风险)

外汇买卖风险产生于本币和外币之间的反复兑换。这种风险产生的前提条件是交易者一度买进或卖出外汇,后来又反过来卖出或买进外汇。

例如,某家银行在某一段时间买进了港币 100 万元,同时又卖出了港币 80 万元,出现了港币 20 万元的多头。当某家银行日后卖出这 20 万元时,如果港币贬值,某家银行就会出现亏损,这种亏损的可能性就是外汇买卖风险。

再比如,某家美国公司在国际金融市场上以 3% 的年利率借入 1 亿日元,期限 1 年。借到款项后,该公司立即按当时的汇率 1 美元＝100 日元,将 1 亿日元兑换成 100 万美元。1 年后,该公司为归还贷款的本息,必须在外汇市场买入 1.03 亿日元,而此时如果美元对日元的汇率发生变动,该公司将面临外汇买卖风险。假设此时的汇率已变为 1 美元＝90 日元,则该公司购买 1.03 亿日元需支付 114.44 万美元,虽然该公司以日元借款的名义利率为 3%,但实际利率却高达 $(114.44-100)/100\times100\%=14.44\%$。

2. 交易结算风险(商业性风险)

当进出口商以外币计价进行贸易或者非贸易的进出口业务时,即面临交易结算风险。

进出口商从签订进出口合同到债权债务的最终清偿,通常要经历一段时间,而这段时间内汇率可能会发生变化,于是,以外币表示的未结算的金额就成为承担风险的受险部分。

例如,中国某公司签订了价值 10 万美元的出口合同,3 个月后交货、收汇。假设该公司的出口成本、费用为 75 万元,目标利润为 8 万元,则 3 个月后当该公司收到 10 万美元的贷款时,由于美元对人民币的汇率不确定,该公司将面临交易结算风险。3 个月后,若美元对人民币汇率高于 8.3,则该公司可以获得超额利率;若等于 8.3,则收回成本,获取利润;若高于 7.5,低于 8.3,则利润减少;若等于 7.5,则收回成本;若低于 7.5,则亏本。

(二)折算风险(会计风险、转换风险)

折算风险(translation risk)又称会计风险(accounting risk)或转换风险(conversion risk),是指企业在进行会计处理和外币债权、债务决策时,将必须转换成本币的各种外币计价项目加以折算时所产生的风险。

例如，中国某公司持有银行往来账户余额 100 万美元，汇率为 1 美元＝人民币 8.7 元，折成人民币为 870 万元。之后美元贬值，人民币升值，汇率变为 1 美元＝人民币 8.3 元，该公司人民币 100 万美元的银行往来账户余额折成人民币后就只有 830 万元了。

(三) 经济风险 (经营风险)

经济风险(economic risk)又称经营风险(operating risk)，是指由于意料之外的汇率变动，使企业在将来特定时期的收益发生变化的可能性。经济风险是由于汇率的变动而产生的，而汇率的变动又通过影响企业的生产成本、销售价格，进而引起产销数量的变化而最终带来获利状况的变化。

例如，当本币贬值时，某企业一方面由于出口货物的外币价格下降，有可能刺激出口使其出口额增加；另一方面，因该企业在生产中所使用的主要是进口原材料，本币贬值后又会提高以本币所表示的进口原材料的价格，出口货物的生产成本因而增加，结果该企业将来的纯收入可能增加，也可能减少，这就是经济风险。

三、风险的管理

外贸风险的管理可以分为贸易策略法和金融市场交易法。贸易策略法是指企业在进出口贸易中，通过和贸易对手的协商与合作所采取的防范外汇风险的方法。而金融市场交易法是指进、出口商利用金融市场，尤其是利用外汇市场和货币市场的交易，来防范外汇风险的方法。

(一) 贸易策略法

贸易策略法可以分为币种选择法、货币保值法、价格调整法、期限调整法、对销贸易法和境内转移法。

1. 币种选择法

币种选择法是指企业通过选择进出口贸易中的计价结算货币的种类来防范外汇风险的方法。可以采用的策略如下。

(1) 选择本国货币计价结算

(2) 出口时选用硬币计价结算，进口时选用软币计价结算。

① 硬币(hard money)，即汇率稳定，且有升值趋势的货币。

② 软币(soft money)，即汇率不稳定，且有贬值趋势的货币。

由于一方面受双方交易习惯的制约，"软""硬"币的选择无法完全做到随意设置；另一方面，"软""硬"币不是绝对的，往往会出现逆转。因而此方法不能保证进出口商完全避免外汇风险。

(3) 选用"一篮子"货币计价结算

"一篮子"货币是指多种货币分别按一定的比重构成一组货币。

优点：货币升值或贬值带来的好处和损失相抵，币值稳定。

缺点：货币的组成及货款的结算较复杂。

例如：假定即期汇率为 1 美元＝人民币 7.88 元；1 欧元＝人民币 10.00 元时，中国出口商要出口价值 788 万元(100 万美元或 78.8 万欧元)的商品，延期付款期限为 3 个月，假设 3 个月后汇率变动为:1美元=人民币6.88元;1欧元=人民币10.50元。

若以人民币计价,则中国出口商无任何风险。

若以美元计价,则688万-788万=-100万元,亏损100万元。

若以欧元计价,则827.4万-788万=39.4万元,赚取39.4万元。

若以一篮子货币计价(美元、欧元各占50%,美元货款50万,欧元货款39.4万),则50万美元×6.88=人民币344万元,39.4万欧元×10.50=人民币413.7万元,344万+413.7万-788万=-30.3万元,亏损30.3万元。

2. 货币保值法

货币保值法是指企业在进出口贸易合同中通过订立适当的保值条款,以防范外汇风险的方法。可以采用的策略如下。

(1) 黄金保值条款

黄金保值条款是指签订合同时将计价货币折算成黄金,而货款结算时再将黄金折回计价货币。

例如:某出口商签订出口合同,货款100万美元,假设此时1美元的含金量等于1克纯金。100万美元折成黄金100万克。结算货款时,1美元的含金量变为0.95克,这时100万克黄金折成105.26万美元,故进口商应支付105.26万美元,从而出口商实现了对风险的规避。黄金保值条款只通行于固定汇率时期。现在由于黄金非货币化,黄金价格本身也不稳定,此方法逐渐不再普遍采用。

(2) 硬币保值条款

硬币保值条款是指签订合同时,以软币计价,以硬币保值,按合同订立时的汇率将软币折算成硬币。而当货款结算时,按即期汇率,将硬币折回软币结算。

例如:某进口商签订贸易合同时,货款1000万日元,以日元支付,美元保值,并规定当日元和美元的汇率上下波动5%时,应调整货款。在合同订立时汇率为1美元=100日元,因此合同设定美元保值条款,即货款总额总计10万美元。当货款结算时,1美元=110日元,因为美元对日元已升值10%,超过了约定的5%,故应调整货款,进口商应支付1100万日元,从而出口商实现了对风险的规避。

(3) "一篮子"货币保值条款

签订合同时采用某种货币计价,同时使用"一篮子"货币保值,即将计价货币折成"一篮子"货币。当货款支付时,再将"一篮子"货币按此时即期汇率折成计价货币。例如:某笔货款为500万美元,签订合同时,规定用日元、英镑、美元、澳元组成的"一篮子"货币来保值,其构成为美元30%、日元30%、英镑20%、澳元20%。

签订合同时的汇率情况如下:

1美元=120日元　1美元=0.6667英镑　1美元=1.6485澳元

则500万美元折成保值货币分别为:

500万美元×30%=150万美元

500万日元×30%×120=1800万日元

500万英镑×20%×0.6667=66.67万英镑

500万澳元×20%×1.6485=164.85万澳元

到了贷款支付日:

1美元=130日元　1美元=0.7英镑　1美元=1.5澳元

则各保值货币折算的美元分别为：

1800万日元/130=138.46万美元

66.67万英镑/0.7=95.24万美元

164.85万澳元/1.5=109.90万美元

合计美元：

150万+138.46万美元+95.24万美元+109.90万美元=493.60万美元

在实际操作中，通常选用"特别提款权"（Special Drawing Right，SDR）、欧洲货币单位等一篮子货币作为保值货币。在期限长，金额大的进出口贸易中，以"一篮子"货币保值的方法对规避汇率波动的风险很有效。

3. 价格调整法

(1) 加价保值：为出口商所用，实际上是出口商将用软币计价结算所带来的汇价损失摊入出口商品的价格之中，以防范外汇风险。

(2) 压价保值：为进口商所用，实际上是进口商将用硬币计价结算所带来的汇价损失从出口商品的价格之中扣除，以防范外汇风险。

4. 期限调整法

期限调整法是指进出口商根据对计价结算货币汇率走势的预测，将贸易合同中所规定的货款收付日期提前或延期，以防范外汇风险，获取汇率变动收益的方法。

预测计价结算货币将升值时，出口商应延迟收进外汇，进口商应提前支付外汇。

预测计价结算货币将贬值时，出口商应提前收进外汇，进口商应延期支付外汇。

5. 对销贸易法

对销贸易法是指进出口商利用易货贸易、配对、签订清算协定和转手贸易等进出口相结合的方式，来防范外汇风险的方法。可以采用的策略有易货贸易、配对交易、签订清算协定等。

(1) 易货贸易：贸易双方直接、同步地进行等值的货物交换，交易时双方均无须收付外汇，同时都把互换商品的单价事先确定，故不存在外汇风险，但交易双方都存在各自商品涨价或对方商品跌价的风险。

(2) 配对交易：进出口商在一笔交易发生时或发生之后，再进行一笔与该笔交易在币种、金额、货款收付日期完全相同，但资金流向正好相反的交易，使两笔交易所面临的外汇风险相互抵消的方法。

(3) 签订清算协定：贸易双方先约定在一定的时期内，所有经济往来都用同一种货币计价，每笔交易金额记载在清算银行账户上，到了规定期限再清算贸易净差。

6. 境内转移法

境内转移法是指进出口商向境内交易对象转移外汇风险的方法。

(二) 金融市场交易法

金融市场交易法主要有即期外汇交易法、远期外汇交易法和货币互换交易法。除以上3种方式之外，还有外汇期货交易法、外汇期权交易法、对外贸易短期信贷法、出口信贷法、投资法、投保汇率变动险法等。

1. 即期外汇交易法

即期外汇交易法是指进出口商通过与外汇银行之间签订即期外汇交易合同的方式来防

范外汇风险的方法。

例如：我国某进口公司两天内要支付 10 万美元货款，此公司与中国银行签订购买 10 万美元的即期外汇交易合同，假设即期汇率为：1 美元＝人民币 8.2450/90 元，此公司成交后的第二天就可用人民币 82.49 万元购入 10 万美元支付货款给境外的出口商。

2. 远期外汇交易法

远期外汇交易法是指进出口商通过与外汇银行之间签订远期外汇交易合同的方式来防范外汇风险的方法。

例如：我国某出口商 1 个月后将收到 1000 万日元货款，此公司与外汇银行签订出售 1000 万日元的远期外汇交易合同。假设 1 个月的远期汇率：100 日元＝人民币 6.3435/95 元，则进口商可在 1 个月后将 1000 万日元兑换成人民币 63.435 万元。

3. 货币互换交易法

互换又称为掉期，是指进出口商通过与外汇银行之间签订互换交易合同的方式来防范外汇风险的方法。

例如：我国某公司将在 1 个月后收到 100 万美元的货款，3 个月后又有 100 万美元的支出。为防范外汇风险，该公司可与银行签订一个互换交易合同。在卖掉 1 个月远期的 100 万元美元的同时，又买进 3 个月远期的 100 万美元。

假设：

1 个月期的远期汇率为：1 美元＝人民币 8.3670/90 元；

3 个月期的远期汇率为：1 美元＝人民币 8.2670/90 元。

则该公司在防范风险的同时，还获得了掉期收益：

（100 万美元×8.3670÷8.2690）－100 万美元＝1.1851 万美元。

4. 外汇期货交易法

假设在 1 月 10 日美国某出口商预计同年 3 月 5 日将收到一笔 50 万澳元的货款，1 月 10 日的汇率为 1 澳元＝0.5 美元。则 1 月 10 卖出 3 月份的澳元合约 4 张（每张合约 50/4＝12.5 万澳元），成交价为：1 澳元＝0.495 美元。则 3 月 5 日收到 50 万澳元的现汇货款时，由于期货合约未到交割日，该商人再买入 3 月份到期的澳元合约 4 张，以冲抵原来卖出的澳元合约（即进行期货的平仓操作），该期货合约 3 月 5 日的成交价：1 澳元＝0.449 美元，而此时现汇价为：1 澳元＝0.45 美元。则该出口商的损益分析如下：

出售 50 万澳元现汇得：0.45×50 万＝22.5 万美元；

对冲澳元合约：(0.495－0.449)×50 万＝2.3 万美元；

该商人在 3 月 5 日获得货款：22.5 万美元＋2.3 万美元＝24.8 万美元。

在此总结一下，如表 9-1 所示。

表 9-1　现货价与期货价对比

日期	现货价	期货价
1 月 10 日	1 澳元＝0.5 美元	1 澳元＝0.495 美元
3 月 5 日	1 澳元＝0.45 美元	1 澳元＝0.449 美元

1 月 10 日 50 万澳元换美元：0.5×50 万＝25 万美元；由于汇率下跌，3 月 5 日 50 万澳元换美元：0.45×50 万＝22.5 万美元，损失了 2.5 万美元；而通过期货合约交易：0.495－

0.449)×50万＝2.3万美元,盈利了2.3万美元;现货损失基本被期货交易盈利弥补,达到了保值的目的。也就是说,如果没有进行期货交易,则该出口商只能获得22.5万美元。进行了期货交易,则获得了24.8万美元。从这个案例可以看出,当预计现货出现下跌趋势时,可以通过卖出期货来对冲风险,这也是期货套期保值的功用所在。

5. 外汇期权交易法

以买入看涨期权(long call option)为例来进行说明。假定标的物(或汇率)的市场价格为S,期权价格为C,期权的执行价格为X。所谓看涨期权是指,如果市场价格S上涨,则履行看涨期权,可以以执行价格为X获得标的物。这里有个盈亏平衡点X+C。如果S>X+C,净盈利是S−(X+C);如果S=X+C,则盈亏平衡;如果X<S<X+C,亏损是S−(X+C);如果S<X,亏损是C。如图9-5所示。

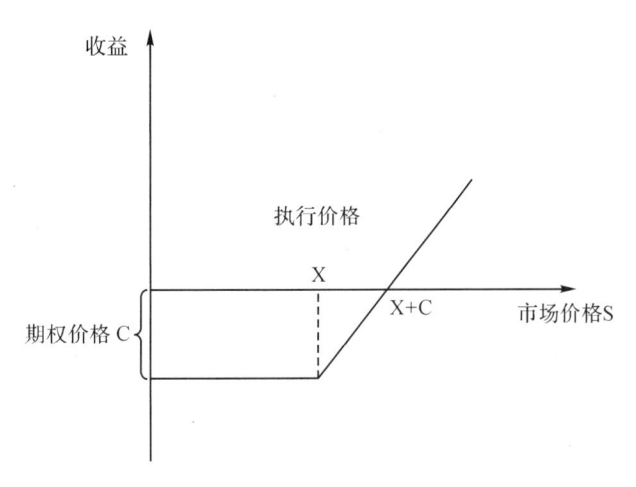

图9-5　看涨期权

资料来源:《看涨期权》,https://baike.baidu.com/item/看涨期权/263237? fr=aladdin。

如果市场价格S下跌,买方可以选择不履行期权,亏损最多是权利金C。也就是说,看涨期权多头的损失有限,盈利无限。

下面举例来说明外汇的看涨期权如何规避汇率风险。

例如,美国某进口商3个月后将支付10万英镑货款。由于担心英镑汇率上涨,现买进英镑欧式看涨期权合约8张(每张1.25万英镑),期权费(option premium)为4美分,协议执行价格(strike price)为1英镑＝1.6美元。则在货款支付日,该进口商的选择如下。

(1) 如果英镑对美元的即期汇率1英镑<1.6400美元,进口商放弃履约,则损失期权费:0.04×10万＝0.4万美元。

(2) 如果英镑对美元的即期汇率1英镑 ＝ 1.6400美元,进口商盈亏平衡,10万英镑的购买成本为:16.4万美元(其中以16万美元买入了原本应该是市场价16.4万美元才能买到的10万英镑,比市场价格便宜了0.4万美元,但同时也付出了期权费0.4万美元,盈亏平衡)。

(3) 如果英镑对美元的即期汇率1英镑>1.6400美元,假设即期汇率变为:1英镑＝1.7000美元,则进口商要求执行期权,10万英镑的购买成本为:16.4万美元(其中包含所付出的期权费0.4万美元);购买10万英镑因实施外汇期权合约节省了(1.7000−1.6400)×10万＝0.6万美元。

6. 对外贸易短期信贷法

对外贸易短期信贷法可以分为借款、远期票据贴现和保付代理3种。

(1) 借款：假定出口商需要收汇，则出口商签订贸易合同时，从外汇银行借入一笔与远期外汇收入币种相同、金额相同、期限相同的款项，并将其在即期外汇市场兑换成本币，收到货款时再将外汇偿还给外汇银行。

(2) 远期票据贴现：出口商从进口商处得到远期汇票时，将其到银行贴现，提前得到外汇货款，并在即期外汇市场上出售，取得本币资金。

(3) 保付代理：出口商以延期付款的方式出售商品，在货物装运后立即将发票、汇票、提单等有关单据卖断给保理机构，收到全部或部分货款。

7. 出口信贷法

该方法主要包括卖方信贷、买方信贷和福费廷。

8. 投资法

投资法是指进口商签订贸易合同后，按合同中规定的币种、金额将本币资金兑换成外汇，再投资于外汇的货币市场，到期再将投资得到的外汇支付贸易货款。其中有借款—即期交易—投资法（borrow-spot-investment，BSI 法）和提前收付—即期交易—投资法（lead-spot-investment，LSI 法）。

9. 投保汇率变动险法

投保汇率变动险法是指涉外主体向有关保险公司投保汇率变动险，一旦因汇率变动而蒙受损失，便由保险公司给予合理的赔偿。

四、宏观防范策略

(一) 短期策略

防范外汇风险的短期策略有很多，在实际工作中可以采取以下措施：一是提前或者是推迟结算。在交易过程中，一旦预期货币将会升值或者是贬值，企业就需要提前或者推迟相关账款的收付工作，通过改变外汇结汇时间来避免外汇风险的影响。二是对销售价格进行合理调整。对销售价格调整的主要目的是要把外汇风险分摊到价格中，通过这样的方式来有效减少外汇风险。交易双方可以专门设置价格调整条款，根据这一条款来调整基本价格，通过这样一种方式能够有效弥补汇率造成的影响。三是利用金融衍生工具来规避风险。当前我国金融衍生工具的发展历史并不长，无论在理论上还是在实践中都存在一定的短板。随着市场经济逐步成熟，利用金融衍生工具及其组合，如外汇期权、货币互换及掉期交易等来规避外汇风险已经成为企业切实可行的方法。

(二) 中长期策略

中长期策略更加侧重于从企业自身的根本发展来进行防范。在实际工作中，可以采取以下措施：①要正确选择市场。出口企业在选择市场的时候要考虑到汇率变动和该国（地区）货币的变动趋势，在拓展市场时应该优先考虑货币升值地市场。②要选择正确的产品策略。企业的主要竞争力主要体现在产品上，选择正确的产品策略最为关键。首先是选择合适的时间来推出新产品，通常情况下，当地货币贬值的时候是推出新产品最为理想的时间。其次是要进一步加大产品创新,要逐步提升产品的升级能力,增强产品的创新能力,这样有助于企业在价格和市场份额上取得好成绩。最后就是要慎重选择生产规模或者转产时机,在当地货币贬值之后,公司要尽量扩大自身的生产线,来适应市场需求;反之则要缩小生产规模或者转产。③要进一步提升自身的生产率,不断降低成本。提高企业自身生产效率是防范外汇风险最为重要的措施,这在一定程度上能够减轻汇率波动对企业产生的冲击。

外汇风险是各类经济主体在国际贸易中需要高度重视的一个问题,虽然是不可避免的,但是是可控的。我国企业应加强重视和学习,采取积极主动的外汇风险防范措施,加强对国际金融市场各种外汇汇率变动趋势及金融衍生工具的研究,合理选择外汇风险控制方式,打造适合自身的外汇风险防范系统。

第三节 跨境支付的外汇监管政策

在外汇业务中除了有由于市场波动所带来的汇率风险,还有一类风险是来自对各国(地区)外汇监管政策的不了解而带来的监管风险。所以我们首先来解读一下各国(地区)主要的支付监管政策,尤其是中国的外汇收汇、结汇政策。

一、境外的外汇监管政策

(一)美国

美国是对金融支付机构监管最为严格的国家之一,支付领域也不例外。资料显示,美国第三方支付公司主要在注册、电子转账、消费信用、账单信息、公平贸易、消费者隐私保护、存款保险,以及反洗钱等8个方面受到监管。

1. 注册

美国绝大部分州都有《货币服务法案》(*Money Services Acts*),主要用来规范非存款性的货币服务机构(non-depository money services providers)。根据该法律,第三方支付归各州监管,且绝大部分州都要求先取得牌照(obtain a license)才能开展业务。否则,可能会被叫停。

2. 电子转账

此类规则主要由《电子转账法案》(*Electronic Fund Transfer Act*,EFTA)、《监管指令E》(*Regulation E*)和《公平信用交易法案》(*The Fair Credit Billing Act*,FCBA)组成,主要在需从消费者账户(贷记卡或信用卡)进行支付时适用。此类规则要求事前明确揭示消费者的权利和义务、争议解决机制等。

特别是对于未经授权的交易,必须明确消费者需承担的最大损失。在商业银行信用卡交易中一般遵循如下规则:根据FCBA,如果信用卡在被使用之前就已经申报了损失,那么消费者不用为未授权的支付承担任何责任。如果消费者的信用卡号码被盗,而不是卡被盗,那么同样不用为未授权使用承担责任。即使申报损失之前,消费者的信用卡已经被他人使用,消费者所要承担的责任也是有限的:如果是在2个工作日内申报,那么消费者的损失最多是50美元。在2个工作日以上但低于60个自然日内申报,消费者的损失可能最多为500美元。在60个自然日以上申报,消费者的最大损失才可能是账户上的所有资金及关联账户的资金。

3. 消费信用

此类规则主要由《诚实借贷法案》(Truth in Lending Act, TILA)和《监管指令 Z》(Regulation Z)组成,主要覆盖消费者信用支付类的业务。此类法规要求债权人明确揭示信贷成本、争议解决机制等。

4. 账单信息

此规则主要由《诚实账单规则》(Truth-in-Billing)形成,其覆盖无线运营商(wireless carriers),要求其提供准确、清晰、详尽的计费账单。因为浏览网页、下载图片和铃声、网上游戏等往往会借助话费渠道来扣除费用,这要求在账单中能够清楚列示。其监管执行者一般是联邦通信委员会,而不是传统的金融监管者。

5. 公平贸易

此类规则分别由《反不公平、欺诈和滥用法案》(电子版对金融机构)和《公平贸易法案》(电子版对非金融机构)组成,适用于所有的第三方支付行为。如果是金融类机构,则归属消费者金融保护局监管;如果是非金融类机构,则归属联邦贸易委员会监管。

其中需要特别说明的是,对于不涉及外包的非金融类机构造成的消费者数据泄露,会被联邦通信委员会作为不公平贸易行为进行处罚。但是,如果第三方机构是作为金融机构的外包机构,那么,对其数据安全性的要求将适用于对金融机构的数据安全要求规则,即下文将要提到的《格雷姆—里奇—比利雷法案》(Gramm-Leach-Bliley Act, GLBA Act)。

为鼓励第三方支付机构加强数据的安全性管理,发挥市场优胜劣汰机制,自2005年开始到2007年,美国已有34个州颁布了法律,要求这些机构定期公开披露数据泄露情况。

6. 消费者隐私保护

该规则主要由《格雷姆—里奇—比利雷法案》的隐私和数据安全条款所形成,覆盖对象为金融机构。该法案要求,金融机构在消费者订立合同时及此后每年都应揭示对消费者的隐私保护规则,并允许消费者根据不同信息类型自主选择私人信息的分享范围;同时,该法案还对涉及消费者的信息安全提出了明确指引和要求。

7. 存款保险

该规则由《联邦存款保险法案》(Federal Deposit Insurance Corporation,适用于商业银行)和《全国信贷联盟份额保险法案》(National Credit Union Administration NCUA Share Insurance,适用于信贷联盟)所确立,其所覆盖的对象为商业银行一定限额以内的"存款"(deposits)和联邦存款保险公司(电子版 FDIC)与全国信贷联盟监理署(电子版 NCUA)共同认定的"份额账户"(accounts)。

关于存款保险法规的适用,从主体角度来说,取决于互联网金融机构是否被认定为存款性金融机构;从账户角度来说,则取决于资金是否存入了被联邦存款保险公司认可的"账户"。

8. 反洗钱

美国是一个高度重视反洗钱的国家,自1970年通过《银行保密法案》(Federal Bank Secrecy Act, BSA)对金融机构的客户保密义务进行限制以来,其先后颁布过8部反洗钱法案,而2001年的《美国爱国者法案》(the USA Patriot Act)更是成为集反洗钱之大成的百科全书。《银行保密法案》要求所有支付机构都需要向美国财政部下属的金融犯罪执法网络

业界事例 9-1:支付公司的合规之路:美国 PayPal

(Financial Crimes Enforcement Network，FinCEN)报批业务。

由于美国认为洗钱附属于贩毒、逃税、腐败、恐怖活动和其他犯罪活动，并为之提供了支持，因而，支付机构如果对反洗钱法规执行不到位，轻则罚款，重则可能会被吊销营业执照，没收与行为相关的财产。

在各类法律风险中，反洗钱几乎是美国涉及接受资金和进行资金汇划机构所可能面临的最重、最大的法律风险。

2. 美国市场的开拓

在美国联邦政府层面，所有支付机构都需要同时向美国财政部下属的金融犯罪执法网络报批业务内容和业务开展地区，同时根据联邦政府制定的《银行保密法》《洗钱防制法》《美国爱国者法案》等法律开展相应的合规、反洗钱工作。

在州层面，支付机构需要向各州分别申请支付类业务牌照，每个州的监管机构名称不一致，取得牌照的条件也不一致，一般情况下，美国各州政府都有指定监管机构对支付机构进行发牌和监管，通常与银行监管机构一致。

美国是全球电商发展最为成熟的国家之一，是各大支付公司牌照申请的重要目标国家。2018年1月，蚂蚁金服计划收购美国国际汇款机构——速汇通(MoneyGram)，尝试通过这种"快速通道"来建立全球资金链。但在长达一年的审查后遭到美国外国投资委员会否决。美国境内金融数据安全问题无疑是美国不予批准该交易的主要原因。而其他的一些中国支付公司，例如连连支付、PingPong 金融已经通过关联公司获得美国"资金转移牌照"(MTL)，允许开展电子货币转账、外币交易或兑换等业务。

美国各州支付牌照上的监管策略在联邦政府大框架下各有不同。中国支付机构正通过本地化的支付牌照申请，尝试拓展其全球化的支付业务。例如，连连支付已取得了美国全境支付牌照。

(二)欧洲

在欧盟范围内，欧盟委员会颁布了《支付服务指令2》(*Payment Service Directive 2*，PSD2)来规范各成员经济体对于支付牌照、支付行业监管的指引。虽然欧盟各个国家监管机构和规则不尽相同，但一般都会遵循欧盟委员会的PSD2。例如，英国监管机构包括FCA(电子版金融行为监理总署)和HMRC(电子版税务海关总署)。支付机构必须根据该法规向FCA申请支付牌照。在获得英国"授权支付机构"(电子版API)资质后，就可以提供全面的支付账户级别的收付款服务了。同时，在欧盟任一成员经济体取得牌照后，可根据指引，在一定条件下将牌照passport(签转)到其他欧盟成员经济体。

在监管合规的风险防范方面，不同于一些支付公司"下大力气"的本地化牌照申请策略，一些中国支付公司则选择了与境外支付公司合作的策略。跨境支付有别于其他传统支付，现阶段中国支付企业走出去做跨境业务，不仅要符合中国政府的监管要求，同时更要兼顾目标市场当地政府的法律法规、金融监管与反洗钱政策。这些政策，都要进行充分调研、理解，同时顺应并优化贸易双方的习惯，一并融入跨境支付产品的设计中去。

二、中国的外汇监管政策

(一) 货物贸易

知识卡片 9-1：出口退税与出口外汇核销

20 世纪 90 年代初，我国对企业实行了进出口货物流与资金流逐笔对应、现场核销的管理制度。该制度在很长一段时间内与我国宏观经济和外贸形势相适应，在督促企业及时足额收汇、防范出口骗税及打击逃汇等方面起到了积极作用。但随着我国对外贸易规模的迅猛增长，进出口收付汇逐笔核销管理方式难以适应贸易方式和主体多样化的需要。为此，国家外汇管理局在 2010 年推出进口付汇核销改革的基础上，于 2012 年 8 月 1 日起在全国范围实施了货物贸易外汇管理制度改革。

1. 改革的主要内容

(1) 简化贸易收付汇办理流程

取消逐笔对应的进出口核销管理制度，企业出口收汇或进口付汇后，均无须办理外汇核销手续；取消出口收汇联网核查，企业出口收入可直接从待核查账户中划转或结汇；取消贸易信贷登记管理，国家外汇管理局借助企业网上报告等方式，对贸易信贷、贸易融资实施事后监测管理。

(2) 简化贸易收付汇单证审核

简化进口付汇单证审核，合规企业可凭进口报关单、合同或发票等任一能够证明交易真实性的单证在银行办理付汇；取消转口贸易先支后收审核的要求，转口贸易收入可直接划转或结汇。

(3) 简化出口退税凭证

出口收汇核销与出口退税不再"挂钩"，企业退税环节简化，手续更加简便。税务部门参考外汇管理部门提供的企业出口收汇信息和分类情况，依据相关规定，审核企业出口退税。

(4) 调整出口报关流程

国家外汇管理局将取消出口收汇核销单管理，企业到海关办理出口报关手续时无须再提供出口收汇核销单，出口报关流程简化、速度加快。

2. 监管模式和具体措施

在促进贸易便利化的同时，国家外汇管理局将对企业进出口货物流和资金流之间的整体匹配状况进行比对和评估，对部分超过贸易匹配偏离度指标的企业进行重点动态监测，识别异常行为，核实可疑情况，实施分类管理，达到"激励守法者、约束可疑者、惩戒违规者"的目的，提高外汇管理的针对性和有效性。

(1) 实施总量核查的主体管理

外汇局将全面采集企业的进出口、收付汇数据，对企业的资金流与货物流进行总量核查与监测预警。对异常交易主体进行现场核查，并根据企业合规性及风险状况将其分为 A、B、C 三类。

(2) 实施分类管理监管措施

改革后，95% 以上的正常企业将列为 A 类企业，可享受最大程度的政策便利；少数的违规、异常企业将被分别列为 B、C 类企业。国家外汇管理局对 B 类企业实施电子数据核查管理,通过设置可收付汇额度的方式控制风险;对 C 类企业所有贸易外汇收付汇业务实施逐笔事前登记管理。此外,B、C 类企业在贸易方式、结算方式、单证审核等方面受到严格监管和限制。国家外汇管理局分类企业业务流程如图 9-6 所示。

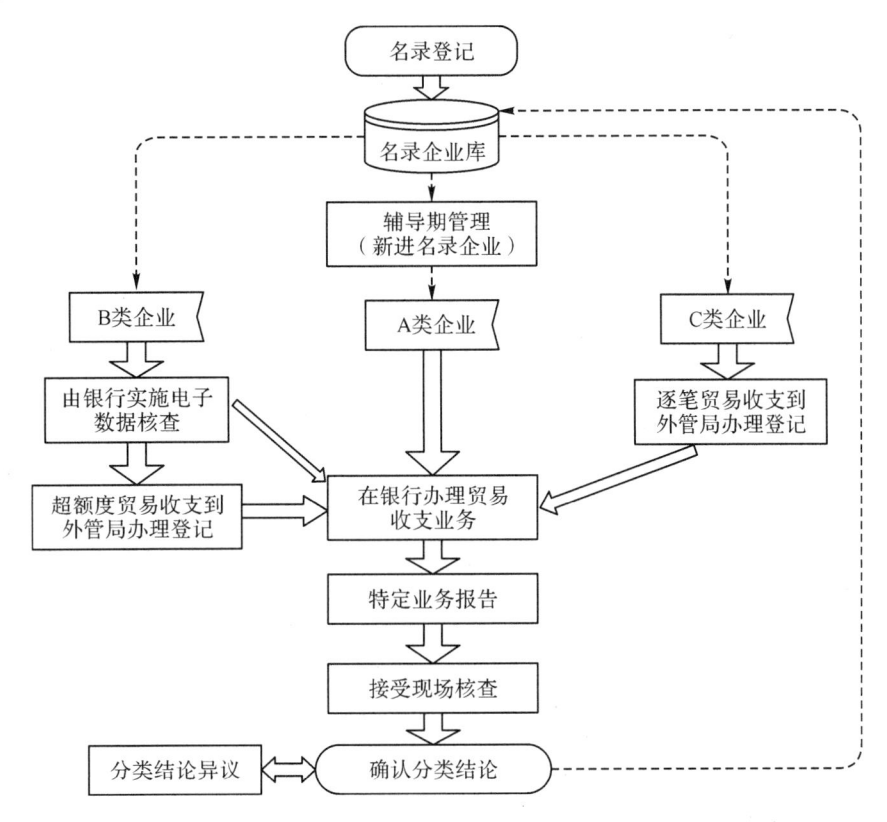

图 9-6 国家外汇管理局分类企业业务流程

资料来源:《货物贸易外汇管理制度改革(企业)》,https://wenku.baidu.com/view/c3482412f8c75fbfc67db254.html。

(3) 企业报告

企业报告按法律约束力分为义务性报告和主动性报告。

① 义务性报告

a. 贸易信贷业务报告。

b. 贸易融资业务报告。

c. 转口贸易收支业务报告。

d. 出口收入存放境外业务报告。

e. 辅导期业务报告。

② 主动性报告

a. 贸易主体不一致业务报告。

对于符合规定的收付汇单位与进出口单位不一致的情况,收汇或进口企业可向所在地外汇局报告,并办理收汇或进口数据的主体变更手续。

b. 差额业务报告。

对于单笔进出口报关金额与对应收付汇金额存在差额的,企业可根据该笔差额对应其外汇收支与进出口匹配的影响程度,自主决定是否报告。

c. 其他特殊交易报告。

对于货物进出口与贸易收付汇业务中发生的其他特殊交易,企业自主决定是否报告。

总之,此次外汇管理制度改革,取消了出口收汇核销手续,打破了办理出口退(免)税的传统模式,标志着我国出口货物无纸化退(免)税模式已初步形成,有利于出口企业从事贸易、规避外汇风险,降低社会成本和加快出口退(免)税进度。

(二)服务贸易

为完善服务贸易外汇管理,促进贸易投资便利化,服务涉外经济发展,国家外汇管理局于2013年7月18日发布了《国家外汇管理局关于印发服务贸易外汇管理法规的通知》(汇发〔2013〕30号)。为进一步优化营商环境,便利市场主体办理经常项目外汇业务,国家外汇管理局于2020年废止了上述"汇发〔2013〕30号"文件,全面整合相关法规,形成了《经常项目外汇业务指引(2020年版)》(以下简称《指引》),自2020年8月31日起施行。

国家外汇管理局发布的《经常项目外汇业务指引(2020年版)》涵盖货物贸易、服务贸易,以及个人、保险机构、支付机构等全部经常项目外汇业务,切实便利市场主体办理经常项目外汇业务,精简非必要业务流程和材料,旨在让市场主体"看得懂、用得上、办得顺"。该指引秉承经常项目可兑换原则,便利真实合规外汇业务办理,不涉及现有政策实质改动和重大调整,有利于营造长期稳定可预期的制度环境。指引全面整合经常项目外汇业务现有法规,实现经常项目外汇政策"一本尽列、一文通办、一目了然",确保政策法规统一透明、简洁清晰。这是我国第一次对经常项目外汇政策进行系统性整理,也是我国在外汇领域的改革创新、制度完善、技术升级的成果集成。

此次《指引》中具体微调措施如下:一是简化行政许可。《指引》取消了贸易外汇收支企业名录变更及注销登记,取消了保险公司终止外汇保险业务及补办经营保险业务核准文件两项行政许可。同时,精简行政许可办理材料,对于具有真实货物贸易外汇收支业务需求的企业,仅需提供《贸易外汇收支企业名录登记申请表》和营业执照,即可申请名录登记。《指引》通过外汇管理方式的优化,助力企业拓市场、降成本、增绩效。二是精简单证材料要求。为适应我国对外贸易多元化的发展,对于货物贸易、服务贸易等业务,不再以列举方式规定单证真实性审核的具体种类,银行和境内机构可按照展业原则自主决定所需凭证,从而避免因单证种类不全或要素缺失等问题,影响企业真实合规的资金结算。同时,取消捐赠协议审核公证证明、对外贸易经营者备案登记表等非必要前置证明,提升了经常项目业务的办理效率,在保证业务真实、合规的前提下,不断推进贸易便利化。三是推进账户整合。根据《国家外汇管理局关于精简外汇账户的通知》(汇发〔2019〕29号),"经常项目-外币现钞账户"和"经常项目-境外机构经常项目外汇账户"已并入"经常项目-外汇结算账户"管理。《指引》对相应条款进行了调整。在此基础上,将保险机构外汇经营账户并入了经常项目外汇结算账户,以便利保险机构的资金运营,提高资金使用效率。四是优化整合部分新业务。《指引》整合并完善了贸易便利化试点及期货交易所实物交割等相关内容,以确保政策法规统一透明,便利市场主体业务办理。此外,《指引》还放宽了代办及境内划转业务办理条件,明确个人可委托近亲属代为办理年度便利化额度内的结汇和购汇,个人外汇账户内资金境内划转也扩展至近亲属,进一步便利了个人外汇业务办理。

服务贸易外汇监管还有以下两方面的要求。

1. 客户准入

各家银行应严格根据《银行外汇业务展业原则之总则》的标准对客户进行识别,此外,银行还需审核材料,判断客户所从事的服务贸易外汇活动是否已经国家有关主管部门的审核、登记及备案。在服务贸易业务审核规范方面,根据业务细项和收支方向,在 10 类单据的基础上,又将服务贸易分为保险服务、金融服务、运输服务及投资收益收入与支出等 23 类,银行工作人员需要根据不同的业务类型按照不同的审核要求确认客户是否具备准入资格。如从事保险服务的企业,其基本交易应符合业务经营范围且具备相应的业务资质。"服务贸易展业规范"中要求对客户进行分类,分别将客户定义为"可信客户"和"关注客户",其中"关注类客户"的业务材料审核需要更加严格。当客户存在注册地为异地、虚构交易、货物贸易管理为 B/C 类、故意分拆交易及与银行建立新型业务关系等情形,此类客户都将定义为"关注客户"。

2. 业务审核

由于服务贸易业务种类繁多,银行办理人员应依照不同的业务类型审核要求办理不同的业务。办理常规服务贸易外汇业务需审核的材料大体有合同、发票、"服务贸易等项目对外支付税务备案表"及服务贸易外汇收支管理信息申报凭证。但是目前存在的问题是服务贸易外汇业务真实性审核依然存在较大难度。仅仅通过合同、发票及"税务备案表"为主的审核形式无法准确查明服务贸易外汇业务的合法性。在银行实际业务审核中,难以判断单据的完整真实性,尤其是电子商务中电子合同的协议真实性判断难度更大。例如,在《经常项目外汇业务指引(2020 年版)》文件中,规定单笔服务贸易外汇收支金额在 5 万美元以下的,银行可不审核业务交易单证,这项规定虽然为服务贸易外汇业务开通了便利化通道,但同时也给资金的跨境异常流动带来了便利化通道。例如,不良企业为了实现跨境资金异常流动,故意通过主动拆分以多笔次单笔等值接近且小于 5 万美元的支付方式,达到异常不法资金的境内外流动。

(三)跨境电商

1. 跨境电商外汇业务的特点

跨境电子商务是指分属不同关境的交易主体,通过电子商务平台达成交易、进行支付结算,并通过跨境物流送达商品、完成交易的一种国际商业活动。

传统 B2C 出口企业,在物流上主要采用航空小包、邮寄、快递邮政小包、快件等方式,报关主体是邮政或快递公司。长期以来这种出口方式的贸易数据未能纳入海关统计,所以海关新增了 9610 代码将跨境电商的监管独立出来,主要目的就是规范操作和便于监管。

在 9610 模式下的 B2C 出口流程为:境外买家网上购物—订单付款—清单核放—买家收到货物—汇总申报。在操作层面上大致分为 5 步走。一是数据对接:企业与海关、电子口岸业务备案数据对接;二是物流:企业正常走货,将订单、物流等信息上传快速通关;三是进行报关:可委托报关行整理相应资料报关;四是结汇:去国家外汇管理局办理结汇手续;五是退税:整理相关材料去国税申请退税。

从上述交易流程和退税、结汇监管中可以看出,跨境电商在交易和监管方面有着既不同于传统的货物贸易,也不同于纯粹的服务贸易的鲜明特色。从电子商务交易形式上分析,纯粹的电子交易在很大程度上是属于服务贸易范畴的,国际普遍认可归入 GATS (*General Agreement on Trade in Services*,服务贸易总协定)的规则中,一般按服务贸易进行管理。对于只是通过电子商务方式完成定购、签约等;但要通过传统的运输方式运送至购买人所在地,则归入货物贸易范畴,属于 GATT(*General Agreement on Tariffs and Trade*,关税及贸易总协定)的管理范畴。

此外,对于特殊的电子商务种类,既非明显的服务贸易也非明显的货物贸易,如通过电子商务手段提供电子类产品(如文化、软件、娱乐产品等),国际上对此类电子商务交易归属服务贸易或货物贸易仍存在较大分歧。

知识卡片 9-2:GATT、WTO、GATS 和 TRIPS

(1) 交易真实性难以审核

电子商务的虚拟性,直接导致外汇监管部门对跨境电子商务交易的真实性、支付资金的合法性难以审核,增大了跨境资金异常流动和反洗钱监管的难度。特别是第三方支付机构的介入,原本银行了如指掌的交易流程被割裂为难以看出关联的繁杂交易。由于缺乏对交易双方的资讯的了解,外汇指定银行无法直接进行贸易真实性审核。如在境外收单业务中,客户的支付指令由支付机构掌握,银行按照支付机构的指令,将资金由客户账户划入人民币备付金账户,通过银行购汇入外汇备付金账户,再将资金由外汇备付金账户汇入目标账户。即便发生在同一个系统,银行也很难确定各项电子交易的因果关系。

(2) 国际收支申报存在困难

一方面,通过电子支付平台,境内外电商的银行账户并不直接发生跨境资金流动,且支付平台完成实质交易资金清算通常需要 7~10 天,因此由交易主体办理对外收付款申报的规定较难实施。另一方面,不同的交易方式对国际收支申报主体也产生了一定的影响。如代理购汇支付方式实际购汇人为交易主体,应由交易主体进行国际收支申报,但依前所述较难实施;线下统一购汇支付方式实际购汇人为支付机构,可以支付机构为主体进行国际收支申报,但此种申报方式难以体现每笔交易资金实质,增加外汇监管的难度。

(3) 外汇备付金账户管理缺失

随着跨境电子商务的发展,外汇备付金管理问题日益凸显,而境内当前对外汇备付金管理仍未有明确规定,如外汇备付金是归属经常项目范畴或资本项目范畴(按贸易信贷管理);外汇备付金账户开立、收支范围、收支数据报送;同一机构本外币备付金是否可以轧差结算等无统一管理标准,易使外汇备付金游离于外汇监管体系外。

2. 支付机构外汇支付特点及监管

跨境电子支付业务发生的外汇资金流动,必然涉及资金结售汇与收付汇。从目前支付业务在中国的发展情况看,第三方支付机构发挥着独特的作用。首先,第三方支付机构在跨境外汇收支管理中承担了部分外汇政策执行及管理职责,其与外汇指定银行类似,既是外汇管理政策的执行者,也是监督者;其次,第三方支付机构主要为电子商务交易主体提供货币资金支付清算服务,属于支付清算组织的一种形式,但又不能完全等同于纯粹的支付清算机构。

跨境电子商务是将传统的国际贸易流程电子化,改变的仅仅是实现手段而不是内容实质,其交易的主要内容仍为商品和服务。因此,应坚持传统国际贸易管理原则,按照真实性、便利性和均衡管理原则对其进行管理,确保交易的合法合规。应研究制定具体外汇业务管理规定,明确跨境电子支付机构业务办理资格和范围,以及与合作银行之间的职责分工。一是明确对第三方支付机构的监管要求。明确其应对跨境电商交易的真实性负责,建立客户身份识别制度、交易记录保存制度、风险控制制度和内部监督制度。二是明确对合作银行的监管要求。跨境电商合作银行应对第三方支付机构代收付环节进行审核,代替交易主体对跨境电子支付交易进行逐笔申报。加强对银行和支付机构的非现场核查及现场检查。参照货物贸易和服务贸易外汇管理模式,全面采集第三方支付机构订单、物流数据和国际收支申报逐笔数据,按照交易项目将其分别纳入货物贸易与服务贸易外汇监测系统进行管理,进而在此基础上实施总量核查和非现场监管。

3. 央行调整外汇风险准备金政策

2018年8月3日,中国人民银行发布了《关于调整外汇风险准备金政策的通知》(银发〔2018〕190号),收取外汇风险准备金的业务范围包括:①境内金融机构开展的代客远期售汇业务。具体包括:客户远期售汇业务;客户买入或卖出期权业务,以及包含多个期权的期权组合业务;客户在近端不交换本金、远端换入外汇的外汇掉期和货币掉期业务;客户远期购入外汇的其他业务。②境外金融机构在境外与其客户开展的前述同类业务产生的在境内银行间外汇市场平盘的头寸。③人民币购售业务中的远期业务。但是,代客远期售汇业务展期无须交存外汇风险准备金。

要了解这一政策,先从银行远期售汇业务说起。从银行的角度看,售汇就是收企业或个人的人民币,按照某一汇率兑换成相应的外币(不妨假设为美元),就是说收人民币,卖美元。对企业或个人而言便是购汇,即卖人民币,买美元。以企业远期购汇合约为例来看,它是指企业(个人不允许参与)与银行签订一份合约,约定未来以一个固定的汇率将人民币兑换为美元。

举个例子:假如2018年11月企业A与银行签订一份远期购汇合约,约定2018年12月将以1∶6的汇率购买1亿美元。但1个月后,同样在2018年12月到期的远期购汇合约,约定汇率变成了1∶7。

这意味着企业A在此前所签的远期购汇合约更值钱了。因为按一开始A签的合约算,买1亿美元只需要人民币6亿元,现在买1亿美元要人民币7亿元。只要企业A让银行在市场上协助平盘,让合约价值变现,即可获利。

所以,市场上一旦有了人民币贬值的预期,带有投机目的的企业就会加大对远期购汇合约的需求,做空人民币。有真实贸易背景的企业出于套期保值的目的,也会加大对远期购汇的需求,以锁定未来的购汇成本。

而银行在与企业签订远期售汇(客户购汇)协议后,会相应地在即期市场上买入美元持有至远期售汇合同到期,抛售人民币,从而将远期的贬值压力传导至即期市场,带来人民币的即期汇率贬值。

这时候,外汇风险准备金就登场了。外汇风险准备金类似存款准备金。当各家银行收储外汇时,需要按总金额的一定比例缴存到央行指定专用账户,不得挪为他用,以备不确定风险的发生。对于银行来说,应计提外汇风险准备金=上月银行远期售汇签约额×20%。

这意味着,以后银行要进行1亿美元的远期售汇,在下个月就必须提交2000万美元的无息外汇风险准备金。

为保证自身收益,银行就会将外汇风险准备金占用所要耗费的成本转移给购汇的企业。比如说之前远期购汇合约约定的汇率是1∶6,现在由于要提外汇风险准备金,成本提高,银行可能就会要求1∶6.2的比例来兑换美元,每一单位美元多收0.2元的人民币以充当成本补偿。如此,央行提高银行业务成本,银行提高企业远期购汇成本,以此来打击人民币空头与跨境套利势力。

2018年中国外汇交易中心(CFETS)人民币汇率指数跌至92左右,已明显跌出维持了两年多的94~95这个合理区间,影响了CFETS的稳定性。征收远期售汇业务的外汇风险准备金,增加了外汇投机的成本,对货币当局而言,是采用直接消耗外储对市场进行干预之外,一

知识卡片 9-3：CFETS人民币汇率指数

种更低成本稳定汇率市场的监管选择。

4. 跨境电商办理收付汇要点

一般来说,跨境电商企业泛指通过电子商务手段从事国际贸易的企业;但从货物贸易外汇管理的角度,无论是通过跨境电商达成贸易的线下企业,还是提供线上服务的交易平台,乃至提供结算服务的第三方支付机构,按照"谁进口谁付汇、谁出口谁收汇"的原则,均作为企业纳入外汇监管。根据达成交易的电商平台和企业进出口报关主体的不同,在现行法规要求下,企业可通过以下4种模式办理贸易外汇收支。

(1) 电商平台报关－电商平台收付汇

线下企业通过境内电商平台与境外企业达成贸易协议、境内电商平台负责进出口报关的,应以境内平台企业名义完成收付汇,线下企业不应自行办理收付汇。境内平台企业应选择银行而不应选择第三方支付机构为其办理跨境结算。该模式下,线下企业与境内交易平台实质是"委托－代理"关系,外汇监管的第一责任对象是平台企业。

(2) 电商企业报关－电商企业收付汇

线下企业通过境内或境外电商平台与境外企业达成贸易协议且自行进出口报关的,应由线下企业自行办理收付汇,不应通过境内平台企业代为收付汇。线下企业应选择银行而不应选择境内第三方支付机构为其办理跨境结算。该模式下,线下企业与传统外贸企业无异,外汇监管的第一责任对象是线下企业。

(3) 支付企业报关－支付企业收付汇

线下企业通过境内或境外交易平台与境外企业达成贸易协议,且通过国际邮包直邮模式完成进出口的,由于没有相应的报关信息,因此其收付汇一般申报在"122030－货物贸易－未纳入海关统计的货物贸易－未纳入海关统计的网络购物"项下。线下企业可以选择境内支付机构为其办理跨境收付汇。该模式下,相当于该境内支付机构代替线下企业办理了涉外收付款资金集中收付业务,需要由支付机构按照相关规定进行还原申报。

应特别注意的是,部分线下企业通过在境外支付机构开设虚拟账户等形式暂收或暂付货款,其实质是将境内企业收入存放境外,而现行法规对出口收入存放境外业务实行核准制,因此,线下企业此类操作目前仍须经所属地外汇局批准后方可实施。

(4) 个体工商户或个人收付汇

个人从事跨境电商贸易,应首先登记为个体工商户或申请成为个人对外贸易经营者,之后即可开立外汇结算账户。结算账户的购汇和结汇均不受年度总额限制,无论金额大小都可凭真实贸易单据办理。个人对外贸易经营者如选择通过支付机构收结汇,应由支付机构按规定进行还原申报;如选择以自身名义进出口,则应由本人办理跨境收付汇。

为支持跨境电商等新业态的发展,目前存在不具备个人工商户资格的普通个人从事跨境电商贸易的情况。对此类经常项目项下小额、零星的贸易结售汇,可以凭有效身份证件在个人年度便利化额度内通过个人储蓄账户办理。

第四节 外汇业务的风险案例

一、货物贸易外汇风险案例

(一)境内交货境外收汇

【案例1】 某境内企业A与境外LED显示屏供应商B签订采购合同,约定由A企业向B企业购买价值约30万美元的LED显示屏产品。为简化贸易流程,双方约定LED显示屏由B企业在中国境内的代工企业C生产并直接交付给A企业,A企业则需在合同订立15日内将货款以预付款的形式直接支付给境外B企业。随后国家外汇管理局在对A企业进行总量核查时发现异常,经过现场核查,国家外汇管理局认为A企业的预付款支出没有相应的货物进口相匹配,违背了贸易外汇收支应与货物进出口一致的管理规定,故而对该企业做出调回外汇并罚款的处理。

该案例的付汇安排即为典型的"境内交货境外收汇"行为,虽然这种行为使得B企业省去了先(从C)进口再出口(至A)的环节,货物直接在境内流转,节约了时间成本及相关费用,但在外汇管理方面却存在问题。根据《外汇管理条例》及《货物贸易外汇管理指引》的相关规定,境内企业办理贸易外汇收支时应当具有真实、合法的货物进出口交易背景,进出口货物流应当与收付汇资金流相匹配。从前述"境内交货境外收汇"的安排来看,这种模式仅涉及外汇资金的汇出,却缺乏相应的进口货物流与之匹配,实际上已经构成了对"谁出口谁收汇、谁进口谁付汇"原则的违背。

如果合同双方约定的是境内货物交付后再对外付汇,那么由于缺少海关进口清关相关单证的支持,境内企业在金融机构办理付汇手续时可能无法通过审核,进而无法对外付汇。

如果合同双方约定以预付货款方式结算(即如本案例的情形),那么虽然外汇能够在货物交付前付出,但境内企业需要在付汇业务发生的30日内向国家外汇管理局报送预计的进口日期。根据《货物贸易外汇管理指引实施细则》第二条规定,境内企业支付货款后应当按照合同约定及时、足额进口货物。此时境内企业支付预付款后显然无法提供货物进口记录,并不符合我国货物贸易外汇管理的相关规定,国家外汇管理局将依据违法金额的大小、情节的轻重对企业做出降级、警告、调回外汇、罚款等处理。

在这种情况下,通常境外卖方(如B企业)都会选择让其境内生产企业(如C企业)将成品经由海关特殊监管区完成向境内买方(如A企业)的交付,然后境内买方可以凭据进口清关单证完成对外付汇手续。

(二)收汇直接用于付汇

【案例2】 某境内甲企业的主要经营业务为出口商品至非洲国家,同时从非洲进口木材等原材料。鉴于非洲多数国家外汇管制较严,且外汇汇款费用较高,故而甲企业非洲办事处的工作人员在企业负责人的指示下,将收到的出口货款直接用于支付进口货款。随后,国家外汇管理局发现该企业的进出口货物报关数据与外汇收支数据严重偏离。经现场核查,该企业在其商品出口后未按照规定直接将货款汇回境内,未在国家外汇管理局备案"出口收入存放境外业务"的情况下私自在境外将外汇货款直接用于支付进口货款,故而将该企业由A类降为B类企业,分类监管有效期为1年。

从上述货物与资金的流向可见,境内企业甲仅存在货物进出口记录,却没有与之相匹配的收付汇记录。根据我国外汇管理政策要求,境内企业可以将具有真实、合法交易背景的出口收入存放境外,但是在进行此项业务操作时,境内企业需满足一定条件并履行相关手续而不得擅自在境外进行收付汇操作。

根据《货物贸易外汇管理指引实施细则》第二十二条的要求,境内企业将出口收入存放境外应具备的条件包括:①具有出口收入来源,且在境外有符合本细则规定的支付需求;②近两年无违反外汇管理规定行为;③有完善的出口收入存放境外内控制度;④国家外汇管理局规定的其他条件。在满足前述条件的前提下,企业应当选定境外开户行,与其签订《账户收支信息报送协议》,并到国家外汇管理局办理用于存放出口收入的境外账户开户登记手续。

在境外账户开立后,企业的出口收入范围包括从境外收到的:①出口货款,包括预收货款;②与贸易融资相关的收入;③出口保险理赔款。而货物贸易项下的支出则包括支付到境外的:①进口货款,包括预付货款;②与贸易融资相关的支出。

据此,境内企业申请并开立境外账户后,可以将出口货款存入该境外账户,亦可通过此境外账户支付进口货款,但需要提醒企业在开立境外账户后注意以下事项:①境外账户发生收支业务的,企业应当在发生收支当月结束之日起10个工作日内通过货物贸易外汇监测系统如实向国家外汇管理局报告出口收入存放境外收支的情况;②已开办出口收入存放境外业务的企业被列为B类的,在分类监管有效期内,出口收入不得存放境外账户,不得使用境外账户对外支付;③企业应当留存与境外账户收支相关的文件资料5年备查,包括但不限于:境外开户行对账单、交易合同、金融机构融资协议、保险理赔协议、进出口报关单、国家外汇管理局登记证明或核准文件、主管部门批准文件、相关证明材料。

(三)利用虚假单证收付汇

【案例3】某境内企业乙于2019年使用虚假进口合同、提单、商业发票等无效单证在银行办理进口信用证项下付汇1笔,金额合计243万美元,后经国家外汇管理局核查发现该笔付汇存在异常。经确认,企业乙办理付汇的合同、提单、发票等均为虚假单证,由此,国家外汇管理局对该企业做出罚款的行政处罚决定。

根据《外汇管理条例》及《货物贸易外汇管理指引》的规定,经常项目的外汇收支应当具有真实、合法的交易基础,外汇支出应凭有效单证以自有外汇支付或者向经营结汇、售汇业务的金融机构购汇支付。交易背景的真实性一直是外汇检查的重点,而国家外汇管理局在判断交易背景真实性时的主要依据为进出口合同、报关单、发票等单证资料。此类单证一般在境内企业办理收付汇手续时即提供给金融机构进行核查,金融机构核查后将对此类单证正本签注收付汇金额、日期、加盖业务印章,并留存相关单证正本或复印件备查,国家外汇管理局进行外汇检查时亦会重点关注银行留存单证的真实性。

实践中,企业可能通过虚假单证、作废单证、重复使用单证等方式构造虚假交易背景,违反了经常项目外汇支付应当具有真实、合法的交易基础的规定,可能涉嫌逃汇套汇,情节严重的还须依法追究其刑事责任。

由于国家外汇管理局将定期或不定期对企业一定期限内的进出口数据和贸易外汇收支数据进行总量对比,核查企业贸易外汇收支的真实性及与货物进出口的一致性,对于异常或可疑的贸易外汇收支业务实施现场核查,进而调整企业分类管理的结果,那么企业需要高度重视其外汇收支的合规性。一旦因被发现存在外汇收支违法违规行为而做出降级处理,企业将在单证审核、业务类型及办理程序、结算方式等方面面临审慎监管。同时,海关为了加强日常监管,也会定期或者不定期将企业进出口货物数据与该企业的对外收付汇数据进行对碰,一旦发现异常情况(如实际付汇货物总价高于进口申报总价,可能涉嫌通过低报进口货物成交价格偷逃国家税款),也会要求进出口企业做出合理说明,甚至立案调查。

因此,为降低收付汇环节可能引起的相关法律风险,一方面企业需要熟悉货物贸易外汇管理的相关规范,严格按照法律法规开展外汇收支业务;另一方面企业在遇到境外企业的特殊收付汇要求时应审慎考量,或求助专业律师评估潜在的风险,以确保企业外汇收支的合法合规性。

二、服务贸易外汇风险案例

(一)服务贸易客户准入有关问题

【案例4】某房地产经纪有限公司于2017年11月3日在某银行支行的账户收到一笔跨境人民币,该房地产经纪有限公司称该笔款项是中介费佣金,为代理某房地产公司在马来西亚售卖房产给我国居民而收取的,要求于当日给予入账。银行在审核客户提供的资料后,认为无法证明其业务的真实性和合法性,未给予其入账。依据《服务贸易外汇管理指引》《跨境人民币结算管理办法》及"外汇展业三原则"等审慎开展业务的要求,对客户及业务背景等进行尽职审查。发现该房地产经纪公司营业执照未明确有境外经营许可,理论上来说不具有办理国际房产销售和代理的资格。根据合规、审慎及真实性的原则,房地产行业在外汇管理领域一直属于关注类行业。虽然表面上审查相关业务材料看似齐全,但由于主体资格的不合法性,无法明确断定此项业务具有真实交易背景,最终判断该房地产经纪有限公司作为私营有限责任公司不具备从境外进行跨境人民币收款的主体资格。

(二)服务贸易对外支付税务备案有关问题

【案例5】2015年3月12日,徽商银行蚌埠分行客户××国际货运有限公司对外支付滞港费7万美元,被安徽省外汇管理局监测并提示可能违规操作,虽然安徽省外汇管理局暂时没做出任何处罚决定,但是经该银行咨询同业了解到,安徽省内某银行分行曾办理一笔相似的业务,因滞港费超过5万美元,但没有向客户索要"税务备案表"而被当地外汇管理局处罚。

国家外汇管理局和国家税务总局共同于2013年发布第40号公告[1],从2013年9月1日起,从事服务贸易等项目的企业,对外付汇时不再需要税务机关审批,只需要事前备案即可。这虽然意味着今后企业对外付汇会更加便捷,但在没有税务机关"兜底性审核"的前提下,企业自身的责任加重,税务风险出现的概率相应增加。国家外汇管理局和国家税务总局共同于2013年发布的第40号公告主要有三方面的重大变化:一是监管起点提高。原来对外支付3万美元就要纳入税收监管,现在这一标准提高到了5万美元。二是监管方式改变。境内支付

---

[1] 第40号公告已经于2021年部分废止,第一条第二款、第二条第二款、第五条、第六条、第七条、第八条、第十条和附件2废止。参见:《国家税务总局国家外汇管理局关于服务贸易等项目对外支付税务备案有关问题的补充公告》(国家税务总局国家外汇管理局公告2021年第19号)。《国家税务总局关于修改部分税收规范性文件的公告》(国家税务总局公告2018年第31号)对本文进行了修改。

人原来在付汇时,必须首先向税务机关提交与交易相关的资料,待税务机关审核通过后方可取得付汇证明。现在,境内支付人只需要在付汇前备案即可。三是监管流程简化。境内支付人原来必须分别向国税机关和地税机关申请开具付汇证明,现在境内支付人统一向所在地主管国税机关进行备案即可。主管税务机关仅为地税机关的,境内支付人向所在地同级国税机关备案即可。

第40号公文指出,基于严加管控跨境税源的目的,境内机构和个人向境外单笔支付等值5万美元以上(不含5万美元)的外汇资金,应向所在地主管国税机关进行税务备案,然而出于便利化的目的,有些情况无须办理并提交"服务贸易等项目对外支付税务备案表",其中包括进口贸易项下境外机构获得的国际运输费用,所以徽商银行蚌埠分行认为滞港费也是运输费用中的一部分,且经银行与客户共同和国家税务局沟通,国家税务局认为不需缴税,不同意就此业务出具"税务备案表",也不同意出具不需备案的文件,因此该银行最终为企业办理了汇款,导致了违规事件的发生。

(三)分次办理的服务贸易外汇收支业务

【案例6】2017年12月份,A企业人员到Z银行某支行办理服务贸易跨境汇款业务,金额共计9.76万新加坡元,用途为支付室内设计费用。Z行业务人员按照相关规定要求企业提供该笔业务相关的合同、发票及"服务贸易等项目对外支付税务备案表"并进行认真审核。业务人员在审核"服务贸易等项目对外支付税务备案表"时,发现合同总金额栏位中的金额与合同一致无误而且存在已付金额,但在企业提供的合同上未发现有已付汇签注。经与A客户沟通得知,该笔合同按照约定的条款已支付约85%的款项,是在Y银行办理的,剩余款项客户选择在Z行办理。前期支付款项时,付款行都在合同原件进行了签注,但企业人员以为更换付款银行后需提供一份新的合同,故向Z行提供了原始签字版合同的复印件。得知上述情况后,Z行业务人员随即向客户解释了服务贸易外汇政策,同时要求客户提供带有前付款行签注的合同原件。几天后,A客户按照要求提供了合同原件,Z行业务人员审核资料无误后,为其办理了汇款业务。

根据《国家外汇管理局关于印发服务贸易外汇管理法规的通知》(汇发〔2013〕30号)中的《服务贸易外汇管理指引实施细则》第十二条规定:"分次办理的服务贸易外汇收支业务,金融机构每次应在审查后的交易单证上注明金额、日期,加盖业务印章。"该案例中,企业提供无签注记录的交易单证使银行无法核对前期已付汇金额,存在重复付汇的风险。银行经过认真审核后发现已经付款的情况,并要求企业提供签注过的合同,把控了重复付汇的风险

(四)拆分办理的服务贸易外汇收支业务

【案例7】B企业人员到C行某支行办理服务贸易跨境汇款业务,用于支付境外市场调查咨询费用。该客户向C行提交了相关合同、发票,并要求汇款5万美元。C行外汇操作人员仔细审核了合同、发票,发现合同金额和发票金额都为40万美元,合同、发票中没有分期付款的约定,该企业人员有通过拆分付款逃避税务的嫌疑。进一步和客户交谈得知:原来她是第一次来办理该种业务,听说5万美元(含)以下服务贸易对外支付款不用交税,拆分付款可以给公司节省费用,才采取分开付款的方式。该行外汇操作人员拒绝了她的汇款要求,向其解释了相关政策,并赠送了服务贸易外汇管理政策的复印版。

几天后,B企业经办人员又来到了C行营业室,这次她带着合同、发票及完税证明来办理服务贸易跨境汇款业务。该行外汇操作人员审核资料后,为其办理了汇款业务。

根据《国家外汇管理局关于印发服务贸易外汇管理法规的通知》(汇发〔2013〕30号)第七条规定,"办理单笔等值5万美元以上的服务贸易对外支付,金融机构还应按照《国家税务总局国家外汇管理局关于服务贸易等项目对外支付税务备案有关问题的公告》(国家税务总局国家外汇管理局公告2013年第40号)的规定办理"。本案例中客户办理汇款需提供"服务贸易等项目对外支付税务备案表"。

办理外汇业务时,银行人员应仔细核对单证的一致性、同时询问客户相关业务信息是否与业务性质一致。案例中,如果银行外汇操作人员没有仔细核查及询问相关信息,可能导致违规操作。

(五)进出口贸易佣金、代理费汇出

【**案例8**】A公司向H银行申请对B公司支付25万美元代理费。A公司为一家大型国有企业,B公司为香港某代理商,A公司委托B公司作为项目代理方,帮助其获得境外C公司铁路改造项目的供货权,并帮助其供货合同成功签约,A、B公司约定,A、C公司供货合同成功签订后,A公司支付给B公司供货合同总价的5%作为代理费,H银行审核相关资料后为A公司办理了该笔代理费的支付。

H银行按照《国家外汇管理局关于印发〈经常项目外汇业务指引(2020年版)〉的通知》(汇发〔2020〕14号)和展业规范①要求,对A公司付汇业务的真实性、合理性、业务资料的一致性进行了全面审核。

1. 客户识别

A公司为A类企业,与H银行有长期的业务关系,资信良好,不曾涉嫌虚构或分拆交易,也非异地企业,确定其为"可信客户"。

2. 业务审核

按照可信客户的审核标准,银行对本笔服务贸易付汇的资料进行了审核,具体包括:

(1) A、B公司间签订的代理协议;

(2) A、C公司间签订的供货主合同;

(3) 本次付汇"服务贸易等项目对外支付税务备案表"。

H银行遵循"逻辑合理性"和"商业合理性"原则,对企业提供单据的真实性、合规性及其与外汇收支的一致性进行了详细审核,充分了解该交易的合理性和可行性。经审核,业务贸易背景真实,资料之间能够互相印证,代理费金额与申请付汇金额一致,与供货主合同匹配。

但H银行在代理协议中发现一条细节,"由A公司代B公司履行代扣代缴税款义务",遂询问付款企业是否应扣除相应税款后付汇,付汇金额应少于25万美元,企业称此笔已咨询税务机关,无须缴税,银行又向当地国税部门核实,国税部门答复,此笔付汇系进出口贸易佣金支出,无须缴税。

最后,H银行为A公司办理了付汇,并在合同、协议原件上批注了付汇日期、币种、金额。

根据"展业三原则"的要求,银行在办理服务贸易外汇收支的过程中,不能仅限于"有资料就行""金额对上就行"的表面审核,应深入了解交易的可行性、合理性,如佣金相关业务背景,包括但不限于换汇成本、对方国家市场情况、中间商的身份及所做出的具体经过等;还应注意审核合同或协议中的具体条款,是否有与付汇时间、金额相悖的条款等,做到合理怀疑、尽职审查。

---

① 参见国家外汇管理局公告2023年第1号《银行外汇展业管理办法(试行)》。

三、跨境电商外汇风险案例

(一)真实案例

(1)某供应链有限公司逃汇案

【案例9】2020年3月至8月,境内某供应链有限公司虚构贸易背景对外付汇,金额合计685万美元。该行为违反《外汇管理条例》第十二条,构成逃汇行为。根据《外汇管理条例》第三十九条,处以罚款241.7万元。

(2)某科技发展有限公司逃汇案

【案例10】2020年2月至4月,境内某科技发展有限公司利用32人的便利化购付汇额度,以欺骗手段将境内外汇转移到境外,金额合计158.3万美元。该行为违反《外汇管理条例》第二十二条,构成逃汇行为。根据《外汇管理条例》第三十九条,处以罚款53.6万元。

(3)辽宁籍王某非法买卖外汇案

【案例11】2022年2月至12月,王某通过地下钱庄非法买卖外汇20笔,金额合计207.0万美元。该行为违反《个人外汇管理办法》第三十条,根据《外汇管理条例》第四十五条,处以罚款119.5万元。处罚信息纳入中国人民银行征信系统。

(4)某电子商务有限公司非法买卖外汇案

【案例12】2019年11月至2020年1月,境内某电子商务有限公司通过地下钱庄非法买卖外汇14笔,金额合计130.1万美元。该行为违反《结汇、售汇及付汇管理规定》第三十二条,构成非法买卖外汇行为。根据《外汇管理条例》第四十五条,处以罚款110.3万元。处罚信息纳入中国人民银行征信系统。

(5)某银行违规办理预付货款案

【案例13】2020年1月,境内某银行市级分行未尽审核责任,违规办理预付货款业务。根据《外汇管理条例》第四十七条,对该行责令改正,处以罚款41.97万元。

(6)某银行违规办理利润汇出案

【案例14】2019年4月,境内某银行市级分行未尽审核责任,违规办理利润汇出业务。根据《外汇管理条例》第四十七条,对该行责令改正,处以罚款40.02万元。

(7)某银行违规办理货物贸易售汇案

【案例15】2019年3月至11月,境内某银行市级分行未尽审核责任,违规办理货物贸易售汇业务。根据《外汇管理条例》第四十七条,对该行责令改正,处以罚款84.94万元。

(8)福建籍林某非法买卖外汇案

【案例16】2019年6月,林某通过地下钱庄非法买卖外汇折合290万美元,并将资金用于境外赌博活动。该行为违反《个人外汇管理办法》第三十条,构成非法买卖外汇行为。根据《外汇管理条例》第四十五条,处以罚款140万元。处罚信息纳入中国人民银行征信系统。

(9)非法买卖外汇案

【案例17】2019年2月至2020年4月,赵某组织赵某鹏、周某凯等人,在阿联酋和境内提供外币迪拉姆与人民币的兑换及支付服务。该团伙在阿联酋迪拜收进迪拉姆现金,同时将相应人民币转入对方指定的境内人民币账户,后用迪拉姆在当地购入"泰达币"(USDT,与美元锚定的稳定币),再将购入的泰达币通过境内的团伙即时非法出售,重新取得人民币,从而形成境内外资金的循环融通。通过汇率差,该团伙在每笔外币买卖业务中可获取2%以上的收益。经查,赵某等人在 2019 年 3 月至 4 月期间兑换金额达人民币 4385 万余元,获利共计人民币 87 万余元。2022 年 3 月 24 日,浙江省杭州市西湖区人民法院做出判决,以非法经营罪判处肖某等人有期徒刑 11 年至 1 年 2 个月不等,并处罚金人民币 2000 万元至 25000 元不等。宣判后,肖某、尤某、赵某、赵某鹏提出上诉。同年 9 月 5 日,浙江省杭州市中级人民法院裁定驳回上诉,维持原判。

(二)案例分析

1. 逃汇案

逃汇案的涉案对象大部分是企业,最常见的手段是企业使用作废合同、无效提单等虚构贸易背景进行逃汇。另外,普通个人的逃汇案最常见的手段是利用亲友、员工的个人年度购汇额度分拆逃汇,也就是老百姓口中谈到的"蚂蚁搬家",境外买房类型的案件其实就是指普通个人逃汇。

从 2017 年 1 月 1 日起,无论是在银行柜台还是通过网银、手机银行等电子渠道办理购汇,均需要填写"个人购汇申请书",明确填写购汇用途。允许的个人经常项目下的购汇用途包括:因私旅游、境外留学、公务及商务出国、探亲、境外就医、货物贸易、非投资类保险、咨询服务及其他共 9 大项,居民个人购汇用汇都非常方便。但是,从案例中我们也知道,购汇用于境外投资房产、证券、购买人寿保险和投资性返还分红类保险等尚未开放的资本项目是不被允许的。

最新的"个人购汇申请书"中明确给出了境内个人在办理个人购汇业务时的 6 项禁止行为,分别如下。

(1)不得虚假申报个人购汇信息。
(2)不得提供不实的证明材料。
(3)不得出借本人便利化额度协助他人购汇。
(4)不得借用他人便利化额度实施分拆购汇。
(5)不得用于境外买房、证券投资、购买人寿保险和投资性返还分红类保险等尚未开放的资本项目。
(6)不得参与洗钱、逃税、地下钱庄交易等违法违规活动。

2. 非法买卖外汇案

非法买卖外汇案的涉案对象是通过非法兑换外汇、买卖外汇进行牟利的。最常见的手段是将人民币打入地下钱庄控制的境内账户,通过地下钱庄兑换外汇汇至境外账户。

3. 内保外贷案

内保外贷是指境内银行为境内企业在境外注册的附属企业或参股投资企业提供担保,由境外银行给境外投资企业发放相应贷款。

违规办理内保外贷案的涉案对象为银行,最常见的手段是银行在办理内保外贷签约及履约购付汇时,未按规定对担保项下资金用途、债务合同、预计还款来源等进行尽职审核和调查。

自 2018 年以来,国家外汇管理局针对银行、第三方支付机构、企业转口贸易等重点主体和业务加强开展专项检查,严厉打击各类外汇违法违规行为。今后,国家外汇管理局将会保持外汇行政执法跨周期的稳定性、连续性和一致性,严厉打击虚假、欺骗性交易和非法套利等资金"脱实向虚"行为,严厉打击地下钱庄、非法外汇交易平台等违法违规活动。

四、利用金融工具规避交易风险的案例

【案例18】一家中国外贸企业向美国出口钟表,价值500万美元,6个月后收款。即期汇率:美元/人民币=6.3500,美元6个月贴水500点,中国企业可以以7%年利率借到美元,境内利率水平为6%。6个月后的即期汇率为:美元/人民币=6.2500,即美元贬值,人民币升值。

如果企业现在收汇,500万美元可兑换人民币为:500万×6.3500=3175万元。如果企业6个月后收汇,500万美元可兑换人民币为:500万×6.2500=3125万元,企业少收入50万元。可采用"远期合同法"和"借款—即期交易—投资法",也即BSI法,来减少企业的损失。

(一)远期合同法

企业在签订合同的同时与银行签订卖出6个月远期500万美元的合同。6个月后收汇的500万美元可兑换人民币为:500万×(6.3500-0.0500)=3150万元,比不做任何防范措施少损失25万元。这少损失的25万元本质上是来自远期交易贴水500点的利润:500万×0.0500=25万元(见图9-7)。

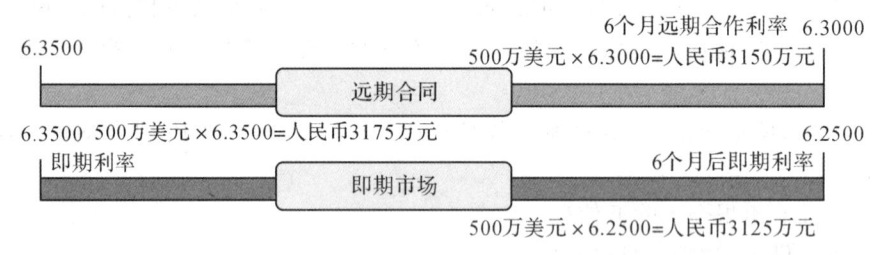

图9-7 远期合同法

与远期合同法相对应的是即期合同法,即期合同法就是具有外汇债权或债务的公司与外汇银行签订出卖或购买外汇的即期合同来消除外汇的货币风险。

例如,美国A公司在两天内要支付一笔金额为10万欧元的货款给德国出口商,该公司可直接与其银行签订以美元购买10万欧元的即期外汇买卖合同。两天后,美洲银行交割给A公司的这笔欧元则可用来支付给对方。

对即期和远期合同的组合应用,称为掉期合同法。即在签订买进或卖出即期外汇合同的同时,再签订卖出或买进远期外汇合同,这同样是消除时间风险与价值风险的一种方法。

例如,我国某公司现筹得资金100万美元,在美国购买价值100万美元的机械设备,3个月后支付货款。当前国际金融市场汇价为1美元=153日元,而3个月日元远期为1美元=150日元,可以看出日元是升值趋势,而美元是贬值的。

为获取汇率差价的利益,又保证将来按时支付美元货款,该公司先把贬值货币转换为升值货币,即将美元换日元,即按1∶153比价与银行签订以100万美元购买1.53亿日元的即期外汇合同;与此同时,还按日元对美元3个月远期1∶150比价,卖出1.5亿日元,签订购回100万美元的远期合同。掉期合同的签订保证美元付款义务的按期完成不致遭到汇价损失,同时又能获取升值盈利300万日元和300万日元的3个月利息。

(二)BSI法

当企业有应收账款时,首先从银行借入与应收外汇账款相同数额的外币,将外汇兑换可

能存在的风险提前到现在办汇日。借款后时间风险消除,但货币风险仍然存在,此风险则可通过即期合同法予以消除。即将借入的外币,卖予银行换回本币,则外币与本币价值波动风险不复存在。消除风险虽有一定的费用支出,但可将借外币后通过即期合同法卖得的本币存入银行或进行投资,以其赚得的投资收入,抵冲一部分采取防险措施的费用支出。

1. 步骤

由于美元有贬值预期,所以应收账款的 500 万美元如果等待 3 个月之后收取,将承受贬值损失。于是防范风险的第一要务是先收款,如果无法做到先收款,也可以先借入美元立即转换为人民币,之后再归还贬值之后的美元。【案例 18】采用 BSI 法的步骤如图 9-8 所示。

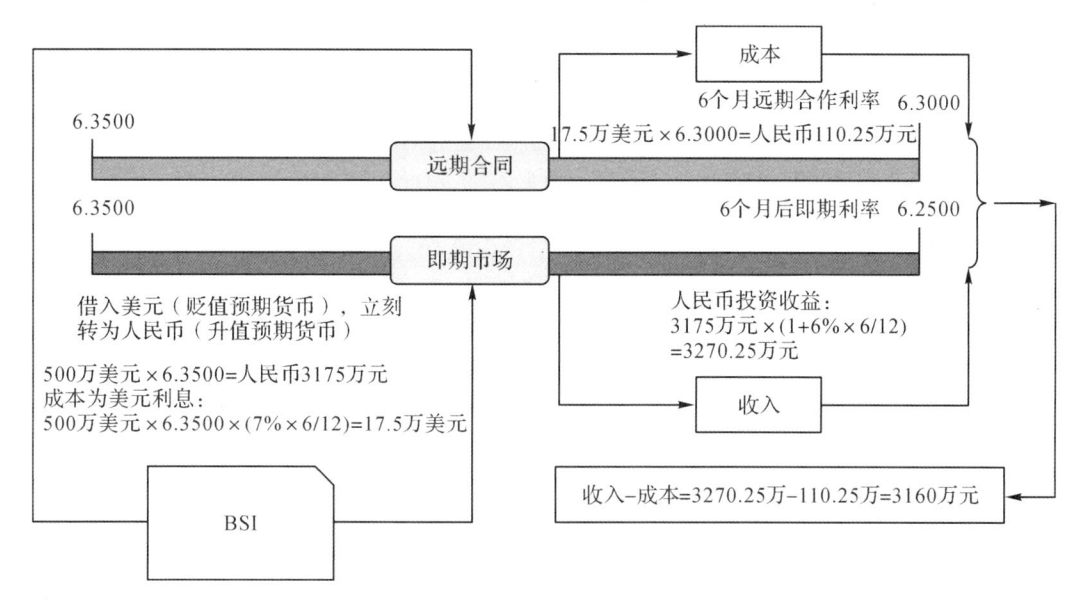

图 9-8 BSI 法

2. 分析

(1) 收益:先从银行借入 500 万美元,为防止贬值,将 500 万美元立刻兑换成人民币。为冲抵借贷成本,于是将其进行投资,到期本息和为:500 万美元×6.3500×(1+6‰×6/12)=人民币 3270.25 万元。

(2) 成本:借入的 500 万美元本金及其 6 个月的利息:500 万美元×7‰×6/12=17.5(万美元)。为了归还美元利息,同时买入 6 个月的远期美元 17.5 万美元(之所以买远期的美元而不是即期美元,因为远期美元有贬值预期,会更便宜,当然买入便宜的以降低成本)。

(3) 归还本金:6 个月后收回 500 万美元货款用于支付银行的贷款本金。

(4) 归还利息:用投资的收益购买 17.5 万美元支付银行利息。需要 17.5 万美元×6.3000=人民币 110.25 万元。

(5) BSI 法的实际收益为:3270.25 万-110.25 万=3160 万元。可以看出 BSI 法比远期合同法的 3150 万元多收入 10 万元,即比不做任何防范措施少损失 35 万元。

3. LSI 法

另外,还有一种方式是 LSI 法,也就是"提早收付-即期合同-投资法",同样也适合具有应收外汇账款的公司。LSI 法与 BSI 法的全过程基本相似,只不过将第一步从银行借款对其支付利息,改变为请债务方提前支付,给其一定折扣而已。具体做法是,在征得债务方的同意后,请其提前支付货款,并给其一定折扣。应收外币账款收讫后,时间风险消除,以后再通过即期合同,换成本币从而消除货币风险。为取得一定的利益,将换回的本币再进行投资。

第九章知识与技能训练

参考文献

艾瑞咨询.2020年中国跨境消费导购平台研究报告[R/OL].[2024-02-03].https://www.iresearch.com.cn/.

陈亚男.商业银行助力跨境电商融资的发展路径[J].商场现代化,2024(22):37-39.

楚旭.跨境电子商务对我国进出口贸易的影响及对策研究[J].中国管理信息化,2023(16):106-108.

房晓榕.电商平台Shopee开通银联卡支付[J].时代金融,2023(7):56.

桂嘉越.亚马逊跨境电商平台商业模式研究[J].现代商业,2024(16):49-52.

郭霞.央行数字货币跨境支付:优势、进展与我国因应[J].北方经济,2024(5):74-77.

李越."一带一路"经济区跨境电子商务发展模式分析及研究[J].全国流通经济,2020(9):9-10.

梁敏怡.跨境清算服务发展展望[J].中国外资,2022(12):33-35.

刘靓倩.数字人民币打造新型跨境支付体系的研究[J].国际金融,2024(5):49-58.

刘宇萌.电子商务在国际贸易中的应用研究[J].商展经济,2023(21):68-71.

尚华伟.跨境电商新政下跨境电商进口税收比较分析[J].现代商贸工业,2016(34):87-88.

尚昕昕,许坤.数字浪潮下的货币革命:全球跨境支付体系变革[J].中国外汇,2024(11):10-13.

施蕾,苏李欣,陈彦昕,等.清算机构支付业务数据管理探析[J].福建金融,2024(9):61-67.

宋鹭,李佳林.央行数字货币、跨境支付应用与数字人民币的发展[J].新金融,2023(10):51-57.

陶卫东,魏宛碧,高红亮,等.全球跨境支付模式多元化发展探索[J].国际金融,2024(3):22-30.

网经社电子商务研究中心.2019年度中国跨境电商市场数据监测报告[R/OL].(2020-06-03)[2024-01-06].www.100ec.cn/zt/2019kjscbg/.

吴阳,杨世博,陈鹏.eBay与Shopee跨境电商平台比较研究[J].现代营销(上),2023(2):109-111.

杨卓,曹海峰,王颖,等.全球经济治理体系变革中的跨境支付互联互通:探索与展望[J].金融发展评论,2023(12):45-60.

易观智库.2017中国跨境支付行业研究[R/OL].[2024-02-21].https://www.analysys.cn/.

中国人民银行支付结算司.持续推进支付体系高质量发展[J].中国金融,2022(20):17-18.

周浩.全球视野下跨境电商对国际贸易格局的重塑[J].中国经贸导刊,2024(12):79-81.

周梓勋,张子悦,洪莹.区块链技术在跨境支付中的发展与展望[J].中国商论,2022(11):16-19.

知识与技能训练参考答案